日英ことばの
文化事典

亀田 尚己・青柳 由紀江 [著]
J.M. クリスチャンセン

〔編集協力：山田雅重〕

丸善出版

まえがき

　コミュニケーションの難しさと発信前の読み返しの重要性について、よく述べられる英語に次のようなものがあります。Message sent is not message received. 同じことを Message sent does not equal message received.（送られるメッセージは必ずしも受け取られるメッセージと同じではない）ともいいます。つまり、送り手が意図したことを託したそのメッセージの受け手が、送り手の意図した通りにそのメッセージを読み解く保証はないということを意味しています。
　私たちは日常この大事なことに気づかず、相手との話し合いで何か問題が生じると、すべてそれは相手が悪いというように判断しがちです。しかし、それは次の3点から言って間違っているといえるでしょう。
　⑴　言葉を理解するということは自分の心の中に絵を描くことである、
　⑵　その絵は、自分自身の体験、小さい頃に教わったこと、などに基づいて描かれやすいものである、そして
　⑶　言葉には意味がなく、その言葉に意味を与えるのはその言葉を使う（話し、聞き、書き、読む）人である。
　本事典はそうした問題を今や国際語としての資格を有していると言っても過言ではない英語と私たちの言葉である日本語との関係に絞り、その間に横たわる心象（記憶・感覚などに基づいて心の中に描き出される姿や像）の違い、すなわちイメージの違いをいくつも取り上げ、詳しく説明するものです。
　今や英語は英米人たちだけの言語ではなくなりました。英語のネイティブスピーカーの数がおよそ3億3千万人であるのに対し、日常で英語を使い生活しているノンネイティブスピーカーの人口は12億5千万人から18億5千万人になると言われています。そのようになってくると、同じ英語を使いながらも、話し手・聞き手または書き手・読み手の双方がその英語に対して心の中に描くイメージは、それぞれの言語文化を反映し、相当異なるものになるであろうことは容易に想像できま

す。生まれや育ちが異なれば、同じ言葉ではあっても、それに対して彼らが心に描くその絵は異なってくるものです。

それらの事例として、太陽の色は何色か、虹の色の数はいくつか、月の影は何に見えるか、という問題をあげることができます。柿、桃、梅、杏などを樹木としてイメージするか、あるいは果物や実としてとらえるかという基準も地域や文化の違いにより異なってきます。これらもイメージの違いの問題、あるいは認識の差の問題といえます。

認識の違いといえば、半分だけ水が埋まっているコップをどう判断するかは、それを眺める人によって異なります。ある人はそれを「水がまだ半分残っているコップ」と見るでしょう、しかし、同じものを「水がもう半分なくなってしまったコップ」と見る人もいます。言葉の意味は、それを使う人にあるという命題は、このコップの問題にも通じるものです。この「水が半分残っている、あるいは半分しかない」という問題は、皮袋に半分だけ入ったワインを「まだ半分も残っている」と思える人は楽天家（楽観論者）、「もう半分しか残っていない」と思う人は厭世家（悲観論者）、というバーナード・ショウの言葉に表れているとおりです。しかし、それが、個人の問題ではなく、気候や風土、また気質や社会制度の違いなどから、特定の地理的範囲の中に住む人々に共有されていることもあります。そうなってくるとこれは単に個人の問題というよりは、文化の問題の一部といえるわけです。

異文化コミュニケーションの世界でよく取り上げられる例ですが、エスキモーにとっての「雪」、ベドウィンの民にとっての「ラクダ」、南インドに住むある種族にとっての「竹」、またスーダンの一部族にとっての「牛」というそれぞれの単語は意味をなさないそうです。なぜならば、それは、例えて言うならば、「キャベツ」が欲しいのにスーパーの店員さんに「野菜を下さい」、チョコレート色をしたラブラドールの子犬を欲しいのにペットショップへ行き「犬を下さい」というのに等しいことだからです。上述したそれぞれの民族や部族の民たちは、日々の仕事や生活上の必要性から、それらの対象物を細かく分類し、それらに対して何十から何百という異なる言葉を持ち、そして使っているからだと言われます。

上記のような現象を次のような身近な例で考えることも可能です。ある言語による言葉の意味するものの範囲が、他の言語で表す言葉の意味

する範囲とずれていることがよくあります。たとえば、日本語の「椅子」は、「座る」という身体操作や生活様式の歴史的な違いから、その意味範囲が広く、およそ立ち位置から膝を曲げて座る 4 脚もしくは台付きの物体をすべて表すことができると言っても過言ではありませんでした。ところが、英語では「座るもの」を総称する言葉はなく、その目的と形状によってそれぞれに個別な名前が与えられ、chair、seat、sofa、bench、stool などと区分されています。日本語の米と英語の rice の場合にはこれが逆になります。日本語は、「もみ」、「稲」、「米」、「ごはん」と分類されているのに対し、英語にはそれらを区別する表現はなく、すべて rice の一語で済ませます。これらはみな、それぞれの生活様式という文化の違いからくるものです。

　これまで取り上げてきた事例は、ある言葉を、たとえば辞書を使って英語に、あるいは日本語に翻訳できたとしても、その言葉を発信したときにそのイメージが異なって相手に伝わるか、相手の心の中にはそのイメージすら浮かんで来ない可能性があることを示しています。それは、とくに異文化社会とのコミュニケーションでは多分に起き得ることであるといえます。

　大事なことは、次の事実を知ることです。すなわち、英語（文章、句、単語などすべてにわたり）を正しく理解するためには、その英語が使われている地域の文化背景を知らなければならないということです。英語が実際に使用されている国々や地域の文化背景をすべて知るなどということは不可能なことですが、少なくとも欧州文化から発生した人類文化共通の根の部分にあたるあたりは知っておきたいものです。また、それらの特有な言葉に対して日本の伝統文化や歴史上では、文化の諸要素がいったいどのようにそれぞれ対応しているのか、またそこには違いがあるのか、ないのかというイメージの普遍性と特殊性の有無についても知っておくことは得策であると思います。そのあたりの文化背景の知識を提供したいというのが本書を企画した意図でした。

　本事典は次のような内容と特色を有しています。

(1) 日本語と英語の差を生じさせる社会的、文化的、また歴史的背景の違いと、その違いから生じてきたイメージや連想するものの同質点と異質点を明らかにし、その理由を説明している（第Ⅱ部）、

(2) 日英ともに日常よく使う諺でありながら、日本語の場合と英語の場合では、それぞれ表現方法やあるいはその意味するところが異なるものを紹介し、解説している（第Ⅲ部）、
(3) 英語圏のネイティブスピーカーにはわかりきった言葉やことがらでありながら、そして辞書的には翻訳できながら、日本人にはなかなか理解できにくい表現を紹介し。それぞれにつき詳説している（第Ⅳ部）、そして
(4) それら詳細部分への導入部分あるいは序論として第Ⅰ部では異文化コミュニケーションの難しさや楽しさについて述べている。

　なお、本事典において取り上げた用語や表現は米語すなわちアメリカ英語によるものが中心になっています。ただし、必要に応じて英国英語の相当語句もそれぞれ紹介しています。本事典の執筆者は、前作『和製英語事典』と同じ3人です。それぞれの略歴については同事典の「まえがき」に譲りますが、今回も「三人寄れば文殊の知恵」のとおり、それぞれの特色を生かして執筆に取り組みました。本事典におけるそれぞれの役割ですが、第Ⅰ部を亀田が担当しました。第Ⅱ部と第Ⅲ部は亀田と青柳が分担執筆し、第Ⅳ部をクリスチャンセンが担当しました。なお、第Ⅳ部の翻訳は亀田が全編にわたり監修しましたが、同志社大学商学部助教の高森桃太郎先生のご協力を得ました。同先生のご協力に感謝申し上げます。また、本書の編集では全般にわたり国際フレイトフォワーダーズ協会（JIFFA）「実用英語通信文講座」専任講師の山田雅重先生に多大なるご協力とご支援をいただきました。先生のご指導に対し改めて厚く御礼申し上げる次第です。

　今回この『日英ことばの文化事典』を出版することが可能になったのは、丸善出版株式会社企画・編集部部長の小林秀一郎氏のお力によるものです。長い間にわたり3人の遅筆をご辛抱いただき、折に触れて叱咤激励して下さいました。同氏の温かいご支援に対して心から感謝の意を表したく思います。

2015年11月

著者を代表して
亀田尚己

目　　次

第Ⅰ部　異文化コミュニケーションと表現　　1

1. ことばと文化とイメージ……………………………………………2
2. 文化とコミュニケーション…………………………………………12
3. 異文化コミュニケーション…………………………………………21
〔コラム〕日英ことばのイメージの違い……………………………31

第Ⅱ部　単語の持つイメージを比べる　　35
（※50音分野別配列）

【色】
　青　37／赤　37／黄　76／銀　83／黒　89／白　128／茶色　153／
　灰色　179／ピンク　193／緑　207／紫　210／桃　213

【家庭】
　赤ちゃん　38／いとこ　49／おじ　60／鏡　66／兄弟　82／子ども　104／
　主人　122／母　186／夫婦別姓　193／苗字　208／老人　225

【教育】
　機会均等　77／教育　81／議論　82／消しゴム　91／ことば　103／
　三角形　110／三角形の論理　110／三段論法　111／自信　115／
　慈悲　118／世界地図　137／大学生活　144／野球　214／理屈　220

【契約】
　以上　46／解雇　64／額面　67／契約　90／昇進　125／
　賃貸借契約　155／法律制度　201

【交通】
　遺失物　45／駅　56／交通信号　95／タクシー　148／橋　180／
　船　195／列車・電車　224

【鉱物】
　石　45／エメラルド　57／オパール　62／銀　83／真珠　128／
　水晶　131／砂　133／石炭　138／石油　138／ダイヤモンド　146／
　鉄　160／トパーズ　165／ルビー　223

【衣】

アクセサリー　39／糸　48／エプロン・前掛け　57／傘　67／鞄　69／靴　86／靴下　86／コート　103／スカート　131／スカーフ　132／ズボン　134／セーター　139／人形　175／ネクタイ　176／針　187／晴れ着　188／帽子　201／指輪　217／リボン　221

【昆虫】

蟻　43／蜘蛛　87／蝉　140／蝶　154／蜂　183

【魚】

鰯　51／鰻　53／鯉　94／魚　106／鯛　143

【式典・行事】

鐘　69／仮面　73／葬式　142／卒業式　143／通夜　158／入学式　173／墓　180

【自然】

秋　38／朝　40／雨　42／泉　46／岩　51／海　54／雷　72／川　75／木・森　77／空気　84／洪水　95／苔　99／こだま　101／台風　146／太陽　147／月　156／天　161／洞窟　162／どんぐり　168／夏　169／波　171／春　188／日の出と日の入り　191／冬　195／龍・竜　222

【社交】

挨拶(1)　36／挨拶(2)　36／アルコール・酒　43／贈り物　60／お世辞　61／おもてなし　63／視線　115／誠実　135／建前　149／沈黙　155／付き合い　156／手助け　160／どうぞご自由に　163／無口　209／礼儀作法　224／笑い　226

【住】

壁　70／紙　71／玄関　91／座布団　108／敷物　114／台所　145／天井　161／戸　162／庭　174／梯子　181／柱　181／風呂　197／便所　200／窓　204／マンション　206／門　213／床　216

【食】

揚げる　40／あぶら　42／アルコール・酒　43／居酒屋　44／鰯　51／鰻　53／海老　56／お茶　61／カボチャ　70／鴨　73／キャベツ　80／牛乳　80／胡瓜　81／栗　88／ケーキ　90／鯉　94／穀物　98／胡麻　104／米　105／魚　106／砂糖　107／皿　108／塩　112／ジャガイモ　119／生姜　124／酢　130／寿司　132／鯛　143／大根　144／大豆　145／卵　151／玉葱　152／昼食　153／朝食　154／トマト　165／梨　168／茄子　169／鍋　170／鶏　174／人参　175／バナナ　185／パン　189／葡萄　194／ホウレンソウ　202／豆　205／蜜柑・オレンジ　206／麦　209／モーニングサービス　212／桃　213／

目　　次　ix

焼く　215／夕食　216／料亭　222／林檎　223

【職業】

解雇　64／機会均等　77／技術　78／交番　96／コック　102／
司会　113／昇進　125／職業　127／審判　129／政治家　135／
建前　149／能力　178／フロント　197／ベテラン　198／弁護士　199

【植物】

菊　78／栗　88／桑　89／桜　106／樹木　123／椿　157／花　184／
薔薇　187／ひまわり　192／松(1)　203／松(2)　203

【身体】

足・脚　41／頭　41／親指　64／顔　65／髪　71／口　85／首　87／
舌　116／心臓・心　129／背中　140／爪　158／手　159／歯　179／
肌　182／鼻　185／腹　186／眉　205／耳　208／目　210／面子　212／
指　217

【スピーチ】

質疑応答　117／質問　118／冗談　126／説明　139／多弁　151／
プレゼンテーション　196／ユーモア　219／論理　226

【政治】

英国旗　55／県と州　93／国際化　98／個人主義　100／宗教　121／
政治家　135／星条旗(国歌)　136／星条旗(国旗)　136／世界地図　137／
戦争　141／訴訟　142／対立　147／地域社会　152／独立　164／
日章旗　173／旗　182／法律制度　201

【地理】

北　79／西　172／東　190／南　207

【道具】

櫛　85／財布　105／槌　157／刀剣　163／時計　164／鍋　170／
梯子　181／矢　214

【動物】

犬　49／イルカ　50／兎　52／牛　52／馬　54／海老　56／狼　59／
蛙　65／かたつむり　68／亀　72／狐　79／猿　109／狸　150／
虎　166／猫　176／鼠　177／豚　194／蛇(1)　198／蛇(2)　199

【時】

一月　47／元旦　76／勤労感謝の日　83／九月　84／クリスマス　88／
五月　97／午前と午後　101／三月　111／四月　113／時間　114／
七月　116／十月　120／十一月　121／十二月　122／正午　125／
二月　171／日曜日　172／八月　183／バレンタインデー　189／

夜明け　219／六月　225

【鳥】

　　鴨　73／烏　74／雀　133／鷹　148／鶴　159／鳥　166／鳩　184

【日常生活】

　　悪魔　39／家　44／遺失物　45／いただきます　47／行って来ます　48／
　　いらっしゃいませ　50／扇　58／お帰りなさい　59／落し物　62／
　　かがり火　66／風　68／カレンダー　74／健康管理　92／乞食　99／
　　戸籍　100／午前と午後　101／ごちそうさま　102／三　109／支援　112／
　　時間　114／質素　117／謝罪　119／ジャンケン　120／主婦　123／
　　正月　124／招待　126／食事　127／スーパー　134／青年　137／
　　雑巾　141／訴訟　142／対立　147／ただいま　149／旅　150／
　　地域社会　152／時計　164／取扱説明書　167／泥棒　167／名前　170／
　　火　190／病院　192／ほうき　200／祭り　204／闇鍋　215／
　　夢(1)　218／夢(2)　218／夜　220／離婚　221

【人間関係】

　　内輪　53／運命　55／婉曲表現　58／思いやり　63／感謝　75／
　　謙虚　92／謙譲表現　93／幸福　96／公平　97／誘い　107／
　　根回し　177／年齢　178／皮肉　191／プライバシー　196／本音　202／
　　名刺(1)　211／名刺(2)　211

【メディア】

　　広告　94／新聞　130

第Ⅲ部　ことわざ・格言のイメージを比べる　　227

赤子も同然（赤子の手をひねる）　228
浅瀬に仇波　228
明日のことを言うと鬼が笑う　229
あぶく銭は身につかぬ　229
一押し二金三男　230
一蓮托生　230
魚心あれば水心　231
内弁慶　231
馬の耳に念仏　232
噂をすれば影がさす　232
縁は異なもの味なもの　233
奥の手　233

奢る平家は久しからず	234
鬼に金棒	234
鬼の居ぬ間に洗濯	235
蛙の子は蛙	235
漁夫の利	236
犬猿の仲	236
虎穴に入らずんば虎子を得ず	237
転ばぬ先の杖	237
先んずれば人を制す	238
猿も木から落ちる	238
地獄の沙汰も金次第	239
釈迦に説法	239
蛇の道は蛇	240
正直の頭に神宿る	240
捨てる神あれば拾う神あり	241
背に腹は代えられぬ	241
船頭多くして船山へ上る	242
高嶺の花	242
多勢に無勢	243
蓼食う虫も好き好き	243
旅は道連れ、世は情け	244
玉に瑕	244
月とすっぽん	245
出る杭は打たれる	245
転石苔を生ぜず	246
点滴石をも穿つ（雨垂れ石を穿つ）	246
隣の芝生は青い（隣の糠味噌）	247
鳶が鷹を生む	247
虎の威を借りる狐	248
ない袖は振られぬ	248
何もしないよりはまし	249
猫も杓子も	249
猫を被る	250
寝耳に水	250
念力岩をも徹す	251

八十の手習い	251
花より団子	252
人は見かけによらぬもの	252
風前の灯火	253
覆水盆に返らず	253
不言実行	254
無沙汰は無事の便り（無事に便りなし）	254
蒔かぬ種は生えぬ	255
目の上の瘤	255
藪をつついて蛇を出す	256
闇夜の［に］鉄砲	256
李下に冠を正さず	257
我が家楽の釜盥	257

第Ⅳ部　基本単語の組合せなのに直訳すると意味不明のイディオム　259

A Hot Potato	260
A house of cards	260
A night owl	261
A nightcap	261
A walk-off hit	262
A walkover match	262
Ace in the hole	263
Ball and chain	263
Behind the 8 ball	264
Big Box	264
Black Box	265
Black Friday	265
Black Sheep	266
Black Swan	266
Black Tuesday	267
Blackmail	267
Bored to the bone	268
Bottom of the Barrel	268
Box of Chocolates	269

Boxcars	269
Bucket List	270
Can of Worms	270
Clean Slate	271
Close but no cigar	271
Cloud 9	272
Cut to the chase	272
Dance in the End Zone	273
Dance with the stars	273
Drop in the bucket	274
Fall off the wagon	274
Flash in the Pan	275
For my money	275
Get on the bandwagon	276
Get the picture	276
Girl Friday	277
Go bananas	277
Goose Eggs	278
Gravy Train	278
Greasy Spoon	279
Greenmail	279
Have a lot on one's plate	280
Have bigger fish to fry	280
Highway Robbery	281
Hill of beans	281
Hold all the aces	282
I'm game	282
In a Flash	283
In the Box	283
In the cards	284
Jump through hoops / Shoot hoops	284
Knight in Shining Armor	285
Lose Heart	285
Make one's mark	286
Miss the mark	286

Night and Day	287
Nitty Gritty	287
No dice + Loaded dice	288
No rest for the wicked	288
No Sweat	289
Out of the Box	289
Out of the picture	290
Over my dead body	290
Pass out cigars	291
Pick your poison	291
Play it by ear	292
Pretty Penny	292
Pretty Picture	293
Pumped up	293
Queen of hearts	294
Raise hell	294
Rock Bottom	295
Rubber Check	295
Rubber Stamp	296
See the big picture	296
Seventh Heaven	297
Show me the money	297
Silver Screen	298
Silver Spoon	298
Small fish in a big pond + Big fish in a small pond	299
Small Potatoes	299
Snail Mail	300
Snake Eyes	300
Sour Grapes	301
Spill the beans	301
Spilled Milk	302
Stone broke	302
Stone cold	303
Stone's throw	303
Sweet Talk	304

目 次 xv

The big cheese ＋ The big enchilada	304
The Sky's The Limit	305
Throw a bone to	305
Throw someone under the bus	306
Train Wreck	306
Trash Talk	307
Under the gun	307
Under the table	308
Until hell freezes over	308
Wear your heart out on your sleeve	309
White Knight	309

【付録】 英語シンボル記号の意味　310

参考文献　312

第Ⅰ部

異文化コミュニケーションと表現

1．ことばと文化とイメージ

　英語学習法の一つに、ことばの持つイメージを大切にするという考え方があります。その考えに基づいて、英語学習においては「イメージ力」が欠かせないと主張する本も出版されています。中には、英語の持つイメージをイラスト化して示し、そのイラストをイメージすることでその英語を大脳に定着させるという工夫を凝らしている本もあります。ことばのイメージを大切にするという同じような考えから、本書では、日英でイメージの異なる単語や表現、文化や歴史をもとにした英語独特の表現を、類書には見られないほど数多く取り上げそのイメージの違いについて説明していきます。英語を効果的に学ぶためには、日本語と英語のことばや表現の間に横たわるイメージの違いを知り、発想の転換をはかることが大事です。

　禅や哲学のことばに自他一如とか自他同一ということばがありますが、簡単にいえば、自分と相手が一つになりきるということを意味します。コミュニケーションに関していえば、話し手・聞き手（書き手・読み手）の間で交わされることばに対し両当事者が同一の意味を与えること、といっても過言ではないでしょう。それは、とりもなおさず、交わされることばに対して両者が共通のイメージを抱くことに他なりません。そのことばが持つイメージが同じになれば、お互いの気持ちをよく理解することが可能になります。相手と心を通わせることもできます。逆にそのイメージが異なっていれば、当然のことながら両者の間にはすれ違いが生じます。

　コミュニケーションの理論では、そのような「すれ違い、履き違え、行き違い」をバイパスィング（bypassing）と呼びますが、実はこのような「意味の取り違え」はそれぞれの文化背景を異にする話し手と聞き手（書き手と読み手）による異文化コミュニケーションではよく発生しています。これらの意味の取り違えもイメージ力を高めることによって解決していくことが可能です。「イメージ力」とは自分が使うことばは相手にはどのようなイメージを与えるだろうかを考え、相手が使ったことばを理解しようとするとき、もしかしたら相手はそのことばに、自分とは違うイメージを与えているかもしれないと思うことであるといえる

でしょう。以下、ことばとそれを使う人、そしてそのことばのイメージという問題について見ていくことにしましょう。

● ヒトとことばとイメージの関係

　コミュニケーションにおけるイメージの重要性を考えるにあたって次のような例をあげて説明したいと思います。オバマ大統領はスピーチのうまさによって大統領になったといわれることがありますが、欧米では政治家だけではなく企業のCEOなどビジネスエグゼクティブたちもみな、パブリックスピーチと呼ばれる人前でのプレゼンテーションを重要視しています。現在では日本を代表するような多国籍企業のCEOたちも、実際に海外での製品展示ショーの会場で積極的に、立派な英語プレゼンテーションを行っています。

　文化の世界でも状況は同じです。日本が激戦の末、2020年オリンピック開催を勝ち取ったのは、あのブエノスアイレスでの東京招致委員会による最終プレゼンテーションだったことはよく知られています。そのときに紹介されたジェスチャー入りの「お・も・て・な・し」が一躍有名になりました。いずれのケースもスピーカーたちはかなりの費用と時間をかけて、スピーチの専門家から特訓を受けているのがふつうです。

　そのような専門的訓練の中で特に重要なテクニックの一つにPIM（picturing in the mind）があります。PIMとは「スピーチを絵に描く」、すなわちスピーカーの考えを聴衆に「見せる」ことです。よく人間の考えは次のような割合で五感を通って相手に伝わるといわれます。

視覚	85	％
聴覚	10	％
触覚	2	％
味覚	1.5	％
嗅覚	1.5	％

　この統計資料からも分かるように、話す声に目で見えるものを加えるとスピーカーの考えは95％、すなわちほぼ完全に聴き手に伝わるのです。筆者（亀田）の息子がまだ3歳のときに、何かを説明しようとし

たところ、「見えないから分からないよ」と言ったのを今でもよく覚えていますが、まさにその通りなのです。それを証明するように英語では「分かること」は「見えること」という表現がいくつもあり、実際に日常会話の中でよく使われています。すなわち、ことばの持つイメージがその通りに相手の心の中に伝わっていくことが「分かる」ことなのです。

- I am having some trouble visualizing what you have in mind.
（君が何を考えているのかぼくにはよく分からない）
- The picture you probably have of this kind of work is mistaken.
（この手の仕事について君が多分思っているだろうことは間違っている）
- You don't have to explain any further. I get the picture.
（もう説明はいいよ。分かったから）

さて、それでは私たち日本人が使う日本語のことばが文化背景の異なる外国人たちへ、彼らのことばに翻訳されて伝わるとした場合、そのことばを読んだり聞いたりする相手は、そのことばから私たちが心に描くイメージと同じものを想起しているのでしょうか。文化背景が異なると一見同じような意味のことばに見えても、その実像はかなり異なっていることが多くあり、それがまた異文化間のコミュニケーションを難しくしている要因となっています。ことばの持つイメージが国や文化によってかなり違っていることはよく知られています。実際には old と「古い」、more than と「以上」などことばの意味にかかわるものから、月影や太陽の色というイメージの違いまでいろいろとあります。後者にはジェスチャーや用語の意味の違い、また同じことわざにもかかわらず、その意味するところが異なるような事例をあげることができます。変わったところでは、ものの考え方が異なるために、同じ目的で使われるものの、その表現スタイルが異なるものがあります。

● 「古い」と「以上」のイメージとお国柄の違い
　old の意味は当然に「古い」ということです。ただ、その「古さ」が

問題になってきます。oldということばに対して持つイメージは、ギリシャ人やベドウィンの民たち、建国250年弱の米国人たち、そしてその中間を行く私たち日本人の間で、大きく違っているのがふつうです。1975年頃のこと、パルテノンの神殿を近くに仰ぐ丘の上からまわりの景観を楽しんでいた筆者は、隣のギリシャ人に「あそこに素敵な古い修道院が見えますね」と話しかけました。すると、「古いですって？　あの建物は少しも古いものではありません。16世紀に建てられたまだ新しいものですよ」と思いもかけないことばが返ってきました。

　確かにギリシャは、アテネの市内はもとより、その郊外にも紀元前何世紀という遺跡が数多く点在し、何千年、何百年も昔の建物が、半壊しているものの、そこかしこに残っている「古い」国です。そのようなギリシャにおいては16世紀に建てられた修道院は決して「古い建物」ではないのです。それに対して、当時建国200年祭を祝っていた米国では様子が異なります。大小を問わず地方の村や町には必ずといってよいほどミニ博物館があり古いモノを展示し、ところによっては昔のままの衣装に身を包んだ人々が、日常生活を営んでいるところを見せてくれたりしています。米国人にとっての「古い（old）」ものとは100年から200年程度のものなのです。

　「〜以上」の英語訳であると思われているmore thanもビジネスの世界ではよく誤解を招くことばで、トラブルを起こしやすいものです。実際には語句の定義として日本語の「〜以上」が、その対象となる数量単位を含むのに対して、英語のmore thanはそれを含みません。「25ユニット（個）以上」と"more than 25 units"では25個目をその対象に入れるのか入れないのかで大違いになります。それぞれのことばのイメージが異なっているために生じる問題です。

● 月影、太陽の色、ことわざ、住所にも見られるイメージの違い

　満月の時に眺める月影も、私たち日本人には一般的に「兎が臼で餅を搗いている」ように見えますが、異なる文化圏の人々はその月影にまるで異なるイメージを抱いています。英語圏のみならずヨーロッパの言語圏では「月の男（The Man in the Moon）」というのが普通です。ロマンチックな国イタリアでは男ではなくThe Woman in the Moonというそ

うです。アフリカ諸国では現地の野生動物に見えるといい、ケニアの人々は小さい頃からあの月影は象であると教えられて育つといいます。インドやパキスタンあたりでは、おばあさんが孫娘とヤギのお乳をしぼっているように見える、などともいいます。その他のアジアの国々の話には、おじいさんやおばあさん、農夫や木こり、また仏様や観音様なども登場してきます。

太陽の色はどうでしょうか。日本では、太陽の色は赤ないしは朱色が通り相場ですが、欧米では黄色が常識です。子ども向けの絵本に *What is the color of the Sun? It's yellow.* というタイトルが付いています。米国の童謡には Mr. Sun, Sun, Mr. Golden Sun, please shine down on me.（太陽さん、太陽さん、金色の太陽さん、どうぞ私にその光を注いでください）と、太陽を Mr. Golden Sun と歌う一節があり、太陽の色は金色ともいわれます。太陽の色を赤や朱色とするのは日本を始めとして少数派であるといえます。

日本語のことわざに「転石苔を生ぜず」がありますが、「何事も腰を落ち着けてあたらないと、身に付くものがなく大成できない」（広辞苑）という意味で使われます。広辞苑には2番目の意味として「常に活動している人は、時代に遅れることがない」もあげられています。実は、このことわざの元は英語で、A rolling stone gathers no moss. といいます。その意味なのですが、おもしろいことに英国と米国では、同じ英語でありながらまったく反対の解釈がされています。英国では、日本と同じように、転職をいましめ、同じ職場でしっかりと腰を落ち着けて仕事をしていかないと技術や能力や信頼などよいことが身に付かない、という意味で使います。米国ではその反対で、転職はよいことであるという意味で使われます。これは、「苔」のイメージに対する違いという考え方からきているのかもしれません。「苔」を得難い貴重なもの（きれいな苔になるためには長年を要する）と考えるか、単に苔をカビのように不浄で不要なものと考えるかの違いです。

日本では、広げた手の親指から「ひとつ、ふたつ」と順に小指まで閉じていき、それから小指から親指へ広げていくのが一般的な数え方です。ところが英語では、握った拳（こぶし）の状態から、1は人差し指を立て、2は人差し指と中指を立て、3は親指で小指を押さえ、人差し

指、中指、薬指の3本を立てます。4は小指を加えた4本の指を立て、5は5本の指を全部立てる、という順番で数えます（親指から始める場合もあります）。この違いは、自己を中心として外部へ発展していく自己中心型思考と外部との関係を重視し、外から自分へと向かう他者との関係重視型思考との違いだと説く人もいます。同じことが、住所の書き方にもよく表れていることが分かります。

　欧米では、名刺を印刷したり、郵便物の宛先や送り主の住所を書いたりする時には、氏名の下に住居表示番号、丁目、区・町村名、都市名、県・州名、郵便番号、そして最後に国名を記します。小（狭）から大（広）へと広げていくというイメージです。それに対して、日本では、県名、都市名、区・町村名、丁目、住居表示番号の順序になります。つまり大（広）から小（狭）へと縮んでいきます。石川啄木の有名な「東海の小島の磯の白砂に我泣きぬれて蟹とたわむる」という詩は、東海という大きな地域に始まり、次に小さな島に移り、次いでその磯辺へ近づいてきて、その磯辺に横たわる砂浜の白砂に終わる、大（広）から小（狭）へ縮小していきますが、手を使った数の数え方や、住所の書き方にもそのようなイメージに合った日本人特有の「縮み思考」が表れているようです。

● ことばとコミュニケーション

　外国語ができればその国の人々とコミュニケーションができるとか、今や世界語の地位を確実にした英語ができれば、世界の人々との意思の疎通が可能になると思っている人は依然として多いようです。さらには、その世界語である英語さえできれば、どの国の人々ともビジネスをしていけるものと信じているビジネスパーソンも実際に多くいます。しかし、本当にそうなのでしょうか？　英語ができれば、世界の人々を相手にして、お互いに通じ合える意見の交換や、モノを売ったり買ったりすることができるようになるのでしょうか？　残念ながら、そのようなことはないといわざるをえません。ことばとコミュニケーションは別のものなのだということをまず知ることが大事です。

　そのように主張するのはもちろん理由があってのことです。なぜ、英語ができても世界の人々と自分の思うようなコミュニケーションが可能

とはならないといえるのでしょうか。その主な理由として次の3点をあげたいと思います。(1)三つのV（Visual、Vocal、& Verbal）の原則、(2)五つのWと一つのHからなる六何の原則、そして(3)「ことばの意味は人にあり」という一般意味論。この3点について以下で具体的に解説してみましょう。

(1) 三つのV（Visual, Vocal, & Verbal）の原則
　まず三つのVの原則ですが、これは米国の心理学者であるメラビアンが1960年代に行った実験の結果をまとめた論文がもとになっています。メラビアン自身は決して三つのV（Visual、Vocal、& Verbal）というような用語を使っていたわけではなく、ましてやコミュニケーションを成功させるための万能薬としての説を唱えたわけではありませんでした。その後彼の説が一人歩きするようになり、米国のビジネススクールや日本での各種の講演会などでも、いつの間にか本来は「顔の表情」であったものが、スピーカー自身の身だしなみや、プレゼンテーションに使用するスライドや展示物などの「見た目（Visual）」にまで拡大解釈されるようになってきました。そのために、彼自身が「私はそのようなことは言っていない」とそのような拡大解釈を否定する見解を出すようにまで至りました。

　メラビアンは、人間の感情の伝え方において言語（language）、声の調子（diction）、そして顔の表情（facial expression）がそれぞれどのくらいの割合でそのコミュニケーションに影響を与えるかをテープレコーダーと顔の表情を写した写真を使って被験者に実験を行ったのです。たとえば、「今日のあなたのネクタイは素敵ですね」という言語が発せられるときに、感情を押し殺した声と、さも相手を蔑んだような顔の表情でそれを相手に伝えたらどのような結果になるだろうかということを調べたのです。その結果、人から人へ感情を伝える際に言語が果たす役割は7％、声調が38％、そして顔の表情が55％を占めるという実験結果を発表したのです。

　この実験結果からいえることは、人間と人間のコミュニケーションにおいて言語の果たす役割はわずか7％と相対的に低いものであり、感情を表現する声と顔の表情がそのコミュニケーションの成否を占うことに

なるということです。たとえば、電子メールという現代の通信手段を、このメラビアン説に当てはめて考えてみましょう。当然のことながら、電子メールでは合計で93％を占める顔の表情と声の調子を利用することはできません。わずか7％にしか過ぎない言語だけで自分の思いを相手に伝えなければならないのです。だからこそ、メールを作成し発信する際には十分過ぎるほどの注意を払い、何度も読み返し、誤解の生じないように入念な準備を怠ってはならないということになります。

　逆にいえば、対面で会話をするときには、たとえその英語が文法的にもまた発音的にも、いわゆるブロークンなものであったとしても、それを補ってあまりある笑顔と明るい声さえあれば、そのコミュニケーションを成功させることも可能になるということを意味しているのです。

⑵　五つのWと一つのHからなる六何の原則
　これは昔からよくいわれているように、コミュニケーションにおいては「誰が（who）＋何を（what）＋いつ（when）＋どこで（where）＋なぜ（why）＋どのように（how）」するのかをはっきりと述べることが大事であるというものです。ところが、察しの文化にどっぷりと浸かって日々生活している日本人は、長い間にわたって、「一を聞いて十を知る」ことこそよいことだと教わってきました。すなわち、相手のいうこと、書いてきたことを理解するときに、そこには言われていないことや書かれていないことまでも推察し、理解することを美徳としてきたのです。

　また、「目は口ほどに物を言い」とか腹芸ということばにもあるようにすべてのことを口に出して言い表すことをよしとしてきませんでした。さらには、「物言えば唇寒し秋の風」という芭蕉の句にも表れているように、うっかりものを言うと、それが原因となって災いを招く、すなわち口は災いのもとだから気をつけよう、というように、ことばによるコミュニケーションをあまり重要視してこなかったといえます。そのために日本人の書き、話す英語はなかなか5W1Hを明らかにしたものにはなりにくいのだといえるかもしれません。次の英文はそのような日本人ビジネスパーソンが書いたビジネスメールの一文です。

Please send us a photo and brief product information of your model CP-101. We need these soon.
（貴社のモデル CP-101 の写真と製品情報を送ってください。それらを至急必要としています）。

　上記のメッセージは大事なことがいくつか欠落していて、情報としての価値が認められません。次のように5W1Hを明記することが望まれます。

　　　Please send us a 125mm x 100mm color photo, positive film, and also 50-to-60-word product information for your CD Player (Model CP-101) soon. We need these before the end of this month in order to publish our general catalog and for the Kyoto Audio Fair to be held on November 3 and 4.
（CD プレーヤーモデル CP-101 のサイズ 125 ミリ×100 ミリのカラー写真のポジティブ（陽画）フィルムと 50 から 60 語以内にまとめた製品情報を至急送ってください。当社の総合カタログを作成するのに今月末までに必要なのです。そのカタログは 11 月 3 日から 4 日に開催される京都オーディオフェアのために必要となります）。

⑶　「ことばの意味は人にあり」という一般意味論

　最後の「ことばの意味は人にあり」という一般意味論（general semantics）が主張する定理ですが、簡単にいえばそれは、ことばそのものには意味はない、そのことばに意味を与えるのは人である、ということです。すなわちことばの意味は、それを使う人それぞれの経験に深く裏付けられていることが多い、ということを意味しています。話者それぞれの経験の違いにより話されたり書かれたりすることばには、多少大げさにいえば、それこそ千差万別の意味が与えられていて、それを聞いたり、読んだりする人もまたそれぞれの経験から得た独自の意味を、そのことばに与えているのです。

　たとえば、英語に Keep the change.（お釣りは取っておきなさい）

ということばがあります。ある時海外旅行者が、買い物をしたときに応対してくれた親切な店員に対して英語でそう伝えました。その旅行者は当然のこととして、そのお釣りをチップとして店員にあげたつもりだったのですが、そのような経験のない店員は律儀（りちぎ）にも、そのお釣りを後生大事に、その客が戻ってくるまで取っておいたという話があります。なぜこのようなことが起きるのかというと、そのような経験を有しない店員にとり、Keep the change. という英語表現は「お釣りは（次回来る時まで）取っておいて下さい」という字句の通りの意味しか与えなかったからです。Keep the change! ということばのイメージが二者の間でまったく異なっていたという事例です。

　実は、このようなことは、特に異文化の世界では日常茶飯事のように起きています。たとえお互いの母国語として英語を使っている英国人（その英語の種類からして広くオーストラリア人やニュージーランド人も含む）と米語を使う米国人の間でもよく起きることがあります。たとえば、往復切符という意味を表す英語ですが米国英語ではそれをround-trip ticket といい、英国英語では return ticket といいます。列車や航空機による旅行いずれにも用いています。

　このことばの解釈をめぐり、実際にニュージーランド人と米国人との間で問題が起きたことがあります。ニュージーランドの家具メーカーの社長がニューヨークで新しい顧客と商談をしていました。彼はその担当者にぜひオークランドにある自社工場を見に来てほしい、滞在費はもちろん往復便の航空券を送るからと申し出たのですが、数日経っても返事がありません。しびれを切らした社長が、担当者に電話をし、なぜ返事をくれないのかと問い合わせたところ、「ボスが、なぜ帰りの切符だけ送ってくるのか、ニュージーランドまでの航空運賃を払って工場を見に行く価値のあるビジネスなのか、といっていて許可してくれない」という返事でした。唖然とした社長が、そうではないと説明してもなかなか分かってもらえません。数分かかってその社長と担当者の両者が理解したことは、米国人たちがふつう使う往復切符を表す round-trip ticket はニュージーランドでは return ticket というのだということでした。これと同じようなことが日本の製粉メーカーとオーストラリアのある州政府との間でも実際に起きたことがあります。

以上述べてきた諸事例はすべてにおいて英語ができれば外国人とのコミュニケーションが可能になるという「英語万能薬」説を覆すものです。英語という言語を運用する能力と、人間どうしのコミュニケーションを成功させる能力とはまったく別のものなのです。英語ができるのに外国人とのコミュニケーションがうまくいかない理由は、そのことばに対して抱くイメージがそれを伝える側と受ける側の間では大きく異なっているからに他なりません。

2. 文化とコミュニケーション

　何十年にもわたり世界で広く愛読されてきた啓蒙書の一つに『沈黙の言語』(*The Silent Language*) という名著があります。その著者である文化人類学者のエドワード・T・ホールは、文化とはコミュニケーションであると言い切り、次のように述べています。「文化とははじめからしまいまで、常にコミュニケイション〔ママ〕の一システムである。(中略) 文化の捉え方にはさまざまあるが、根本的には情報を送り出し、伝達し、保存し、処理するシステムが文化といえる」(*Hidden Differences: Studies in International Communication*、國弘正雄訳『摩擦を乗り切る』文藝春秋、1987年、18ページ)。

　このように、ある情報を送り出し、それを伝達し、保存し、処理していくシステムそのものが文化であるという主張は説得力あるものといえます。人と人が接触するところに文化があるとすれば、お互いが日々交わす挨拶や、出生から結婚を経て葬式に至るまでの人の一生とそれにかかわる儀式も、すべてがコミュニケーション活動であるということ、そしてそれらの様式は文化が異なれば、大きく異なっていること、などは容易に理解できます。たとえば、前述したように、伝統的にことばに重きを置かず、阿吽の呼吸を大切にする日本人とアリストテレス的な論理を重要視する欧米人との間でのコミュニケーションシステムが異なっている事実も、この考え方により説明が可能です。

　この文化とコミュニケーションという問題は、私たちはいったいどのようにして他人と意思を伝え合っているのかを考えるところから始めるとよく理解できるでしょう。私たちはふつういろいろな記号を使ってコ

ミュニケーションを行っています。記号とは、私たちがふだん使っている話しことばや書きことばとしての言語、交差点に置かれた交通信号、音符の書かれた五線紙、あるいはその音符そのもの、ジェスチャーや顔の表情、さらには数字や色などです。私たちは、これらの記号を媒介としてお互いの意思を伝え合っています。たとえば色ですが、一般的に赤色は止まれや危険を、緑は進めや許可を意味する記号として使われています。

● **文化とはコミュニケーションに他ならない**

　前述したように、色はまさに「色々な」意味を持つ記号ですが、色を使ったコミュニケーションにおいては文化的な差が大きく出てくるものです。よく話題にのぼり、わが国や外国においても多くの研究者によって指摘されてきたものとして虹の色の数をあげることができます。虹の色を人々は何色に見ているかという問題で、その答は文化により異なり、2色から7色までさまざまな色の数があげられています。今日ではわが国では虹の色は7色というのが通り相場ですが、実は日本でも江戸時代には虹の色は3色しか認められていなかったといわれます。また色認識の乏しい未開民族の間では、2色から多くて3色であるという調査結果もあります。人間の目がはっきりと区別できる虹の色は4色から多くて5色であるという科学的実験結果が新聞紙上に発表されていたことがありました。それにもかかわらず異なる文化圏の人々が認識している虹の色の数はみなバラバラであるのはなぜでしょう。

　それは、人があるモノや事実をどのように見るかは、文化によって異なるということです。人間は対象とするものをそのまま見ているのではなく、それぞれの文化圏の中でことばによって身内や他人から教わり、そこから獲得した認識や心によって形作られたイメージに大きく影響されて見ているということです。人は誰も、事実をそのままの姿として見るのではなく、自分の経験、偏見、価値観、感情、態度などによって作られた色眼鏡をかけてある事実を見てしまうのです。色の付いたレンズを通して目にする「事実」からあるイメージを作り出し、そのイメージをあたかも事実のように思ってしまう。こうした偏見のゆえに、同じ事実（月影や虹の色の数）が文化や言語が違うと、まった異なったものと

して見えるのであり、それがお互いの誤解を生むことになるわけです。
　ケニアからの留学生が月の影に対する質問に、「アフリカでは、国や地域によっていろんな野生動物がいるというが、自分は象がいると教えられて育った」と答えていました。また、超ロングセラーで知られる『ことばと文化』の著者である鈴木孝夫は、『日本語と外国語』（岩波書店）の中で虹の色の数に触れて、「日本人は誰でも、『虹にはいくつの色があるか』と問われれば即座に『七色』と答えるのである。つまり七つあると言われているから、七だといつか小さい時に教わったから、いわば鸚鵡返しに七と言うのだ」と述べています。これら二つの話に共通していることは、ものごとを認識するということは、その多くを小さい時からの教育によっているという点です。
　このように、あるものごとを、あるいは記号を、それぞれ異なったものとして認識してしまう、すなわち同じものを相手の見方とは異なったものとして見てしまう、考えてしまうことが異文化コミュニケーションの阻害要因になるということは十分に理解できることです。ところで、一部を除き同じ民族が、同じ言語を話し、同じ文化を共有している日本ではなかなか理解しにくいことですが、こうした日本のような単一民族・単一言語・単一文化の国ともいえる国家は世界でも珍しい方に入ります。すなわち、国内にこれら三つの要素がバラバラに存在しているケース、あるいは同じ民族・言語・文化が複数の国にまたがって存在しているケースは、アフリカやヨーロッパに多く見られます。このような実態をよく理解することも重要になってきます。大切なことは、これまで見てきた文化とは決して国の単位を意味していないという点です。日本人が誤解しやすいところですが、文化と言語の地域的な範囲と国家という行政的な範囲は一致していないのが世界の常識なのです。この点に関して、レバノン、ブラジル、そしてフランスという複数の国籍を持ち、アラビア語、フランス語、英語、スペイン語、そしてポルトガル語の5言語を話す日産自動車CEOのカルロス・ゴーンによる次の一言は傾聴に値するでしょう。
　彼は、某紙のインタビューの中で、「あなたにとって国とは何か」という質問に答えて、「21世紀に国籍が重要だとは思わない。最後まで残るのは文化的なアイデンティティー（主体性）だろう。文化的アイデン

ティティーは国境を超える。どこの国民であるかは少しずつ重要性を失っていく」と述べています。彼がいうように、これからの世界は、よくも悪くも文化的なアイデンティティーが国境を超えていく時代に入っていきます。そのときに自分たち以外の文化圏に住む、あるいはそこから移住してきた人々と共存共栄していくためにはどのようなコミュニケーションが必要になってくるのかを考えなければなりません。文化がコミュニケーションに及ぼす影響という問題なのですが、その問題を考える前に、いったいコミュニケーションとは何なのかを次節で見ていくことにしましょう。

● **コミュニケーションの語源と意味**

　英語の communication は「共有する」とか「分け与える」という意味を表すラテン語の *communicare*、また「等しく共有されている」という意味の *communis* を語源とすることばです。そこから「共にある、共に幸せになる」という意味も派生してきました。動詞の communicate は「common にする」ということであり、common というのは、共通である、同じである、一般的である、広く分かち持たれている、などという意味を表します。複数の個体が、その共有された部分でお互いにつながっているというイメージが communication の本来の意味になります。したがって、常識（みなが等しく一般的に持っている知識）を common sense といい、みなが一緒に住んでいる地域が community であり、生産手段や生産物をすべて共有することによって貧富の差のない社会を築こうとする思想や運動のことを communism といい、これらの英語はみな comm という接頭辞を持つ同根のことばということになります。コミュニケーションは次の四つの要素から成り立っています。

1. 発信者（Sender）
2. 伝達事項（Message）
3. 伝達手段（Medium）
4. 受信者（Receiver）

伝達事項とは伝えるべきことがら、伝達手段とはメッセージを発信者から受信者へ運ぶ役割を果たすものです。テレビ、ラジオ、新聞、週刊誌、インターネットなどのマスメディアだけではなく、書かれた文字、記号、信号、叫び声、音声、ジェスチャー、顔の表情なども伝達手段といいます。このほか覚えておきたいものには次の四つがあります。

1. 記号変換（Encoding）
2. 記号解読（Decoding）
3. 反応（Feedback）
4. 雑音（Noise）

　発信者の心の中にあるメッセージはそのままでは受信者に運ぶことはできません。ある考えを持っていても黙っていては、また顔の表情や手足を動かさないままでいては、受信者には伝わっていきません。そのメッセージを受信者に運ぶ用具が必要になってきます。それが伝達手段であり、その伝達手段に乗せるために心の中のメッセージを記号化しなければなりません。その記号化のことを記号変換といいます。さらにその記号化されたメッセージは相手に理解されるものでなければなりません。具体的にいうと、日本人として日本語で考えられたメッセージを相手が理解する英語やその他の言語という記号に変換するということです。

　家庭の中で無表情のままでいる夫や妻や子供たち、あるいは職場でそのような状態にいる上司や部下、または断食をしている無言の人たちも、それが意図的な手段である場合には、それぞれの受信者との関係においてはある意味でメッセージを発しているといえます。それでは、無言や無表情が意図的でない場合はどうでしょうか？　その場合であっても、それを受信者がどのように理解するかという点においては、その無言や無表情そのものが伝達手段の役割を果たしているといえるでしょう。これは、絵画や彫刻を鑑賞する者や、その他の記号を目にする者が、それらをどう認識し理解するかというコミュニケーションの問題になりますが、詳しくは別の機会に譲ります。

　記号解読とは記号化されたメッセージを自分なりに解読し、送られて

きたメッセージの意味を汲み取ることです。正しくその意味を理解する場合もあるでしょうし、あるいは曲解してしまうこともあるでしょう。反応とは、たとえば会話の中で自分の言ったことに対して、それを聞いた相手が「何かおかしい」と思えばその顔つきが変わったり、質問をしてきたりします。このような相手の表情変化や質問のことを反応あるいはフィードバックといっています。書きことばによるコミュニケーションではこの反応はどうしても遅れがちになります。反応の遅れが生じるのは、発信者と受信者との間に横たわる時間的、距離的へだたりのためです。会話では相手の表情変化や質問などの反応によって、聞き手が分かっていないと思えば、重要な点を繰り返したり、ことばを加えたりできます。しかし書きことばの場合には反応が遅れるためにそのような工夫ができません。そのために相手側に誤解が生じても、その誤解があることすら両者が気づかずに問題が大きくなったりします。

　雑音あるいはノイズを一言で説明するのは難しいことですが、メッセージを発信者の意図した通りに受信者に伝えにくくさせるものと考えればよいでしょう。受信者が発信者の意図する情報を受信するときに妨げとなるものすべてであるといえます。文字通りの騒音や雑音から、読みにくい文字や文章、誤解を与えるような表現など、そして後述するような異文化コミュニケーションの問題までいろいろなものがあります。記号変換や記号解読の段階で、あるいは伝達手段のうえで、あるいは発信者や受信者の心の中にも起きることがあります。要するに、受信者が発信者からのメッセージの意味を曲解する要因となるものすべてのことです。

● 「コミュニケーション」の分かりやすい定義

　コミュニケーションの定義にはいろいろなものがありますが、大変分かりやすいものとして次のものがあります。「『コミュニケーション（communication）』は文字通り『共通の（common）』ものを生み出す働きである。（中略）つまり、コミュニケーションとは、言うならば、自分が頭の中に抱いている（抽象的な）広義の思考内容のコピーを相手の頭の中にも創り出す行為であると言える（池上嘉彦『記号論への招待』岩波書店、1992年、37ページ）」。

コミュニケーションの意味がこのようなものであるとすれば、「コミュニケーションの中断（communication breakdown）ともいわれる「誤解」とは、「共通のものを分かち合えない」ということであり、自分自身の思っていることのコピーを相手の頭や心の中に移しきれていない状況のことであるといえます。ここでいうところの「共通のもの」とは「ことばの意味」や「イメージ」といわれる心象（意識に浮かんだ姿や像のこと）と置き換えることが可能ですが、それはことばによって指示される対象物であったり、あるいは抽象的な概念であったりします。すなわち、ことばの発信者と受信者がことばの意味を取り違える結果、ことばによって表される対象物のイメージや概念そのものを、両者が分かち合えない状況にあることを一般的には誤解といっています。

　ことばと文化は切り離せないとか、ことばと文化は同じコインの両面である、などとよくいわれますが、ことばの意味は文化によってその範囲の長さや大きさが異なっているものです。すなわち、その語の持つイメージが大きく異なっているということです。文化が異なれば、辞書的には同等な、あるいは相当する意味であるとされる二つの語の意味に大きな開きがあることがよく知られています。次節ではそのあたりのことについて事例をあげながら見ていくことにしましょう。

● 文化がコミュニケーションに及ぼす影響
　文化の違いに優劣をつけてはなりませんし、違いは違いとしてお互いに尊重されるべきものです。ただ、相手の文化や慣習に自分の文化の価値基準を当てはめて考えると、どうしても最初はその違いにとまどいを感じ、どうしてそうなのだろうと不信感を持ってしまうこともよく起こります。それは、ある意味では自然なことではないかと思います。たとえば、東南アジアやアフリカなど温暖な地域（季節によっては酷暑という表現の方が正しい場合もありますが）では生活の知恵としてそこに住む人たちの時間感覚は、私たちとはかなり異なっているものです。インドネシアには「ゴムの時間（rubber time）」ということばがあり、会議やパーティーなどの集まりは決して定刻通りには始まらないことを意味しますが、筆者の経験からいえば、西アフリカのナイジェリアにおいても同じことがいえました。

たとえば、as soon as possible（できるかぎり早く、可及的速やかに）という意味を表す ASAP という頭字語がありますが、その意味も大きく異なってきます。米国人や日本人のビジネスパーソンたちが通常このことばを使う場合には通常長くても1週間ぐらいの時間範囲を意味します。しかし、彼の地の人々は優に1か月を超えるような時間の範囲でこのことばを使ってくることがしばしばありました。実際にインドネシアの友人にこの ASAP ということばを使う時にはどのくらいの期間を考えているのかと聞いたことがありますが、その答えは「1か月ぐらいかな？」というものでした。それに対して日本人ビジネスマンたちの回答は、平均して「約1週間」でした。

● 「明日」はいつからいつまでか

　筆者はナイジェリアへ何度か足を運んだことがありますが、すべてとはいわないまでも多くのことが悠久の大河のごとくゆっくりと進んでいました。「明日の朝10時に来るから」とラゴス（同国最大の都市で旧首都）に到着したばかりの私をホテルに送ってくれた取引先の担当者が、その翌日に私の部屋のドアをノックしたのは午後1時を回っていました。何一つ弁解のことばもありません。その間に筆者は何度も彼のオフィスに電話を入れていたのですが、彼の秘書はいつも、「もう出ているので間もなく着くでしょう。きっと交通渋滞に巻き込まれているのだと思います」と繰り返すばかりでした。

　同じようなことがラテンアメリカ諸国でも起きます。スペイン語でさようなら、また明日、それではまた、明日また会いましょう、などを意味することばに Hasta Mañana（アスタ・マニャーナ）がありますが、現地で生活する日本人たちは多少ふざけて「あしたまにあ〜な」などといい、その発音で十分に通じるといわれます。実際に商取引やお役所相手の交渉ごとの世界でも、日常生活においても「今日できること（やらなければならないこと）も、明日でまだ間に合う」という対応をされることが日常茶飯事で、その事例はよく報告されています。「明日」のイメージという点ではこのアスタ・マニャーナは、以下に紹介するインドネシア語のベソック（besok）とよく似ているところがあります。

　あるときジャカルタの輸入卸商と東京の輸出メーカーとの間で製品代

金の銀行送金に関して電話で話し合いが行われました。ジャカルタの会社の社長が「送金は明日実行するから安心してほしい」というので、東京のメーカーの担当者も納得して電話を切りました。ところが、その「明日」がなかなかやってきません。しびれを切らした担当者がジャカルタへ電話をして問いただすと、その社長は「確かに明日（tomorrow）送金するとはいったが、まだ『明日』はきていない」というわけの分からないことをいうのでした。絶句した担当者が散々言い合いをした後に学んだことは、インドネシア語の明日（besok）には英語のtomorrowや日本語の「明日」の意味もありますが、later on（あとで、追って、しばらくして）やin the near future（そのうちに）という意味をも含む幅の広い多義語であるということでした。確かに、インドネシア・英語辞典や英語・インドネシア語辞典にはそのように明記されています。

● 郵便ポストの色も「所変われば品変わる」

　色も文化であるという説明を本節の冒頭で述べましたが、そうであるとすれば同じ色が異なる意味を表し、異なった色が同じ意味を表しているということはありえる話です。文化が異なれば、同じものに対して人々がまったく違う色のイメージを抱いているということになります。あるとき東京の商社に日本郵便株式会社から、よく郵便局で見かけるポストの形をした貯金箱の注文が入りました。商社は、国内のメーカーでどこかその貯金箱を作ってくれるところを探したのですが、日本郵便からの指値（注文をする際に指定する希望の値段）が厳しいために交渉がうまくいかず、仕方なしに中国のおもちゃメーカーへ引合い（取引の条件などを問い合わせること）を出しました。出てきた値段は満足できるものであり、早速見本を発注することになりました。2週間が経過し、その見本が届きました。商社の担当者たちが喜び勇んでそのパッケージを開けたのですが、みなびっくりしてしまいました。なぜでしょう。パッケージの中にはなんと緑色の郵便ポストの形をした貯金箱が入っていたのでした。郵便ポストは赤色と決めこんでいた担当者が、見本の注文を出すときに、色の指定を怠ったのが原因でした。

　郵便ポストの色が赤いというのは決して世界共通ではありません。各国にあるポストはそれぞれ異なる色で塗装されているのがふつうです。

その形もさまざまです。お隣の韓国は赤ですが、中国や台湾では緑色で、そこでは郵便配達さんの制服や帽子、集配用の自転車やスクーター、郵袋などもすべて緑色で統一されています。米国は青で、英国は赤ですし、ロシアは青で、ドイツは黄色です（青のポストもあったりします）。おもしろいのは、世界のほとんどの文化圏にある郵便ポストの色は、偶然なのですが、交通信号の色（赤・緑・黄色）でカバーできるということです（ただし、青色を緑色のグループに入れるとして）。

　本節の冒頭で紹介したホールは、文化が異なれば同じことばの意味も異なってくるとして、「文化は、『ノー』が『多分』を意味し、『明日』が『決して～ない』を意味する場合のように、ことばと意味の関係を包括するものである」という有名なことばを残しています。ポストのような造形品から鳥や動物など生物に至るまで、文化によっては相当するものがその地域にはなかったり、異なるものであったり、生息していなかったり、似ても似つかぬものだったりする場合があります。辞書に掲載されている近似のものを該当語句として字義的に翻訳しても、自国の文化における意味（比喩的な意味も含み）は、相手に正しく伝わらないことがよくあるものです。このようなことを考えてみても、まさに「文化とはコミュニケーションである」ということばの重みを感じます。

3. 異文化コミュニケーション

　異文化コミュニケーションとは、異文化あるいは異言語の人々が、それぞれの相手との間で行うコミュニケーションであり、前節まで言及してきた諸事例のような問題が起きるのはなぜなのか、起きないようにするためには、何をどうすればよいかを考えることであるといえます。人はどの文化圏に所属していようとも、その文化圏で生まれ、育まれてきた特有な価値観や、あるいは規範という制限の中で自分以外の人と接触し、コミュニケーションを行い、日々の生活を送っています。ふだんはあまりにも当たり前のことなので、このことを意識することも少ないのですが、ひとたび異なる文化圏の人々と接触し、ことばを交わしてみると、たちまち文化の違いに起因するコミュニケーション上の問題が表面化してきます。

このように自文化圏内でともに暮らす人々とのコミュニケーションは比較的容易であるにもかかわらず、他の文化圏の人々との間のコミュニケーションでは何らかの支障をきたすということ、またそうした文化の差に基づくコミュニケーション活動の難しさや楽しさを味わうことが、「異文化コミュニケーション」そのものであるといっても過言ではありません。

● 日本語と異文化コミュニケーション

　異文化コミュニケーションの問題を日本人の立場から考えようとすれば、まず当然に日本人特有のコミュニケーションの実態と、そのよって立つところは何なのかという点を考えなければなりません。日本語には、論語の「一を聞いて十を知る」とか禅がもとになっている「以心伝心」という表現がありますが、これらは話の一部だけを聞いて相手の言いたいことのすべてを理解することや、自分が思っていることがことばによらずして、自分の心から相手の心に伝わっていくことを意味するものです。いわゆる「察し」というものであり、ことばを介さないで相手の言いたいことを理解でき、理解するように努めることです。その大部分はわが国の歴史的な風土によって育まれてきたものです。わが国は、長い間にわたり共同作業を旨とする農業国家であり、農作業のほとんどが同じ村に属するグループによってなされてきました。そこではお互いが気心の知れた者同士の共同作業であるため、多くのことばを必要とせず、まさに「目は口ほどにものを言い」的なコミュニケーション手段が有効に用いられてきたという事情がありました。

　長年米国に駐在する日本人マネージャーが、日本人と米国人のコミュニケーションの違いを多少おもしろおかしく比較して次のように述べていたことがあります。「日本人は決して（米国人のようには）おしゃべりにはならないでしょうね。私たちは同種同質の人種なので、皆様方米国人のように多くを話す必要がありません。私たちは、一言いうだけで、十まで分かります。ところが当地ときたら、一を理解してもらうために十も言わなければならないではないですか」。この「察し」の言語スタイル、あるいは「一を聞いて十を知る」という言語文化の例は、少し注意して私たちの生活を見回すと、その実例が身の回りに転がってい

ることに気がつきます。なぜ日本人にはこのようなコミュニケーションあるいは言語スタイルがすんなりと受け入れられているのでしょうか、その原因を考えてみることにしましょう。

● 議論とアーギュメントは同じか違うか

　15年間近くにわたり在米日系企業で働く何千人におよぶ日米のマネージャーに対する調査結果をまとめたサリヴァンによると、「日本人は幼い頃から、控えめで柔順であるよう教えられ、率直なものの言い方を控えるようにしつけられているために、だれもが相手の本心を察するのに長じている」と紹介し、さらに「日本人は意思の通わせ方がうまい——ただし、それは日本国内の話である。日本流のコミュニケーションがいかに米国で通用しないかは、数多くの調査やインタビューから明らかである。日本人も米国人も、コミュニケーションがうまくいっていないとうすうす感じている」と述べています（J. J. サリヴァン著、尾澤和幸訳『孤立する日本企業』草思社、1995年、77-97ページ）。

　日本流のコミュニケーションが米国で通用しないということに関しては、筆者自身も米国人からいろいろな批判をこれまで聞いてきました。たとえば次のようなものです。「日本人の会議は活発な議論をするところではなく、すでに根回しされていて、ほとんどの参加者には合意事項となっているものを記録に残すために形式的に話し合っているだけだ」「ミーティングの席で口角泡を飛ばすようなシーンが見られないのは、日本人は反論されることを自分の人格を傷つけられたように取るからである。相手の意見への反論は堂々と述べられ、それによって相手の心が傷つくなどということは考えられもしない欧米の社会とは大きく異なっている」「部下にものを頼むときに理由を言わない。中には『コピー！』とだけ言ってプリーズさえ言わない日本人マネージャーもいる」などです。

　議論とは本来、互いに自分の説を述べ合い、論じ合い、意見を戦わせることです。しかしそれを実践するための前提条件が日本では欠けているように思います。欧米社会では、人は子供の頃から Sticks and stones may break my bones, but words will never hurt me.（棒や石ころは私の骨を折るかもしれない、でも言葉は決して私を傷つけない）と

言い合いをしながら育ちます。「議論」はよりよい考えを引き出すために必要な言葉のやりとりであるということを誰もが知っています。しかし、日本では、議論の場で堂々と反対意見を述べれば相手はおうおうにして自分の人格まで傷つけられたように思い、その後の人間関係まで危うくなったりします。そのためもあり、意見の食い違いなどは事前に調整を取り、会議で意見を「戦わせる」ことを避ける傾向があります。

　ところで、日本人マネージャーの高圧的な態度に関しては前述のサリヴァンが核心をついた、しかしかなり厳しい意見を述べています。以下にそれを紹介しましょう。

　「日本人がアメリカに住んで親しみをこめる話し方を身につければ、命令口調が親しみやすい口調に変わるだろうか。そうはならないのである。新任の日本人もアメリカ滞在が長い日本人も、同じようなやり方でアメリカ人の部下を自分の言いなりにしたがる傾向がある。日本人が日本流の部下との接し方を変えない理由のひとつは、そうした接し方を押し通すことが、自分たちが権力を握っている証しとなり、その権力の正当化にもなるからだ。日本人が良好な関係を保っている部下にはぞんざいな口の利き方をするのも、権力を維持しようとする欲求と関係している。しかしアメリカでは、ぞんざいなものの言い方は許されないので、このマネージャーは尊大だというレッテルを貼られる。(中略) 日本人がアメリカに赴任する前にもっと質の高いトレーニングを受けていれば、こうした誤解は避けられるし、少なくとも減らすことはできる」(同上書、97ページ)。

● 異文化コミュニケーションにおける「履き違え」
　「履き違え」あるいは「行き違い」とは、「共通のものを分かち合えない」ということであり、自分の思考内容のコピーを相手の頭の中に作り出すことができないことを意味します。ここで言う「共通のもの」とは、前述したように、「ことばの意味」やイメージと置き換えることが可能です。すなわち、お互いがことばの意味を取り違える結果、ことばによって表される対象物の絵や概念そのものを分かち合えないことです。コミュニケーション理論では、前述したように、この意味の取り違えを bypassing と呼んでいます。異文化コミュニケーションにおける

意味の取り違え（bypassing）は、多くの場合コミュニケーションの発信者と受信者それぞれが帰属する集団、社会、国家や地域における文化の違いから発生します。

　言語と文化は切り離せないとよくいわれますが、ことばの意味は文化によってその範囲の広さや長さが異なっているものです。文化が異なれば、辞書的には同等な、あるいは相当する意味であるとされる2語の意味に大きな開きがあることはよく知られています。同じ表現でも、文化が違えば、異なる意味を表す事例は多く、かつて米ソ冷戦時代に「米国人にとっての民主主義は、ソ連にとっての民主主義ではない（Democracy for Americans is not democracy for Russians）」といわれたこともありました。このように、ことばはそれを使う人とその人が帰属する文化や環境によってまったく異なった意味を表すのです。

　Bypassingはこのように、二人の人間が違うものを意味するのに同じことばを使う（あるいは、同じものを違うことばで表す）時に発生するものといえ、さらに詳しくいえば、発信者（話し手、書き手など）と受信者（聞き手、読み手など）がお互いに各々の意味を曲解するときに起きる伝達不良のパターンを示すことであるといえます。異文化コミュニケーションの場では、英語が多く使われますが、母語話者にはごく当たり前の慣用表現が非母語話者にはその言外の意味が察知されないで、表面的な明示的意味だけが伝わる結果bypassingが起きることになります。なお、「明示的意味」とはことばの字句の通りあるいは辞書の通りの意味のことであり、「言外の意味」とはことばに添えられる感情的色彩やそのことばからの連想を意味する用語です。

● 実際に日英語間で起きる誤解のさまざま
　外国人とのコミュニケーションに英語を使った場合、誤解されやすい日本語の表現に「難しいですね」と「基本的にはよろしいのですが〜」の二つがあります。最初の「難しい」ですが、それに対応する英語のdifficultは、difficult but possible（難しいが可能）を意味し、日本語の「難しい」はdifficult and impossible（難しいので不可能）を意味するといわれますが、本当にその通りの感覚で用いられています。また、後者では、「基本的には」がくせ者で、このように発言する日本人

は、「それは難しくて不可能に近い」という意味で使っていることが多くあります。これらの英語訳である It's difficult to .... や We can basically agree to your proposal, but .... を聞いた欧米人は、最初は喜び、その後にそれらの表現が実際に意味するところを知って落胆することになります。日本人ビジネスパーソンが用いるこれら二つの表現はともに「それは不可能である」を意味するからです。日本人は、否定的な内容を直接的に表現して相手の心情を傷つけてはいけないという気持ちから、このような婉曲表現を多く用いる傾向があり、それが誤解の原因となっているわけです。

　単語のレベルでは、profit と利益、argument と議論、problem と問題、などが誤解を招くものとして例証されることがあります。利益を短期的な成果とみる米国と長期的な事業原資とみる日本では profit という英語に対する感覚は異なります。また口角泡を飛ばして議論をし、反対してもそれは討議事項や内容のことであって、決して相手を傷つけるものではないという基本的了解がある欧米と、反論することが相手の人格までをも傷つけることになってしまう日本では、誤解を招くことになるので注意が必要になります。日本語の「問題」の訳語としては、problem、subject、question、issue などさまざまなものが考えられますが、「政治上の問題」とか「当面の問題」などはそれぞれ a political issue、the question at issue などが適訳であって否定的な意味合いを持つ problem では誤解を与えることになります。

　bypassing は英語母語話者同士の間でも起きることがあります。特に英語と米語の間では同じもの（こと）を別のことばで表したり、異なるもの（こと）を同じことばで表したりすることが多く、そこから前述した return ticket（往復切符）のような各種の bypassing が発生することになります。ロンドン在住の米国人ビジネスマンが、あるとき英国人の顧客から、本当に心から賛美している様子で、彼の奥さんが homely であるといわれ、本人はそのことに大きなショックを受けたといいます。なぜならば、この homely は、英国では「温かい」とか「友好的だ」という意味で用いられるのですが、米国では（女性が）美しくない、並みの器量、醜い、などという意味で用いられているからでした（G. P. Ferraro, *The Cultural Dimensions of International Business*,

Englewood Cliffs, NJ, Prentice Hall, 1994, p. 44.)。

　異文化コミュニケーションを成功させるためには、単に世界の共通語の地位を占めつつある英語の語学力を高めるだけではなく、文化を異にする相手の立場に立ってものごとを見てみようとすることが大切になります。相手は自分とは違っている、その相手はどのような考え方をしているのであろうか、と考えることがことばを発したり、ことばを理解したりする際に必要となってくるのです。

● 英語と異文化コミュニケーション

　最近では英語が国際語であるとか、世界の共通語であるとかいわれ、誰もが、英語が話せれば世界の人々とコミュニケーションが可能であると信じているような風潮が見られます。確かに、かつては七つの海を支配し、世界に約70か国（第二次世界大戦後に独立した国を基準として数えた場合）を超える植民地を持ち「日の没せぬ帝国」と称された大英帝国や、20世紀以降の世界経済の中心地である米国の影響を考えれば、英語が世界の共通言語としての確固たる地位を築き上げたということは事実といえるでしょう。

　世界の75か国で英語が第一言語あるいは第二言語として使用され、それらの国々の総人口は、世界総人口の3分の1になるともいわれています。ただし、実際に英語を使用する人口はそれよりも少なくて、ネイティブとネイティブなみの話者の数は6億7千万人、「そこそこの話し手」を加えると18億人、その中をとって12億人から15億人というあたりが世界中で実際に英語を使っている人間の数であろうと英国の言語学者であるクリスタルは計算しています。

　これらの英語の話者人口を考えれば、確かに英語が国際語としてどこへ行っても通用する言語であるとの考え方が出てくるのも当然といえるでしょう。しかし、筆者たちは英語ができれば世界の人々とのコミュニケーションが可能であるとか、容易になるとかいう主張に与しません。反対に、そのようなことはありえないと主張します。その理由はこれまでも見てきたように、世界の人々とのコミュニケーションで難しいのはことばではなくことばを超えたところに存在する文化の違い、氷山のたとえでいえば、水面下にあることばの概念の違いだからです。いわゆる

コミュニケーション・ギャップの問題は、英語ができれば解決できるというような簡単な問題ではないのです。

コミュニケーション・ギャップとは、「発信されたメッセージが受信されたメッセージにならない（A message sent is not a message received.）」ということです。つまり、異文化圏に居住する者同士の間では、これまで述べてきたように、自分が発信した自国語あるいは外国語によるメッセージが、自分の意図したこととはまったく異なって相手に理解されてしまう、あるいは自分が意図したことが相手に通じないということがよく起きます。多くの場合に、このような状態にあるときを指して、コミュニケーション・ギャップと呼んでいます。

この現象をよく観察してみると、そこには異文化間にまたがる「ことば」の問題と「コミュニケーションスタイル」の問題という二つの異なる問題領域が見えてきます。外国人との間で起こりえるコミュニケーション・ギャップの問題は、単に単語としてのことばが原因となるばかりではなく、ことばの単位を超えたメッセージ単位で発生する異文化間での「ものの考え方」や「ものの見方」の違い、すなわちイメージの違いに起因するものが多いのです。

● 文化の違いによって起きる履き違えとその防止策

筆者は、これまで何回か、日本人ビジネスパーソンと外国人ビジネスパーソンとのコミュニケーションにおける問題を調査してきましたが、実際にことばの「意味の履き違え」は多く発生しています。たとえば、「そのうちに（soon）」が日本語では多くの場合に否定を表し、「考えておきます（I will consider）」が「興味がありません」であったりとか、「多分（maybe）」が英語では yes だが、日本語では no であったりする、という類の問題です。これらの問題は、一般意味論の命題の通り「ことばには意味がない」や「ヒトがことばに意味を与えるのである」という主張を思い起こさせてくれますが、それはまた文化的な問題でもあるわけです。

英語を書き、話す場合には、結論を先にして必要に応じてその理由を述べるという論理構造を持つ英語と、そうではなく理由を先に述べる日本語は異なっている点をよく理解し、言語スタイルを変えて、英語らし

い表現にしていかなければなりません。以下に具体的な例をあげてみましょう。だいぶ昔になりますが、国際電話のかけ方というパンフレットの中に「使われなかったコインおよびテレフォンカードは戻ります」とあり、そこにYour remaining coins or telephone card will be returned. という英文が添えられていたといいます。そのことを紹介しているケリー伊藤は、このような英語はナンセンスであり、もしコインやテレフォンカードを忘れる人が多いので注意を喚起したいというのであれば、英語ではDon't forget to take your remaining coins or telephone card. としなければならないと、その著『キミの英語じゃ通じない』（バベル・プレス、1987年、112〜113ページ）で述べています。まさに、伊藤のいう通りであり、説明だけして結論を述べていない日本語的発想の英文を、結論先型で行動優先型の英文に変換しています。

　今から20年も前のことですが、英字新聞のThe Daily Yomiuriに次のような記事が出ていました。… the high school textbooks are scheduled to go into use next April, when the school year begins. グローバルコミュニケーションの立場からいえば、この一文は感動的であるとさえいえます。なぜかといえば、同紙を読むであろうと推定される外国人の多くは、日本では4月が新入学や新学期の月であるという事実を知らないであろうと読者を慮り、忖度し、わざわざ（日本では）4月が新学年また新学期であるという文化事情を補足説明しているからです。

　米国の新学期は9月です。シンガポールでは卒業式（英国系の諸国や欧州の多くの国々では、米国や日本と違って「卒業式」とはいいませんが）も、その数日後にある入学式も8月に行われます。その当時のユネスコによる統計では、9月入学は欧米を中心に92か国、10月入学が29か国、4月入学は日本など9か国だといわれていました（2014年現在では4月に入学式が行われるのは日本、ペルー、インドネシアの3か国だけのようです）。異文化コミュニケーションを成功させるためには、この記事を書いた記者のように、The Daily Yomiuriの読者はこのような国々から来ているはずだと相手のことを思う気持ちが肝心なのです。

● まとめ

　相手の立場になりきってものを見て、考える、そしてそれをことばにして表すという態度は英語という共通語を使用して行う異文化コミュニケーションを成功させるために最も重要な心構えであると思います。そのためには「自分の知っていることを、相手はもしかしたら知らないかもしれない」と思い、自分の発言や陳述に説明をしたり、自分の意見を添えたりすることを実践すべきです。以上から、英語による異文化コミュニケーションを成功させるための方略を以下に紹介します。それは簡単にいえば、(1)相手の立場に立つ、(2)色眼鏡を外す、そして(3)人間関係を大事にする、の3点を実践することです。

(1)　相手の立場に立つ

　これまで見てきたように、たとえ世界の共通語である英語を使用しても異文化に生きる人々とのコミュニケーションは難しいものです。それを容易にすることは、ただ単に英語の能力に秀でるだけで達成できるものではありません。そのような相手に何かを述べるときには、できるかぎり相手の立場に近づくように努力し、相手の立場からものを見てみる。このように言っただけで分かるかな、分からないかな、と思い、もし分からないであろうと判断したならば、できるかぎり多くの補足説明と自分なりの意見を加えるように努力し、それを英語で表現するようにすべきです。

(2)　色眼鏡を外す

　上述したように相手の立場に立つということは、一度自分の文化にどっぷりつかっている自分自身を眺めなおしてみる、そしてそこから自分の固定観念や偏見を取り去るように努力することによって可能となります。すなわち、自分が今までかけていた日本人としての、そして企業や団体など特定組織の構成員としての色眼鏡をいったん外してみることが必要となります。あるいはまた、外国に長年駐在している日本人ビジネスパーソンであればできることですが、自分の色眼鏡を外し、あえて相手のかけている色眼鏡をかけてみて、外界を眺めてみることです。

(3) 人間関係を大事にする

　英語という共通語による異文化コミュニケーションを成功させるために大切なことはコミュニケーションの相手との人間関係を深めることです。それはなぜかといえば、人間関係の深まりとともに、その間で使用される共通語に対する理解力が一層高まるからです。あのエジソンが、自分の会社で働く研究員たちをよく自宅に招待し夕食をともにすることでことばの共通化をはかったというエピソードがある本の中で紹介されていました。次々に新しい発明を行うためには、一つひとつのことばをきっちり定義し、共有化していかないと複数の人間の思いはバラバラになってしまうという発想からの行動であったといいます。

　外国人と取引を行い、外国人の従業員を管理して諸種の業務を全うしていかなければならないグローバルマネージャーたちにとって一番重要なことは、彼らとのコミュニケーションをスムーズなものにすることです。そのためには、一般意味論の「ことばには意味がない。ことばの意味は人にある」という命題を思い出し、人間関係を深めていくことにより、自分の言わんとすることを相手によく分かってもらい、また自分も相手のいうことをよく分かるという状況を作り出していくように努力をすべきではないでしょうか。

コラム　日英ことばのイメージの違い

留学生や帰国子女たちの愉快なエピソード

　日英のことばの間にはさまざまなイメージの違いがあることが分かりましたが、それでは実際に英語圏で生活をしてきた留学生や帰国子女たちはどのようなことで悩んだり不思議に思ったりしてきたのでしょう。以下いくつかおもしろいと思われるものを紹介することにしましょう。

■「青信号」?　いえいえ、それは「緑」です

　日本から英米の高校や大学に留学した学生たちの多く（ほとんどといっても構わないほど）がとまどうのが交通信号の「青」です。現地人の学生のクルマに乗せてもらいドライブに出かけたとしましょう。ある交差点で信号が変わり今停車しています。信号が変わりました。でも友人はそれに気づいて

いません。そのとき、日本人留学生は、まず例外なく The light is blue!（信号が青になった（わ）よ）と友人に教えてあげることでしょう。ドライバーの友人はそれを聞いてびっくりしてしまい、こう答えてきます。No, the light is GREEN, not blue! 日本語の「青色」は緑色をも含む範囲の広いことばで、青山とは緑の樹木がうっそうと茂る緑豊かな山のことを意味し、それは決して a blue mountain ではありません。

■ テールランプの点滅には要注意

　同じくドライブにかかわることですが、日本では高速道路の入り口などで幹線道路の車列が途切れずなかなかハイウエイに入っていけないとき、親切なドライバーが手振りで道を譲ってくれることがあります。日本ではそのお礼に車列に入った後、テールランプを点滅してお礼の意味を表しています。このランプは英語で hazard lights（ハザードランプ）といいますが、その名の通り、前方にある危険や事故を知ったドライバーが後ろを走るクルマにそのことを知らせてあげるものであり、日本でのような使い方はしません。また、ところによっては、このランプの点滅は後ろを走るクルマ（ドライバー）に対してカーレースをしようと挑戦する信号としても使われるため十分な注意が必要です。

■ go と come では大違い（May I come in? は分かるのに）

　米国人との待ち合わせに来るの？　と聞かれて「行きます」と答えた日本人留学生 E さんの話です。彼女はすぐに、I'm going. と返信し、約束の場所へと出かけていきました。ところが、その友人は待ち合わせ場所にはいませんでした。まだニューヨークに到着してから 1 か月も経っていなかった E さんは、右も左も分からないところへ一人で行ったこともあり、迷子になり大変な思いをして帰宅しました。腹の虫が治まらないまま電話した E さんに対して友人は、「going っていうから、どこか別の場所に行くのかと思った。『行く』というならば、I'm coming. って言ってくれないと分からない」と言われてしまいました。May I come in? は「入って行ってもよいか」という意味だったと思い出し、悔しく思う E さんでした。

■「パートナー」って何の仲間なのだろう

　隣に 50 代と 30 代の女性そして 4 歳と 2 歳の子どもという家族が越してきた日本人の Y さん一家です。奥さんがあるとき若い方の女性に、「お年寄りの女性はあなたのお母さんよね」と尋ねたところ、Oh no. She is my partner. という答え。何のパートナーだろう、ビジネスのパートナーなのか

な、ルームシェアのパートナーかなと思い、そのまま会話が終わりました。それから数日後その家に招待され、開けたドアの正面に飾られていた大きな写真はなんと二人がウエディングドレスを身にまとった結婚式のものでした。その家庭は同性愛者の家庭だったのです。Yさんの小さな息子が二人の子どものお父さんはどこにいるの、と若い女性に聞いたところ They don't have a dad. They have two moms. と堂々と答えたそうです。

■ 粉ミルクとベビーフードはなかなか通じない

　粉ミルクのことは英語で formula といいます。それを知らなかった日本人の若いママが小児科で、母乳以外に粉ミルク（powdered milk）も飲ませたいと述べたところ、お医者さまから、「だめだめ、milk は 1 歳過ぎてから」と叱られてしまいました。formula という単語を知らず、粉ミルクということばを伝えるのに苦労した C さんの話です。離乳食も baby food だと思い込んでいた C さんが、米国人の友人に When do people usually start their baby food in the States?（米国では何歳ぐらいからベビーフードをあげ始めるの）と聞いたところ、すぐには分かってもらえませんでした。ところにより、また人により baby food でも通じないことはないのですが、米国では、solid food（固形食）というのが一般的です。

■ ソーセージと sausage のイメージの違い

　ソーセージということばを聞いて私たちはすぐに腸詰めの形をしたものを思い浮かべますがそうではないというお話です。あるとき日本人の夫婦が空港のカフェで Sausage, please. と注文をしました。出てきたのがハンバーグの形をしたパティだったので、No, we want sausage! というと、店員は怪訝な顔をして This is sausage. と答えました。ソーセージの皮（casing）に詰められていないものも米国ではソーセージであり、朝食に出ることも多く breakfast sausage といいます。

■ ストーブとヒーターって、どっちがどっち？

　日本でストーブといえば、それは暖房用の器具のことですが、米国でいう英語のストーブ（stove）は、ガスや電気の調理用レンジを指します。日本でいうところの暖房用器具を英語では heater といいます。日本人家族が多く住むコンドミニアム（日本語ではマンションのような集団住宅のこと）の管理人さんが、日本人からよく Our stove is not working. と言われてその家に見に行くと、実際には故障しているのは heater だったということが頻繁に起こるとこぼしていました。

第Ⅱ部

単語の持つイメージを比べる

挨拶 (1)：Greetings [社交]

● 英語のイメージ

greetings は初対面の時にお互いに交わす挨拶、外来の客を自宅に迎える時の挨拶、また逆に知人を訪問した際にホストと交わす挨拶を意味します。いずれの場合もハグして背中を叩いたり、握手したりするのがふつうです。with the season's greetings とカードに書く時候の挨拶も greeting(s) といいます。

● 日本語のイメージ

挨拶の「挨」は押す、「拶」は迫るを意味し、師と弟子との問答を意味する禅のことばでした。そこから人と会った時や別れる際に取り交わす礼にかなった動作やことばとなりました。会合の席などで改まって祝意や謝意を述べることや、その際のことばも意味するようになりましたが、いずれも英語のイメージにある笑顔やジェスチャーを伴う親しみを表すニュアンスには少々欠けています。

● どのような文化的背景からイメージの違いが生まれたか

挨拶は「三尺下がって師の影を踏まず」（弟子は師を尊んで敬い、常に礼儀を失わないようにしなければならない）という名言にあるように、上下関係の厳しい世界で生まれたのに対し、greetings は仲間として親しみを表すことばです。

● ネイティブによるワンポイント解説

英語の Good day. は会った時も別れる時も使います。別れる際の Goodbye. は God be with ye!（神があなたとともにあられますように祈ります）という挨拶の短縮形です。

挨拶 (2)：Speech [社交]

● 英語のイメージ

西洋社会では紀元前 2500 年にすでに「人前で話す術」について書かれた本が書かれ、スピーチが一つのアートとして讃えられてきました。英語の speech が社会で重要視され、それが上手な人は能力の高い人と評価されているのは YouTube で紹介されている TEDTalks を見ればわかる通りです。speech の同義語は elocution といいますが、朗読法とか雄弁術という意味で日常生活にもよくでてくることばです。

● 日本語のイメージ

人前で話をすることを演説とか卓話といいますが、「一言ご挨拶を～」などというようにスピーチに挨拶ということばをあてています。日本では、英語スピーチの場合とは異なり、挨拶に一定の決まりやスタイルがあるわけではありません。

● どのような文化的背景からイメージの違いが生まれたか

わが国では昔から「話す」ことは割合に軽視されてきました。はっきり言わないほうがよいという意味の「言わぬが花」や、物を言えば災いを招くという「物言えば唇寒し秋の風」という俳句にある通りです。それに対して西洋では、雄弁でなければ尊敬を勝ち得ません。そうした文化的差異からイメージの違いが生じました。

● ネイティブによるワンポイント解説

speech は聴衆を前にして話をすることばで、address は重要な問題について準備をして行う公式の演説、そして talk は打ち解けた仲間内での会話を意味します。

第Ⅱ部　単語の持つイメージを比べる　37

青：blue　　　　　　　　　　　　　　　　　　　　　【色】

● 英語のイメージ
　blue は、明暗両方のイメージがあります。明るいイメージは「清澄、透明、優秀」で、透き通るような青空、紺碧の海の blue であり、競技会や展覧会などの最高賞 blue ribbon などです。暗いイメージでは look blue「顔色の悪さ」、feel blue「憂鬱な様子」、turn blue「冷たくなる、生死の瀬戸際」、blue student「堅苦しい学生」、blue law「厳格な法律」、そして blue film は「猥褻」で「ピンク映画」に相当します。

● 日本語のイメージ
　日本語の「青」も、空や海の「青色」だけでなく、寒さや恐れ、怒りなどで「顔が青ざめる」ことを表します。また「青々とした草木、青葉、青菜」のように「緑色」が含まれます。そして「青春、青二才」など「未熟さ」も意味します。

● どのような文化的背景からイメージの違いが生まれたか
　日本では一般的に「青」といえば「緑色」も含みます。国土の7割近くを森林が占める日本にふさわしい色です。一方英語では、「青葉」も「未熟さ」も green leaves、green youth など green で表します。信号機の「青」も green light です。

● ネイティブによるワンポイント解説
　青天の霹靂は out of the blue といい、into the blue なら「未知の世界へ」という意味になります。

赤：red　　　　　　　　　　　　　　　　　　　　　【色】

● 英語のイメージ
　red は血や炎、バラの色であり、「血気」「情熱」「興奮」「怒り」「革命」「危険」「愛」「幸運」などのイメージがあります。red は red wine の濃紫色、red hair の赤茶色、red-cheek などの濃いピンク色なども含みます。red light [flag]「赤（危険）信号、赤旗」、red card「（サッカーなど）反則による退場」、red carpet「重要人物のために敷かれる赤絨毯」はよく知られています。一方 with red hands は、「血まみれの手、殺人を犯して」、see red なら牛が赤い布を見て興奮するように「激怒する」ことを表します。時には Red で「共産主義者、革命活動家」も意味します。

● 日本語のイメージ
　「赤」も「血や炎の色」であり、赤系統の色の総称です。「白」との対比、「共産主義（者）」や「銅」、決算の「赤字」、またまったくの恥「赤恥」のようにも使います。

● どのような文化的背景からイメージの違いが生まれたか
　「赤」の漢字は人に火を加えている形で、人の罪科を火によって清めることを表しています。そこで「明らかにする、まったくの、何もない」状態も意味するため、まったく無関係な人を「赤の他人」といいますが、英語では black stranger といいます。

● ネイティブによるワンポイント解説
　Red tape というと、複雑で面倒なお役所的手続き、官僚的形式主義をいいます。もともと英国で公文書を赤いリボンやひもで結んでいたのが由来です。また roll out the red carpet なら「丁重な歓待をする」ことを意味します。

赤ちゃん：baby 【家庭】

● 英語のイメージ
　赤ちゃんが最初に口に出すのはバブバブですが、ここから babe（赤ちゃん）という単語が生まれました。野球の神様といわれたベーブ・ルース（Babe Ruth）は、デビュー当時に子どもじみていたのと幼顔であったことからその愛称で呼ばれました。この babe に、mommy や daddy と同じ愛称の 'y' が付けられて baby になりました。

● 日本語のイメージ
　baby が発音から生まれたのに対し、日本語では色から生まれたイメージで捉えられ、赤ん坊、赤子などといわれます。分娩時の圧力で胎盤内の血液が胎児の体内に絞り出され、新生児として誕生する際身体全体の皮膚が赤く見えることから生まれたことばです。新芽のように若々しい嬰児という意味から緑児とも呼ばれます。

● どのような文化的背景からイメージの違いが生まれたか
　babe は聖書にも出てくるほど古いことばです。その後、愛しい人に呼びかける Sweet が Sweety に変化していったのと同じように、愛情を込めて baby というようになりました。乳飲み子といわれるように母親との関係が強調される赤ちゃんですが、baby は非力で保護を必要とする「小さな」者という感じです。

● ネイティブによるワンポイント解説
　Don't throw the baby out with the bathwater.（大事なものを無用なものと一緒に捨てる〈細事にこだわり大事を逸する〉）ということわざがあります。

秋：fall, autumn 【自然】

● 英語のイメージ
　落ち葉を英語では fallen leaf/leaves といいます。秋は fall of the leaf（落ち葉）の季節ということから fall という名詞が米国で定着しました。fall は、英国では一部の方言や成句以外には使われず、一般的に autumn が使われます。autumn は「収穫の時期」を意味する harvest にとってかわって中世から使われ始めました。

● 日本語のイメージ
　アキという語はもともと収穫を意味する「ア（飽）キ満チル」から来たという説があります。秋は収穫の季節であり、実りの喜びとともに、それはまた収穫作業の厳しさをも意味しました。稲刈りが終わると「秋振る舞い」の祝いで労いました。

● どのような文化的背景からイメージの違いが生まれたか
　狩猟民族が多かった西欧社会と古来より米作を中心とする農耕民族の国であった日本とでは、農作業にも違いがでてきます。片や一家単位による作業と、片や村人総出で農作業を仕上げていく集団作業の違いです。村人たちみなで豊作を祈願し、収穫後にはみなで豊作を感謝する行事が行われ、アキは相互扶助の代名詞ともいえます。

● ネイティブによるワンポイント解説
　leaves begin to fall のように落ち葉は盛りを過ぎたイメージがあり、old autumn（年老いた秋）などという表現もありますが、逆に実り多い円熟したという意味もあります。

アクセサリー：accessory　　　　　　　　　　　　　　　　【衣】

● 英語のイメージ
accessoryは本来、「付属品、補助物」のことです。広義には靴、バッグ、帽子、手袋、ベルト、宝石類など服装を引き立てる「服飾用品」をいいますが、狭義にはネックレスやイヤリング、指輪など、身体の各部位にまとう「装身具類」をいいます。また auto〔computer〕accessories のように機械類などの付属品もいいます。

● 日本語のイメージ
「アクセサリー」とは「装身具」であり、ブローチ、イヤリング、指輪など、飾りとして用いられるものをさします。日本では産出される宝石の種類が少ないこともあり、西洋文化が流入するまでは装身具としてのアクセサリーの種類は少なく、わずかに和装の帯留めや櫛、かんざし、また数珠などに見られるくらいでした。

● どのような文化的背景からイメージの違いが生まれたか
accessoryは、古くは服飾的な意味よりも信仰的要素が強く、「護符」として、また「身分、職業、部族、権威」などの象徴として用いられたとされます。西洋では衣服よりも accessory が主役の時代もありました。西洋には accessory の長い歴史があり、常に服飾品として欠かせないものとなっています。

● ネイティブによるワンポイント解説
accessoryは、総称では fashion accessories、また宝石類は jewelry、スカーフ、ベルトなどは apparel accessories と表されます。

悪魔：demon, devil　　　　　　　　　　　　　　　　【日常生活】

● 英語のイメージ
demonはギリシャ神話に出てくる半神半人のダイモン（daemon）を語源とし、邪悪な超自然的な存在も意味しました。devilはヘブライ語の Satan をギリシャ語に翻訳するときに借用された diabolos が、英語に取り入れられ現在に至ったものです。

● 日本語のイメージ
悪魔は、仏道を妨げる悪神の総称でした。古人は、怪奇的現象の原因となる何かわからないものを「もの」、そしてその現象を「もののけ（物の怪）」と呼んで恐れていましたが、それに妖怪、化け物、また悪魔などという語を与えていったのです。そうした物の怪も、ときには、ユーモラスで人に優しいものとしても描かれました。

● どのような文化的背景からイメージの違いが生まれたか
悪魔は善なる神に敵対する邪悪な存在で絶対的な悪ということになる西洋は、白か黒か、正か邪か、善か悪か、などと物事をはっきりと分ける二元論の社会です。ところが、グレーゾーンや自他同一の存在を認める日本は一元論の社会で、悪魔や妖怪ですら時と状況によっては愛され可愛がられる存在にもなりました。

● ネイティブによるワンポイント解説
devil fish はエイやタコのことですが気持ちの悪いというイメージがあります。Talk of the devil, and he will appear. は「噂をすれば影」ということわざにあたります。

揚げる：fry　　　　　　　　　　　　　　　　　　　　　　　　　　【食】

● **英語のイメージ**

　fry は、油を使った調理ですが、特に油をひいて炒めたりソテー（sauté〈仏〉）したりすることをいいます。少量の油で炒めるので shallow-fry、またフライパンで調理するので pan-fry ともいいます。たっぷりの油の中で調理するのは deep-fry と表します。材料をかき混ぜながら炒めるのは stir-fry です。

● **日本語のイメージ**

　日本語の「揚げる」は、「金網に載せて油を切る」ことを意味し、熱い油の中に入れて調理することをいいます。食材をそのまま、また小麦粉を薄くまぶして揚げる「素揚げ、空揚げ」、片栗粉を塗した「唐揚げ」、小麦粉の衣などを付けた「天ぷら」、さらにパン粉などを付けた「フライ」などがあります。

● **どのような文化的背景からイメージの違いが生まれたか**

　fry の語源は frigere で「こんがり焼く」という意味です。fry は油を用いて加熱する調理法全般であり、fried chicken「フライドチキン、鶏のから揚げ」、fried rice「焼飯、炒飯」、fried eggs「目玉焼き」など、「揚げる、炒める、焼く」を意味します。なお日本語の揚げ物「フライ［furai］」は、発音で「飛ぶ、蠅（fly）」に聞こえます。

● **ネイティブによるワンポイント解説**

　油料理で使う調理器具にはフライパン（frying pan、fry pan〈米〉）がありますが、skillet（米）（脚付き長柄鍋〈英〉）ともいいます。近年は wok「中華鍋」も使われます。

朝：morning　　　　　　　　　　　　　　　　　　　　　　　　　【自然】

● **英語のイメージ**

　夜明けまたは真夜中から正午あるいは昼食時まで午前、また韻文では夜明け、暁、物事の初期、初め、人生にたとえて幼児期や青年時代を、さらには dawn（曙）といえば字句の通り daybreak（夜明け）から the dawning of modern Japan（近代日本の曙）などと物事が新しく始まろうとする黎明期という意味にもなります。

● **日本語のイメージ**

　昔から「朝」は、はかないこと、短命なことの象徴とされてきました。「朝影」といえば、朝日が人影を細長く映すところから、恋のためにやせ細っている人の姿のことをいいました。「朝顔の花一時（ひととき）」とはその花のしぼみやすいことを、物の衰えやすいことや、はかないことにたとえた句の一部です。

● **どのような文化的背景からイメージの違いが生まれたか**

　四季折々の自然の風物に恵まれた日本に住む私たちは、美しい桜の花びらに短命のはかなさを感じたり、夏の蝉の声に閑寂な情調を感じたりすることができます。朝の太陽が昇る様相を繁栄や興隆というイメージに結びつける場合もあります。

● **ネイティブによるワンポイント解説**

　朝顔のことを morning glory といい、朝咲いてすぐにしぼむということから「最初に好成績を上げたものの、その後さえない人や馬」という意味があります。盛りを過ぎたという意味にもなり、2010 年には同名のハリウッド映画が製作されました。

足・脚：foot, leg　　　　　　　　　　　　　　　　　　　　　　　【身体】

● 英語のイメージ
「足首から腿」を leg、「足首から下」を foot といいます。leg は人間特有の「直立」を表し、stand on one leg なら「片足で立つ」です。foot は「呪力の宿るところ」であり、また「アキレスの弱点」のイメージです。find [get, know, have, take] the length of a person's foot で「人の弱点を知る」になります。

● 日本語のイメージ
日本語の「あし」は、人・動物の足首から下も上も意味します。「形・位置が足に似ている物、本体の端の部分、雨脚、移動、歩み、訪問、交通、足取り、お金、欠損」など、体の部位以外にも非常に多くの概念を表します。漢字は一般には「足」が使われ、「脚」は「机の脚」など足状の物や「雨脚」など複合語で用いられます。

● どのような文化的背景からイメージの違いが生まれたか
日本語の「あし」は足全体ですが、英語では leg と foot を区別します。leg はさらに thigh「太腿」、knee「膝」、calf「ふくらはぎ」、shin「向こう脛」に、foot は ankle「足首、踝」、heel「踵」、instep「足の甲」、sole「足裏」などに分かれます。

● ネイティブによるワンポイント解説
foot は大地と直に接する部位ですので、「地団太を踏む」というなら leg ではなく stamp one's foot、また「足が地に着いている」も両足にして foot の複数 feet を使い have [get, keep] one's [both] feet on the ground と表します。

頭：head　　　　　　　　　　　　　　　　　　　　　　　　　　　【身体】

● 英語のイメージ
head は、器官の「脳」brain と脳の働きの「知性」mind であり、「司令部、知性」のイメージです。use one's head で「頭脳」、lose one's head で「生命、冷静さ」であり、また comb one's head で「頭髪」、$3 per head では「頭数」、a school head で「長」を意味します。さらに「頂、先端、表題」なども表します。

● 日本語のイメージ
日本語の「頭」は「首から上の部分」で、髪の毛が生えている部分とその内側のみを指し、「顔」「首」は含みません。原義は「前頭部」で、英語と同様「脳の働き」「頭髪」「先端部、物事の始め」「人の上に立つ者、人数、頂点」なども表します。古くは「かしら」でしたが、江戸時代には「あたま」が一般的になりました。

● どのような文化的背景からイメージの違いが生まれたか
head は首から上の部分で身体から独立していると考えられ、斬首後も口を利いたり、捧げ物となったり、国の守り手とされたりしました。そこで head は「頭頂部」だけでなく「首」や「顔」も含みます。たとえば shake one's head なら「頭」というより「首を横に振る」、show one's head は「顔を見せる、現れる」です。

● ネイティブによるワンポイント解説
head には硬貨の表の意もあります。表には王・女王などの頭像があるためです。賭けをする時、硬貨を投げる前に head(s) or tail(s)？「表か裏か」と聞きます。

あぶら：oil 【食】

● 英語のイメージ
oil は、「聖油」から「浄化、腐敗防止、富と平和」のイメージがあります。oil の語源はギリシャ語の elaion で、「オリーブ油」を意味します。オリーブ油は果実を搾るだけで採油でき、食用・薬用・燃料用・化粧品加工用・宗教用等幅広い用途で紀元前より長い間中心的な oil です。他に vegetable oil「植物油」や、machine oil「機械油」、crude oil「原油」などもあります。

● 日本語のイメージ
「あぶら」は、近代まで主として儀式や灯火用の貴重品でした。「あぶら」は「勤労、お世辞」などのイメージもあります。「油を売る」は「さぼる」ことになります。

● どのような文化的背景からイメージの違いが生まれたか
「あぶら」には異なる漢字表記があります。常温で液状なら「油」、肉の間の固体状のものは「脂」です。英語では「油」は oil ですが、「脂」は脂肪なら fat、柔らかい獣脂や潤滑油なら grease、特に豚の脂肪は lard、牛・羊は suet を使います。

● ネイティブによるワンポイント解説
pour oil on troubled waters は「荒海に油を注いで波を静めること」つまり「調停する」ことを意味します。また oil は動詞で「油を塗る」ことですが、oil one's tongue で「お世辞を言う」、oil 〜 's hand/palm で「賄賂を贈る」、oil the wheels of 〜 で「〜を円滑に運ぶ」になります。

雨：rain 【自然】

● 英語のイメージ
雨は、太陽と同じように「恵の母」として大地に豊穣をもたらしてくれるものと考えられてきました。雨が長い間降らなければ、雨乞い（rain dance）をし、雨乞いの祈祷師（rainmaker）を頼みました。また逆に、rainy day は万一の場合を意味し、save money for a rainy day（万一の場合に備えて貯金をする）といいます。

● 日本語のイメージ
農業国家の日本には田植えとの関係から雨には慈悲のイメージがあります。5月は田植えのための神を迎え、その神は雨とともに降臨するという考えもあり、五月雨（さみだれ）は稲作に必要な霊力をもたらす神聖な雨であるといわれてきました。

● どのような文化的背景からイメージの違いが生まれたか
ノアの箱船で有名な『創世記』ではノアの洪水の前に 40 日間夜雨が降り続いたとされます。この雨は神の懲罰を表すものであると理解されていますが、日本には神が人々を困らすために雨を降らせたという話はなく、むしろ神が雨とともに各地の祭礼に合わせて降臨してくるという伝説が数多く残っています。

● ネイティブによるワンポイント解説
「降る」のイメージから A rain of arrows fell on the soldiers.（矢の雨が兵士たちに降り注いだ）、The enthusiastic fans rained presents on the superstar.（熱狂的ファンがそのスーパースターにプレゼントの雨を降らせた）などと使ったりします。

蟻：ant　　　　　　　　　　　　　　　　　　　　　　　　　　　【昆虫】

● 英語のイメージ
　ant は「勤勉、秩序、従順」などのイメージがあり、work like an ant で「よく働く」です。また旧約聖書に Go to the ant, thou sluggard; consider her ways and be wise.「なまけ者よ、蟻のところへ行け。そのすることを見て知恵を得よ。」とあるように、冬に備えて食物を蓄えることから「知恵、思慮分別、用心」を表します。

● 日本語のイメージ
　「蟻」は、「蟻の一穴天下の破れ」や「蟻の這う隙」の表現にもあるように、「微小、勤勉」のイメージがあります。また蟻の行列から、「蟻の熊野［伊勢、観音］参り」というように「多人数の集まり」のたとえにされます。

● どのような文化的背景からイメージの違いが生まれたか
　ant はさまざまな話に登場しますが、有名なのは Aesop（イソップ）の寓話の The Ant and the Grasshopper［Cicada］『アリとキリギリス（セミ）』でしょう。ant が夏にせっせと食物を蓄えて寒い冬に備える話です。一方日本では、蟻のたとえやことわざはありますが特別視されることはなく、昔話は、糸を体に結わえた蟻に蜜を使って七つの玉の穴に糸を通すことができたという「蟻通明神」の伝説があるのみです。

● ネイティブによるワンポイント解説
　ant は「落ち着かない気分」も表します。have ants in one's pants そわそわ［イライラ、うずうず］している」ことをいいます。

アルコール・酒：alcohol　　　　　　　　　　　　　　　　　　【社交・食】

● 英語のイメージ
　アラビア語起源の alcohol は鉱石などを砕いたものが原意で、そこから転じて液体から抽出したエッセンスという意味になり、また錬金術を通して蒸留という意味も加わりました。生命の水、また火の水ともいわれましたが、人を変えてしまう力があるため demon drink（気違い水）とも呼ばれ禁酒法が制定されたこともあります。

● 日本語のイメージ
　酒はもともと神に仕える聖なる女性が米を嚙んでツボに吐き出し蓄えたものを発酵させて醸造されたものです。その年に収穫された米と麴で酒を醸造し神祭の供饌として神前に備えられ、お供えの酒を祭に参加した人々で分かち飲みながら神との交流をはかったのです。酒はこのようにハレの日の神事に欠かせないものでした。

● どのような文化的背景からイメージの違いが生まれたか
　米作りを農業の中心とする日本では、神との交流を目的とし、米から作られた酒が主でした。西洋では麦芽やホップを使ったビール、穀類を使った蒸留酒のウイスキー、ブドウから作ったワインやブランデーなどあり、その色から血を連想させる赤ワインは神への生贄やキリストの聖なる血を表し、後者は聖餐式に使われます。

● ネイティブによるワンポイント解説
　アルコール中毒患者救済を目的に唱えられ、流行したことばに Today is the first day of the rest of your life. があります。やり直すことを励ますことばです。

家：house 【日常生活】

● **英語のイメージ**

house は名詞として家の他に家族、家庭、議会、商社などの会社、寮、劇場、旅館、修道院なども意味し、動詞としては収容する、泊める、避難するなどの意味になります。かつて屋根は天にたとえられ、家全体が屋根の下にあるところからその下にある家は as safe as a house（まったく安全）とたとえられました。

● **日本語のイメージ**

イエには単なる建造物だけではない奥深い意味があり、伝統的な家は小宇宙といってもよい構成となっています。仏壇や神棚のある仏間、外来の客を迎え、共同体の集まりにも使い、結婚や葬儀のために使用する座敷などが公的な場所であり、火や水を使い、排泄をし、睡眠をとるところが私的な部分といえます。

● **どのような文化的背景からイメージの違いが生まれたか**

家の中が壁で個々に区切られた西洋の家と、普段は別個の部屋であっても一度ふすまや障子を取り払えば玄関から奥座敷までつながる大きな空間になるという日本の家には大きな違いがあります。個人主義と集団主義という文化背景の違いによるもので、後者は日本の企業社会の特徴といえる「大部屋主義」につながるものです。

● **ネイティブによるワンポイント解説**

「いい暮らしをする」を keep a good house といい、「ままごとをする」を play house といいます。open house は私宅開放パーティーや売り家の公開日のことです。

居酒屋：bar, pub（英） 【食】

● **英語のイメージ**

bar はカウンター形式の酒場です。独立した店だけでなく、ホテルや劇場などの一画にもあります。bar は「棒」ですが、酒場のカウンターが元は手すりのような大きな横棒を渡したものだったためです。乗ってきた馬を繋いだともいわれます。pub は public house の略で、英国の大衆酒場です。一般に立飲みの public bar と着席の小部屋 saloon bar からなります。娯楽施設などもあり、また軽食堂、宿屋を兼ねたものもあります。

● **日本語のイメージ**

「居酒屋」は、安い料金で酒を飲める大衆酒場です。古くは酒屋が味見に飲ませたものが一杯売りとなり、その後簡単な料理を提供するようになりました。低料金で各種料理も提供され、学生たちや仕事帰りの人たちの憩いの場となっています。

● **どのような文化的背景からイメージの違いが生まれたか**

bar は酒を飲むことが主で、料理の種類は多くありません。pub は本来、宿屋兼食堂兼酒場の施設で、交通機関が馬車の時代、街道沿いや宿場にできたものでした。日本の「居酒屋」は pub に似ていますが、宿屋を兼ねた物ではありません。

● **ネイティブによるワンポイント解説**

カウンター形式なら酒場でなくても bar といいます。coffee bar、sandwich bar など簡易食堂や、hat bar、heel bar（靴修理コーナー）などの売場です。

石：stone 【鉱物】

● 英語のイメージ
　stone は「石・石材」であり、変化と死を免れない生物に対し、「不変、堅固、安定」のイメージがあります。また「宝石、墓石、碁石、人体の結石」などの意味もあります。また throw [cast] stones [a stone] は「石を投げる、中傷する」という意味であり、have a heart of stone、(as) cold [hard] as (a) stone「石のように冷たい心を持つ」、be made of stone「石でできている」なら「無情、残忍さ」を表します。

● 日本語のイメージ
　「石」は鉱物質の小片で、砂より大きく岩より小さいものをいいますが、「岩石、鉱物」の総称でもあります。「固い、重い、転がる、堅固、沈黙、冷酷、無情、点在」のイメージがあります。また「玉石混淆」や作物が育たない田畑「石田」など、「価値がない、生み出さない」の意味もあります。

● どのような文化的背景からイメージの違いが生まれたか
　日本では、模様、色、形が特別な「石」は、神の依りつく「聖なる石」とされました。また石自体に生命があるとみなされ、特別な力を秘めていることから、各地で神霊の世界と現世の媒介として機能し、石占いなども行われました。

● ネイティブによるワンポイント解説
　mark 〜 with a white stone は「〜を記念の日として特筆する」ですが、これは古代ローマ人が白チョークで暦に幸運の日として印を付けたことに由来します。

遺失物：lost articles 【日常生活・交通】

● 英語のイメージ
　英語で遺失物取扱所を a lost and found (office) あるいは単に lost and found（ともに米語）あるいは a lost property office（英）といい、ふつうは警察署の中にあります。何かを紛失したり盗難にあったりしたら届けに行くところです。

● 日本語のイメージ
　忘れ物というイメージから「忘れ物をしないように」は Don't forget to take your belongings with you. という英語になります。駅や電車の英語による注意も If you left any belongings behind in the station/train, please find the nearest office at any station for help, or contact ABC station. と忘れ物中心となります。

● どのような文化的背景からイメージの違いが生まれたか
　英語では紛失や盗難という犯罪のイメージがあり、日本語では忘れ物のイメージが強いのは日本が外国人には考えられないほど平和で安全なところであることを示しています。忘れものが警察や駅へ届けられる確率が高い日本とそうではない西洋との違いといえるかもしれません。

● ネイティブによるワンポイント解説
　忘れ物をしたのを I forgot something. といいますが、「遺失物」というイメージではありません。典型的な英語のアナウンスでは、If you have lost any items (in the subway, etc.) please come to ... と「失くした (lost)」が強調されます。

以上：more than 【契約】

● 英語のイメージ
　グローバルビジネスの場でよく起きる誤解の問題です。「倉庫で25個以上残っているモデルの製品在庫を知らせよ」と指示をするときに日本人はつい more than 25 units としますが、これでは24個まで在庫のある製品しか知らせてきません。

● 日本語のイメージ
　日本語の「以」は、以後、以内、以上など範囲の基準を示し、「～より（から）」であり、その後に続く数詞を含みます。したがって、「25個以上」とは「25個目を含み、それ以上」という意味になります。「25個以下」も同じように、25個も含みますが、less than 25 units は25個目を含まず未満という意味になります。

● どのような文化的背景からイメージの違いが生まれたか
　数字に厳密な意味を与え、その範囲を限定しておきたいという几帳面な性格が表れている日本人的なところと、あまり細かいことを気にしない英米人という違いからきているといえるかもしれません。その証拠に日本語には「以下」の他に「未満」ということばもありますが、英語ではその違いはあいまいなままです。

● ネイティブによるワンポイント解説
　会話で more than は「～なんてもんじゃない、（～して）あまりある」という意味でも使われます。It was more than a scandal.（スキャンダルなんてもんじゃない）、They were more than pleased.（彼らは大変喜んだ）などがその一例です。

泉：fountain 【自然】

● 英語のイメージ
　旧約聖書にある壁に囲まれたエデンの園の中央にある「生命の樹」の下から泉が湧き出て4本の川になり、それぞれ東西南北に流れるといわれました。この泉は贖罪と浄化のためのものであり、聖母マリアや、神のことばのほとばしり、などを意味しユダヤ教とイスラム教にとっても泉の水は神の知識と恵の源泉でした。

● 日本語のイメージ
　人が生活をしていく上で水は欠かせないものですが、そのために昔から村や町は川や泉などがある水利のよいところに生まれました。全国には弘法大師が水不足に悩む村民たちを救うために、地面に杖を立てると水が湧き出たという弘法清水が分布しています。泉は農業用水だけではなく、人々が集まる社交の場でもありました。

● どのような文化的背景からイメージの違いが生まれたか
　神の存在が絶対的といってよいほどに前提となる西洋社会では何ものも神との関係から語られることが多くあります。それに対してわが国では人々の生活が中心であり、集団生活の中から固有の習慣や文化が生まれ育ってきたといえるでしょう。

● ネイティブによるワンポイント解説
　ローマにある「トレビの噴水（Fontana di Trevi）」は旅行者が背中を向けて肩越しにコインを投げて再来を祈る池として有名ですが、本来 fountain は噴水や噴水池、泉（spring）、川の水源（head）、水飲み場や飲用水栓を意味したことばです。

第Ⅱ部　単語の持つイメージを比べる

いただきます：let's eat 【日常生活】

● 英語のイメージ
　英米では、食事を始める時の決まり文句はありません。May I start?「戴いていいですか」と尋ねたり、勧められた時なら I don't mind if I do. I wouldn't [won't] say no.「いいですね、いただきます。」と答えたりします。また勧めるなら Go ahead and start! Let's eat! Bon Appetit!「十分召し上がれ」など、場面や状況に応じてことばを掛けます。…, Amen.「…，アーメン」と食前の祈りを捧げる家庭もあります。

● 日本語のイメージ
　「いただきます」は、日本の習慣で食事を始める前にいう挨拶ことばです。「いただきます」は「戴く」の丁寧語であり、「戴く」は頭の上に載せることを意味します。ありがたく頂戴することを伝える挨拶です。

● どのような文化的背景からイメージの違いが生まれたか
　「戴く」は、身分の高い人から物を受け取る時、頭上高く持ち上げありがたい気持ちを表したことから、「もらう、頂戴する」の意味になりました。そしてもらったものを謹んで飲食するところから「食べる」、「飲む」意の謙譲語になりました。

● ネイティブによるワンポイント解説
　食事より、お酒を飲むときなら決まり文句があります。Cheers! Bottoms up! などの「乾杯」です。また To your good health! Good luck! Here's to your success! など、相手の健康や幸運、成功を祈って乾杯といいます。

一月：January 【時】

● 英語のイメージ
　January の語源はラテン語の janus「扉」です。それは物事の始めと終わり、入口と出口、日の出と日没を司る古代ローマの双面神 Janus のことでもあります。January は Janus に捧げられた月という意味です。ローマ帝国が1月と2月を加え1年を12か月とし、後年ローマ執政官が1月1日にその政務を始めたといわれます。

● 日本語のイメージ
　「一月」は新年最初の月であり、「初詣、初荷、初稽古」など生活も仕事も習い事も「事始め」で「成人の日」もあるめでたい月です。また「小寒、大寒」を迎え一年で最も寒気の厳しい頃であり、家族寄り添い絆を深める「睦月」でもあります。

● どのような文化的背景からイメージの違いが生まれたか
　日本では一月は「事始め」の月であり、自宅や会社の玄関・門口に飾る「松飾り」や神社仏閣へ参拝する「初詣」に見られるように、一月をとても神聖な月として捉え、年末年始を休み家族が集います。一方欧米では、January opens the box of the year という詩にもあるように、単に新年が始まりすぐ2日から仕事という感覚です。

● ネイティブによるワンポイント解説
　Can't you go faster? You're as slow as molasses in January! は相手の遅さをとがめる表現です。最も寒い月であるため、molasses（糖蜜）の粘度が高くなり、それを溶かすまでにかなり時間を要するところから来ている慣用表現です。

行って来ます：I'm off. 【日常生活】

● 英語のイメージ
　日本語の「行って来ます」に相当する英語の挨拶ことばはありません。出かけるときに言うなら、I'm off [going]. I'm leaving now. See you later [soon]. などといったり、I'll be back around 7.「7時頃に帰ります」など帰宅時間を言ったりします。

● 日本語のイメージ
　「行って来ます」は、外出する時の挨拶のことばです。男性は簡単に「行って来る」ということもあります。より丁寧に言えば「行って参ります」になります。「行ってらっしゃい」は「行っていらっしゃい」であり、「いらっしゃる」は「来る」の尊敬語ですので「行って戻って来られますよう」になります。

● どのような文化的背景からイメージの違いが生まれたか
　「行って来ます」は、「行きます」ではなく「行く」と「来る」であり、「行って帰ります」という意味です。これから出かけますが戻って参りますと伝える挨拶です。日本では家族や職場など集団の和を保つのに、各自が行動を報告する挨拶がありますがその一つです。英語では I'll be back. See you later. などが近いといえます。

● ネイティブによるワンポイント解説
　「行ってらっしゃい」と英語でいう決まった挨拶ことばもありませんが、出かける相手に I'll see you! Take care. Have a good day! OK, see you later. などと声を掛けます。飛行機で出かける人には Happy landings!「幸運を！」などともいいます。

糸：thread 【衣】

● 英語のイメージ
　thread の原義は「よじられたもの」です。thread は「上昇、純化、宿命、脱出」を表し、天や創造主に至る道を示します。thread は、「運命の女神」が紡ぐ「糸」であり the thread of life で「寿命」になります。また a spider's thread「蜘蛛の糸」など糸状の細い物や、the thread of conversation など「筋道、脈絡」も意味します。

● 日本語のイメージ
　「糸」は繊維を引き伸ばして撚りをかけたもので、紐よりも細いものをいいます。「縫い糸」、「織物糸、編み物糸（yarn）」、また「蜘蛛の糸」など糸状の細長い形のもの、「記憶の糸」など繋がりが関係づけられるものや絡まるものも表します。

● どのような文化的背景からイメージの違いが生まれたか
　ギリシア神話では、人間の寿命は運命の三女神が、紡ぎ長さを決め断ち切る thread「生命の糸」とされました。thread は糸状の細いものも表しますが、hang by a thread で「危機に瀕している」ように、非常に細長く脆いイメージがあります。日本語の「糸」は範囲が広く、弦楽器の弦（string）や凧の糸（kite string）、生糸（raw silk）、釣り糸（fishing line）なども表します。

● ネイティブによるワンポイント解説
　a thread of smoke「一筋の煙」、a thread of light「一条の光」であり、a thread of hope「一縷の望み」は、まさに絶えようとするきわめてかすかなイメージです。

いとこ：cousin 【家庭】

● 英語のイメージ

cousin は、「いとこ」のことで、英語では性別や年齢の区別をしません。親の兄弟姉妹の子どもであり、first [full, own] cousin、cousin-german とも表します。second cousin は親のいとこの子ども「またいとこ、はとこ」で first cousin once removed、そして third cousin は「祖父母のいとこの孫」で first cousin twice removed ともいいます。この removed は「〜世代隔たった」という意味です。

● 日本語のイメージ

「いとこ」は親の兄弟姉妹の子ですが、男性で年上なら「従兄」、年下は「従弟」、女性で年上なら「従姉」、年下は「従妹」と書き分けられます。「またいとこ」も「又従兄弟・又従姉妹」、あるいは「はとこ」で「再従兄弟・再従姉妹」と表されます。

● どのような文化的背景からイメージの違いが生まれたか

日本では、古くから年齢を基にした上下関係が固定化しており、伝統的な「家父長制」や近年の企業における「年功序列」にも見られます。現代では「年功序列」は変化していますが、一般に年長者を敬い、敬語を用いる習慣は存続しており、「いとこ」も、性別も含めて年齢別で表現されています。

● ネイティブによるワンポイント解説

cousin は、distant cousin のように「親類・縁者」、our Japanese cousins のように「同胞、仲間、同類、同系統の物」なども意味します。

犬：dog 【動物】

● 英語のイメージ

dog は「忠実、献身、勇気、保護」、また「狡猾、愚か者、強欲」などの象徴です。最初の家畜であり、古来「番犬 guard dog、ペット、猟犬 hound [hunting dog]」となり、また牧羊犬 sheepdog、盲導犬 guide dog、警察犬 police dog など特別な任を果たしてきました。一方野良犬からの連想で、dirty dog「卑劣な奴」、lead a dog's life「惨めな生活をする」など好ましくない意味でも用いられます。

● 日本語のイメージ

「犬」は「忠犬ハチ公」など人に忠実ですが、警官や密告者、「犬死」など侮蔑も表します。また日本では狩猟生活から農耕生活へと移行すると「犬」との関係は希薄となり、「生類憐みの令」の徳川綱吉の例外もありますが「番犬」の扱いでした。

● どのような文化的背景からイメージの違いが生まれたか

dog は、man's best friend「最良の友人」といわれるように、英米では古来牧羊犬、狩猟犬など生活に不可欠な存在であり、家族の「仲間」として普通屋内で放し飼いにされてきました。一方日本では「番犬」であり、最近は室内犬も増えましたが、一般には戸外で鎖に繋いで飼われます。

● ネイティブによるワンポイント解説

犬小屋は doghouse（米）、kennel(s)（英）ですが、米国で kennel は、boarding（預り）、grooming（手入れ）、training（訓練）などをする犬の飼育所・預り所を指します。

いらっしゃいませ：Can I help you? 【日常生活】

● 英語のイメージ

日本語の「いらっしゃいませ」のように「歓迎」の挨拶なら、Welcome!「ようこそ」がありますが、店では使いません。最初の挨拶は Hello や Good morning [afternoon, evening]. などになります。Can I help you? が「いらっしゃいませ」に相当するともいわれますが、「お手伝い致しましょうか、何かお探しですか」という意味であり、「歓迎」のことばというより、「応対」のイメージです。

● 日本語のイメージ

「いらっしゃいませ」は客人の来訪を歓迎することばです。「いらっしゃる」は「来る」の尊敬語ですので、本来は「おいでなさい」という命令形です。それが「歓迎」の意でも使われるようになり「ようこそいらっしゃいました」の意味になりました。

● どのような文化的背景からイメージの違いが生まれたか

日本語の「いらっしゃいませ」には、相手の来訪への喜びを表すとともに、「遠路遥々」、また「お忙しい中」、「よくお越しくださいました」と、骨折りに対するねぎらいと感謝の気持ちが込められています。また、英語の Can I help you? は一人が発することばですが、「いらっしゃいませ」は全員で発する挨拶にもなります。

● ネイティブによるワンポイント解説

露店などへの呼び込みなら、Come in! Roll up! また強めて Do come in! Come on in! なども使われます。

イルカ：dolphin 【動物】

● 英語のイメージ

dolphin は「救済者、人間の友」のイメージです。船乗りや神々を助けたり、子どもを背に乗せたりする話が多くあります。また水中から空中に飛び上がるので、現世と彼岸を往来できる動物として「復活と救済、霊魂導師」の象徴とされました。

● 日本語のイメージ

「イルカ」は海に生きる哺乳類であり一般に小型のクジラ類ですが、古来「漁獲物」でした。脂肪を機械油に肉は食用とされましたが、「神の使い」と考える地方もあり、食用は「霊力」を受ける信仰的な意味があったとされます。またイルカは群生し一列に並んで回遊しますが、岬の社寺への「参詣」とする伝説もあります。

● どのような文化的背景からイメージの違いが生まれたか

「イルカ」は、日本では近年まで追い込み漁や銛漁で捕獲されていましたが、dolphin は知能の高い高等動物であるだけでなく「救済者」を意味する存在であることから、世界的なイルカ保護運動のなか批判され、日本での漁も衰退しています。

● ネイティブによるワンポイント解説

dolphin の耳や脳は高度に発達しており芸を仕込むことができるので、「海の道化師」とも呼ばれます。「イルカの調教師」を dolphin trainer、イルカの曲芸を見せる「イルカ水族館」は dolphinarium といいます。なお dolphin kick は、イルカの尾びれのように両脚を同時に上下して足の甲で水を打つバタフライの泳法です。

岩：rock 【自然】

● 英語のイメージ
　岩石は当然に硬くて強固で不変なもので永遠性を象徴するもので、英語には as firm as a rock（岩のように硬い）という表現があります。岩石は人間の生命の源と考えられ、それよりも緊密ではない土は動植物の生命の源と考えられました。

● 日本語のイメージ
　日本では岩は昔から神聖視され、出産の神である産神やその他の神々の降臨を示すために特徴のある石や岩を祀る神社も多くあります。岩は永遠に変わらぬものではなく、さざれ石が石の巌となり苔の結ぶまで成長するものとされていました。

● どのような文化的背景からイメージの違いが生まれたか
　岩の堅さ、冷たさ、困難さ、苦境の象徴でもあり、強い基盤やよりどころという意味合いから岩はキリスト＝ the Rock of Ages（千載の岩）とされました。それに対して日本では岩石は神意が表出されるものとされ石を投げたり、持ち上げたりすることで占いなど庶民に親しみのあるものでした。

● ネイティブによるワンポイント解説
　rock はごつごつした感じから英国では（ペパーミント入りの）棒アメ、米国では宝石、特にダイヤモンドの意味になります。I'll have a Yamazaki on the rocks.（山崎をオンザロックでお願いします。）の on the rocks ですが、「船が座礁して」「破産寸前で」とか「結婚が破綻しかかって」という意味で使われ始めたものです。

鰯：sardine 【魚・食】

● 英語のイメージ
　sardine といえばオリーブオイルに漬けた「オイルサーディン」のイメージです。sardine は通例びっしりと隙間なく詰めて缶詰 canned [tinned] にされますので、packed [squashed] like sardines で「すし詰めになって」いる様子を表します。

● 日本語のイメージ
　「鰯」は、水揚げするとすぐに死ぬことから「弱し」、また下等な魚「賤し」のイメージとされます。「鰯で精進落ち」とあるように、「つまらないこと、下等なもの」のたとえに使われます。また大きな魚の餌であり、「海の牧草」と呼ばれています。

● どのような文化的背景からイメージの違いが生まれたか
　「鰯」は日本では、化学肥料普及前は「金肥」と呼ばれるほど肥料として重要視され、江戸時代から明治時代の農業生産性の向上に大きな役割を担っていました。「鰯」は生食煮物焼き物以外では干物に加工され、「缶詰」のイメージは強くありません。食用の割合は低く、養殖魚用の飼料、また魚粉に加工後家畜飼料にされます。

● ネイティブによるワンポイント解説
　「鰯雲」とは巻積雲の俗称で、さざ波に似た小さな雲片の集まりがイワシの群れのような形に見えるからとされますが、英語ではそのような雲は fleecy clouds「羊の毛のような雲」と表します。「鰯雲」は「鯖雲、うろこ雲」ともいうそうですが、英語には、雲ではなく鯖の模様のような空 a mackerel sky という表現があります。

兎：rabbit, hare 【動物】

● 英語のイメージ
rabbit は小型の飼い兎、hare は大きい野兎ですが、米国では混同されています。「豊穣、多産、復活、速足」などのイメージです。また (as) timid as a rabbit [hare] のように「臆病」なイメージもあります。bunny は小児語で「うさちゃん」です。

● 日本語のイメージ
「兎」は「う」でしたが、その白さから「鷺（さぎ）」が加わり「うさぎ」になったとされます。仏教では、天上界の王「帝釈天」が化けた老人を兎が自身を焼いてもてなしたため、死後称えられ月に住むことになるという説話があり、この説話から日本では「月で兎が餅をついている」という伝説が生まれたとされます。また『古事記—神代』の出雲神話「因幡の白兎」や童歌「うさぎ」も知られています。

● どのような文化的背景からイメージの違いが生まれたか
「兎」は日本でも肉は食用にその毛も筆などに利用されましたが、肉食禁止の時代が長く、作物や毛皮を守るための駆除を名目にした狩猟であり小規模でした。一方欧米では食肉や毛皮を目的に狩猟が盛んに行われ、go rabbiting で「兎狩りに行く」という表現もあります。

● ネイティブによるワンポイント解説
欧米で兎といえば、英国の児童文学者・挿絵画家 Beatrix Potter の Peter Rabbit、米国アニメ映画の Bugs Bunny が有名です。

牛：cow, ox, bull, calf 【動物】

● 英語のイメージ
cow は「雌牛、乳牛、飼牛」のことです。「母親、豊穣、大地、生贄」と神聖なイメージがありますが、一方で「太った、だらしない女、のろまな、不愉快な奴」のイメージもあります。他に各種の呼称があり、ox は「動物的総称としての牛、去勢牛」、bull は「去勢していない雄牛」、calf は「子牛」です。Like cow, like calf. なら雌牛と子牛で「親が親なら子どもも子ども」の意味です。

● 日本語のイメージ
「牛」には、「のんびりした、のろまな」イメージがありますが、日本では古代から主に運搬や耕作などの役牛として用いられてきました。近代には肉牛・乳牛も加わり、生産的で有用な家畜として重宝されています。

● どのような文化的背景からイメージの違いが生まれたか
cow は月や大地の女神たちの化身であり、「聖なる動物」とされました。また乳牛であることから天の川 the Milky Way も連想され、各地の信仰とも結びついて捧げ物ともされました。日本では「牛の角突き」など遊びに用いられたりもしています。

● ネイティブによるワンポイント解説
cow は「驚き、怒り、喜び、恐怖、困惑」なども表し、たとえば have a cow で「激怒する、慌てふためく」の意味になります。また ox は「力強い、のろま、不器用」なイメージで、as strong as an ox なら「力持ち、鈍重、不格好」ということです。

内輪：family group, in-group 【人間関係】

● 英語のイメージ
　family は、同じ家に住む家族全体を表しますが、本来はその家に仕える召使たちを意味していたラテン語 *famulus*（= servant）でした。その後 family は、彼らを含めてその家に住むすべての人を意味するようになり、血縁関係、一族、一門、種族、民族という意味にも広がっていきました。マフィアの「ファミリー」が有名です。

● 日本語のイメージ
　内輪を意味する日本語は「一族」ですが、その族は鏃（矢じり）に由来し、「むらがる」という意味からきています。儒教の影響が強かった中国や韓国またわが国においては一族の基本単位となる家における家父長の権限は絶対であり、家族とその構成員に対する統率権が男性である家父長に集中していました。

● どのような文化的背景からイメージの違いが生まれたか
　もともと召使を含めた一個のグループとしての大家族をさすのが family ですが、日本における家は、血縁関係にある一族という大きなグループの下位概念で、かつその中で本家と分家という主従関係が生まれ、それが半永久的に続きました。

● ネイティブによるワンポイント解説
　a family affair といえば「内輪のこと」という意味。また、in a family way とは打ち解けて；家庭的にという意味ですが、かつては pregnant（妊娠）の婉曲表現でもありました。

鰻：eel 【魚・食】

● 英語のイメージ
　eel は「ぬるぬるして捕えにくい」イメージがあります。(as) slippery [slick] as an eel なら、たとえば逮捕を免れる犯罪者や問題点をはぐらかす政治家など「捕えどころのないもの、信用できない人」を表します。調理は普通皮をむき、煮汁をゼリーで固めた jellied eel、フライの fried eel、燻製の smoked eel が一般的です。

● 日本語のイメージ
　「鰻」は、特に夏の「土用の丑の日」に食する「滋養強壮の食物」のイメージです。これは「土用の丑の日」に「水神」を表すとされる「う」のつくものを食べる習俗があり、江戸時代平賀源内が夏バテ解消に「鰻」を推奨したとされます。

● どのような文化的背景からイメージの違いが生まれたか
　「鰻」は誕生、稚魚、成魚の過程が神秘的で、日本では霊感を持つ、あるいは「虚空蔵菩薩」の使い、水神などと神聖視され、食用が禁忌されていた事例が各地にあります。「鰻」が稚魚から河川をさかのぼり成魚となること、またつかもうとすると手から滑り抜けて上へ上へと上ることから、停滞することなく登って行く様子を「うなぎのぼり」といいますが、英語の eel には「上る」イメージ表現はありません。

● ネイティブによるワンポイント解説
　間口が狭く奥行の長い建物、家などのことを日本語で「うなぎの寝床」というそうですが、英語では a long and narrow house と表すだけで、eel は使いません。

馬：horse 【動物】

● **英語のイメージ**

horse には「優美、知性、忠実、速さ」などのイメージがあります。work like a horse なら「馬車馬のように、忠実に働く」、a willing horse は「働き者」の意味です。horse は古来「軍馬」として重視され、また乗用、運搬、農耕、牧畜にも用いられ、最も重要な動物でした。現在では乗馬、競馬などに利用されています。一方「魔力、動物的欲望、愚かさ、虚栄、怒り、死」の象徴ともされ、両義的な存在です。

● **日本語のイメージ**

「馬」は祈願などのため神に献上される風習があり、神社に「神馬」として奉納されたり豊凶を占ったりする神聖な動物でした。また軍馬、農耕、運搬などにも用いられました。一方「野次馬」、「馬の骨」など「卑しい者」のイメージもあります。

● **どのような文化的背景からイメージの違いが生まれたか**

horse は戦闘や儀式に用いられ、西洋の「騎士道」につながるものとされます。「騎士道」chivalry は忠君、勇気、仁愛、礼儀などを重んじ女性を敬い弱者を助ける精神で仏語の cheval（馬）、chevalier（騎士）、chevalerie（騎士の位）に由来します。

● **ネイティブによるワンポイント解説**

horse は競馬のイメージから、back [bet on, pick] the wrong horse で「負け馬に賭ける、判断を誤る」、また right horse なら「勝ち馬に賭ける、正しい判断をする」、play the horses は「競馬に賭ける」です。でも play horse なら「欺く」の意です。

海：sea 【自然】

● **英語のイメージ**

海は混沌であり生命の根元であると考えられていました。古い太陽が死に、新しい太陽が生まれるところとして海は生命の源であると同時に死者の帰るべき故郷であり終着点でもあったのです。ヘミングウェイの *The Old Man and the Sea*（老人と海）にもあるように海は老水夫や年老いた漁師にとって行き着くところでした。

● **日本語のイメージ**

童謡「椰子の実」は「名も知らぬ遠き島より流れ寄る椰子の実一つ」で始まりますが、この椰子のように浜辺に打ち寄せられる材木、海藻、魚介類を「よりもの（寄り物）」と呼んできました。海の彼方にはまだ見ぬ聖なる地があるという思いがそのようなものにも神性が宿るという考えを生み、それを恵比寿と総称していました。

● **どのような文化的背景からイメージの違いが生まれたか**

『創世記』によれば神は大地創造に際して3日目に混沌の水を集めて海と陸を分けたといいます。一方、四面を海に囲まれた島国である日本の場合には、海幸彦・山幸彦神話にあるように、漁民の生活との関係から海は神聖なものとされ、浜辺に打ち寄せられ霊のこもった石、木、神像をご神体とする神社は多くあります。

● **ネイティブによるワンポイント解説**

海を守るのが Navy（海軍）ですが、海には面していないスイスにも Navy があります。Navy は、海だけではなく、沼、川、湖も守る軍隊というイメージです。

運命：destiny, fate 　　　　　　　　　　　　　　　　　　　　【人間関係】

● 英語のイメージ
　destiny は destine の派生語です。destine は通常 destined と受動態で用いられ、〜のように運命づけられたという意味です。語源的には de は強く、しっかりという意味の接頭語、stine は stand（立つ）であり、運命をしっかりと定められたというイメージがあります。fate は特に不幸な宿命、行く末などを意味します。

● 日本語のイメージ
　人間の意思にかかわりなく、身の上にめぐり来る吉凶禍福をもたらす人間の力を超えた作用であり、人生は天命により支配されているという思想に基づいています。

● どのような文化的背景からイメージの違いが生まれたか
　諦観（ていかん）とは、入念に見ること、あきらめること、明らかに真理を観察することです。東洋的諦観というのは、見事に咲き誇ったあと、潔く散ってしまう桜の花を「儚さ」という否定的な美しさと見る日本人の気持ちを表しています。同じことは「左様ならば（そうであるならば）お別れします」を意味する「さようなら」にもいえます。天に召します神様の思し召しとはニュアンスの違う考え方です。

● ネイティブによるワンポイント解説
　fate と destiny は人間の力が及ばないもの、避けることができない定めという意味ですが、fate には不運な宿命という意味合いがあり、destiny にはそれがなく明暗いずれの場合にも用いられ、meet one's fate は最後を遂げるという意味です。

英国旗：Union Flag/Jack 　　　　　　　　　　　　　　　　　　【政治】

● 英語のイメージ
　白地に赤のギリシャ十字を描く St. George's Cross というイングランドの国旗、青地に白い斜め十字の St. Andrew's Cross のスコットランドの国旗、そして白地に赤い斜め十字の St. Patrick's Cross という北アイルランドを象徴する旗を組み合わせたもので、英国はそれにウェールズを加えた連合王国であることを表しています。

● 日本語のイメージ
　多くの日本人はこの旗を「英国（英吉利（イギリス）国の略称）の国旗だと知っていますが、実はそれが四つの国からなる連合王国であるということに気づかず、また「イングランド」とイギリス（英国）は同じことであると誤解しています。

● どのような文化的背景からイメージの違いが生まれたか
　世界には、それぞれ異なる文化と言語を有する異なる民族が国境内に共存している国が圧倒的に多いといえます。ところが、国民の 99% が同一民族で、同一の文化を共有し、同じ言語を話す日本ではその事実が理解されにくいようです。そのためから起きるイメージの違いであるといえるでしょう。

● ネイティブによるワンポイント解説
　スコットランドはイングランドではないという当たり前のことが分からず、現地で大きな間違いをし、現地の人々からひんしゅくを買う日本人ビジネスパーソンや政治家があとを絶ちません。それがビジネスの失敗につながることもあります。

駅：station 【交通】

● **英語のイメージ**

英語の station は多くの意味を持つ語です。鉄道の駅は railroad [railway] station といいますが、署、局、所も station で、polling station（投票所）、broadcasting station（放送局）、nuclear station（原子力発電所）、hydraulic [thermal; atomic] power station（水力［火力；原子力］発電所）といいます。

● **日本語のイメージ**

日本人にとってステーションのイメージは駅、駅ビルや駅に隣接したホテル（ステーションビル、ステーションホテル）でしょう。次いで、サービスステーション、宇宙ステーション、そして放送局のキーステーションなどがあります。

● **どのような文化的背景からイメージの違いが生まれたか**

station の原義は standstill; standing（立っている所）でした。本来は人やものが配置されている所という意味で、交通、軍隊などに幅広く使われてきました。日本の場合には明治の初めに開通した鉄道の「ステイション」が最初に使われた事例であったためにそのイメージが強く、今日に至っています。

● **ネイティブによるワンポイント解説**

その他の station を紹介します。ガソリンスタンド（filling [gas] station）、基地；駐屯地（naval station、要港）、部署につく（take one's station）、身分（lowly station in life、低い身分）、見張り番所（sentry station）など。

海老：shrimp, prawn, lobster 【動物・食】

● **英語のイメージ**

shrimp は車海老など泳ぐ海老類、lobster は伊勢海老など歩く海老類で、それぞれ食用とされる重要な水産資源です。shrimp には「ちび、取るに足りない奴」、lobster には「貪欲、偏屈、混沌、不貞」のイメージがあります。なお英国では小海老を shrimp、車海老など中型海老を prawn、大型海老を lobster と呼んでいます。

● **日本語のイメージ**

「海老」は、長い髭や折り曲げた身体の形から古来「老人」にたとえられ、「長寿」のイメージがあります。特に伊勢海老は特別の機会に供されてきました。日本の伊勢海老は三重県の伊勢湾などで多く産出されますが、大きなはさみはありません。日本の海老輸入量は世界一ともいわれ、日本人はエビ好きとして知られています。

● **どのような文化的背景からイメージの違いが生まれたか**

日本の「海老」は中世には「海の翁」とも呼ばれ、日本語の文字も「海の老人」を意味しています。長寿の象徴であり、神事や結婚式、正月など祝い事の「縁起物」とされます。一方米国の大西洋岸では巨大なハサミを持つ American lobster がとれ、seafood の王様ともいわれますが、「長寿・縁起物」のイメージはありません。

● **ネイティブによるワンポイント解説**

海老料理では shrimp [prawn] cocktail が有名です。日本では「カクテル」は酒と果汁などの混合酒ですが、英語の cocktail は冷たい前菜も意味します。

エプロン・前掛け：apron 【衣】

● 英語のイメージ
apron は形が高位の聖職者の正装の前垂れから、無蓋馬車の乗客の膝掛け、空港にある飛行機の駐機場、劇場の張り出し舞台、河川の護岸、ゴルフ場のグリーン周りの縁（ふち）の部分から七面鳥などの首の下の肉垂までさまざまな意味があります。ラテン語の mappa（= cloth, napkin）が古仏語で nape（= tablecloth）となり、その指小辞（日本語の「ちゃん」など）naperon が英語になり napron となったのですが、その後 a napron が an apron と二つに分割されて現在の apron になりました。

● 日本語のイメージ
日本ではもっぱら主婦や料理人や給仕が防汚用として身につけるエプロンのことで、駐機場も外来語としてエプロンと呼んでいます。前掛けは、古くは前垂れといい、赤系統のものが多く下女や茶屋女が使っていたものです。江戸中期以降家庭でも使われるようになりましたが、やがて割烹着やエプロンに変わっていきました。

● どのような文化的背景からイメージの違いが生まれたか
テーブルクロスやナプキンの類を使用する文化の中からその変形として生まれたエプロンと、下働きの作業衣であった日本の前掛けとではイメージも異なります。

● ネイティブによるワンポイント解説
マザコンの男性を英語で He is tied to his mother's apron strings. といい、恐妻家は He is tied to his wife's apron strings. になります。

エメラルド：Emerald 【鉱物】

● 英語のイメージ
emerald は、緑柱石 beryl のうち特に透明で美しい濃緑色の貴石であり、5大宝石の一つとされます。5月の誕生石で、「愛、幸運、成功、不滅」を表します。Emerald Wedding も結婚55周年記念です。また一般に長方形の外形で四隅を階段上にカットする方法を「emerald cut」と呼びますが、emerald によく用いられるためです。

● 日本語のイメージ
「エメラルド」は、緑色透明の宝石で「翠玉、翠緑玉、緑玉」といわれます。「緑の宝石」といえば東洋では光沢のある緑色の硬玉の「翡翠」が古くから珍重されており、日本でも新潟県などで産出されています。「翡翠」は、水辺に棲み背面が美しい翡翠色の鳥「かわせみ、翡翠」に因んで呼ばれます。

● どのような文化的背景からイメージの違いが生まれたか
emerald は緑の石の代表であり、古来健康の守り石として16世紀までダイヤモンドより珍重されました。一方日本では、緑の石では「翡翠」が縄文時代以降装身具に用いられてきました。日本では5月の誕生石にも「翡翠」を加えています。

● ネイティブによるワンポイント解説
草木の緑など emerald のような透明な深緑色を、emerald green といいます。Ireland の愛称 The Emerald Island は「緑の島」でもあり、また米国 Seattle も The Emerald City と呼ばれます。

え

婉曲表現：euphemism 【人間関係】

● 英語のイメージ

euphemism の eu はギリシャ語で良、好、善、真、正常などを意味する接頭辞で、phemism の phe は話すことや宣言などを意味することばでした。ph は f と同じで fame（名声）に通じます。直接的で露骨になるのを避けて、間接的に、そしてきれいに響く言い方をするのが euphemism の意味です。

● 日本語のイメージ

集団の中で問題を起こさずに日々過ごしていくために、相手の気持ちを忖度し、直接的表現を避け遠回しに表現したり、ことばを省略したり、相手の気持ちを傷つけないように努力するところから生まれた「察しの文化」の言語表現です。

● どのような文化的背景からイメージの違いが生まれたか

「慮（おもんばか）る」とか「惻隠の情」などということばに表れているように、相手とのコミュニケーションにおいては絶えず相手の気持ちを考え、相手を傷つけないようにと心配りを怠らない日本と、「死」を「もはやいない（be no more あるいは pass away）」とことばの上だけで遠回しに表現する西欧との違いです。

● ネイティブによるワンポイント解説

米国の子どもたちはみな、小さい頃から Say what you mean, and mean what you say! と親から言われて育ちます。意味するところをきちんと言いなさい、言ったことには責任を持ちなさい、という意味ですが、察しの文化とは異なる思想といえます。

扇：fan 【日常生活】

● 英語のイメージ

fan は鳥の羽や植物の葉から作られた扇子と団扇の両方を意味し、団扇は古代エジプトの壁画に見られます。風を起こすところから空気と関連づけられ、ものを純粋化することや悪魔払いを表しました。扇子も団扇ももともに女性の持ち物でした。

● 日本語のイメージ

平安時代に貴族が使っていた扇は使われる材質から身分を表すための小道具として、また貴人が顔を隠すためにも使われました。竹と紙で作る団扇は室町時代末に日本で発明されたものです。扇はその形から末広がりのめでたいものとされ、お宮参り、結納、正月、新築祝い、襲名などにも配り物として使われました。

● どのような文化的背景からイメージの違いが生まれたか

壁画に描かれている大きな団扇は王を仰いだり儀式で用いたりするもので、その後宗教上の儀式にも使われるようになり、中世になると女性のアクセサリーとなりました。高温多湿な日本では貴族が使う扇子から庶民の使う団扇、さらには武将が指揮に使った軍扇、など実用目的の他前言したようにお祝品としても使われました。

● ネイティブによるワンポイント解説

Their words fanned my anger.（彼らのことばは私の怒りを煽り立てた）での fan は扇と同じ「煽る」という動詞です。しかし、熱狂的ファンの fan は別のことばで、その語源は異なり、後者はラテン語 *fānum*（= temple）からの派生語です。

狼：wolf 【動物】

● 英語のイメージ
　wolfのイメージですが、エジプトやローマにおいては勇敢さの象徴で、ローマ建国の父ロムルスとレマス兄弟を育てたとされます。wolfは守護者とも見られ軍神マルスに捧げられましたが、その一方でwolfは一般的に残忍なものとされ悪魔の化身と恐れられてきました。魔女とwolfの取り合わせが多いのもそのためです。

● 日本語のイメージ
　日本ではヤマイヌと狼の区別はされず、オイヌサマを祀る神社もあります。狼は野獣の害を防ぎ、里山の住人たちの生活を守ってくれるものと考えられ、猟師たちは狼を獲ることを忌み嫌い、狼を山の神の使いと敬う風習があったためです。

● どのような文化的背景からイメージの違いが生まれたか
　日本では狼はふだん目にすることも少ない森の奥に住む獣として捉えられ、そこから狼は獣害を防いでくれる霊力を持つというイメージが生まれたのでしょう。狼が人や家畜を襲ったりするケースが多かった西洋社会との違いから生まれました。

● ネイティブによるワンポイント解説
　wolfを使った慣用句をいくつか紹介します。a wolf in sheep's clothing（羊の皮を着た狼、すなわち偽善者）、(as) greedy as a wolf（狼のように貪欲な）、cry wolf (too often)（嘘を言って人を騒がす）の他、have [hold] a wolf by the ears は「次にどうしたらよいか分からない」で、進退きわまるという意味です。

お帰りなさい：welcome back 【日常生活】

● 英語のイメージ
　英語には日本語の「お帰りなさい」のような決まった挨拶ことばはありません。仕事や学校から帰宅した家族を迎えてかけることばなら Hello! Hi, dear [darling]、時には Oh, you're back? などということもあります。また長い旅行などから帰った人なら Welcome back [home]！などともいいます。

● 日本語のイメージ
　「お帰りなさい」は、外出先から戻った人を出迎える挨拶ことばです。「よく御無事でお帰りなさいました」の略とされます。親しい者や目下の者には「お帰り」といいます。またより丁寧に言うなら「お帰りなさいませ」ともいいます。

● どのような文化的背景からイメージの違いが生まれたか
　「お帰りなさい」は、相手の無事の帰還を喜ぶ気持ちを表すことばです。それは出迎えるときだけでなく、相手が帰って来るまで無事を案じていたことが伝わることばでもあります。日本では日常的な挨拶ことばですが、思いやりやもてなしの精神を表す習慣として、家庭だけでなく職場や地域、宿泊施設などに取り入れられています。

● ネイティブによるワンポイント解説
　しばらく留守にしていた相手の帰還や再訪を受けたなら、Glad to see you back! It's good to see you again.　So happy to see you again. など、それぞれ喜びを伝えることばを掛けます。

贈り物：gift giving 【社交】

● **英語のイメージ**

gift のイメージは人間同士の間で贈り、贈られる「贈り物」と、神様が人間に与えてくれた「天賦の才」の二つです。ゲルマン民族の間で結婚の際に妻に与える（give）贈り物を gipt と称しそこから生まれたことばであるといわれます。一方動詞で使われる gifted は才能に恵まれた、～の才に長けている、という意味です。

● **日本語のイメージ**

通過儀礼（人の一生で生から死に至るまでの各段階における儀礼習俗）の祝いの日には決まった食べ物（ひな祭りの草餅や端午の節句のちまきなど）を作り、神や仏に捧げ、そのお下がりを近親者だけではなく、親しくしている人たちにも分け与えたのが日本における贈り物の始まりでした。

● **どのような文化的背景からイメージの違いが生まれたか**

何事も神様の思し召し（お考え）から始まり、それに従うという神と人との関係を考える西洋と、神仏への捧げ物もそのお下がりをみなで分けるという、人々どうしの協同生活を最重要視する日本の社会との違いといえるでしょう。

● **ネイティブによるワンポイント解説**

gift から Yesterday is history, Tomorrow is a mystery, (and) Today is a gift. That's why it is called the present. の一節を思い浮かべる人は多くいます。「今日」を the present（現在）と神からの gift（贈り物）の両方にかけています。

おじ：uncle 【家庭】

● **英語のイメージ**

uncle は親の兄弟、親の姉妹の夫、aunt は親の姉妹、兄弟の妻です。英語では父母より年上か年下かという区別はしません。祖父母の兄弟姉妹の「大おじ、大おば」は、granduncle [great-uncle]、grandaunt [great-aunt] といいます。

● **日本語のイメージ**

「おじ」は、親の兄か姉の夫なら「伯父」、親の弟か妹の夫なら「叔父」と書き分けられます。「伯母」、「叔母」も同様です。よその大人を呼ぶ時にも使いますが、その場合は「小父さん、小母さん」と表します。「おじさん、おじ様、おじ上」は敬語表現ですが、さらに「おじ上様」も使われます。「おば」の場合も同様です。

● **どのような文化的背景からイメージの違いが生まれたか**

日本語では、古来年長者を敬い長幼の区別、また家父長制のもと一族を形成してきたため身内・他人の区別も表され、「伯父・叔父・小父」となります。また他人に身内の話をする時は「おじ、おば」といいますが、直接呼びかけるときは「さん」など敬語表現を付けます。英語では身内の間では固有名詞的に Uncle、Aunt、また Uncle Bill、Aunt Betty などと、親しみを込めて呼び掛けます。

● **ネイティブによるワンポイント解説**

Uncle、Aunt [auntie, aunty] は年配男性・女性への呼び掛けでも使われますが、子どもによるものであり、大人なら sir、madam などを使います。

お世辞：compliment 【社交】

● **英語のイメージ**

ラテン語 complere（= to fill up）が語源です。それがスペイン語の cumplir（動詞）と cumplimiento（名詞）になり、その後イタリア語 complimento に、さらにフランス語 compliment に変化し、その後英語に入ってきたことばです。スペイン語で「義務を果たすこと、礼儀をつくすこと、ほめることば」という意味になりました。

● **日本語のイメージ**

お世辞は、「他人に対する愛想のよいことば。相手に気に入られようとしていう、心にもないことば」と定義される他に、見えすいたへつらいなども意味します。よい意味で使われることばではありません。英語の flattery に相当します。

● **どのような文化的背景からイメージの違いが生まれたか**

Sticks and stones may break my bones. But words will never hurt me.（棒や石ころで私の骨を折ることはできても、ことばが私を痛めつけることはない）というように、直言をよしとし、それに耐える文化と、ことばは災いを招くという意味で用いる「物言えば唇寒し秋の風」のように直言をはばかる文化の違いです。

● **ネイティブによるワンポイント解説**

人に何かを贈るときに添えることばとして with ...'s compliments あるいは with the compliments of ... があります。また、Sincerely yours などとして用いる手紙の結文（結辞）を英語では complimentary close といっています。

お茶：tea 【食】

● **英語のイメージ**

tea の語源は中国語の chá（茶）とされます。tea といえば英米では「紅茶」であり、日本茶は green tea、Japanese tea といいます。紅茶を black tea ともいいますが一般的ではありません。また濃い茶は strong tea、薄い茶は weak tea と表します。

● **日本語のイメージ**

日本語の「お茶」は、通常は「日本緑茶」を意味します。飲料の「茶」には、茶の木の若葉・若芽を蒸して乾燥させた「緑茶」、発酵・半発酵させた「紅茶・烏龍茶」などがあります。湯を注いで煎じる一般のお茶を「煎茶」、粉末にしたものに湯を混ぜるお茶を「抹茶・挽茶」（powdered green tea）といいます。

● **どのような文化的背景からイメージの違いが生まれたか**

tea は、生産も品種や製法も中国で最も進み、ヨーロッパ各地への重要な貿易品でしたので、「異国情緒、東洋人、生命の飲み物」等のイメージがあります。そこで not for all the tea in China「中国のお茶全部と引き換えにしても絶対に〜しない」という表現や、英国人が中国産の茶葉を各種混ぜて好みの tea にしたことから〜 be one's cup of tea で「自分の好み、趣味」を表します。

● **ネイティブによるワンポイント解説**

英国では午後3〜5時に紅茶とサンドイッチやケーキ、小菓子など軽食をとる慣習があり afternoon tea、five o'clock tea、high tea などと呼ばれます。

落し物：finders keepers 【日常生活】

● 英語のイメージ

英語に Finders, keepers; losers, weepers. という表現があります。「落し物は拾った者の所有に帰し、落とした者は泣く」、つまり落とし損という意味です。少額の現金であれば拾った者のものになるというのは当然のことと考えます。駅員や警官にそれを届けるという慣習も届けられた物を処理するシステムもありません。

● 日本語のイメージ

駅や道路で、たとえ百円でも落ちていたら、それを拾った人はそれを駅員や警官へ届けるのがふつうであり、当然の義務と考えます。誰が落としたのかが分かる場合には、その人へ連絡をしてそれを送り届けることさえあります。

● どのような文化的背景からイメージの違いが生まれたか

落し物を拾うという行為に対する考え方の違いが原因になっています。日本ではそこに落とされたものがある、それを拾えば当然のこととして、落とし主に戻るようにと駅員や警官に届けます。米国では落とし物は拾った者が所有者になります。

● ネイティブによるワンポイント解説

世界の大都市の中で暗くなってから街中を何の心配もなく安心して歩けるのは東京だけ、ということを聞いたことがあります。タクシーの中に忘れたり、落とした物が 100％ 近く元の持ち主に戻ったりするのも東京だけであるという人もいますが、あながち大げさとはいえないコメントであると思います。

オパール：opal 【鉱物】

● 英語のイメージ

opal は、内部の細かい割れ目のため、虹色にきらめく光を発します。「ロマンス、永続的な愛、無垢、希望、自信、信仰心」をもたらすと信じられていました。半透明〜不透明で、乳白色のほか黄・赤・青・緑・黒などもあり、特に美しい虹模様の opal が珍重されますが、欧米人には black opal や fire opal も人気があります。

● 日本語のイメージ

「オパール」は、内部反射のために生ずる乳白色から「蛋白石」ともいいます。東洋では、災厄を予防するための「護符」として用いられたといわれます。日本にも white opal の鉱床があり、日本人には white opal が好まれてきました。

● どのような文化的背景からイメージの違いが生まれたか

opal は、ローマ時代から宝石として珍重されてきましたが、もともと壊れやすいのと、W. Scott の小説 Anne of Geierstein『ガイアスタインのアン』(1829 年) の「不吉な石」との記述から、18〜19 世紀に一時期「不幸を招く石」とされました。その後ヴィクトリア女王が愛用してからは 10 月の誕生石になりました。

● ネイティブによるワンポイント解説

older people with an active lifestyle の頭文字 OPAL から、活動的なライフスタイルの高齢者をオパール世代といいます。米国の研究機関による造語ですが、健康的で経済力もあり流行に敏感で人生に前向きな高齢者は、虹色の opal のようです。

思いやり：consideration 【人間関係】

● 英語のイメージ

ラテン語 con（十分に学ぶ、精密に調べる）と *sidus*（星の群れ、空）からなる *considerare* で原義は星や星の群れを観察するという意味でした。対象物をよく見て熟慮するということから、他人への配慮、遠慮、思いやり、気配りなどを意味するようになりました。

● 日本語のイメージ

「思いやり（遣り）」の語感やイメージは、相手の身になってその立場や気持ちを理解しようと努める心です。相手の気持ちを察して気遣うことであり、自己を忘れ自他同一の心境に達する禅の精神にもつながる人間としての心構えを意味します。

● どのような文化的背景からイメージの違いが生まれたか

広大な夜空に輝く星の群れを観察するという意味から始まった consideration はその後考慮、熟慮、その結果、判断、意見などの意味をも意味するようになりました。思いやりには想像、推量、思い巡らすという意味もありますが、どちらかといえば自己を忘れ相手の立場になりきるという禅の立場に近いことばといえます。

● ネイティブによるワンポイント解説

consideration は、法律用語として約因や対価、考察、意見、環境や相手のへの配慮、遠慮、気配り、報奨金、検討、意見聴取、など意味の範囲の広いことばで、「他人に対する思いやり」は consideration for others といいます。

おもてなし：hospitality, entertainment 【社交】

● 英語のイメージ

hospitality は hospital の派生語ですが hospital は本来「傷病者や病人の収容施設」を意味し、hotel や hospice と同じように「病に倒れた旅人を暖かく迎え入れ、世話をするところ」であり、娯楽や慰めごとを提供することでした。

● 日本語のイメージ

「持て成し」とは待遇、取り扱いやあしらい、さらには馳走や饗応を意味したことばで、特に旅人に対するものではありませんでした。それに対し omotenashi はすでに 1980 年代から心がこもり、思いやりにあふれた歓迎の振る舞いやしきたりを意味する日本独特の文化として欧米に広く紹介され、英語にもなっています。

● どのような文化的背景からイメージの違いが生まれたか

庶民による旅行が一般化され始めた時期という文化的背景から、片や近代以前の欧州と近世になってからの日本という違いが見られます。近世以前の日本では庶民による各地間の移動はまだ珍しく、持て成しも近隣の人々に対するものでした。

● ネイティブによるワンポイント解説

おもてなしは、Thoughtfulness, dedication to customers' needs and meticulous attention to detail are key elements of such service.（細やかで献身的な思いやりと行き届いたサービスが日本にある）と海外メディアにより紹介されました。

親指：thumb　　　　　　　　　　　　　　　　　　　　　　【身体】

● 英語のイメージ

thumb は「親指」です。他の指より太くよく動かないため、She is [Her fingers are] all thumbs. は「実に不器用だ」の意ですが、have a green thumb [green fingers（英）] なら「園芸の才がある」になります。また物を押し潰す強い力の指なので「支配」を意味し、under one's thumb は「支配下で」です。なお足の親指は big toe です。

● 日本語のイメージ

「親指」は最も太い指、「おおゆび」であり、「一家の亭主、主人、親方」を意味します。「親指」は、母の指を意味する「拇指」とも表記され、親指に朱肉をつけて実印の代わりに指紋を押すことを「拇印」といいます。

● どのような文化的背景からイメージの違いが生まれたか

thumb は「合図」に用いられてきました。古代ローマ時代、円形闘技場で闘技者の闘いぶりに対し、親指を上に向けると「生」、下に向けると「死」が与えられたことから、thumbs up は「満足、同意、承認」、thumbs down で「不満、拒絶、反対」を意味するようになり、現代ではインターネット上でも普遍の印になっています。また、thumb one's way, thumb a lift [ride] でヒッチハイクの合図をすることです。

● ネイティブによるワンポイント解説

日本にも「一寸法師」があるように、指先ほどの主人公の物語は世界中にあり、「親指トム」Tom Thumb や「親指姫」Thumbelina が有名です。

解雇：discharge　　　　　　　　　　　　　　　　　　　　【職業・契約】

● 英語のイメージ

discharge は charge（詰め込む、請求する、溜め込む、など）に分離を表す dis を付加した語で、気体や液体など溜めていたものを外へ放出（排出）するという意味を表します。軍隊にいた将兵を除隊させる、病院に入っていた患者を退院させる、など義務を免除し、人やモノを放出するというイメージがあります。

● 日本語のイメージ

解雇は何かの理由で雇用者が一方的に従業員との雇用契約を解除することで、使用人をクビにする権利を解雇権と呼んでいますが、解雇する側にも解雇される側にも暗くて悲しいイメージが残ることばです。

● どのような文化的背景からイメージの違いが生まれたか

終身雇用制度がいまだに残る日本では解雇ということばの響きは雇用者側にも使用人側にも深刻な問題です。一方、一時的な解雇のレイオフ（layoff）があり、転職することに抵抗が少ない欧米社会ではその深刻さにも違いが出てきます。

● ネイティブによるワンポイント解説

解雇されたという意味では He was discharged in less than five years because of his incompetence.（彼は無能力のため5年も経たないうちに解雇された）のように表します。注意しなければならないのは discharge には、He has perfectly discharged his duties.（彼は義務を完全に果たした）という逆のよいイメージもあることです。

蛙：frog, toad 【動物】

● 英語のイメージ
　frog は水生と陸生の両生類であり水と地の両方に関係することから、「豊穣、創造、復活」と結びつけられます。また「知恵のある生物、人間に近いもの」であるとされ、Frog Prince「蛙の王子」など変身話もあります。一方で「不浄」のイメージもあり、「不純、悪霊、異端、冷淡」などを表すとされ、(as) cold as a frog「非常に冷淡」の表現もあります。特にヒキガエルの toad は「性悪」のイメージです。

● 日本語のイメージ
　「蛙」は、田や池でよく見かけるなじみ深い動物であり、また「神様のお使い」とする話が全国にあります。特に稲作のための水となる「雨」の降る前に鳴き始めることから、「田の神」との結びつきがいわれます。また「かえる女房」や「かえる婿」など、「蛙」の変身話が伝わっています。

● どのような文化的背景からイメージの違いが生まれたか
　frog や toad には悪いイメージもありますが、日本の「蛙」は「神様の使い」であり田や家などを守るものなので、捕まえたり殺したりしてはならないとされます。

● ネイティブによるワンポイント解説
　A big frog in a small pond は「小集団・組織の中の大物」から、「お山の大将、井の中の蛙（かわず）」になります。逆に a little [small] frog in a big pond なら「大集団・組織の中の歯車の一つ、末端の人間」の意味です。

顔：face 【身体】

● 英語のイメージ
　face は「人柄・個性」の象徴とされます。happy face など「容貌、表情、態度」を表しますが、他にも the face of the earth「地表」など「物の表面、外観」、lose face で「面目」を失う、new face などでは「人」も表します。「文面、建物の正面、地勢、書体」なども意味します。動詞では「直面する、化粧する」などになります。

● 日本語のイメージ
　「顔」は頭部の前面で目、口、鼻などのある部分です。日本語の「顔」も英語の face とほぼ同様の意味があり、「業界の顔」のようにある集団の代表的な人、「顔を潰す」で「面目」「顔ぶれ」など「個々の人」も意味します。また「面食らう、面識がある、顔を貸す、顔がきく」などは、英語では face を使いません。

● どのような文化的背景からイメージの違いが生まれたか
　日本語の「顔」は「頭」とは別の部分ですが、英語の face は head の一部です。「窓から顔を出すな」は Don't put your head out of the window. であり、face ではなく head を使います。これを日本語のまま face を使うと、頭から顔を外して外に出すようなイメージになります。

● ネイティブによるワンポイント解説
　「丸顔」は a round face ですが、「長い顔」を a long face とすると「浮かない顔、悲しい表情」になりますので、a narrow face や horse-faced「馬面」と表します。

鏡：mirror 【家庭】

● 英語のイメージ
mirror には admire（賞賛する）、miracle（奇跡）、mirage（蜃気楼）に共通する「驚き見惚れる」という意味があります。鏡はものを映し出すものであり、見える世界を映し出し、それを受け止める人間の意識を表します。人間の想像力も鏡のイメージですので、現生と死後の世界を結ぶ魔法を持つものとも考えられました。

● 日本語のイメージ
かがみの「か・が」は影の古形であるともいわれ、影すなわち物の形を映すものという意味であったといわれます。鏡は実用的なものとしてだけではなく、神意を知るためのものとして古代から神事や祭事にはなくてはならないものでした。

● どのような文化的背景からイメージの違いが生まれたか
水面に映る自分の姿に恋い焦がれて死んだというギリシャ神話の美少年ナルキッソスの話は有名ですが、キリスト教では聖母マリアが the Mirror of Justice（正義の鏡）といわれる以外、日本の神話には頻出し、かつ神事の装飾品として欠かせない鏡の神的イメージはあまりないようです。

● ネイティブによるワンポイント解説
単純にモノとしての鏡を見るは look at a mirror でよいのですが、鏡（姿見）に自分の姿が見え、それを覗きこむ場合には look in a mirror といいます。

かがり火：bonfire 【日常生活】

● 英語のイメージ
語源的には bone-fire（骨火）ですが、宗教的儀式として骨を集めて火を焚いたこと、豊穣を祈願して人間を生贄として焼いたこと、火葬用の薪を集めて山にしたこと、など諸説があり、その後収穫を祝い、死者や神々を慰めるために火を燃やす風習となり、キリスト教の Halloween の行事にも取り入れられるようになりました。

● 日本語のイメージ
かがり火のかがり（篝）は薪を入れて篝火を焚くのに用いる鉄製の籠（かご）のことで、釣り下げるものや脚を組み立てて載せるものがあります。かがり火は照明用だけではなく、ある状態からある状態へ移行する際の媒介役として焚かれるものでした。祖霊や神を迎え、送り出すための目印としての意味もありました。

● どのような文化的背景からイメージの違いが生まれたか
西欧における bonfire は戸外で皆が集まって行う大きな焚き火です。それに対して日本のかがり火は、時代劇に出てくる武将の陣屋の入り口や能舞台を照らす実用的なものや神社仏閣における儀式用の照明というイメージです。

● ネイティブによるワンポイント解説
英国には Bonfire Night という日（夜）があります。11月5日の Guy Fawkes Day［Night］ですが、子どもたちはその日に燃やすガイ人形製作のため、Halloween のように、A penny for the (old) Guy! といって帽子を差し出して募金をします。

第Ⅱ部 単語の持つイメージを比べる　67

額面：face value　　　　　　　　　　　　　　　　　【契約】

● **英語のイメージ**
　英米人は、物事を額面通りにとる傾向があるといわれます。相手から言われたことをその通りに受け取り、そこにもしかしたら隠れた意味があるのではないか、などと斟酌したりしません。

● **日本語のイメージ**
　日本では、たとえば相手から「コーヒーいかが？」と聞かれたときに、相手に余計な面倒をかけたくないという思いから、「いえ結構です」と答えてしまいがちです。日本人同士であれば、再度勧めてくれた後に、「そうですか？それでは」となるのがふつうですが、英米では通用しないマナーといえます。

● **どのような文化的背景からイメージの違いが生まれたか**
　できないことをできないと言ってしまっては身も蓋もないということから「難しいですね」とか「考えておきます」と逃げ、それを断りの表現であると理解する日本。それに対して、思うことはそのまま述べ、聞く側もその通りに受け入れる英米、その言語文化の違いから生まれたものです。

● **ネイティブによるワンポイント解説**
　英国人が相手であると日本人的な反応も通用するでしょうが、米国人には下手に遠慮すべきではありません。ホストマザーの一言に日本的な遠慮をして朝食抜きになってしまった日本人留学生の話は後を絶ちません。気をつけましょう。

傘：umbrella　　　　　　　　　　　　　　　　　　【衣】

● **英語のイメージ**
　傘は、昔から日光や雨を防ぐためのものということから比喩的に庇護、保護、安全保障などを意味しました。昔は日除け用で高位者だけに使われ、王権と保護の象徴であり、今日のような雨除けに使われ始めたのは 18 世紀末であったといわれます。

● **日本語のイメージ**
　昔から雨や雪を防いだり日を遮ったりするために用いたものは頭にかぶる笠で、蓑（みの）とともに使われました。それに対し傘はおよそ 1500 年前に百済から仏像や法典など一緒に日本に伝来したといわれます。布を張った長柄の傘は蓋（きぬがさ）と呼ばれ、高貴な人の外出時に背後から差しかざすものでした。

● **どのような文化的背景からイメージの違いが生まれたか**
　umbrella は天蓋（canopy）と宇宙軸（world axis）と太陽の三つを表すといわれ王権と保護の象徴でした。そのために上方からの保護物という意味合いが多いことばです。「核の傘（the nuclear umbrella）」がその代表的なものですが、日本では本来そのような意味はありませんでした。しかし、権威の象徴であった点は東西に共通するイメージです。

● **ネイティブによるワンポイント解説**
　英語で「傘がおちょこになった」は、シャツを裏返しに着る（wear one's shirt *inside out*）や、ポケットをひっくり返す（turn one's pocket *inside out*）と同じ英語で、The strong wind blew their umbrellas inside out. といいます。

風：wind　　　　　　　　　　　　　　　　　　　　　　　　　　【日常生活】

● 英語のイメージ

　自然の風や嵐は神や天の創造の息吹とされ、そこに霊的な存在を見ていたようです。そのため wind は、風の他に息吹、影響力、予感、そらごと、うぬぼれ、方角、無関心などをも意味しました。昔から北風と東風はよくなく、ギリシャ神話でも北欧神話でも、西風が好天の印とされ、最も好ましい風とされていました。

● 日本語のイメージ

　風は霊的な存在の訪れであると考えられていたため、単に自然現象としての風にとどまらず、その結果生じた病気を含む好ましくない現象と捉えられてきました。カゼが人間につくことによって病が生じるという現象は、今日カゼをひくことを風邪（かぜ、ふうじゃ）と呼ぶことにつながっているといえます。

● どのような文化的背景からイメージの違いが生まれたか

　自然現象のほとんどすべてを神や天帝の存在に結びつけ、その絶大かつ絶対的な力によって引き起こされるものと考える西洋と、御霊信仰など土着信仰あるいは原始宗教（シャーマニズム）が母となっている日本との違いといえます。

● ネイティブによるワンポイント解説

　日々の生活や天気予報では wind よりもさらに具体的な breeze（そよ風）、gale（強風）、gust（突風）、blast（gust よりも強く長く吹く突風）が使われます。

かたつむり：snail　　　　　　　　　　　　　　　　　　　　　　【動物】

● 英語のイメージ

　snail の語源は snake（蛇）と同根で「這う」という意味のゲルマン語です。マイマイなどの軟体動物の総称で、その動きの遅さから be as slow as a snail といわれ、怠け者、のらくら者、のろくさい人を表します。食用に養殖されているエスカルゴをイメージする人が多く、米国中西部・西部ではシナモンロールなど甘い渦巻きパンも snail と呼んでいます。

● 日本語のイメージ

　雨上がりの時や湿気の多い時、または夜中に庭先や路上で目にするかたつむりは、古くから「かたつぶり」〈固く＋つぶる〉とか「でんでん虫」〈出よ、出よ虫〉と呼ばれ子供たちの遊び相手の一つでしたが、西洋のように食されるものではありませんでした。その歩みの遅さからのろまというイメージがあります。

● どのような文化的背景からイメージの違いが生まれたか

　ブドウの葉で育てた食用のかたつむりをフランス語で *escargot*（エスカルゴ）といい、英語化されていますが、本来英語では edible snail といい、家庭でも料理できるように缶詰で販売されています。食文化の違いから生じたものといえます。

● ネイティブによるワンポイント解説

　『不思議な国のアリス』の中でタラから Will you walk a little faster?（もう少し早く歩けないの）といわれてしまうほど歩みののろいのかたつむりです。

鐘：bell 【式典・行事】

● 英語のイメージ
　ミレーの晩鐘にも表れているように日々の生活と教会の鐘は密接な関係がありました。鐘の音には神の力があるとされ、単に時を知らせるだけではなく、自由や歓喜を表し、人の誕生、結婚、そして死を人々に知らせるものでもあったのです。

● 日本語のイメージ
　鐘といえば「柿食えば鐘が鳴るなり法隆寺」（子規）を思い出すように、寺院の鐘楼をイメージしますが、その鐘は水との因縁が深いようで、日本には「鐘ケ淵」という地名が多く残っています。それらはみな水界に住む蛇や竜と鐘を結ぶ伝説や昔話に基づいて命名されたものです。

● どのような文化的背景からイメージの違いが生まれたか
　前世や過去の行いの善悪に応じて必ずその報いがあるという、因果応報という仏教の教えを生活信条の一部とする日本とキリスト教社会の違いといえるでしょう。

● ネイティブによるワンポイント解説
　小説や映画で名高い『誰がために鐘はなる』（ヘミングウェイ）の原題は *For Whom the Bell Tolls?* といいます。その英語は英国の宗教家・詩人の John Donne（1572-1631）の詩から引用されたもので、原文は、"and therefore never send to know for whom the bell tolls; it tolls for thee." であり、人は誰にでも弔鐘が鳴る時がくるのであり、あなたにもその時がくるのだからそれは問うなかれという意味でした。

鞄：bag 【衣】

● 英語のイメージ
　bag は「袋、鞄類」です。スーパーなどで商品を入れる茶色の紙袋 brown bag や持ち手の付いたビニール・紙製の shopping bag がその代表例です。また布製の大袋は sack、巾着型の小袋は pouch ともいいます。鞄類では、女性用の handbag（英）[purse（米）]、肩紐付きの shoulder bag、旅行用小鞄 overnight bag、角型の大型手提げ tote bag などがあります。

● 日本語のイメージ
　「鞄」は革や合成皮革、または厚地の布製で荷物を入れる携帯用具です。「かばん」は中国語の「櫃」または「文挟み」を意味することばからで、明治時代にそれになめし皮の意の「鞄」の漢字を当てたものです。「鞄」には、手提げから婦人用バッグ、書類鞄、スーツケースまで含まれますが、紙袋やビニール袋は含まれません。

● どのような文化的背景からイメージの違いが生まれたか
　bag は、本来、紙・布・革製などの柔らかい袋で、中に物を入れて口を閉じるようにしたものです。そこで鞄類でも、特に側面が柔らかく中に入れる物や量によって形が変わる物とされます。鞄でも、型崩れしない固い箱型の物は case になります。

● ネイティブによるワンポイント解説
　箱形の鞄では、旅行用の suitcase、書類用の brief case、外側が固い attaché case、化粧品用の vanity case [bag] などがあります。

壁：wall 【住】

● 英語のイメージ
wallは「壁、外壁」のことで、「聖域」のイメージがあります。「防御、保護、安全」を表します。wallの原義は「柵」で、「壁」だけでなく「仕切り」、stone wall 石塀のように「塀」、sea wall「防波堤」などの「防壁、城壁」、a wall of men「人垣」、a wall of silence「沈黙の壁」のように「障壁」、また「内臓の壁」なども意味します。

● 日本語のイメージ
日本の「壁」は、建物の外部と内部を仕切る「外壁」、また建物内部の部屋などを仕切る「内壁」です。しかし英語と異なり、屋外にある仕切りは「塀」といいます。また「壁にぶつかる」で「障害、困難」、他に「岩壁」なども意味します。

● どのような文化的背景からイメージの違いが生まれたか
日本の伝統的な建築は木造で、柱や梁が建物を支え、壁は柱の間にはめ込まれているだけの軸組構造が多いのですが、欧米では煉瓦造・石造で、壁そのものが建物を支える壁構造が一般的です。欧米ではwallは支え守るものとなっているのです。

● ネイティブによるワンポイント解説
Wall Street は、米国ニューヨーク州マンハッタンの通りの名ですが、これは1653年にオランダ植民者たちが、インディアンの侵入を防ぎまた牛が逃げ出さないように、板材でwall「壁」を築いたことに由来します。その後壁はなくなり通りになって、株式取引所、証券会社、大銀行が集まり、世界の金融業界の中心となっています。

カボチャ：pumpkin 【食】

● 英語のイメージ
pumpkinは、世界各地で栽培される代表的な緑黄色野菜です。原義は「太陽で料理された、熟した」、「大きなメロン」です。pumpkinは、Thanksgiving Day「感謝祭」の伝統的な料理pumpkin pieが有名で、「秋、収穫」のイメージがあります。

● 日本語のイメージ
「カボチャ」は、日本へは中国を経て16世紀に渡来しました。当初カンボジア原産と考えられこの名前が付きましたが、中国からの意で「南京」、中国から来た茄子の意で「唐茄子」ともいいます。また「南蛮渡来の瓜」の意で「南瓜」と書きます。なお「カボチャ野郎」など「醜い顔、品のない者」の意味もあります。

● どのような文化的背景からイメージの違いが生まれたか
pumpkinは、Halloweenのjack-o'-lantern「（カボチャの中身を出し目鼻口を切り抜いた）カボチャちょうちん」、Cinderellaシンデレラが乗った馬車が連想されます。pumpkinは地上界と天上界の両界の象徴とされ、Halloweenの魔女やシンデレラの妖精と結びつけられます。

● ネイティブによるワンポイント解説
子どもや恋人、配偶者などに愛情をこめてpumpkin（米口語）と呼び掛けることがあります。またSome pumpkins（米口語）といえば、「立派な人物（モノ、場所）」をいいます。しかしpumpkin headは「のろま、うすのろ、ばか者」（米口語）の意です。

紙：paper 【住】

● 英語のイメージ
　paperは「耐久性の欠如、短命」を表します。語源は、水草から作った書写材papyrus パピルス（pápūros）です。paperは、素材の「紙」だけでなく、write a paperの「論文・レポート」や「試験問題、答案」など書かれた内容、today's paper「新聞」や「書類、証明書、手形」など印刷された物もいいます。一方でpaperはその耐久性が問題となっており、図書館などの資料が将来使用不可となるといわれます。

● 日本語のイメージ
　「紙」は、植物の繊維を水中で薄くすいて乾燥させたもので、その製法は105年中国の蔡倫が大成させたといわれます。日本には7世紀初め桑の樹皮から作った紙がもたらされ、各種の改良後現在の和紙となりました。日本の和紙は1000年の寿命があるといわれ、最も丈夫で美術的な紙として知られています。

● どのような文化的背景からイメージの違いが生まれたか
　現在「紙」は筆記用、印刷用、包装用、建材用など、最も用途の広い工業製品と言われます。日本では「紙」というと、用紙、または素材を意味します。書かれた内容や印刷物としては用いられません。

● ネイティブによるワンポイント解説
　paperには「紙の上だけの」というイメージがあります。paper plan「現実性のない計画」、paper tiger「張り子の虎」などの表現があります。

髪：hair 【身体】

● 英語のイメージ
　hairは、「活力、霊力、豊穣」の象徴です。「毛、頭髪、体毛、毛状物」の意味ですが、by a hair, by the [a] turn of a hair「僅差・間一髪で、毛筋ほども（ない）」のように「ごくわずか」な様子も表します。また tear [pull] one's hair (out)「（髪の毛をかきむしるくらい）嘆き悲しむ、怒り狂う」、against the hair「（毛並みに逆らうように）不本意で」など感情も表されます。

● 日本語のイメージ
　「髪」は「頭髪、髪の毛、髪形」のことです。古風な「御髪（みぐし・おぐし）」という呼び方は「櫛（くし）」という道具で「髪」を間接的に表現した尊敬語とも、また神の霊妙をたたえる「奇し」から転じた語ともされます。

● どのような文化的背景からイメージの違いが生まれたか
　日本語の「髪」は「頭に生える髪」だけであり、「毛」と区別しますが、英語 hairは人間の頭髪から動物の体毛、植物の毛まで含みます。一方「日本髪」など「髪形」も意味しますが、英語では hairstyle、haircut、hairdo（口語）などと表します。

● ネイティブによるワンポイント解説
　欧米人の髪色は、blond(e)、brunet(te) 黒みがかった褐色、black 黒、auburn とび色、red（carroty）赤などさまざまです。また髪形は、近代以前には身分や婚姻などで異なりました。英国の法廷裁判官・弁護士が白髪のかつらをつけるのはその名残です。

雷：thunder 【自然】

● **英語のイメージ**

　ギリシャ神話、旧約聖書、北欧神話や北アジアの神話のいずれにおいても雷鳴や稲妻は神が石矢を放ったり、槌で叩いたりして轟かす怒りの声などと考えられてきました。赤くなった鋼を叩き延ばすときの音と火の粉が雷のイメージでした。

● **日本語のイメージ**

　農耕文化の国であった日本では、雷は恐ろしいものとして畏怖されると同時に、一方で聖なる火も、また雨をも、天空から地上にもたらす有難い水神として崇拝されてきました。落雷も天上の神が地上に現れる具体的な姿であるとも考えられていたのです。

● **どのような文化的背景からイメージの違いが生まれたか**

　生活の基盤が稲作を中心とするものであった古代から、平穏無事な日々を乞い願う人々の篤い信仰心が身の回りのものや自然現象などすべてを神としてしまう考え方（八百万〈やおよろず〉の神）を生みました。はじめに神がいて、神の視点から地上を見る世界と、人々の目から天を見る視点の違いといえるかもしれません。

● **ネイティブによるワンポイント解説**

　thunder and lightningは雷鳴と稲光ということで非難や悪口の意味にもなります。日本語で「雷が落ちた」とか「雷に打たれた」という場合、その雷はlightningであってthunderではありません。Lightning struck the tree.などといいます。

亀：tortoise, turtle 【動物】

● **英語のイメージ**

　tortoiseは「陸亀」、turtleは「海亀」です。tortoiseは「豊穣、長命、貞節、忍耐、怠惰、防護、安全」などのイメージがあります。tortoiseは「動きがのろい人、モノ」も表し、有名なAesop's Fables「イソップ寓話」The Hare and the Tortoise「ウサギとカメ」では、陸亀のtortoiseがrabbitより大型の野兎hareと競争します。turtleもtortoiseと同様のイメージがありますが、特に「水、沈黙」も表します。なお米国ではturtleが「亀」の総称で、「海亀」をsea turtleと呼びます。

● **日本語のイメージ**

　「亀」は、「鶴は千年亀は万年」とことわざにあるように、鶴と同様「長命」のイメージです。古代中国と朝鮮で鶴と亀を長寿と繁栄の象徴とされていたのが日本にも伝わり、「めでたい動物」として尊ばれています。

● **どのような文化的背景からイメージの違いが生まれたか**

　tortoise、turtleも「亀」も「長寿」のイメージがありますが、「亀」は神の使いで「幸運」を表すとされました。有名な話は「浦島太郎」で、原話は漁師と亀の姿をした神との神婚物語ですが、後に亀の恩返しの話と乙姫が加わり、亀が海神や乙姫の使いで現れます。

● **ネイティブによるワンポイント解説**

　亀の首のような「とっくり襟」をturtleneck（米）、polo neck（英）といいます。

仮面：mask 【式典・行事】

● 英語のイメージ
マスカレード（masquerade）は仮面パーティーや仮装舞踏会を意味しますが、maskは、変装することによって自分を隠したり、なりたいものになったように見えることを期待したりするためにつけるものでした。また魔除けとしても使われました。

● 日本語のイメージ
日本での仮面で代表的なものに能面がありますが、能面は一つの面で喜怒哀楽の変化に応じるものです。「能面のよう」とは無表情のさまをいいますが、個性を隠すという意味にもなります。自分を表に見せないという意味からは笠（虚無僧笠など）や覆面も同じであり、変身というよりは自分を隠す意味合いが強いものです。

● どのような文化的背景からイメージの違いが生まれたか
昔から男女がともに席を同じくして各種のパーティーや舞踏会に出かけていくという文化を共有する社会と、7歳くらいからは男女の区別をわきまえ、みだりに親しくしてはならないという「男女七歳にして席を同じうせず」の教えのためから、そのような集まりには無縁であった社会の違いからといえます。

● ネイティブによるワンポイント解説
お金持が乞食に身をやつすことを a rich man's masquerade as a beggar といい、詐欺師が「私はもと皇族だ」と偽ることを He masquerades as a former member of the royal family. といいます。

鴨：(wild) duck 【鳥・食】

● 英語のイメージ
duckは家鴨のアヒルで、「鴨」は野性鴨 wild duck です。特に雄鴨は drake、雌鴨は hen、duckといいます。duckはquack, quackの鳴き声から「陽気、おしゃべり」のイメージがあります。また「騙され易い人」の意味もありますが、ugly duckling「醜いアヒルの子」は、「後に美しく、偉くなる人」をいいます。

● 日本語のイメージ
「鴨」は中・小型のカモ科の水鳥の総称ですが、特に野生鴨であり、日本の代表的な野鳥の一つです。多くは冬鳥として日本に渡来しますので、「冬」のイメージがあります。肉はきわめて美味で、カモ汁、カモ鍋など「鴨料理」が古くから一般に愛好されてきました。食用にする「良い獲物」から、「いいかも、かもにする」など、「餌食、騙して利用する」意でも用いられます。

● どのような文化的背景からイメージの違いが生まれたか
中国や韓国、日本では、「鴨」は「結婚の幸福、夫婦の貞節」のイメージがあります。鴨のつがい「鴛鴦」はいつも一緒に行動し、一方が捕らえられると他方が焦がれ死にするという伝説まであり、「おしどり夫婦」の表現で仲のよさを表します。

● ネイティブによるワンポイント解説
Donald Duckは、Walt Disneyの漫画の最も有名なキャラクターの一つです。水兵服を着たアヒルで、その役柄から「怒りっぽくうるさい人」のイメージです。

烏：crow 【鳥】

● **英語のイメージ**
crow はその黒い色が原初の暗闇を表すことから、この世の「創造者」「文明の伝達者」とされ、また「予言の力」を持つとも考えられました。「長寿、孤高な隠者」などの良いイメージの一方、「孤独、老婆、妖怪」、さらに「饒舌、狡猾、どん欲」などの悪いイメージもあります。crow は元々白かったのが神々の怒りを買い黒くされたといわれ（as) black as a crow で「真黒い」、a white crow「珍しい物」を表します。

● **日本語のイメージ**
「烏」は、その大きな鳴き声や群れ、「死」を連想させる黒い色から「不気味、不吉」なイメージがあります。また「うるさい人、意地汚い人」なども意味します。一方「烏」は知能が高く「神の使い」、特に古代より神秘的な聖地であった「熊野神の使い」として、烏が図案となった厄難除けの護符がよく知られていました。

● **どのような文化的背景からイメージの違いが生まれたか**
日本では「塒（ねぐら）のない烏」の意で、難民や逃亡者、放浪者、渡り者など、定住しないで土地から土地へと渡り歩く人を嘲って「旅烏」と呼びます。英語では烏を使わず wanderer、vagabond、stranger などになります。

● **ネイティブによるワンポイント解説**
烏は目標に向かって真っすぐ飛ぶことから、as the crow flies、in a crow line というと「直線距離にして、一直線に」という意になります。

カレンダー：calendar 【日常生活】

● **英語のイメージ**
『旧約聖書』によれば神は世界を6日間で創造し、7日目に休息をとったとあり、ユダヤ教では日曜から金曜までが稼働日で土曜日が安息日でした。その後、キリスト教が公認され日曜日を主の日として定められました。日曜日始まりの「宗教中心型カレンダー」と月曜日始まりの「労働中心型カレンダー」が並存しています。

● **日本語のイメージ**
暦（こよみ）は「日（か）読み」から生まれました。日本では6世紀ごろから中国暦を使用していましたが17世紀後半から日本独自の太陰太陽歴を使用し、その後明治5年になり同年12月3日を翌年1月1日として現行の太陽歴が実施されました。

● **どのような文化的背景からイメージの違いが生まれたか**
紀元前3千年ごろすでに月の満ち欠けが28日周期であったためそれを4等分した7日に1週間という考え方を与えたといわれます。それに対し、陰暦ですら6世紀にならないと中国から入ってこなかった日本との歴史の長さの違いといえます。

● **ネイティブによるワンポイント解説**
日曜日始まりのカレンダーは米国や日本など、そして月曜日始まりのカレンダーは英国などが使用しています。何曜日を週の始まりにするかは宗教的な背景が強いようです。手帳などに月曜始まりのものがあるのは、土日が休みのビジネスマンの使いやすさを考慮したものであり、土日が週末という概念が根底にあるようです。

第Ⅱ部　単語の持つイメージを比べる

川：river　　【自然】

● 英語のイメージ

英語の river は大河や大きい川を意味することばで、それよりも川幅の狭い流れは stream であり、さらに小さい小川は brook といいます。そこから「river を飛び越える（jump [leap] the river)」ことは物理的に不可能ということになります。

● 日本語のイメージ

川のイメージとしては、川上、川中、川下、ということばに表れているように「流れ」が中心でした。川はどこから流れてきて、どこへ流れていくのかという点に関心が持たれ、とくに川上に何か聖なる空間があり、川をその空間と現世を結ぶ通路のように思ってきたことは多くの昔話に共通するテーマです。

● どのような文化的背景からイメージの違いが生まれたか

エジプトのナイル川が豊穣の源とうたわれてきたのは、川の神が雨を降らせて川を氾濫させ、それをもって土地を肥沃にしたからだといわれます。わが国では川を、「流水先を争わず」という格言にも表れているとおり、水の流れと人やその生活との関係というイメージで捉えてきたといえるでしょう。

● ネイティブによるワンポイント解説

川は時の流れと喪失をも意味します。「ゆく河の流れは絶えずして、しかも、もとの水にあらず」（『方丈記』）をドナルド・キーンは The flow of the river is ceaseless and its water is never the same. という名文に英訳しています。

感謝：appreciation　　【人間関係】

● 英語のイメージ

appreciation のイメージは「価値がわかる」「よさがわかる」「有り難さがわかる」というもので、price（価値）に関連することばです。appreciation に対し depreciation は低く評価することで、「見くびる」という意味になります。

● 日本語のイメージ

日本語の感謝は「有難いこと」に礼を述べることですが、読んで字の如しで、「有難い」は、人から「なかなか有り得ないようなことではない」ことをしてもらったことへの心からの感謝の意を表することです。

● どのような文化的背景からイメージの違いが生まれたか

動詞の appreciate は「値をつける」という意味であり、そこから数値的な価値の判断をするということになり、感謝するという意味になりました。「有難う」はふつうでは有りえないことをしてもらったことへの感謝という意味でした。

● ネイティブによるワンポイント解説

Spare the rod and spoil the child.（かわいい子には旅をさせよ）ということわざがあります。子どもは手許から離して世の中の苦しみやつらさを経験させた方がよいという意味で使われますが、これは The best way to appreciate something is to be without it for a while.（物事のよさをわかる一番の方法はそのものとしばらくの間離れていることである）ということを意味しています。

元旦：New Year's Day 【時】

● 英語のイメージ
　英米では、正月や New Year's Day 元旦はあまり重要視されていません。むしろ New Year's Eve 大晦日のパーティや礼拝、特に New York の Times Square や London の Trafalgar Square など、新年を迎える countdown と、夜中の零時と同時に挨拶とクラッカーなどを鳴らす騒ぎの方が有名です。

● 日本語のイメージ
　「元旦」の「旦」は「早朝」の意味であり、「元旦」は正月元日の朝、「元朝」です。また一月一日、元日ともいいます。「一年の計は元旦にある」といわれるように、日本人にとっては最も大事な日です。年末に大掃除をし、門松などを飾り鏡餅をお供えし、元旦に新年の幸福や五穀豊穣を司る「年神様」を迎えます。

● どのような文化的背景からイメージの違いが生まれたか
　日本では、魔の飛び交う夜が明けることが幸いであるように、古い年が去り新しい年が明けたことを祝う意味で、「新年明けましておめでとう」という挨拶が正月に交わされます。一方英語の（A）happy new year! は、I wish you が省略されたもので、「良い年になりますように」という意味であり、新年の前からもいいます。

● ネイティブによるワンポイント解説
　「お年玉」は new year's gift［present］になります。なお New Year's card「年賀状」は元旦ですが、Christmas card は I wish you なのでクリスマス前に届けます。

黄：yellow 【色】

● 英語のイメージ
　yellow はレモンや卵の黄身、また太陽の色です。「明るい、温かい」「注意を引く色」である以外に「臆病、卑劣」なイメージもあります。yellow ribbon は兵士などの無事の帰還を祈って木などに結ぶ「願いの印」です。yellow light は「黄信号」、yellow card ならサッカーなどで反則をした選手への「警告カード」、yellow alert は「第一次警戒警報」です。一方 You are yellow! で「臆病者！」という意味です。

● 日本語のイメージ
　日本語の「黄」は、黄金、山吹や菜の花、卵の黄身などの色とされます。また「黄なる物」で小判、「黄色い声」のように声が甲高いこと、「嘴が黄色い」で未熟であることも表します。なお「未熟」は英語では green を使います。

● どのような文化的背景からイメージの違いが生まれたか
　英語の yellow は太陽の色とされ、太陽神アポロの色で「知性」「愛・平和」、また「豊穣」などをイメージします。一方キリスト教では裏切り者のユダの着衣が黄色だったことから「臆病、卑怯、嫉妬」など、好ましくないイメージもあります。

● ネイティブによるワンポイント解説
　yellow には「扇情的な」という意味もあり、yellow journalism［press］は、読者の興味を引くために低俗で誇張を用いた記事をいいます。19世紀に扇情的記事を多く扱った New York World 紙掲載の漫画の主人公 "Yellow Kid" に由来しています。

木・森：wood 【自然】

● 英語のイメージ
　woodは木材（材木）の他に木工品の桶や樽、また複数形では森を意味し、生と死や英知を表すともいわれます。森は妖精や怪物が住む所ということから古代においては豊穣を願う儀式の場でもあり、願い事をするときに木を叩く風習がありました。

● 日本語のイメージ
　緑濃い木々に覆われた森は、昔から日常世界とは異なる世界と考えられ、「鎮守の森（杜）」の名が示すように、神社や参道など境内を囲むように生育している森林をいいます。霊魂が宿る場所とされ神々との交信ができるところともいわれます。

● どのような文化的背景からイメージの違いが生まれたか
　西洋における森は、樹木の葉が太陽光を遮るために太陽の力に対抗する大地の力（陽に対する陰）を表すものであり、童話に出てくるように魔女が住むところでした。日本ではそれに対して森は、神々しいものとして崇められてきました。

● ネイティブによるワンポイント解説
　森は魔法の空間であり願い事をするとき木を叩く風習がありました。その願い事をするのも、特に自慢などをした後で不吉を避けるために身近な木製品を叩きながらknock (on) woodといいます（touch woodともいい、この場合は触ります）。No one has ever defeated me in golf, knock (on) wood!（ゴルフでは誰にも負けたことがないよ。おっと！）といいながら木を叩いたりします。

機会均等：equal opportunity 【職業・教育】

● 英語のイメージ
　米国では就職のために提出する履歴書に年齢も性別も書かないし、写真も貼りません。採用が内定するまでの面接で、企業側が性別、年齢、人種を聞くのも違法行為になります。逆に黒人や少数民族、女性を優先的に入学させる、あるいは雇うというアファマティブ・アクション・プログラムと呼ばれるものもあります。

● 日本語のイメージ
　日本では「教育の機会均等」ということばで長く親しまれてきましたが、1985年に制定された職場における男女の差別を禁止し諸条件において男女とも平等に扱うことを定めた「男女雇用機会均等法」をイメージする人が多いでしょう。

● どのような文化的背景からイメージの違いが生まれたか
　履歴書に年齢を書くことが禁止されているのは、1967年に制定された「雇用における年齢差別禁止法」です。人種、肌の色、宗教、性、出身国を理由にした雇用や解雇、報酬の差別化などが禁止されたのが1964年に成立した公民権法であるという長い歴史を持つ米国と、職場の女性の進出が長い間限られていた日本の違いです。

● ネイティブによるワンポイント解説
　女性の権利獲得が進んだ米国ですが、日本のように女性を保護する法律はありません。生理休暇も、子育てや介護をしている人に対する深夜労働免除もなく、有給の育児休暇（男女ともに）の条件も州によりますし、家族手当はありません。

菊：chrysanthemum 【植物】

● 英語のイメージ

chrysanthemum の語源は「黄金の花」で、「豊穣、富、神々しい美」を表します。薔薇が「西洋」のイメージに対し chrysanthemum は「東洋」のイメージです。特に日本とされ、the land of the chrysanthemum は「日本国」、また Ruth Benedict の日本研究書の書名も The Chrysanthemum and the Sword『菊と刀』でした。

● 日本語のイメージ

「菊」は日本の国花であり、日本国のパスポートの紋章にもなっているように「日本」をイメージします。中国原産で奈良時代に「薬用」として伝来したとされ、さまざまな品種改良で薬用、食用、観賞、装飾など広い用途があります。また「菊」は死者や先祖の霊を弔う「墓参り」に欠かせない花で、「弔いの花」のイメージもあります。

● どのような文化的背景からイメージの違いが生まれたか

日本では各家に家紋がありますが、もとは平安時代、所有者を区別するために貴族の牛車に付けられた印でした。縁起の良い植物が多く用いられていますが、「菊」は薬草であり「魔除け」になるとして、鎌倉時代の後鳥羽上皇以降日本の皇室の紋章 the Chrysanthemum Throne となりました。

● ネイティブによるワンポイント解説

chrysanthemum は長い単語ですので、mum（米）、chrysanth（英）のように略されたりします。chrysanthemum は英米でも葬儀に用いられています。

技術：technology 【職業】

● 英語のイメージ

technology はギリシャ語の *technologia*（art; skill 工芸技術 ＋ logia 学問）を語源とすることばです。それが初期近代英語に入り、information technology（情報技術）や space technology（宇宙工学）などよく使われるようになりました。

● 日本語のイメージ

日本語では技術は「物事をたくみに行うわざ。技巧や技芸」を意味したことばでしたが、その後 technique の訳語として「科学を実地に応用して自然の事物を改変・加工して人間生活に役立てるわざ」という意味になりました。

● どのような文化的背景からイメージの違いが生まれたか

「ものづくり」ということばに代表されるように、日本の製造業の繁栄は、「からくり」や「しかけ」に代表されるような日本古来の伝統的生産技術によるところが多いのですが、「生産技術」や「製造技術」という用語は明治期の西洋文明から入ってきたというイメージがあります。

● ネイティブによるワンポイント解説

日本の優秀な製造技術を、その精神性や歴史からみて比類のない職人芸に関連づけ、1990年代後半に *monozukuri* と英語化した「ものづくり」は "the duplication of design data into a material." あるいは "art, science and craft of making things." と定義されています。

北：north 【地理】

● 英語のイメージ
北半球では north は太陽から離れている方向で、冬、寒さ、暗闇、死者の国、夜、老齢、魔王や異教徒を表すことばとして捉えられていました。ただ逆にバビロンの民たちは、神々たちは北にある高い山に住むと考えていました。反対に、the north for greatness（偉大さは北）ということばもあります。

● 日本語のイメージ
日本では「北まくらで寝ること」を忌む習慣があります。これは釈迦が涅槃のときに頭を北にして伏したことに起因しますが、そのせいか家屋内の配置に際し北を凶の方位として避ける伝承が各地に残ります。西北を意味する戌亥（いぬい）の方角は「貯える」という象意もあり、富とも結びつき吉のイメージも抱かれました。

● どのような文化的背景からイメージの違いが生まれたか
生活空間の配置に際する方位にかなり強い吉凶のこだわりを持つのが日本の特徴ですが、それは原始宗教と中国伝来の仏教に対応する行動様式でした。そのようなアニミズムの世界とは無縁の社会構造と行動様式を持つ西洋との違いといえます。

● ネイティブによるワンポイント解説
the New York Yankees の Yankees ですが、米国北部諸州の住民、南北戦争で北軍についた北東部の人たち、また南部諸州からしばしば敵意を含んで呼ばれた北部人（北軍兵＝ the Northern soldiers, the Union Soldiers）を表すことばでした。

狐：fox 【動物】

● 英語のイメージ
fox の原義は「尻尾のふさふさした動物」です。「狡猾、偽善、悪魔」のイメージがあります。as sly [cunning] as a fox で「悪賢い」、play the fox なら「ずるいことをする、うまく立ち回る」になります。またセクシーで魅力的な女性を表すこともあります。fox は美しい毛皮用に各地で飼育もされています。英国では、古来の貴族的スポーツ foxhunting「キツネ狩り」は「聖なる狩猟」とされます。

● 日本語のイメージ
「狐」は、「ずる賢い、人をだます」イメージがあります。「人間に化ける」イメージもあり、民話にもよく登場します。時に「男性をだます女性」を指すこともあります。一方「神の使者」としても扱われ、智恵を与えてくれると信じられました。狐の好物といわれる「油揚げ」の意味で「きつねうどん」などとも使われます。

● どのような文化的背景からイメージの違いが生まれたか
fox も狐も「狡猾な」イメージがありますが、日本では「狐」は五穀を司る稲荷神の使いとされ、神社を護る対の白い石像となり「霊獣」の扱いもされています。

● ネイティブによるワンポイント解説
「虎の威を借りる狐」は to act like an ass in a lion's skin で、「ライオンの皮をかぶったロバ」と表され、英語では fox ではなく ass（ロバ）になります。ass は「頑固、のろま、まぬけ」のイメージがありますが、狐のような「狡猾な」イメージはありません。

キャベツ：cabbage [食]

● 英語のイメージ

cabbage の語源は caboche「頭」を意味します。中心の堅い部分を head、heart と呼び、数える時も two heads [pieces] of cabbage などといいます。花ことばは「利益」で、俗に「紙幣」を意味することもあります。なお紫キャベツは red cabbage です。

● 日本語のイメージ

「キャベツ」は、ヨーロッパ原産で、古来世界各地で栽培されてきましたが、日本では幕末1870年前後から栽培され、明治末期頃に洋食の食材として一般化しました。「玉菜」「甘藍」ともいいます。

● どのような文化的背景からイメージの違いが生まれたか

キャベツ料理は日本では、「ロールキャベツ」stuffed cabbage と、豚カツなどの添え野菜「千切りキャベツ」shredded cabbage が有名です。欧米では pickled cabbage「ピクルス」や boiled cabbage「茹でキャベツ」、そして coleslaw「ドレッシングで和えた千切りキャベツなどのサラダ」などがよく食されます。なお coleslaw は cole + slaw で、cole は cabbage、slaw は salad のことです。

● ネイティブによるワンポイント解説

cabbage で、「無気力な人、世間知らず」（英口語）の侮蔑的な意味もありますが、my cabbage で「かわいい人、あなた」と呼び掛けでも使います。これは仏語で darling を意味する mon (= my) chou (= cabbage) から来ています。

牛乳：milk [食]

● 英語のイメージ

milk は「再生、潤沢、豊穣」のイメージがあります。最も優れた滋養物であり、「不老長寿薬」とされ、古くから世界中で利用されてきました。生命維持に必要なほとんどの栄養素が含まれており、ほぼ完全に近い食品といわれます。また milk and honey は「乳と蜜」で「豊穣、生活の糧」を意味します。

● 日本語のイメージ

「牛乳」は飲用や調理用、また乳製品の原料ですが、古くは「薬用」とされ皇族や大名など上流階級のものでした。「牛乳」が日本で一般にも飲まれるようになったのは明治時代で、政府が酪農にも力を入れたため肉食とともに普及が進みました。そして本格的な牛乳の消費はパン食が一般的になった第二次世界大戦後といわれます。

● どのような文化的背景からイメージの違いが生まれたか

「牛乳」は近代の肉食、パン食とともに一般化したので、日本では「洋食の飲物」のイメージです。英語の milk は、牛だけでなく人や他の哺乳動物の乳であり、またヤシの実やゴムの木などの植物の乳液、薬学・化学の乳剤も表します。

● ネイティブによるワンポイント解説

milk は、動詞では「乳を搾る」ことから milk one's brain は「頭を絞る」、また「搾取する、食い物にする、情報などを引き出す」などの意味もあり、たとえば He milked her of [for] all her money. で「有り金を全部しぼり取った」になります。

胡瓜：cucumber 【食】

● **英語のイメージ**

cucumber は「冷たさ、冷淡、孤独」などを表します。冷たく青い cucumber の切り口が冷静さを連想させ、(as) cool as a cucumber で「落ち着き払って、涼しい顔で」という意味になります。cucumber は、普通「生食」でサラダやサンドイッチにします。cucumber の原産地はインドで英国には 14 世紀に伝わりました。

● **日本語のイメージ**

「胡瓜」は、ウリ科の果菜で、西域（胡）から中国を経て日本へ伝わったので、「胡瓜」と表されました。また黄色い瓜「黄瓜」でもあります。熟すと黄色くなりますが、未熟な緑色の実を食用とします。「茄子」とともに「夏野菜」の代表です。

● **どのような文化的背景からイメージの違いが生まれたか**

「胡瓜」は、水分が 90％以上と多い野菜なので、水神が妖怪化したカッパの大好物だったという言い伝えがあります。胡瓜の海苔巻きを「カッパ巻き」と呼ぶのはこのためです。なお英米の cucumber は日本のものより大きく皮も固いので、皮を削いで食べたりします。日本のものは Japanese cucumber といいます。

● **ネイティブによるワンポイント解説**

cucumber といえば、薄くスライスして具にした cucumber sandwich が有名です。英国では午後遅く軽食を取ることを afternoon tea、five o'clock tea といいますが、この時紅茶やケーキ、スコーンなどとともに出される代表的なサンドイッチです。

教育：education 【教育】

● **英語のイメージ**

ラテン語の *educare*（= to bring up; to educate）がもとになっていて、「引き出す」という意味のことばです。学ぶ者の個性を「引き出し」、それが育つように仕向けることが教育でした。学校は教会が兼ねていたので、母なる教会が子どもを内側から引き出す（産む）というイメージがもとになっています。

● **日本語のイメージ**

教育という漢字が一般に使用され始めたのは明治期になってからで education の訳語としてでした。それまでは、「おしえる、やしなう、しつける、おそわる」という大和（やまと）ことばが使われ、幼子をいつくしむ情感の込められたものでした。

● **どのような文化的背景からイメージの違いが生まれたか**

子どもや対象となる者の内側にある能力を引き出すことが教育の原義だとする西洋と、幼子や青少年が上から施されることを下から習うことが「教育」の意味だと考えてきた日本との間には大きな違いがありました。

● **ネイティブによるワンポイント解説**

米国第 2 代大統領であった John Adams は、"Education makes a greater difference between man and man than nature has made between man and brute."（自然によってつくられた、人間と野獣との違いよりもはるかに大きな違いが、教育というものによって、人間と人間との間にできるものである）といっています。

兄弟：brother 【家庭】

● 英語のイメージ
brother の原義は「同族の人、同胞」です。「兄弟、親族、縁者」また「親友、同僚、仲間」の意味があります。英語では兄、弟のような長幼を区別しませんが、必要な時は older [big, elder（英）] brother、younger [little, kid] brother とします。ただし Big Brother は、非行少年などの男性指導員、また G. Orwell の小説 *Nineteen Eighty-Four*『1984』(1949) の独裁者、さらに全体主義国家の指導者を意味します。その有名な標語 Big Brother is watching you. は、Data 社会の 21 世紀をも彷彿させます。

● 日本語のイメージ
「兄弟」は、「兄・弟、その関係」、また男女に関係なく「同じ両親（または片親）の子どもたち」、また配偶者の兄弟姉妹や自分の兄弟姉妹の配偶者など「義理のきょうだい」、さらに同じ門下生や特に親しい男同士の間での「呼び名」としても用いられます。

● どのような文化的背景からイメージの違いが生まれたか
「兄弟」は元々漢語ですが、特に男女の区別なく姉妹や姉弟、兄妹にも使われてきました。区別するときは「男きょうだい」、「女きょうだい」とします。なお日本語では「兄さん」などと呼びかけますが、英語では Tom、Mary など名前で呼びます。

● ネイティブによるワンポイント解説
英語にも男女の区別なく使える「きょうだい」sibling があります。便利な語なので最近は日常的にも使われ、I have two siblings. などといいます。

議論：argument 【教育】

● 英語のイメージ
argument の動詞は argue ですが、「考えを明らかにする、主張する」という意味のことばです。それが一方向であれば主張になり、双方向からの発言となれば、それは議論や口論になります。議論はあくまで議論のためという言外のルールがあり、口論が当事者双方の人間関係にまで影響するということは少ないといえます。

● 日本語のイメージ
お互いに自分の説を述べ合い、論じ合うこと、意見を戦わせること、またその内容のことです。「議論を上下（しょうか）する」というのは、議論を戦わせることを意味します。口論とも訳されますが少しニュアンスが異なるようです。

● どのような文化的背景からイメージの違いが生まれたか
「証拠のない議論は無効である（Argument without proof is invalid.）」ということばに表れているように、「主張するならば証明すべし」をモットーとする西欧社会と相手に察してもらうことを期待する日本社会との違いです。

● ネイティブによるワンポイント解説
Some statesmen and stateswomen argue that children should learn more about the histories of Japan and its neighboring countries when they are young.（わが国や周辺諸国の歴史は小さい時に、もっと習うべきであると主張する政治家もいる）というニュースがありましたが、その主張には賛成です。

銀：silver 【色・鉱物】

● 英語のイメージ
　silver は、金属の「銀」やその加工品、貨幣、また「銀色、銀のような光沢」をいいます。silver medal は「銀メダル」、silver（米）、silver plate（英）、silverware は「銀食器」、silver spoon は「銀の匙」から「富、財産」、silver hair「銀髪」、silver screen「銀幕」、そして silver tongue は「雄弁、説得力のある人」です。

● 日本語のイメージ
　日本語の「銀」は、貨幣や装飾・工芸・機器用などに用いられる金属の「銀」、また「銀髪」や「銀幕」のように「銀色、銀に似た輝きのある灰色」を表します。

● どのような文化的背景からイメージの違いが生まれたか
　日本語では「銀髪」から「高齢者」をイメージして「シルバーエイジ」や「シルバーシート」「シルバーパワー」なども使われます。英語では、それぞれ old age [golden years]、priority seat、aged power などと表します。silver age というとギリシャ神話や歴史上の2番目の隆盛期などの意味になります。でも米国の電話帳には高齢者対象の企業別案内欄 Silver Pages があり、特大サイズになっています。

● ネイティブによるワンポイント解説
　silver lining は雲の明るい縁のことですが、Every cloud has a silver lining.「どんな雲も裏は銀色に光っている」から絶望・不幸な状況での希望の兆し、前途の光明を意味します。

勤労感謝の日：Thanksgiving Day 【時】

● 英語のイメージ
　Thanksgiving Day は、神の恵みに対する「感謝祭」です。メイフラワー号で米国に渡った清教徒たち Pilgrim Fathers が、過酷な開拓の中最初の収穫を神に感謝した宴が始まりとされます。米国・カナダの祝日で、現在は11月第四水曜日（米）、10月第二月曜日（加）です。家族の集まる祝日であり、turkey 七面鳥に cranberry sauce クランベリソース、pumpkin pie カボチャパイが典型的な食事です。

● 日本語のイメージ
　「勤労感謝の日」11月23日は、1948年に制定された国民の祝日です。「勤労を尊び、生産を祝い、国民が互いに感謝し合う」日とされます。天皇がその年に収穫された新穀を神に供える、古代からの宮中行事「新嘗祭」を改めたもので、米国の感謝祭に倣ったものといわれます。

● どのような文化的背景からイメージの違いが生まれたか
　日本の「勤労感謝の日」は、その名称の通り、労働者に敬意を払い勤労の大切さを自覚することを意図していますので、「労働者の日」のイメージがあります。一方米国の Thanksgiving Day は、「収穫祭」のイメージです。

● ネイティブによるワンポイント解説
　「労働祭、労働者の日」の祝日なら Labor Day もあり、米国・カナダでは9月第一月曜日、欧州など他の諸国では5月1日、つまり May Day とされます。

空気：air 【自然】

● 英語のイメージ
air のイメージは、気体としての空気、外気、雰囲気、電波や飛行機が飛び交う空 (the air)、無線や電波を放つ、ラジオ・テレビ放送、空路や空輸などで、そのもとは古代の四大元素（気、火、水、地）の最初である「気」でした。

● 日本語のイメージ
気は「け」や「き」と発音され、大気や雰囲気にとどまらず生命体に宿る霊的な力やその生命を持続させるエネルギーというイメージのあることばでした。また、人間の意識や精神の働きそれ自体をも意味し、「気が合う」「気がおけない」といった表現から「気配（を感じる）」ということばも生まれました。

● どのような文化的背景からイメージの違いが生まれたか
気が生命力や気力といった人間の存在にかかわるものとされ、その絶対的必要性から多くの祭りや、出産から死に至る人間の一生の間にある通過儀礼の中心的存在でありました。それに対し西洋では感情とか態度という本来の気に関連するものから、その他工業技術的なイメージを持ったことばにも移っていったといえます。

● ネイティブによるワンポイント解説
air を使った表現に、The minister gave air to his views.（大臣は所信を表明した）、The invited star sang a simple air on the stage.（ゲストスターがステージで簡単な曲を歌った）、We aired our room.（部屋に空気を通した）などがあります。

九月：September 【時】

● 英語のイメージ
September はラテン語で 7 番目 (septem) の月を意味し、旧ローマ暦では第七月でした。当時冬期には月名がなく一年は March から始まる 10 か月のみでしたが、その後冬期に January、February が加えられ 1 月、2 月となったため、各月が 2 か月ずれることになり、その結果 September は 9 番目の月になりました。

● 日本語のイメージ
「九月」は夜が長くなる「夜長月」から「長月」と呼ばれます。あるいは「稲熟月、稲刈月、穂長月」であるからともされます。また菊の咲く季節で「菊月」や木の葉が色づく「色取り月」でもあります。暦には九が重なる吉日として菊花の宴が催される九月九日の「重陽」や、昼夜が同時間となる「秋分」の日があります。

● どのような文化的背景からイメージの違いが生まれたか
September は、秋季の始まる月、また「刈入れ月」ですが、近年では September Eleven や nine-eleven (9/11) といわれる「同時多発テロ」の月となりました。日本では「九月」は台風の到来期ですが、夜の長さや菊花、稲や紅葉など、秋の深まりを感じる月です。

● ネイティブによるワンポイント解説
September people といえば、55 歳以上の中高年の人々を指しますが、英米には日本の「敬老の日」に相当する祝日はありません。なお米国では祝日ではありませんが September の第二日曜日が Grandparents' Day「祖父母の日」になっています。

櫛：comb　　　　　　　　　　　　　　　　　　　　　　　【道具】

● **英語のイメージ**

comb のイメージは、櫛と「櫛で髪をとかす（梳かす）」、そして「櫛ですく（梳く）ように入念（徹底的）に探したり、調べたりする」というものです。キリスト教では、鉄のくしを使って肉体を「くし削った」ことから殉教を意味します。

● **日本語のイメージ**

櫛には明暗それぞれのイメージがあります。クシという音が苦死につながることから「拾ってはいけない、拾うと病気になる」とか、正月に櫛を折るとその年は苦労しないで済むといいます。逆にクシは榊を玉串というように本来は神聖なものを他と区別するための印であって、霊魂の一部である髪を整える神聖なものでした。

● **どのような文化的背景からイメージの違いが生まれたか**

女性の髪の毛には魔力が備わっていると考えられ、そのために一定期間髪に櫛を入れることを禁じたり、お産をするときに髪にさしてあった櫛が出産の妨げになったりという民話が残る西洋と、髪の毛に霊魂が宿るとする日本の違いといえます。

● **ネイティブによるワンポイント解説**

目の細かい櫛（すきぐし）のことを英語で toothcomb [or 〈米〉a fine-tooth (ed) comb] といい、go through something with a toothcomb とは「何かを綿密に、また徹底的に調べる」という意味になります。櫛の刃の間が狭くて、「蟻の這い出るすき間もないほど」というイメージです。

口：mouth　　　　　　　　　　　　　　　　　　　　　　　【身体】

● **英語のイメージ**

mouth は「ことばの力」のイメージです。器官の口以外に「ことば、発言、話」を意味しますので、from mouth to mouth「（噂などが）口伝えで」、with one mouth「異口同音に」、in the mouth of ～「～の発言では」などの表現があります。また「養うべき人・動物、噂、口状の物、出入口、馬の口」などの意味もあります。

● **日本語のイメージ**

「口」は、食物の摂取・消化器官であるとともに発声器です。「飲食、発声」に加え、「味覚、扶養相手、発言、話す能力、人・物の出入り、口状の物、噂、種類、穴、先端、発端」などを意味します。

● **どのような文化的背景からイメージの違いが生まれたか**

mouth は、物を食べる「口」だけでなくことばを発する「口」であり、open one's mouth は「口を開ける」、「話を始める、秘密を漏らす」になります。small mouth は「おちょぼ口」ですが、big mouth は「おしゃべり、口が軽い」ことを意味します。日本語の「口」は mouth よりさらに意味が広く、たとえば「勤め口、一口、甘口辛口、宵の口、口添え、口座、手口」など英語では口で表さないものも数多くあります。

● **ネイティブによるワンポイント解説**

mouth は「渋面」も意味し、make a mouth で「口をゆがめる、顔をしかめる」、また turn down one's mouth で「口をへの字に曲げる」になります。

靴：shoes　　　　　　　　　　　　　　　　　　　　　　　　　　【衣】

● 英語のイメージ
　shoe(s) は、足を覆う履物で通常踝までの長さの革靴をいいます。「豊穣、愛情、権威」などの象徴とされます。古代より地中海地域では気候柄、sandals など開放的な履物、北方地域では足の甲を覆う閉鎖的な靴が用いられ、靴は身分や職業を表す目印でした。また新郎新婦に古靴を投げ、その幸せを祈る習慣があります。

● 日本語のイメージ
　「靴」は、足部の保護また装飾用の履物の総称ですが、特に洋風の物で足を覆う閉鎖的な履物をいいます。本来は「かのくつ」であり革製の靴を意味しましたが、現在では革、布、ゴム、合成皮革などがあります。日本にも古来草履や雪駄、下駄などの履物がありますが、開放的なものが主で家屋の出入り時の着脱も容易です。

● どのような文化的背景からイメージの違いが生まれたか
　欧米では原始時代の土間形式のまま建築が進み、足の保護のため室内でも靴を履いたまま生活してきました。靴は肌着のような存在であり、入浴や就寝時以外では脱がなかったとされます。また靴を脱がされることは「恥辱」を表しました。

● ネイティブによるワンポイント解説
　靴は「短靴・浅い靴」、踝までの「深靴」、踝より長い「長靴」があります。米国では「短靴」と「深靴」どちらも shoes、または low shoes、high shoes、「長靴」は boots、英国では「短靴」shoes、「深靴」boots、「長靴」high boots といいます。

靴下：socks, stockings　　　　　　　　　　　　　　　　　　【衣】

● 英語のイメージ
　靴下には socks［sox］と stockings があり、合わせて hose とも呼ばれます。socks は「踝（くるぶし）や膝下までの短目の靴下」で、18世紀以降ズボン丈が長くなるにつれて登場しました。stockings は「膝上または太腿までの長目の靴下」で、ずり落ちないよう garter など靴下留めを使います。stockings は今日では女性の象徴とされます。

● 日本語のイメージ
　「靴下」は、ソックス、ストッキング、タイツなどの総称で、皮膚の保護や保温のために爪先から脚部まで覆う衣料です。靴下が日本に伝わったのは明治以降です。日本古来の靴下は足形の袋状履物「足袋」で、草履用に先が二又なのが特徴です。

● どのような文化的背景からイメージの違いが生まれたか
　中世には、伸縮性のある布を斜めに裁断して縫い合わせたタイツ風の hose と呼ばれる靴下が男性に用いられました。その後木の枝 stock で編んだ編物の靴下が女性用の stockings となり、さらに絹、毛、綿の靴下が普及し、現在はナイロン製など化繊が主流となっています。日本でいう腰部までの「パンスト、パンティストッキング」は、stockings ではなく panty-hose、tights（英）といいます。

● ネイティブによるワンポイント解説
　クリスマスイブに子どもたちが、サンタクロースからの贈り物を期待して暖炉やベッドの傍らに掛ける靴下は、Christmas stocking です。

首：neck 【身体】

● 英語のイメージ
neck は「首、襟、首状の物、僅差」を意味します。neck は致命的箇所であり、処刑も絞首か断首でした。そこで risk one's neck「首をかける、危険を冒す」、break one's neck「首の骨を折る、努力する」、save one's neck「命拾いをする」などの表現があります。また neckline「襟ぐり」、by a neck「僅差で」なども使います。

● 日本語のイメージ
「首」は、頭と胴を繋ぐ細い部分であり、また「頭部」も意味します。衣服の「首の部分」や「手首、徳利の首」など物の「首状の部分」もいいます。さらに「首を切られる」の意から「失職、解雇」の意味でも使われます。

● どのような文化的背景からイメージの違いが生まれたか
日本語の「首」は、頭と胴のつなぎの部分だけでなく「頭部」も指しますが、英語の neck は「つなぎの部分」だけをいいます。そこで「首を横に振る」shake one's head、「処刑で首を切られる」lose one's head など、neck ではなく head を使います。

● ネイティブによるワンポイント解説
日本語で「物事の進行を妨げるもの」を「ネック」といいますが、英語では bottleneck（瓶の首、狭い通路、障害）といいます。また日本人は「肩が凝る」といいますが、欧米人は have a stiff neck「首が凝る」といいます。ただし stiff-necked、with stiff neck では「傲慢で、強情な」の意味にもなります。

蜘蛛：spider 【昆虫】

● 英語のイメージ
spider の原義は spid-「糸を紡ぐ」＋ er「者」で「糸を紡ぐ者」です。spider は、蜘蛛の巣を張り、その中心で獲物を待ち構えています。「職工、狡猾」のイメージです。spider は「蜘蛛、蜘蛛に似た道具」の他、「謀略をめぐらす、人を陥れる悪人」の意もあり、a spider and a fly で「罠にかける者と、やられる者」を表します。

● 日本語のイメージ
「蜘蛛」は、「神霊の先触れ」とされ、神の意志を伝えてくれる生物というイメージがあります。朝の「蜘蛛」は待ち人の訪れや福の神として吉兆、夜の「蜘蛛」は泥棒や災いの訪れなど凶兆とする言い伝えが各地にあります。

● どのような文化的背景からイメージの違いが生まれたか
spider はらせん状の巣を生みだす「創造力」と、巣にかかった獲物を殺す「攻撃性」のイメージがあります。一方日本では、「蜘蛛」はその外見からマイナスのイメージで描かれることも多く、敵対者を「蜘蛛」と呼んだり、また人の途絶えた様や落ちぶれた様子を「蜘蛛の巣」にたとえたりもします。

● ネイティブによるワンポイント解説
Spider-Man は、米国漫画のスーパーヒーローです。大学生 Peter Parker は、放射能を浴びた蜘蛛に噛まれた後、壁を這い蜘蛛の糸を出す能力を得、悪人を蜘蛛の巣に落として捕まえます。なお spiderman はビル建築現場の高所作業者（英国）も意味します。

栗：chestnut 【植物・食】

● 英語のイメージ
　chestnut はイガ（bur）で覆われているので、誘惑に対する「勝利、貞節」を表します。また「用意周到、頑丈さ」の象徴でもあります。chestnut の種類にはヨーロッパ栗、米国栗、中国栗、日本栗があります。なお米国種は病気に弱かったのですが、19世紀に日本栗を導入し品種改良に成功しています。

● 日本語のイメージ
　日本の「栗」は、Japanese chestnut と呼ばれる種類です。日本では「桃栗3年、柿8年」といわれ、柿の8年に対し、桃や栗は種をまいてから3年で実がとれるとされます。古来実を食用とし、ご飯に炊き込んで「栗ごはん」、また羊羹や饅頭などの菓子類にも使われます。またその皮の濃い茶色は「栗色」といわれます。

● どのような文化的背景からイメージの違いが生まれたか
　日本では「栗」は、代表的な秋の味覚の一つで古くから親しまれ、「猿蟹合戦」などの民話にも登場しています。欧州諸国でも街頭に焼き栗の屋台などがあり、身近な種実です。一方米国種の栗は実が小さく、主に樹木を家具材や枕木などに使用していましたので、食用のイメージはそれほどありません。

● ネイティブによるワンポイント解説
　栗の砂糖漬けの高級菓子 marrons glacés「マロングラッセ」など、「栗」を「マロン」ともいいますが、仏語です。marron は英語ではヨーロッパ栗を指します。

クリスマス：Christmas 【時】

● 英語のイメージ
　Christmas の原義は、Mass of Christ で「キリストのミサ」をいいます。Christmas はキリスト降誕祭であり、英米などのキリスト教国では「宗教的」なイメージです。宗派により24日深夜の歌ミサ（high mass）や25日午前中の礼拝に出席し、帰宅すると roast turkey 七面鳥の丸焼きなどの Christmas Dinner を家族で囲みます。

● 日本語のイメージ
　日本の「クリスマス」は「娯楽・商業的」なイメージです。この時期には、街中が華やかなイルミネーションで飾られ、クリスマスソングが流れる中多くの人がクリスマスプレゼントの買い物に繁華街へと繰り出します。またクリスマスディナーやパーティなども催され、一年で最も活気のある時期といえます。

● どのような文化的背景からイメージの違いが生まれたか
　日本では、キリスト教徒の行事というより一般行事となっています。長靴下にサンタクロースからの贈り物を待つ子どもたちにも、贈り物の交換やクリスマス料理を楽しむ大人や恋人たちにも、Merry［Happy（英）］Christmas として祝われています。

● ネイティブによるワンポイント解説
　Christmas は12月24日の Christmas Eve から1月1日 New Year's Day まで（英国では1月6日の Epiphany 顕現日まで）の Christmastide［Christmastime］「クリスマス季節」の意味でも使われます。25日当日は Christmas Day といいます。

黒：black 【色】

● 英語のイメージ
black は「黒色」ですが、「汚れ、黒ずみ」や black music の「黒人」、black side で「暗い、不吉な」、black lie や black heart、black magic など「険悪な、邪悪な、悪魔の」も表します。また wear black なら「喪服を着る」の意味になります。

● 日本語のイメージ
日本語の「黒」は、墨・木炭のような色ですが、「汚れ」や「不祝儀・不吉・不気味」のイメージがあります。また白との対比で「日焼け・黒褐色」、「正しくないこと、失態、敗北」、さらに「邪悪、停滞、疑惑」なども表します。

● どのような文化的背景からイメージの違いが生まれたか
英語の black も日本語の「黒」も従来陰気なイメージで、「不吉・死・敗北・違反」などを表します。でも黒人から反発があり、1960年代より Black is beautiful を合ことばに黒人解放運動が繰り広げられ、イメージの転換がはかられています。米国の黒人は自ら black と呼ぶようになりましたが、一般的には African-American が最も受け入れられる語です。

● ネイティブによるワンポイント解説
black は be in the black で「（商売が）黒字である」、儲かっていることも意味します。一方、欠損は帳簿に赤い文字で記入されるため、in the red で「赤字」になります。

桑：mulberry 【植物】

● 英語のイメージ
mulberry は「桑の実・木（mulberry tree）」を指します。「葉」は mulberry leaf です。mulberry tree は成長が遅いため「緩慢」のイメージがあります。一方春になると短期間で開花し非常に甘い実をつけるので、「英知」のイメージもあります。

● 日本語のイメージ
「桑」は蚕の食う葉の「食葉」から、という説があります。葉が蚕の飼葉、実は食用、樹皮の繊維から布・和紙、木は家具などの用材となる有用な木です。また「桑」は特別な力を持つとされ、民間医療に利用される例や、「桑原、桑原」と唱えれば落雷に会わないという話はよく知られています。

● どのような文化的背景からイメージの違いが生まれたか
日本では「桑」は、養蚕業を支えるために栽培され、特に蚕から作る絹が日本の貴重な輸出品であった時期は増産されましたが、生糸生産の衰退とともに減少しました。英米でも自国産の絹糸のために mulberry の栽培が奨励されたこともありましたが、風土に合わず成功しませんでした。英米では主に「実」を食用とします。

● ネイティブによるワンポイント解説
mulberry は「絹」を連想させます。With time and art, the leaf of the mulberry tree becomes satin. ということわざは、「時間と技術により、桑の葉は繻子になる」の意ですが、桑の葉を食べた蚕が絹織物の繻子の材料を生み出すことをいいます。

契約：contract, agreement 【契約】

● **英語のイメージ**

契約とは両当事者の一方が一定条件を提示して取引の申し込みをし、他方がそれを承諾すれば成立するものです。口頭でも契約は成立しますが、英米人は、普通は契約書を交わしておけば将来起こるかもしれないトラブルを回避することができると考え、契約内容を書面にした契約書を交わします。

● **日本語のイメージ**

契約書の交換は一種の儀式あるいは形式に過ぎず、取引においては両者間で信義則を守り、スムーズな人間関係を構築していくことの方が重要であると一般的な日本人は考えます。一度契約書を取り交わすと、その有効期限が来ても更新しないで放っておく、などという場合すら見かけます。

● **どのような文化的背景からイメージの違いが生まれたか**

ビジネスとパーソナルなことを切り離したいと考え、権利と義務をはっきりとさせておきたい英米人と、契約書よりも人間関係がより大切であると考える日本人の違いから生まれたものといえるでしょう。

● **ネイティブによるワンポイント解説**

contract には、ABC Bank and XYZ Bank contracted to merge.（ABC銀行とXYZ銀行は合併契約をした）、She has contracted pneumonia.（彼女は肺炎にかかっている）、Rails contract as they become cold.（鉄路は冷えると縮む）、という意味がありますが同根のことばです。

ケーキ：cake 【食】

● **英語のイメージ**

cake は、小麦粉、卵、牛乳、砂糖などの生地を丸い層や四角い塊に焼いた洋菓子のことですが、通常柔らかいものをいい、堅めの tart や pie は入れません。材料で chocolate [lemon, carrot etc.] cake、用途で birthday [wedding etc.] cake などさまざまです。洋菓子以外に crab cake などマッシュポテトや魚・肉のミンチを平たく丸くまとめて焼いた料理、また a cake of soap [ice, mud] など一定型の塊もいいます。

● **日本語のイメージ**

「ケーキ」は、小麦粉を使用したカステラベースの洋菓子の一種です。チョコレートケーキやチーズケーキなど多種多様ですが、特にスポンジケーキを土台にして生クリームや果物を飾った「デコレーションケーキ（fancy cake）」が代表的です。

● **どのような文化的背景からイメージの違いが生まれたか**

cake の原義は「平たいパン」であり、英語の cake は日本語の「ケーキ」よりも広い範囲を意味します。「ケーキ」類に菓子パン類やパンケーキ、またミンチなどを平たく丸めて焼いた料理、そして石鹸などの塊まで cake と表されます。

● **ネイティブによるワンポイント解説**

日本では「苺のショートケーキ」といえば「デコレーションケーキ」ですが、英語の shortcake は焼菓子をさくさくさせる shortening の入った生地と果物で作る cake（米）、またはサクサクしたバタークッキー shortbread（英）です。

第Ⅱ部　単語の持つイメージを比べる

消しゴム：eraser, rubber　　　　　　　　　　【教育】

● 英語のイメージ

　英語で rubber あるいは Indian rubber といい、米口語では eraser というのがふつうです。英国で eraser は正式な消しゴムの用語とされ、同時に eraser は英米ともに黒板ふきも意味します。米国では黒板ふきを blackboard eraser といっています。

● 日本語のイメージ

　「消しゴム」とあるので、rubber はゴムのかたまりというイメージを持つ人が多くいます。しかし、実際には「こする」という意味の rub からきています。rubber には「消す人（もの）」「こする（人）」や「磨くもの」という意味があり、そこから英語の消しゴムになったわけです。

● どのような文化的背景からイメージの違いが生まれたか

　ゴムを西洋に紹介したのはコロンブスだといわれます。ジャマイカからスペインに持ち帰った後も長い間文字消しや玩具程度にしか価値は見出されることもなく、その後 200 年あまり実用の素材として取り上げられませんでした。ゴムを日本に持ち込んだのはペリー提督であるとされ、その歴史の長さが違います。

● ネイティブによるワンポイント解説

　rubber は米語ではコンドームも意味するので要注意です。消しゴムとしては日本製のものほどよく消えるものはないといわれます。寿司やその他食品の形をした消しゴムは米国でも大人気で、Gomu Eraserland という米国製ゴムの玩具もあります。

玄関：front door, entrance　　　　　　　　　　【住】

● 英語のイメージ

　front door は正面の戸であり「玄関」ですが、単に door だけでも表します。欧米の家では戸の外側か内側に doormat［welcome mat］「靴ぬぐい」があるだけで、戸を開けるとすぐに居間という造りが多くあります。entrance［entry（米）］は居宅、建物、場所への「入口」であり、通常は exit「出口」と対の語です。gateway も、Narita is the gateway to Japan.「成田は日本への玄関口」のように比喩的に使います。

● 日本語のイメージ

　「玄関」は、昔は武家や役人の屋敷などの特権であり、また客人を迎えるための場所でしたので、家の格式を表すとして特に立派に造られました。「玄関」には、外側の張出屋根の部分 porch、玄関戸 door、内側の靴を脱ぐ場所 stone slab、靴箱 shoe box、玄関内の広間 hall、entrance［front, entry］hall、vestibule も含まれます。

● どのような文化的背景からイメージの違いが生まれたか

　「玄関」は、禅宗の「玄」妙な道に入る「関」門であり、奥深い仏道へ入る門、禅寺への入門のことでした。それが寺院の客殿（方丈）への門、また寺院書院・公家屋敷への入口などになり、居宅、建物や大きな場所への正面入口にもなりました。

● ネイティブによるワンポイント解説

　front door には、Halloween「ハロウィーン」にカボチャ、Thanksgiving Day「感謝祭」にトウモロコシの束、Christmas には wreath などが飾られます。

謙虚：modesty 【人間関係】

● 英語のイメージ

　米国では、自分の業績や成し遂げたことを誇らしげに語ることはふつうのことで、政治家、スポーツ選手、ビジネスパーソンたちも自分たちの優秀さを誇らしげに語ります。しかし、その自慢が客観性に欠けていれば米国人でもそれを否定的に捉えるし、反対に極端に謙虚な人は偽善的であるとさえ捉える傾向があります。

● 日本語のイメージ

　謙虚さは人間が生きていく上で大切な美徳と考え、万事控え目に振舞うことがよいこととされます。自分や家族のことをよくいわず、「ダメな人間（子ども）です」などと謙遜しますが、相手はそれを真に受けるようなことはありません。

● どのような文化的背景からイメージの違いが生まれたか

　農業にしても漁業にしてもわが国では集団作業がその中心でした。集団で一つのことを完成させるために個々人が仲間内で突出することは戒められてきました。家族単位での作業が中心で、個々人の能力が評価された狩猟民族との違いといえます。

● ネイティブによるワンポイント解説

　謙虚を意味する英語には、modesty, false modesty（見せかけの謙虚さ）, self-effacement（自分を隠す＝でしゃばらない、目立たない）の三つがあります。日本人の過度に謙虚な言動は相手に尊敬の念を失わせたり、疑念を持たせたりすることにもなるので要注意です。客観的評価が可能なものは自慢してよいのです。

健康管理：health care 【日常生活】

● 英語のイメージ

　カロリー過多の食事や飲み物が多く、それらを摂取しがちな現代人の健康管理は重要な問題です。自由診療が基本の米国では、医療費も高額となるためジョギングやジムに時間とカネをかけて減量に励む人々の姿をそこかしこでみかけます。

● 日本語のイメージ

　日本人の一般的な食事は、甘味料や油脂類の摂取量からして米国のそれとはかなり異なります。肥満症問題も米国ほどではなく、肥満人口や、その悩みの深刻度には違いが見られます。日本人にとっての健康管理とは一般的な日々の適宜な食事や運動量の維持といった程度で捉えられているといえるでしょう。

● どのような文化的背景からイメージの違いが生まれたか

　「腹八分」ということばがあるわが国では、米食を中心として魚介類や野菜中心の食生活から、カロリーの取りすぎによる肥満症問題は長い間注意されてきませんでした。そのために健康管理問題に対する内容や真剣度にも違いが出てきます。

● ネイティブによるワンポイント解説

　健康にまつわることわざは多くあり、Health is better than wealth.（健康は富に勝る）や Early to bed and early to rise makes a man healthy, wealthy and wise.（早寝早起きは人を健康に、裕福に、そして賢くする）などがよく知られています。

第Ⅱ部　単語の持つイメージを比べる

謙譲表現：deferential expressions　　【人間関係】

● 英語のイメージ

　単刀直入にいうと、英語には、同じことを自分の子どもにいう場合と、他の大人にいう場合の違いはあっても、日本語のように、「見る」を「拝見する」と言ったり「言う」を「申し上げる」というように変えたりという言語習慣はありません。

● 日本語のイメージ

　日本で常識ある人間として認められるためにはやはり、へりくだり、ゆずる気持ちを表す基本的な謙譲語の使用は望ましいといえます。謙譲表現が使われることにより相手に対する印象もよくなりますが、そのためには自分と相手との立場の違いを知らなければならず、その目的のために名刺がよく使われます。

● どのような文化的背景からイメージの違いが生まれたか

　子どもや友人同士の会話文と勤務先の上司との会話文は別にして、男女間や職位の上下間においても、基本的にそこで使われることばの種類に違いがない米国と、人間関係によりことば遣いを変えなければならない日本の言語習慣の違いといえます。

● ネイティブによるワンポイント解説

　「ABC社との交渉結果を本メールで報告できますことを大変嬉しく存じる次第です」を We are very pleased to report to you the results of our negotiations with ABC Co. in this report. とするか Here is a report on the result of our negotiation with ABC Co. とするかの丁寧さの違いは相手との人間関係の深さによります。

県と州：prefecture and state　　【政治】

● 英語のイメージ

　米国の日本語による正式名称は「アメリカ合衆国」でその名の通り50の州と一つの特別区からなる連邦共和国です。州は国や邦と同じです。The United States を直訳すれば連合諸州（諸国・諸邦）また連邦ですが、わが国の政府や社会一般では江戸末期以降一貫して共和制を意味する「合衆国」という漢字を与えてきました。

● 日本語のイメージ

　わが国における県は、都道府とならぶ地方公共団体およびその区域の一つであり、独自の法律（州法）を持ち一国なみの行政権を持つ米国の州とは異なるものです。

● どのような文化的背景からイメージの違いが生まれたか

　米国の大西洋岸にあった合計13の英国の入植地が力を合わせて旧宗主国と戦い、独立を勝ち取り、1776年に同地の代表が全会一致で独立宣言を発した米国で、その13の植民地を含んで成立した州と、1871年（明治4年）廃藩置県によりそれまでの藩に代えて設置された県ではその意味が大きく異なるものでした。

● ネイティブによるワンポイント解説

　星条旗は白線と赤線を組合せた13本の縞線（赤7本と白6本）と四角に区切った左上部の青地に50の白い星が配置されていますが、赤は勇気、白は真実、青は正義を表します。縞模様は独立当時の13の入植地を、星は現在の州の数を表します。

鯉：carp 【魚・食】

● **英語のイメージ**

carp は、「大食、貪欲、長命」のイメージがあります。川や池の泥底に潜み、2 対の口髭で水底をあさる雑食魚であり、「よどみに住む薄汚い魚」のイメージを伴いますので、英米ではあまり食用とされません。また大食で強い魚のため「漁場を荒らす魚」と嫌われ、英語ではあまり良いイメージではありません。

● **日本語のイメージ**

「鯉」は「鯉の滝登り」といわれるように、「立身出世」のイメージがあります。またその滋養の高さと風格のある姿から食用・観賞用として珍重されてきました。鮮度が落ちると臭いが強くなるので、味噌仕立ての「鯉こく」など濃い味付けの汁物や、新鮮なうちに食する夏向きの刺身「鯉の洗い」などが美味とされます。

● **どのような文化的背景からイメージの違いが生まれたか**

「鯉」は激流をさかのぼり障害を克服すると信じられ、「勇気、忍耐、努力」の象徴です。鯉の形をした『こいのぼり』carp streamer は、男の子が鯉のように大きな目的を成し遂げる強さを持って生きていけるよう、5 月 5 日のこどもの日に揚げられます。一方、英米では carp に日本の鯉のようなイメージはありません。

● **ネイティブによるワンポイント解説**

carp には動詞で「（つまらないことで）あら探しをする」意があり、stop carping! で「あれこれ文句を言うのはやめて！」になります。

広告：advertisement 【メディア】

● **英語のイメージ**

本来の意味は「人の関心を〜の方へ向けさせる」というもので、動詞 advertise は「言及する、注意を向ける」というラテン語の advertere から古仏語 advertir を経て英語に入りました。もとは尋ね人（犬、猫、馬、牛なども）の立て札やビラも含まれていて、それは後述する現代の classified ad にも引き継がれています。

● **日本語のイメージ**

広告は、英語の advertisement の訳語として 1872 年（明治 5 年）頃新たに作られたことばです。広く世間に告げ知らせることという意味で使われ、すでに 1890 年代には現在のような商業広告が新聞を主体として利用され始めました。

● **どのような文化的背景からイメージの違いが生まれたか**

広告の歴史を世界的に見ると、その発生をエジプトや古代バビロニアとする説や、北宋（960-1123 年）の中国あるいはまた 15 世紀後半の英国とする説などに分かれます。わが国における広告の始まりは 9 世紀の平城京跡地から出土した木簡とされます。ビラや印刷物が何を知らしめるために使ったのかの違いによるようです。

● **ネイティブによるワンポイント解説**

求人・求職広告を classified ad（= advertisement）といいますが、実際にはそれだけではなく、貸家や遺失物、その他のものを項目別に分類した（= classified）広告のことです。米国では want ad、また英国では small ad と呼んでいます。

洪水：flood　　　　　　　　　　　　　　　　　　　　　　　　　　　　【自然】

● 英語のイメージ

　洪水にはどっと押し寄せ破壊をもたらすというイメージがあります。洪水による破壊はまた新しい世界の創生への必然という意味もあり、有名なノアの洪水神話では、ノアが方舟の中にすべての生き物を一つがいずつ入れて全滅から救いました。

● 日本語のイメージ

　ひとたび起これば逃がれようのない自然の脅威である洪水は、超自然力によって引き起こされるものと信じられていました。全国各地に広く祀られている水神は、そのような恐ろしい洪水を引き起こす水を統御してほしいという願いの表れです。

● どのような文化的背景からイメージの違いが生まれたか

　ナイルの洪水が豊穣を表すという例以外では、一般に西欧社会では洪水は神による懲罰または世界の終焉を意味するものと捉えられていました。日本でも似たようなところはあるのですが、泥の海をかき回し、そのしずくから日本が誕生したという神話を持つわが国では、古人たちは洪水にも神の力を感じていたのでしょう。

● ネイティブによるワンポイント解説

　どっと押し寄せるというイメージから、We saw a flood of people at the open-air concert last night.（大勢の人たちが昨夜、野外コンサートに来た）、Orders for our brand new product have been flooding in.（新製品の注文が殺到）などのように使います。

交通信号：traffic signal　　　　　　　　　　　　　　　　　　　　【交通】

● 英語のイメージ

　クルマ社会の米国であるだけに交通のルールは細かい規制が多く設けられ、厳しいものといえます。しかし反面では、歩行者にもまた運転者にも親切なものになっています。NO TURN ON RED の標識があるところ（一部では全面禁止）以外では、一時停止して安全の確認をすれば赤信号でも右折してよい規則がその一例です。

● 日本語のイメージ

　信号の色ですが、日本ではほとんどの人が進めの信号をアオといいます。しかし、これでは英米だけではなく他の外国へ行っても困ることになります。どこの国へ行っても進めの信号の色は緑色（green）であって青色（blue）ではないからです。

● どのような文化的背景からイメージの違いが生まれたか

　日本人が進めの信号をアオというのは中国語の青山（チンサン）が緑豊かな山々を指すことからも分かるように漢字の青は緑をも含む意味の幅の広いことばだからです。ただし、中国では信号は青色ではなく、緑灯（リィデン）といっています。

● ネイティブによるワンポイント解説

　米国へ留学する日本人学生が、必ずといってよいほど遭遇する異文化体験の代表的なものがこの交通信号の青色の問題です。現地の友人とドライブに出たところ、信号が変わったのに気づかない友人に Look! The light is blue.（信号がアオだよ）というと必ず怪訝な顔をされ、No. The light is green! といわれます。

交番：police box, KOBAN 【職業】

● 英語のイメージ
　英国では日本の公衆電話ボックスを大型化した青色の建物を、米国ではデザインにかかわらず POLICE と大書してある小さな建物を、それぞれイメージすることでしょう。ただ米国ではアマチュア無線、警察無線、インターネットの登場、パトロールカーの増加などから撤去されるケースが多く英国で見るほど多くはありません。

● 日本語のイメージ
　市街地から郊外まで町の中に見つけることができる庶民に親しみやすいところというイメージがあります。2～3人が一組で、24時間を交代で番にあたることから交番と呼ばれ、KOBAN と英語表示しています。

● どのような文化的背景からイメージの違いが生まれたか
　police box は英国が発祥の地とされます。まだ電話が庶民のものではなかった時代に人々が警察への連絡がしやすいように、また警官が立番をする場所として街角に設置されました。日本では、立番としての場所だけではなく、派出所や駐在所として警官が寝泊まりして働く施設で、地域警察の活動拠点です。

● ネイティブによるワンポイント解説
　日本の治安が世界で突出するほどによい原因の一つは、国中に設置されている交番に見られる警察制度にあるのではないかと外国でも評判になりました。KOBAN はそのシステムと英語名が海外に広く紹介されたもので、今では米国にも KOBAN があります。

幸福：happiness 【人間関係】

● 英語のイメージ
　米国人の多くは、独立宣言にもうたわれている「人間は生まれながらにして平等であり、生命、自由、および幸福を追求する権利を与えられている」という一節が生活信条の一部になっています。幸福とは追求すべきもの、得られることができるもの、幸せでなければ人生ではないとすら思うものなのです。

● 日本語のイメージ
　幸福は、心の余裕が持ててはじめて考えられるもの、おカネや時間に余裕がなくては幸せも得ることはできない、と日本人は考えます。高望みはせず、その前の「小さな幸せ」を願うというあたりが日本語の幸福のイメージなのかもしれません。

● どのような文化的背景からイメージの違いが生まれたか
　「靴磨きの少年でも努力次第で大統領になれる」ということばを誰もが信じ、それが本当に実践されえる米国では幸福の考え方も、幸福追求の真剣度も日本とは異なります。庶民が日々の糧を稼ぐことに精一杯であった時代が長く、ある種の身分差別が現存した日本では幸福の追求にもある種の諦観があったといえるでしょう。

● ネイティブによるワンポイント解説
　happy は自分の希望や願いがかなって幸せ、満足、うれしいということです。したがって、I am happy that you could come.（来てくれてうれしい）は I am glad that you could come. に比べて相手に失礼に聞こえる場合があります。

公平：fairness 　　　　　　　　　　　　　　　　　　　　　　　【人間関係】

● 英語のイメージ

　米国人にとっての fairness とは、同じ状況下においては他とは平等に扱われることであり、かつ自他ともに認める価値や功績は公正に評価されるべきであるということです。Aさんが特別な営業成績を上げたのにボーナスが他の人と同じであれば、それは unfair であると A さんは不平をいい、他の会社へ移るかもしれません。

● 日本語のイメージ

　他の人と条件が同じであれば平等に扱われることを期待しますが、自分の勤務評価は評価者に委ねて文句は言わないのが日本人の特性といえそうです。自分が業績を上げることができたのは上司や同僚の協力があればこそと考えるからでしょう。

● どのような文化的背景からイメージの違いが生まれたか

　個人主義と集団主義の違いから生まれたともいえます。自分の能力を認めてもらうために最大努力を払い、時には必要以上にその能力を誇示しなければ他者に認めてもらえない社会と、個人の力は組織と周りの人たちの協力により発揮できるものであると謙虚に考える社会との違いといえるかもしれません。

● ネイティブによるワンポイント解説

　fair は女性が美しい、色が明るいことを意味することばでした。そこから色白、潔白、明白、きれい、はっきりなどを経て公平というイメージを持つようなりました。学校の成績や程度を表す時は「まあまあ、中くらい」という意味になります。

五月：May 　　　　　　　　　　　　　　　　　　　　　　　　　　　【時】

● 英語のイメージ

　May は「女神 Maia の月」を意味するラテン語の Maius mēnsis の短縮形とされます。Maia はローマ神話の増加・成長をもたらす「豊穣の女神」であり、この月に「豊穣祈願」が行われたことから名付けられたという説があります。

● 日本語のイメージ

　「五月」は陰暦五月の別称が転用されます。初夏に花をつけるサツキツツジから「皐月」、古来より邪気を払う植物として5月5日の端午の節句に「菖蒲湯」にするので「菖蒲月」、また稲を苗代から田へ移し植える頃で「早苗月」とも呼ばれます。

● どのような文化的背景からイメージの違いが生まれたか

　May は「盛り、青春」のイメージがあり、(March winds and) April showers bring (forth) May flowers. とあるように、この月に各種の花や草木が咲きます。一方陰暦「五月」は実際の「六月」で、「雨月」や「五月雨」など梅雨のイメージがあります。

● ネイティブによるワンポイント解説

　May Day は、5月1日に開かれる伝統的な春のお祭りの「五月祭」、または国際的な労働者の祝祭日「メーデー」です。「五月祭」は、選ばれた May Queen に花冠をかぶせ、花やリボンなどで飾った柱 Maypole の周囲を踊って春の訪れを祝うお祭りです。ただし Mayday なら、フランス語の m'aider で、英語では help me! を意味する「遭難救助信号」です。

国際化：internationalization, globalization 【政治】

● 英語のイメージ

多くの異なる民族が混在する移民の国である米国はそのままで、すでに国際化されているという考えがあります。一方グローバル化という観点からは、米国から一方向的に（unilateral）のみ世界を見て、考える傾向があるといわれます。

● 日本語のイメージ

外国との交流がごく限られたものであった島国である日本にとっての国際化は、当初は西欧文明や文化の導入を意味する西欧化でした。第二次世界大戦後は製造業の活躍により自動車や電気など各種の日本製品が世界にあまねく紹介されるようになり企業や人材のグローバル化がイメージされるようになっています。

● どのような文化的背景からイメージの違いが生まれたか

人種のるつぼ、あるいはサラダボウル（種々の野菜がそのままの形で一つの容器に入っていることから）といわれる米国と、人口のほぼ99％が日本人であり、同一の文化と同一の言語を共有している日本との違いから生まれたものといえます。

● ネイティブによるワンポイント解説

internationalize は本来「国際的にする」というイメージを持つことばでした。地球儀（a globe）を思い起こさせる globalize は中国語の「全球化」というイメージですが、昔からすべて自給自足が可能な国であって、一人でやっていけるという自意識が高い米国は、ある意味で国際化が一番遅れている国かもしれません。

穀物：corn, grain 【食】

● 英語のイメージ

corn は米、豪、加ではトウモロコシの穂（実）です。英国ではそれを maize といい同国で corn といえば麦、スコットランドやアイルランドではからす麦を意味し、重要な食糧でした。そのために豊穣を祈願するために各種のいけにえが捧げられました。

● 日本語のイメージ

日本で穀物といえばその代表格である米ということになります。村や藩など共同体の存在を象徴する富としての意味を有し、年貢として納税に、また為替米として商取引に使われました。今日でも皇室の年中行事として行われる新嘗祭を見ても、米は古来の王権を象徴する大事な穀物であったことが分かります。

● どのような文化的背景からイメージの違いが生まれたか

古来の日本では年月など時間の単位は稲作の過程を基準としていましたが、そのような万民に共有されえる暦を制定できたのは天皇であり、稲作と王権との関係が見られます。豊穣を願い、残酷な神へのいけにえを必要とした西欧との違いです。

● ネイティブによるワンポイント解説

米国にはコーンベルト（The Corn Belt）と呼ばれるトウモロコシが主要作物として生産されている地域があります。その分布は広く、アイオワ、イリノイ、ネブラスカ、ミネソタという生産量トップ4州を含む中西部の約10州にも及び、大陸横断鉄道に乗ってまる1日半ほど行けども、行けども車窓からトウモロコシ畑が見渡せます。

苔：moss 【自然】

● 英語のイメージ

英国では一般的に苔むした石段（stone steps covered with moss by time）などをどこか落ち着いた雰囲気をかもしだすよいものと見る傾向があり、英文学や児童書では苔をロマンティックなものとしていますが、米国では正反対で菌類（カビ・キノコ）のようにいやなものというイメージが定着しています。

● 日本語のイメージ

日本では苔寺に見られるように庭園や盆栽に利用され、また国歌「君が代」にも歌われるほど人々は苔に愛着を感じます。それは、大地が苔で覆れるほど期間が長く安定したものでなければ決して「苔むす」状態にはならないからであり、そこに美しさとともに落ち着きや我慢の大切さを教える教訓を感じるからでしょう。

● どのような文化的背景からイメージの違いが生まれたか

英国の場合は気候風土や地理的条件が類似していることもあり日本と同じような感じで苔を評価しますが、西部開拓時代のフロンティアスピリットに溢れ、人間も活動的であることが古びない秘訣であると思う人の多い米国では苔も嫌われます。

● ネイティブによるワンポイント解説

最初に MOS BURGER の看板を見たときには驚きましたが、それが MOUNTAIN（山のように気高く堂々と）、OCEAN（海のように深く広い心で）、SUN（太陽のように燃え尽きることのない情熱を持って）という社名の由来であると知り安心しました。

乞食：beggar 【日常生活】

● 英語のイメージ

文字通り「物乞いをする人（beg + er）」という意味ですが、冗談めかしたり愛情を込めたりして友人や子どもたちをいう場合もあります（a cute little beggar ＝かわいいよい子）。破産して日々の生活にも事欠き救済の対象となる人も入ります。

● 日本語のイメージ

現代では英語と同じような意味で使われますが、昔は巡礼や旅の僧、門付け芸人をも含む幅の広いことばでした。定着農民や都市の住人たちから見れば乞食は浮浪の民として畏敬されるものの、異人として蔑視もされていました。

● どのような文化的背景からイメージの違いが生まれたか

仏語のノブレスオブリージュ（高い身分に伴う義務；金持ちや身分の高い者は、そうでない人々を助けなければならないという考え方）が広まっていた西欧社会では弱者救済制度は早くから生まれていました。日本では貧困者だけではなく河原乞食ということばにもあるように、役者などを卑しめていうことばでもありました。

● ネイティブによるワンポイント解説

マーク・トウェインの小説『王子と乞食』の原題は *The Prince and the Pauper* といいます。pauper とはラテン語がもとになっている法律語 *In Forma Pauperis*（貧窮した）から来ていて、救貧法（poor law）による福祉基金の援助を受ける被救済者や生活保護受給者のことで貧窮者や貧民を表すことばでした。

個人主義：individualism 【政治】

● 英語のイメージ
individualism は、集団行動や上からの管理をきらい個人的な考えや行動を好み、まわりの者に影響を受けることなく、独り立ちし、独創性を持ち、個人の自由を大切にするような人やその態度であり、それを賛美するイメージがあります。

● 日本語のイメージ
学校や職場での言動の面で、集団への埋没をよしとし、一人で何かをしなければならないとすると不安に感じるような人たちが実際にいます。そのような人にとって個人主義とは、「出る杭は打たれる」の杭のようなイメージと映るでしょう。

● どのような文化的背景からイメージの違いが生まれたか
建国から西部開拓時代に生きた米国人たちは、自然と戦う長く厳しいフロンティア精神あふれる時代を通して誰もが克己心を必要としたのです。誰にも頼らず独りで困難に立ち向かっていく、そのような力強い人間というイメージは、集団主義を標榜する日本でのイメージとは大きく異なるものといえるでしょう。

● ネイティブによるワンポイント解説
individualism とは国家や社会の権威に対して個人の権利と自由を尊重すべしと主張する立場のことです。よく誤解されるのですが、それは自己の利害だけを行為の基準とし、社会一般の利害を念頭に置かない利己主義（egotism）とはまったく異なるものです。

戸籍：family register 【日常生活】

● 英語のイメージ
米国で戸籍謄本（抄本）に該当するのは出生証明書（Birth Certificate）です。帰化して米国籍を取った人には、帰化証明書が与えられます。1935年制定の社会保障制度に基づく Social Security Number が、出生証明書の申請とともに受理され新生児に与えられ、その後当人の身分証明の番号として利用されることになります。

● 日本語のイメージ
わが国の戸籍制度は中国や韓国（ともに儒教の国）と同じように家族制度（家父長制度）がベースになっていて、個人の本籍を基本として整理されています。戸籍簿謄本（抄本）から、あるいは住民票をさかのぼって行けば、誰がどこでどうつながっているのかが分かるシステムになっています。

● どのような文化的背景からイメージの違いが生まれたか
個人主義を標榜し、それを実践する米国では家、戸籍、さらには世帯主などという観念が希薄といえます。子どもたちも一定年齢を過ぎれば、それぞれが別個の個人として独立していきます。それに対し日本では「子の独立」は結婚し、戸籍を分け、世帯を別にするところから始まるといえます。

● ネイティブによるワンポイント解説
戸籍も住民票もない米国で公的に管理される個人情報は、出生、死亡、婚姻、離婚ですが、個人を特定するのは、出生証明書であり、それとともに新生児に与えられる Social Security Number が最も優れた手段として利用されています。

午前と午後：am and pm　　　　　　　　　　【日常生活・時】

● 英語のイメージ
　一般に英国と米国ともに、日本ではふつうに併用されている 24 時制ではなく 12 時制が使われています。そのために、am［a.m.］や pm［p.m.］表記は、英米ともに大変なじみ深いものです。ラテン語で正午を meridiem といい、ante は前、post は後を表し、そこから午前を ante meridiem、午後を post meridiem といいました。

● 日本語のイメージ
　それぞれの意味は分かるのですが、正式な使い方にはまだ慣れていないというイメージです。時刻の数字との間にはスペースを空け、正確には次のように表示します。We usually eat dinner at 6:00 p.m.（ふつう午後 6 時に夕食を食べます）。

● どのような文化的背景からイメージの違いが生まれたか
　24 時制は軍隊のみが使うので、軍隊の時間を意味する military time と呼ばれています。一般的に使われている 12 時制は、数字だけで時間を表すと午前と午後の区別が付かないために、a.m. か p.m. という略を付けるのです。そのような背景を理解していないための間違いが日本人の英語にまま見られます（次を参照）。

● ネイティブによるワンポイント解説
　We usually eat dinner at p.m. 18:00 o'clock in the evening. は 4 点において間違いです。(1) p.m. の位置、(2) p.m. と in the evening の併用、(3) 24 時制、(4) o'clock との併用。その他の注意ですが、in the p.m. ともいいません。

こだま：echo　　　　　　　　　　【自然】

● 英語のイメージ
　ギリシャ神話に、森の妖精であったエコーがたえずしゃべりまくるのでそれを怒った女神のヘラが、エコーは誰かに話しかけられたときの最後のことばを繰り返す以外に口がきけないようにしてしまった話があります。エコーは後にナルキッソスに恋をするのですが、彼のことばを繰り返すだけなので捨てられてしまいます。

● 日本語のイメージ
　人の気配もしない山あいから自分が呼びかけた声が反響して戻ってくる現象を山彦（やまびこ）や木霊（こだま）と呼び、単なる自然現象ではなく、山々の木々に宿る精霊の仕業であり、不気味な怪奇現象として捉えられてきました。

● どのような文化的背景からイメージの違いが生まれたか
　神々の恋物語や浮気や、夫婦喧嘩まで登場するギリシャ神話の世界における妖精の悲しい恋の物語と、人に害を及ぼすかもしれないと、何か恐ろしい物の怪（もののけ）の仕業と考える違いといえます。

● ネイティブによるワンポイント解説
　echo には、他人の意見の請け売り、模倣、繰り返し、模倣者という比喩的な意味もあり、Echoes of Haruki Murakami can be found in his latest work.（彼の最新作には村上春樹を模倣したところが見られる）などといったりします。

ごちそうさま：Thank you.　　　【日常生活】

● 英語のイメージ
　英語には、日本語の「御馳走様」に相当することばは特にありません。食事の後に、Thank you. Thank you for a wonderful meal. と感謝を表したり、That was delicious. I really enjoyed the meal. That was a wonderful meal [dinner]. など、食事の味や出来栄えを褒めたりするのが一般的です。

● 日本語のイメージ
　「御馳走様」は日本の習慣で、食事の後御馳走になったのを感謝する挨拶です。日常の食後にも言います。より丁寧に言う時は、「御馳走様でした」とします。また、時には男女の仲の良さを見せつけられたり、のろけ話を聞いたりしたときにからかって言うこともあります。

● どのような文化的背景からイメージの違いが生まれたか
　「御馳走様」は、「御」と「様」を付けた「馳走」の丁寧語です。「馳走」とは、元来「駆け回る」ことで、食事の準備のために駆け回ることから、「食事のもてなし、豪華な、手の掛かった食事」を意味するようになりました。

● ネイティブによるワンポイント解説
　食事を御馳走になるときは、食後だけでなく食事中も wonderful、lovely、tasty、good-tasting、luscious「美味しい、風味が良い」など味を褒めたり、recipe「調理法、レシピ」や seasoning「味付け」に興味を示したりしましょう。

コック：chef, cook　　　【職業】

● 英語のイメージ
　chef は仏語の *chef de cuisine*（= head of the kitchen）における *chef* が 19 世紀になり英語に入ってきたものです。料理長やコック長という料理人を束ねるチーフクックというイメージです。料理長を the head cook ともいい、船のコックを a ship's cook といい、学校の厨房士さんは a school cook です。

● 日本語のイメージ
　コックはふつうの西洋料理レストランの料理人さん、シェフといえばフランス料理の板長、総料理長、料理長、コック長さんをイメージすることでしょう。ただし、グルメブームの影響か、「シェフ」が使われる頻度が増えてきているようです。

● どのような文化的背景からイメージの違いが生まれたか
　欧州からの移民が多く流入していった米国では宮廷料理をもとにしたフランス料理は憧れの的でもあり、その料理人は chef として高い地位を与えられていました。日本で西洋料理が広まっていったのは明治以降で、特に世界を結ぶ交通機関であった艦船や商船の司厨士が海外から学んだ知識と技術がもとになっています。

● ネイティブによるワンポイント解説
　cook に代わり chef が一般化していますが、中には the chief chef などという使われ方もされています。また the head chef もごくふつうに使われることばです。いずれもトップを表す「〜長」が重なっていて語法的には間違いといえます。

コート：coat 【衣】

● 英語のイメージ
coat は「袖付の上着、外套」です。腰丈など長目で前開きの男子用上衣、たとえば昼用正装の上着 morning coat、燕尾服 swallow-tailed coat、夜会服上着 dress coat など、また婦人子ども用の長上衣もいいます。外套では、元塹壕用防水の trench coat やフード付き duffle [duffel] coat など多彩で、特に厚手の防寒用が overcoat です。レストランで A coat and tie are required. とあれば、外套ではなく上着が必要です。

● 日本語のイメージ
「コート」は、防寒、防塵、雨除けなどのため、外出時に衣服の上に着る「外套」で、和服の上に着る婦人用の外套も指します。日本語では「オーバー」、「レインコート」などといいます。ただし英語で「コート」というと、テニスやバレーボールなどの競技場（court [kɔːrt]）になります。coat は [kout] と発音します。

● どのような文化的背景からイメージの違いが生まれたか
coat の原義は「外側を覆うもの」です。そこから上着、外套、さらに動物の被毛、coats of an onion のように植物の皮・殻、そして a coat of paint のようにペンキや白粉など塗装・上塗りも意味します。日本語では「外套」の意味が主な用法です。

● ネイティブによるワンポイント解説
ホテル、劇場などの外套類預り所は coat check、coatroom、checkroom です。日本語の「クローク」は「袖のない外套」です。預り所なら cloakroom（英）とします。

ことば：words 【教育】

● 英語のイメージ
キリスト教徒であれば誰もが知っている In the beginning was the Word, and the Word was with God, and the Word was God.（初めにことばがあった。ことばは神とともにあった。ことばは神であった）にある通りです。

● 日本語のイメージ
古来よりことばには精霊が宿るとする言霊（ことだま）思想があり、ことばを発すると、そのことばにもともと備わっている不思議な威力が働いてことばの通りの現象が起きると考えられてきました。

● どのような文化的背景からイメージの違いが生まれたか
西洋社会では「ことばは神であった」と聖書にも啓示されているように、ことばそのものが全能の神であるという考え方がありました。日本ではことばに精霊が宿ると考えられ、特にその力は和歌に詠まれる方が大きいとされ、それを「言の葉」とし、そこから「言葉」という漢字が生まれました。

● ネイティブによるワンポイント解説
word は、次にように単数形で所有格とともに使われると命令、約束、格言などを意味します。John gave Mary his word that he would never do such a silly thing again.（ジョンはメアリーに二度とそのような馬鹿げたことはしないと約束しました）。Bill often breaks his word.（ビルはよく約束を破る）。

子ども：child 【家庭】

● **英語のイメージ**

child には「無邪気、天使、純潔、始まり、自然との融合、無知」などのイメージがあります。child は一般に生まれてから14、5歳までの「子ども、児童、小児」を意味しますが、特に「乳幼児」は baby（正式 infant）、「よちよち歩きの幼児」は toddler ともいいます。boy、girl は18歳以下の「男子・女子」、teenager なら「13～19歳」です。法律上の未成年者（多くの国で18歳未満）は juvenile です。

● **日本語のイメージ**

日本では「子ども」は、神と人間社会との霊的媒介となる神聖な存在として、祭礼時などで役割を担ってきました。昔は視覚的にも成人とは異なる髪形や服装が施され、男子の成人式「元服」も髪型・服装が成人用に改められる儀式でした。

● **どのような文化的背景からイメージの違いが生まれたか**

child は生贄、王の身代わり、予言、再生説などを理由に各地で殺されてきました。日本では「子ども」は、「7歳までは神のうち」といわれ、その霊魂が不安定とされます。それゆえ「七五三」の行事で、男児は3歳と5歳、女児は3歳と7歳の年に子どもの成長を祝い、将来を祈願します。

● **ネイティブによるワンポイント解説**

child には、Poems are the children of fancy「詩は想像力の産物だ」のように頭脳、空想などの「所産」という意味もあります。

胡麻：sesame seeds 【食】

● **英語のイメージ**

sesame は、その実を食料・香味料に、そして油を得るために古代より栽培されてきた「貴重な作物」です。sesame oil はその安定性と変質し難さから食用油、加工品、また石鹸や薬剤、潤滑油、そして化粧品の原料としても利用されています。

● **日本語のイメージ**

「胡麻」には、「擂るもの」のイメージがあります。胡麻は栄養価が高く抗酸化作用も強力ですが、外皮が固く吸収されにくいので擂ったり搾ったりします。黒、白、金などの胡麻があり、奈良時代には伝来して禅僧の精進料理に利用されていました。なお見せかけだけの物、人を欺き偽ることを「ごまかし」といいますが、これは江戸時代「胡麻胴乱」という菓子の中が空洞で「胡麻菓子」と呼ばれたためです。

● **どのような文化的背景からイメージの違いが生まれたか**

「胡麻擂り」は、人にへつらって自分の利益をはかることをいいますが、それは擂鉢で胡麻を擂るとあちこちにつくからといわれます。英語では apple-polisher といいます。昔米国では生徒が先生のご機嫌をとろうとするとき、林檎をピカピカに磨いて渡しました。polish the apple で「人のご機嫌をとる」という意味になります。

● **ネイティブによるワンポイント解説**

Open sesame は、The Arabian Nights の「アリババと40人の盗賊」で盗賊が宝物を隠した洞窟を開く呪文です。そこから「難関解決の鍵・手段」の意味があります。

第Ⅱ部　単語の持つイメージを比べる　105

米：rice 【食】

● 英語のイメージ

rice は、「幸福・多産」のイメージです。結婚式後の花嫁花婿に向けて、幸運を願って投げる習慣があります。欧米では主にプディング、ケーキの原料や料理の添え物であり、「野菜の一種」と考えられています。英語では、苗植物としての「稲」も収穫物の「もみ」も食材の「米」も料理の「ご飯」も区別せず、すべて rice で表されます。

● 日本語のイメージ

「米」は、稲作民族である日本人にとって「主食」であり、最も重要な農作物です。米から酒、もち米から餅、煎餅、団子も作られ、また収穫後の稲藁から草鞋や蓑、時には屋根材にもなり、日本人の生活を支えてきました。

● どのような文化的背景からイメージの違いが生まれたか

「米」は古くから貢租の対象であり、正月や盆、祭りなど祝祭日に食べる特別の食物でもありました。また干ばつや冷害、風水害などによる凶作で飢饉が発生することも多く、豊作を願う各種の稲作儀礼を通じて神聖視されていったのです。

● ネイティブによるワンポイント解説

rice を敢えて区別するなら、rice plant「稲」、rough rice「もみ」、polished [white] rice「白米・精米」、brown [hulled, unpolished] rice「玄米」と説明されます。また「ご飯を研ぐ」は wash rice、「ご飯を炊く」は boil [cook] rice と表します。「水田」は paddy field、rice paddy [field] といいます。

財布：wallet, purse 【道具】

● 英語のイメージ

wallet は男物の大型の財布で、紙幣やカードを入れる二つ折りの札入れです。男女とも札入れの意味で billfold（米）ともいいます。purse は、英国では巾着型の小銭入れ、または札入れを兼ねた財布ですが、英米の男性はよく小銭をそのままズボンのポケットに入れて持ち歩きますので、女性物のイメージがあります。purse は米国では女性用の handbag で、小銭入れは change [coin] purse です。

● 日本語のイメージ

「財布」は、金銭を入れて携帯する布・革製の袋で、紙幣・硬貨を問わず用いられます。「がま口」とも呼ばれますが、開いた口金がヒキガエルの俗称のガマの口に似ているからです。主に小銭が入れられます。「札入れ」は紙幣用のものをいいます。

● どのような文化的背景からイメージの違いが生まれたか

日本の「財布」は、元は口を紐でくくった火打ち袋の「巾着」で、それが金銭、印章などを入れる袋になりました。そこで「財布」は「口・紐」とともに、節約の意の「財布の口を締める」や、散財の意の「財布の紐が緩む」などと表現されます。

● ネイティブによるワンポイント解説

purse は「金銭・資力」も表し、A light [heavy] purse makes a heavy [light] heart.「財布が軽い [重い] と心は重い [軽い]」、また日本語と同様 hold [control] the purse strings で「財布の紐を握っている、経理の権限を持つ」の意味になります。

魚：fish 【魚・食】

● 英語のイメージ
　fish は多産で多くの卵を産むことから「生命、豊穣、豊富」のイメージがあります。またギリシア語でイエスキリスト Jesus Christ Son of God Saviour を表すと（Iesous Christos Theou Uios Sotor）その頭文字 ichthus が「魚」の意味であったので、「キリスト」の象徴とされました。魚類の意だけでなく、軽蔑を込めて「奴」の意でも使われます。たとえば a dull fish なら「鈍感な奴」です。

● 日本語のイメージ
　「魚」は「酒のさかな」ともいうように、「酒を飲む時に食べるもの」のイメージがあります。「さかな」の「さか」は「さけ（酒）、「な（菜）」は副食物の総称であり、酒を飲む時に添えて食べる「酒菜（さかな）」の意味です。元来「うお」と呼ばれていましたが、江戸時代以降「さかな」とも呼ばれるようになりました。

● どのような文化的背景からイメージの違いが生まれたか
　「魚」は酒と一緒に味わう食材です。海に囲まれた日本では古来海産物に恵まれ、特に魚類はその中心的な存在であり、「刺身」や「寿司」などの生食から煮物・焼き物などで食されてきました。なお酒の「さかな」は現在では「肴」と表記されます。

● ネイティブによるワンポイント解説
　fish といえば fish and chips が英国の代表的な fast food です。普通はタラのフライと棒状のフライドポテトで、その発音から fish'n'chips のようにも表記できます。

桜：cherry blossom 【植物】

● 英語のイメージ
　cherry は「サクランボ」のことで、「陽気さ、純潔、豊穣、唇、赤色」などのイメージです。また聖書では「楽園の果実」とされます。花は cherry blossom で「春、4月」、その美しさから「女性、精神的美」、さらに花の命が短いため「短命の歓び」を表します。また cherry-tree は、悪を防ぐという「聖霊の木」でもあります。

● 日本語のイメージ
　「桜」は、普通春に開花する淡紅・白などの美しい花で日本の国花とされます。桜の花は稲の花の象徴と考えられ、稲作が占われました。平安時代には「花」といえば「桜」と賛美され、以後はその散り方に「あわれ」を感じる一方、その潔さに戦時中は「大和魂」と結びつけられたこともあり、日本では特別な「花」です。

● どのような文化的背景からイメージの違いが生まれたか
　英語で cherry というと果実になりますが、日本で「桜」といえば桜の花・木をイメージします。桜は日本から米国ワシントン DC の Tidal Basin（ポトマック河畔）に寄贈され植樹されたこともあり、「日本の花」のイメージが定着しています。

● ネイティブによるワンポイント解説
　a bowl of cherries は「愉快な楽しいこと」、Life is not a bowl of cherries. は「人生楽しいことばかりではない。楽あれば苦あり」、また the cherry on the cake [top] は「花を添える物、良い物にさらに予想外の良い物」という意味になります。

誘い：offer, enticement　　　　　　　　　　　　　　【人間関係】

● 英語のイメージ

entice はラテン語の *intitiare*（= to set on fire; *in* + *titio*〈firebrand〉）が古仏語の *enticier*（強く惹きつける）を経由して英語になりました。firebrand は「火のついた木片、燃え木、たいまつ」、転じて扇動者という意味のことばで、燃え木に火をつける、すなわち「誘いをかけてその気にさせる」ことになります。

● 日本語のイメージ

「誘う」には勧誘（あることをするよう勧めて誘うこと）と誘惑（心を迷わせて、誘い込む。よくないことにおびきだすこと）という二つのイメージがありますが、日本語ではどちらかといえば前者の意味で使うことが多いようです。

● どのような文化的背景からイメージの違いが生まれたか

誘うは「いざなふ(う)」とも読みますが、このイザナウは皇室の祖神とされる天照大神の父神であるイザナギノミコトとその妻であり国と神を生んだイザナミノミコトにあり、イザは「さあ」と相手を誘って結婚したことによるといわれています。

● ネイティブによるワンポイント解説

lure は魚釣りの疑似餌で「おとり」のことですが、この lure と entice はよい意味にも悪い意味にも使います。それに対して tempt は「満足感や利得を示唆して不正や愚行に誘い込む」、seduce は「良心の働きを失わせて、悪事や非行をさせる」という悪い意味で「誘い込む」ことです。

砂糖：sugar　　　　　　　　　　　　　　　　　　　　　【食】

● 英語のイメージ

sugar には「恋人」のイメージがあり、北米では「愛する人、かわいい子」という呼びかけでも使われます。また「甘言、お世辞」も表します。(as) sweet as sugar で「砂糖のように甘い」、形容詞 sugary なら「甘ったるい、口先の」、そして動詞で使えば sugar over the reality で「事実を体裁よく繕う」という意味になります。

● 日本語のイメージ

「砂糖」は日本料理の代表的な「甘味調味料」です。「砂糖」は防腐効果もありますので、寿司の酢飯に加えたり「砂糖漬け」など果物や野菜の保存や茶菓子にも用いられたりしています。

● どのような文化的背景からイメージの違いが生まれたか

「砂糖」は、奈良時代に唐の僧「鑑真」とともに伝来し、江戸時代には調味料として使われましたが、熱帯の特産物で「貴重品」とされ、大変高価で一般には手に入れられない物でした。sugar のような「甘美、やさしさ」のイメージはありません。

● ネイティブによるワンポイント解説

(sugar) diabetes「糖尿病」は、さまざまな合併症を引き起こす恐れのある生活習慣病で、過食、運動不足、肥満が引き金となります。そのため、最近は sugar-free、sugarless「砂糖の入らない、無糖」をうたった商品が増えてきました。製造過程で甘味料を加えていないことは unsweetened と表されます。

座布団：cushion 【住】

● **英語のイメージ**

cushion は、中にパンヤやスポンジを入れた柔らかい洋風の座布団で、主に椅子の背当てなどに用います。「安楽、贅沢」の象徴です。また椅子やソファー、乗り物などの座部や玉突き台の縁の、弾力性のある部分なども表します。

● **日本語のイメージ**

「座布団」は、正座する時に畳の間で使用する敷物です。座禅で使用する蒲（カバ）の葉で編んだ円形・長方形状の小さな座布団の「座蒲（ざふ）」と、「蒲団」からの語とも言われます。古くはい草や藁を丸く編んだ円座で、それが小型の畳、そして布袋に綿を入れた正方形の敷物となります。英語では floor [seat] cushion とします。

● **どのような文化的背景からイメージの違いが生まれたか**

西洋では土間のまま椅子や寝台を置いて土足で生活したので、直接椅子や寝台にcushion など弾力性のある物を付けたり置いたりしました。一方日本では床を上げて板張りにし、履物を脱いで床に座る生活でしたので、やがてその一部を畳敷きにしました。室町時代には全体に畳を敷き詰めた和室が登場しましたが、座布団は部分敷きの畳のようなもので、特権階級のものでした。

● **ネイティブによるワンポイント解説**

cushion には、pincushion「針山」などクッション状のもの、rubber cushion「防振ゴム」や air cushion「空気枕、ばね」など衝撃を和らげるものなどもあります。

皿：dish, plate 【食】

● **英語のイメージ**

dish は料理を盛る大皿のことで、その原義は「投げるもの、輪、円盤」などです。dish は、古くは施しのための容器であり、供え物や聖人と結び付けられ、「分配、配給」を象徴します。plate は各人が取り分けて食べる皿のことで、原義は「平らなもの」です。なお主に肉・魚を盛る長円形の大皿は platter（米）ともいいます。

● **日本語のイメージ**

「皿」は古くは「盤」と表され、食物を盛る浅くて平らな容器で、土製、木製、また木の葉を皿として用いたりもしました。その後江戸時代には陶磁器の産地が各地に生まれ、現在では様々な趣の食器があります。なお膝の皿など人間の骨で皿状の物も俗に呼びますが、英語では kneecap といいます。

● **どのような文化的背景からイメージの違いが生まれたか**

日本料理の基本は一汁三菜であり、食器の基本はご飯・茶を入れる「茶碗」と汁用「椀」、そして三菜用に「皿」や皿より深い器の「鉢」などを用います。一方欧米では大皿盛りの料理を各自が皿に取り分けて食べます。皿が基本的な食器であり、dish は「皿に盛った料理」も意味します。例えば cold dish で「冷たい料理」です。

● **ネイティブによるワンポイント解説**

the dishes なら、plate、bowl、cup、saucer やナイフ、フォーク類なども含めた食器類全般も意味し、do [wash] the dishes は「皿［食器］洗いをする」ことです。

猿：monkey, ape 【動物】

● 英語のイメージ

monkey は尾のある小型の猿で、ゴリラやチンパンジーなど尾のない大型の猿は ape と表します。monkey は「物まね小僧、いたずら者、意地悪、偽善、貪欲」などのイメージ、ape は monkey より悪意や狡さも含み、「模倣者、大柄で無骨な男、ごろつき」などのイメージです。make a monkey out of ～は「人をからかう、笑いものにする」、play the ape は「悪ふざけをする、人まねをする」の意味となります。

● 日本語のイメージ

「猿」には、「すばしっこくずるい、落ち着きのない、卑しいもの」のイメージがあり、軽蔑や嘲りを込めて使われます。たとえば「猿真似」は、猿が人のまねをするように本質を理解せずに上辺だけ他人の所作をまねることを軽蔑していいます。

● どのような文化的背景からイメージの違いが生まれたか

日本語の「猿」には、「木登りが上手い、尻が赤い」などのイメージもあります。「猿も木から落ちる」ということわざは、木登りの上手い猿も木から落ちる、その道の権威でも失敗することがあるという意味ですし、「猿の尻笑い」は自分の尻が赤いことに気づかず他の猿の尻を笑う、自分の欠点に気づかず他人を馬鹿にすることを表します。

● ネイティブによるワンポイント解説

monkey は「癇癪」も表し、たとえば Her monkey is up. で「怒っている」、get [put] ～ 's monkey up で「怒らせる」になります。

三：three 【日常生活】

● 英語のイメージ

キリスト教では父・子・聖霊の三位は唯一の神が三つの姿となって現れたもので、もとは一体であるとしています。図形では3点、およびそれらを結ぶ三角形で表されます、人間は過去・現在・未来の流れの中にあって3は智慧と呼ばれ、天の神々や精霊たちの学問を司るものであるとも信じられてきました。

● 日本語のイメージ

大事な通過儀礼として七五三を祝う日本では三はごく自然なものとして日々の生活に取り入れられてきました。料理の格も物の大きさも、上下と分けるのではなく松竹梅や大中小と分類されます。毛利元就の三本の矢の教えもあります。また、3人で写真を撮ると真ん中の人が死ぬ、といった迷信も残っています。

● どのような文化的背景からイメージの違いが生まれたか

日々の生活の中にキリスト教が浸透している英米に比較して、日本における庶民の生活は通過儀礼や地祭り以外には宗教色の薄いもので、神と人間の関係においても西洋社会とは大きく異なるものでした。それが違いを生んだといえるでしょう。

● ネイティブによるワンポイント解説

米国人は、tall, dark, and handsome（背が高く、色浅黒く、男前）や blood, sweat and tears（血と汗と涙）と形容詞や名詞を三つ並べるくせがあるようです。おとぎ話では3人の王子、3人の王女、3匹の子豚や子羊、そして3匹の蛙などが定番です。

三角形：triangle　　　　　　　　　　　　　　　　　　　　　【教育】

● **英語のイメージ**

triangle の文字と響きは多くのことをイメージさせます。三角形、三角定規、楽器のトライアングル、三角の切手、三脚起重機、星座の三角形、トリオ（音楽やトランプゲームや一般的な三つの組）、The Bermuda Triangle（事故多発海域として有名）、The Golden Triangle（場所により固有の意味がある）などです。

● **日本語のイメージ**

三角形としては、その形状を表すものとしていろいろなものがイメージされますが、トライアングルとカタカナ表示されると、それは管弦楽用の打楽器としてのイメージでしかありません。

● **どのような文化的背景からイメージの違いが生まれたか**

triangle の tri ですが、ギリシャ語 *treis*、ラテン語 *tres*（＝ three）から発したもので3倍（重）の、三つごとの、などを表します。tri と聞いて3をイメージできれば、トリオ（trio）、トライアスロン（triathlon）、三輪車（tricycle）、コピー3通もしくは3通のうちの一つ（triplicate(s)）も容易に理解できます。

● **ネイティブによるワンポイント解説**

三角形の英語表現です。「底辺」は base、「高さ」は altitude、「辺」は side、「頂点」は vertex で、正〔直角〕三角形は a right〔right-angled, regular〕triangle、そして「二等辺三角形を描く」は draw an isosceles triangle といいます。

三角形の論理：triangle logic　　　　　　　　　　　　　　【教育】

● **英語のイメージ**

「主張するならば証明すべし」という論証の義務と責任を小さい頃から教えられる米国ではこのことばを知っているか、また使うかどうかは別として、高校までの作文や大学生になってからのペーパーを書くときの基本になっています。

● **日本語のイメージ**

話をするときや文章を書くときに頭によぎることをそのまま脈絡もなく口から出し（放し＝話し）、また紙に書き出していくスタイルの多い日本語の世界では、これはなかなか理解しにくい論理構造であると受け止められているようです。

● **どのような文化的背景からイメージの違いが生まれたか**

察しの文化がコミュニケーションに実践される日本では、「一を聞いて十を知る」というように、聞き手側に話を理解する責任があります。それに対して英語は話し手に相手を理解させる責任が負わされる言語で、その違いによるものといえます。

● **ネイティブによるワンポイント解説**

「主張するならば証明すべし」は Arguments without proof are invalid.（証拠のない議論は無効である）に相通じるもので、アリストテレス哲学を根幹とする西欧の論理では基本中の基本となります。アリストテレスは2400年前に There are only two parts to a speech. You make a statement and prove it.（スピーチは主張を述べそれを証明するという二つからのみなっている）と喝破しています。

三月：March 【時】

● 英語のイメージ

March は、一年を 10 か月としていたローマ旧暦で、一年が始まる月でした。ラテン語 Mārtius mēnsis の短縮形で「軍神マルスの月」という意味です。Mārtius は Mars であり、古代ローマ神話の戦いの神で、ギリシャ神話の凶暴な戦神「アレス」に相当します。軍神マルスは、ローマ神話で天界の支配者である主神 Jupiter（ユピテル／ジュピター）の次に重要な神で、ローマの守護者ともみなされました。

● 日本語のイメージ

「三月」は、陰暦3月の別称で呼ばれます。陰暦3月は実際の4月に相当しますので、草木がいよいよ生い茂る「弥生（やよい）」、また桜の花見の時期で「桜月」や「花見月」、そして「晩春」になります。

● どのような文化的背景からイメージの違いが生まれたか

March winds と使われるように、March には「風の吹き荒れる月」のイメージがあります。そこで軍神 Mars が荒天と戦う月として名付けられたとも言われます。日本の3月は「弥生」や「桜月」であり、草木や花のイメージがあります。

● ネイティブによるワンポイント解説

Ides of March は Julius Caesar が暗殺された3月15日のことです。そこから Beware the ides of March で3月15日、つまり「凶事を警戒せよ」という意味になります。

三段論法：syllogism 【教育】

● 英語のイメージ

大前提、小前提、そして結論という風に構築される推論の形式ですが、アリストテレスが理論化したものです。西洋で一般的な教養ある人間であれば誰もが知っているもので、それゆえに英米には、西洋以外の社会に昔から存在している異なる論理構造を持つ文章に違和感を感じ、理解できない人が少なからずいます。

● 日本語のイメージ

日本人は一般的に大前提を述べて、すぐにその後結論に至るスタイルで話し、書く傾向があります。その理由は、相手はもうすでに小前提の部分を知っているではないか、なぜ再度しつこくそれを説明しなければならないのだと思うからです。

● どのような文化的背景からイメージの違いが生まれたか

共同体での生活が中心であった日本では集団の中で突出せず、言挙げせず、まわりの人々と波風を立てずに仲良くしていくことが重要でした。「言挙げ」とはことばに出して言い立てることですが、理路整然と理屈っぽく言い立てることは、仲間内の平和を維持するために嫌われるという事情があります。

● ネイティブによるワンポイント解説

三段論法の代表的な論理は次のとおりです。Every human is mortal; every philosopher is human; therefore, every philosopher is mortal.（人はすべて死を免れない；哲学者はすべて人である；それゆえに哲学者はすべて死を免れない）。

支援：helping hands 【日常生活】

● 英語のイメージ
　米国は、1600年代の初めにヨーロッパ各地から東海岸のいくつかの地域にやってきたお互いに見知らぬ人々が助け合いながら、また時には土着の民の助けも得て作り上げていった国家です。そのために、米国には未だにたとえ「見知らぬ人々」であっても困っている人を助け、助けられるという相互扶助精神が生きています。

● 日本語のイメージ
　支援とは困っている人に助けの手を差し伸べることで、それは当然であっても、できることならば他人から援助は受けたくない、という人が多いようです。援助＝施しと考え、施しとは上から下へ恵み与えることだと考えるからだといわれます。

● どのような文化的背景からイメージの違いが生まれたか
　村落単位の集団あるいは共同生活になじんできた日本人は助け合いながら仕事を共同でしていくことは当たり前と考えます。ただし共同体（うち）という身内とそれ以外の集団（そと）との関係は希薄になりがちで、そのために外部との「相互」扶助とはなりにくいという傾向が見られ、米国の「助け合い」とは異なります。

● ネイティブによるワンポイント解説
　米国には多くの慈善事業、ボランティア活動があり、コミュニティや学校の支援活動を行っています。教会やその他の組織を通したさまざまな活動を見ると相互互助精神が隅々まで行き渡っていることを実感します。ビル・ゲイツをはじめとする資産家たちによる巨額の弱者救済のための寄付は他国のそれを圧しています。

塩：salt 【食】

● 英語のイメージ
　塩は魚、肉、野菜の腐敗を防ぎ保存する力があり、生気を与えるものとして聖書にも「地の塩（the salt of the earth、高潔な人士）」とうたわれ、キリスト教では神の智慧、純粋さ、力の象徴で、かつ厄除けとして生や霊にもつながりました。

● 日本語のイメージ
　「潮の満ち引き」にある潮や汐を表す「しほ」が原義で、塩と海は深い関係があり、海には浄化作用が備わっていると信じられたことから、塩には不浄や汚れを祓う力があると考えられました。土俵上や葬式の帰りに塩を撒くのはそのためです。

● どのような文化的背景からイメージの違いが生まれたか
　塩は人間が生きていく上において必要不可欠なものであるのにもかかわらず、洋の東西を問わず入手が困難なものでした。ローマ時代には兵士の給料として支払われ、それがsalary（給料）の語源となりました。日本ではそのように貴重な塩の売買や運搬に携わる人間には霊力が備わっているものと考えられていました。

● ネイティブによるワンポイント解説
　saltを使った成句にはa man of salt（涙もろい人）、salt of youth（若くはつらつとしたもの）の他にabove [below, beneath] the salt（上席[末席]）がありますが、これは昔食卓の真ん中に大きな塩入れを置き、その上手は身分の高い人が座る上席であり、その下手に身分の低い人が座ったことに由来します。

第Ⅱ部　単語の持つイメージを比べる　113

司会：toastmaster, master of ceremonies　【職業】

● 英語のイメージ

　ディナーを含む式典や宴会で乾杯の音頭をとりスピーカーを紹介する人のことです。Master of Ceremony ともいい、MC と呼びます。人前で上手に話ができることは指導者に必然的に求められる能力で、全米各地（また各国にも）に話し方やパブリックスピーキングを会員どうしで鍛錬し合う Toastmasters Club があります。

● 日本語のイメージ

　近年では結婚披露宴における司会者はホテルで手配するプロの人たちになっていますが、その他の各種の会合には主催者や関係者の中から地位や当事者との関係から司会者が選ばれるケースが多く、司会の役割はあまり重要視されていません。

● どのような文化的背景からイメージの違いが生まれたか

　ギリシャ時代から今日まで、人前できちんと理路整然と、かつ情熱を込めて話をするという弁論術の重要性が教育され、あらゆる機会に実践されてきた西洋社会ではその方面の能力の高い人間が高く評価されてきました。日本では逆に口数少ない人士が尊敬され、ことばを巧みに操るような人物は疎んじられてきたといえます。

● ネイティブによるワンポイント解説

　乾杯することを toast というようになったのは、昔風味を増すためワイングラスに焼いたパンの一片を入れたからといわれています。初期の頃は祝杯をあげられる地位の高い人や、あるいは祝杯をあげられるに足る評判の美人を意味していました。

四月：April　【時】

● 英語のイメージ

　April は、ラテン語の Aprīlis が由来とされますが、その原義には諸説あります。古代ローマ暦では 3 月が第一月でしたので、「後の、第二の」という意味の Apero- から「第二番目の月」、また aperīre「開く」で「花開く月」、ギリシャ神話の Aphroditē（ローマ神話の Venus）の短縮形 Aphro より「アフロディテ（Venus）の月」となったという説があります。

● 日本語のイメージ

　「四月」には、陰暦四月の別称である「卯月」「卯の花月」「花残月」が使われ、初夏のイメージになります。「卯月」とは十二支の「卯」の月であり、「4 番目の月」の意になります。また「苗植月」の転用ともされます。「卯の花」は幹が中空になるので「空木」ともされる「卯木」の花で、初夏に鐘状の白色五弁花を付けます。

● どのような文化的背景からイメージの違いが生まれたか

　April は「花の月」、「アフロディテの月」です。アフロディテはギリシャ神話の「美と愛と豊穣の女神」ですので、April は最も美しい時期というイメージです。

● ネイティブによるワンポイント解説

　April には不安定な天候のイメージもあります。April weather, rain and sunshine both together. のことわざのように April weather は、「照ったり降ったりする天気」のこと、また April shower といえば「4 月の驟雨／にわか雨」のことです。

時間：time 【日常生活・時】

● 英語のイメージ

　世界は時間によって生まれ、また滅ぼされるものと考えられていました。生まれ、滅ぼされるという感覚は時間を将来と過去という流れに分けて考えていた古人には自然なことで、1週間も日曜日を挟んで過去と未来の二方向に流れるものでした。

● 日本語のイメージ

　時間の基準は自然現象や天体の運行に求められるのがふつうで、トシということばは、米や実りを意味し、稲作の周期を1年の単位としていたことを示しています。1か月の単位は月の満ち欠けが基準でしたし、明確な暦の出現が遅かった日本では自然環境や農作業など事物の変化それ自体が人々の生活を規定していました。

● どのような文化的背景からイメージの違いが生まれたか

　宗教的な意味合いから何千年も前にすでに1週間という概念が生まれた西洋と、太陽が上がれば田畑へ行き、暗くなれば仕事を終えて家路につくという農作業を中心とする稲作文化の国である日本との違いから生まれたものです。

● ネイティブによるワンポイント解説

　waste one's time（時間を浪費する）、save one's hours（時間を省く）、spend one's time（時間を費やす）、run out of time（時間がない）、lose time（時間を失う）、invest time（時間を投入する）などの表現はすべて Time is money. という思想が根幹にあることが分かります。

敷物：carpet, rug, mat 【住】

● 英語のイメージ

　敷物といえば、英語では carpet、rug、mat などがあります。carpet は床全体に敷いて固定された絨毯、rug は固定されず床の一部に敷く物をいいます。mat は部分的に用いる敷物で、浴室の足拭き用 bath mat、靴の泥拭き用 doormat［welcome mat］などがあります。日本のむしろ、ござ、畳なども mat と表されますが、畳は tatami (mat) といいます。

● 日本語のイメージ

　「敷物」は、座るために下に敷く物、また装飾用に敷く物の総称です。ござ、むしろ、座蒲団（floor cushion）、蒲団（Japanese mattress）、絨毯など各種あります。

● どのような文化的背景からイメージの違いが生まれたか

　日本での「敷物」は、床張りの家で靴を脱いで生活する中、その上に座ったりまた寝たりするために敷かれたものです。そこで蒲団なども含まれるとされます。西洋の敷物は、昔から製作に人手と時間がかかり上流階級の特権であった高価な絨毯などでも、土足のままその上を踏むものです。日本でも西洋建築とともに西洋の敷物も普及しましたが、土足生活をしている家庭は多くはありません。

● ネイティブによるワンポイント解説

　sweep under the carpet［rug］というと、掃除したごみを carpet や rug の下に掃きこむこと、つまり「不都合なことを隠す」という意味になります。

自信：self-confidence 【教育】

● 英語のイメージ

　米国人にとって自分の能力に自信を持つということは重要なことですが、それ以上に大切なことは自信があるように見せることであるといわれます。仕事によっては、自分の能力以上（と自分でも分かっている）に自信ありげに振舞わなければ上司や顧客の信頼を失いかねないからです。

● 日本語のイメージ

　たとえかなり自信を持ってできると分かっている仕事でも、「できるかどうか分かりませんが一生懸命にやってみます」と答え、「大丈夫です。お任せ下さい」などと言おうものならば「なんて自信過剰な人なのだろう」と思われてしまいます。

● どのような文化的背景からイメージの違いが生まれたか

　移民国家としてスタートした米国では、ゼロからスタートして職を得て、土地や家を買い、家族を養っていかなければなりませんでした。みながそのような状況にあったため必然的に個人間の競争は厳しいものであり、他人に勝つことが重要でした。そこから、自分の能力以上に自信があるように見せることが必要だったのです。

● ネイティブによるワンポイント解説

　日本にも同じような人物はいるでしょうが、本当は自信がないのだが、それを隠して外部へはさも自信があるように見せるという面では米国人はダントツだと思います。日本企業が米国でマネージャーを雇う時に一番困るのがこの問題です。

視線：eye contact 【社交】

● 英語のイメージ

　話をするときに相手の目を見るというのは対人コミュニケーションの基本中の基本ともいうべき最低の要素でありルールです。もし視線を避けるようにして話をすれば、それは自分に自信がないか、不安になっている、もしくは何かを隠していると思われてしまいます。

● 日本語のイメージ

　万事控えめな態度が賞賛される国ですので、面と向かって褒められるようなことがあっても、下を向いたり、視線をそらせたりして、さもうれしくないような態度をとってしまい、外国人に誤解されがちです。

● どのような文化的背景からイメージの違いが生まれたか

　日本では、相手と視線を交えながら話をするのは難しく、また恥ずかしく、時には大変無礼なことになります。乾杯をするときに目下の人が視線をそらす韓国の礼儀に似ています。目を見ないで話すと人格まで否定される米国とは大違いです。

● ネイティブによるワンポイント解説

　Seeing is believing.（百聞は一見に如かず）はよく知られていますが、Seeing is touching.（見ることは触ることである）も力強いことば。一般的には、Seeing is touching; eyes are limbs.（目は四股なり）といいます。日本人が目をそらすことを、take one's eyes off …（…から目を離す）といいます。

舌：tongue 【身体】

● **英語のイメージ**

tongue は「舌、話す能力、言語、舌状の物」を意味します。「雄弁」のイメージがあり、have a tongue of silver で「雄弁家」です。また A woman's strength is in her tongue. とあるように「女性の武器」、double-tongued 二枚舌で「不実」のイメージもあります。さらに「醜聞、嘘」や「味覚」も意味します。

● **日本語のイメージ**

「舌」は、味覚、触覚、咀嚼、発声に関連する口腔中の器官です。先端部で甘味、奥で苦味、周辺部で酸味、全体で塩辛味を感じるとされます。「舌が肥えている」の「味覚」、「舌が回る、舌が長い」などの「弁舌」以外に、不平・不満または美味しさに満足して「舌を鳴らす」、我慢して「舌をかむ」、嘲りまたは恥じて「舌を出す」、驚愕・感嘆で「舌を巻く」など、感情も表されます。

● **どのような文化的背景からイメージの違いが生まれたか**

旧約聖書によれば、人類は天に近づこうとバベルの塔を築いたため神の怒りに触れ、罰として多言語化したといわれます。また美貌よりも口舌が愛と戦いにおけるクレオパトラの最大の武器であり、彼女は多くの外国語を通訳が要らないほど操ったとされます。単一言語の日本より、tongue は「話す力、言語」として重要でした。

● **ネイティブによるワンポイント解説**

tongue-twister は She sells seashells on the seashore. などの「早口ことば」のことです。

七月：July 【時】

● **英語のイメージ**

July の語源は Jūlius で、古代ローマの将軍・政治家 Julius Caesar の出生月に因んで名付けられました。それまでは、当時一年の最初の月は March でしたので、そこから数えて「第五月」（Quinctilis）と呼ばれていました。カエサル（シーザー）は実際との差異の大きいそれまでの古代ローマ暦に変え、現行の暦のもととなった「ユリウス暦」（Julian calendar）を導入しています。

● **日本語のイメージ**

「七月」は「文月」、「七夕月」とも呼ばれます。「文月」とは「文披月（ふみひらき月）」であり、「七夕」は織女星と牽牛星が会う 7 月 7 日です。また 7 月 15 日は半年間無事に生きてきたことを祝い、祖先の霊を供養する「中元」であり、贈り物をこの時期にする慣習となりました。先祖の霊を迎える「盂蘭盆」もこの月です。

● **どのような文化的背景からイメージの違いが生まれたか**

カエサルは古代ローマの最も偉大な将軍であり、後に「皇帝」の語源にもなりました。また July には the Fourth of July の米国独立記念日、the 14th of July のフランス革命記念日という大きな歴史的記念日があります。

● **ネイティブによるワンポイント解説**

Not have [stand] a snowball's chance in July といえば、7 月に雪玉はないので、まったく可能性がないことを意味します。

質疑応答：questions and answers　　　　【スピーチ】

● 英語のイメージ

　Q&Aと略されることが多いですが、各種のプレゼンテーションにおいてはなくてはならない大切な時間帯で、スピーカーと聴衆（floor）とが本音をぶつけあって議論する場になるため、かなり熱を帯びたものになりがちです。

● 日本語のイメージ

　日本での学会や講演会などでのQ&Aにおいて議論が白熱することは珍しいこととしいわざるを得ません。本来は、理解できなかったところや疑問に思うところをスピーカーに質問をするところなのですが、「質問！」と手をあげたものの後は長々と、しかも本題とはあまり関係のないことを滔々と話し続ける人が多く見られます。

● どのような文化的背景からイメージの違いが生まれたか

　相手とは異なる意見を正々堂々とぶつけ、議論をするということは日本の文化になじまないようです。異なる意見を述べることが相手の人格を傷つけることになってしまうため、議論しない文化とそのようなことがない文化の違いといえます。

● ネイティブによるワンポイント解説

　「口角泡を飛ばす」ということばがありますが、泡を飛ばして議論することをhave [engage in] a heated discussionとかargue with passionといったりします。いずれにしてもその結果両者の人間関係がおかしくなるということはほとんどありません。その点は日本と随分と異なるところだと思います。

質素：simplicity　　　　【日常生活】

● 英語のイメージ

　質素に暮らすことをlive a simple lifeといい、「彼女はいつも質素な服装をしている」はShe is always plainly dressed.といいますが、生活ぶりが控えめで、無駄を省き、飾らない様子を表しています。質素といえば電気もクルマも持たず、昔ながらの生活をしているアーミッシュを思い出す人が多いでしょう。

● 日本語のイメージ

　質素や地味は個人の生活や服装などが控えめで人目をひこうとしないことであり、つましい【約しい、倹しい】は倹約する人や生活に使います。つづまやか【約まやか】は、控えめで質素なさまの他に簡潔で要を得ているさまを表すことばです。

● どのような文化的背景からイメージの違いが生まれたか

　第二次世界大戦後にも物質的に豊かであった米国と、食べるものにも事欠いた時代がしばらく続いた日本では「質素」に対するイメージは大きく異なります。「備えあれば憂いなし」という教えがまだ生きる日本とbuying spree（散財する）によりカード地獄に陥り、破産する人が後を絶たない米国との違いといえるでしょう。

● ネイティブによるワンポイント解説

　アーミッシュ（Amish）とは、米国やカナダの一部に住むキリスト教一派の集団で、近代文明を受け入れず、電気、電話は使わず二輪馬車を主要な交通手段とし、服装も規律で定められた質素なものを着用し、自給自足で暮らしている人々です。

質問：question 【スピーチ】

● 英語のイメージ

　米国人は小さいときから、相手に物事をはっきりと言うことが大事であり、聞き手側に立ったときも、分からないことを分からないままにしてはいけないと教わります。授業中には質問の手がよく上がり、授業が中断されることがよくあります。

● 日本語のイメージ

　聞き手に理解する責任が負わされる日本では、相手の言うことがよくわからない場合でも自分が悪いと思いがちで、質問をしては恥ずかしい、とか相手に失礼と思いがちです。もし質問をする場合にも講義や講演が終わってからになります。

● どのような文化的背景からイメージの違いが生まれたか

　他人とのコミュニケーションにおいては「よき発信機」であれと教える米国と、「よき受信機」であれと教える日本の違いです。発信者は、相手がよく分かるように努力しなければならないのが前者であり、相手の言うことを（時には発言されないことまでも）よく聞き取るように努力しなければならないのが後者です。

● ネイティブによるワンポイント解説

　question は意味の多いことばといえます。質問、問い、疑問文などの他に、問題、事柄、懸案事項などがあり、疑問の余地、疑義、不審、反論の余地、その可能性、さらには会議などにおける提案や提議事項、さらに投票や採決の手続き、政策問題、論点、法的な争点や問題点から尋問までも question 一つで表せます。

慈悲：mercy 【教育】

● 英語のイメージ

　慈悲の話でよく引き合いに出されるのが脚を折った競走馬や、怪我をして息絶え絶えになっていたりする犬や猫をどう処分するかです。一般的に英米ではそのような状況になれば、銃で殺して馬や犬の苦しみを取り去ることを慈悲と考えます。

● 日本語のイメージ

　上記のような状況を日本人はどのように評価するでしょうか。一般的な反応は、「まあなんてひどいことを。アメリカ人って残酷だな」というものだと思います。日本人的な感覚でいえば、いずれのケースも献身的に看病に励むことでしょう。

● どのような文化的背景からイメージの違いが生まれたか

　仏教では生類の殺生（生き物を殺すこと）は十悪の一つとされ、徳川綱吉の「生類憐れみの令」にも見られるように動物の殺生が禁じられてきた歴史を持つ国と、自然界の困難をともに克服するために牛馬や犬との共存生活が長く緊密であった国の違いです。動物たちの気持ちを本当に理解できるのは後者の人々かもしれません。

● ネイティブによるワンポイント解説

　安楽死のことを英語で euthanasia といいますが、mercy killing もよく使われます。脚を折った馬や大怪我をした犬とは別の次元の問題ですが、安楽死の是非に関する論争は長く続いています。悪性脳腫瘍が見つかり余命半年と宣告を受けた 29 歳の女性が 2014 年 11 月 1 日に安楽死を選び、安らかに息を引き取りました。

ジャガイモ：potato　　　　　　　　　　　　　　　　　　　　　　【食】

● 英語のイメージ

　potato の語源は、batata で「サツマイモ」(sweet potato) を意味しました。南米原産で 16 世紀に欧州に伝えられ、アイルランドで主食になったもので 18 世紀に米国に渡り、サツマイモと区別して Irish potato、white potato ともいいます。基本料理にはゆでたり (boiled potato)、焼いたり (baked potato)、つぶしたり (mashed potato)、細長く切って揚げたり（米 French fried potatos、French fries）（英 potato chips）、薄く切って揚げたもの（米 potato chips）（英 potato crisps）があります。

● 日本語のイメージ

　ジャガイモは、馬の鈴のように実がなることから「馬鈴薯」という呼び名もあります。「ジャガイモ」は、16 世紀に現ジャカルタの「ジャガタラ」より輸入されたので「ジャガタライモ」と呼ばれ、略して「ジャガイモ」になりました。

● どのような文化的背景からイメージの違いが生まれたか

　ジャガイモは小麦、トウモロコシ、米とともに世界 4 大主要作物です。日本ではサトイモ、サツマイモ、ヤマノイモなど食用イモの一種ですが、世界各地では主食です。

● ネイティブによるワンポイント解説

　hot potato は焼き立てのイモで、熱くて持っていられないので「厄介な問題、難題」のことをいい、それを drop 〜 like a hot potato なら「惜しげもなく捨てる、急に一切の関係を断つ」になります。

謝罪：apology　　　　　　　　　　　　　　　　　　　　　　【日常生活】

● 英語のイメージ

　I'm sorry. とは相手に同情する場合は別として、ふつう I wish I had not done it.（しなければよかったのに）を意味します。すなわち、しなければよかったことをしてしまったことを申し訳なく思うという反省の弁となります。

● 日本語のイメージ

　日本語の謝罪表現には、ごめんなさい、すみません、申し訳ありません、失礼しました、お詫びします、などたくさんあり、その他にも何かしてもらいお礼をいうべきところまで「すみません」などといってしまいます。

● どのような文化的背景からイメージの違いが生まれたか

　日本人が簡単に、申し訳ありませんといえるのは、その場の雰囲気を和らげるための発言であり、相手もそれが分かっていてそれなりの対応をしてくれることを期待しているからです。米国では、相手への同情の意味で I'm sorry. とは言っても、決して自分の非を認める I'm sorry. は言ってはならないといわれます。

● ネイティブによるワンポイント解説

　日本人は相手に迷惑をかけて申し訳ないという気持ちからよく、I'm sorry, but may I sit down here? と隣へ座ってもよいかと聞きますが、自分は何も悪いことをしていないわけですから、これはおかしな英語ということになります。

ジャンケン：rock, scissors, and paper 【日常生活】

● 英語のイメージ

ジャンケンは英語圏では割とポピュラーなゲームで the World Rock Paper Scissors Society がカナダで結成され同国で例年世界ジャンケン大会が開かれています。英国では UK Rock Paper Scissors Championship 年次大会が開催され、米国でも USA Rock Paper Scissors League という公式リーグが結成されています。

● 日本語のイメージ

ジャンケンは日本に古くからあった「三すくみ拳」の一つとして江戸から明治時代にかけて成立したものといわれ、その後現在のようにグー・チョキ・パーという分かりやすい三すくみのゲームとして生まれ変わり海外へ広まりました。

● どのような文化的背景からイメージの違いが生まれたか

日本では子どもたちの遊びの他に、同数得票となったときの決定方法、多数をいくつかのグループに分ける際の選択方法など、ジャンケンが日常の生活に密着しているのに対して、欧米ではスポーツのようなゲームとして考えられています。

● ネイティブによるワンポイント解説

世界各地にはいろいろなジャンケンの種類が散在していますが、基本は三すくみ（五すくみの場合もあります）のゲームで、公式ルールも Scissors beats paper, paper beats rock, and rock beats scissors. という簡単なものです。

十月：October 【時】

● 英語のイメージ

October は、一年が March から始まる旧ローマ暦では 8 番目（Octō）の月でしたので、「第八月」という意味です。October は、北半球では秋季の 2 番目の月とされ、収穫と播種の時期にあたります。また秋も深まり「枯葉」のイメージです。

● 日本語のイメージ

「十月」は「神無月」と称され、俗説では八百万の神が出雲大社に集まるため、各地から神がいなくなる月といわれます。また降ったり止んだりの小雨「時雨」で「時雨月」、初霜の降りる「初霜月」とも呼ばれます。陰暦では「初冬」に相当しますが、実際は天候が安定し、稲刈りを始めとした収穫や行楽の好期です。

● どのような文化的背景からイメージの違いが生まれたか

英国ではビールの芳香苦味剤である hop の収穫期でもあり、October は伝統的にこの時期に醸造されるビール、特に良質とされた秋ビールのこともさします。日本では「十月」は好天に恵まれ、行楽やスポーツにも適した最も秋らしい時期となります。

● ネイティブによるワンポイント解説

October fest はドイツの Munich で毎年開催される伝統的な「十月祭」Oktoberfest のことで、ビールを飲んで騒ぐ秋祭りのことです。米国カリフォルニアをはじめ他地域でも October に類似のお祭りが行われています。

十一月：November 【時】

● 英語のイメージ
Novemberは、9番目（novem）の月という意味です。Marchから一年が始まっていた旧ローマ暦では「第九月」にあたります。Novemberは、「寒気、陰鬱、死」を連想させる月で、北半球では秋季の最後の月となります。

● 日本語のイメージ
「十一月」は「霜月」と称され、冷たい霜の降りる「霜降り月」を意味します。また出雲大社から神々が返ってくる月という「神楽月」「神帰月」の名称もあります。暦の上では冬が始まる「立冬」、また雪の舞い始める「小雪」があります。

● どのような文化的背景からイメージの違いが生まれたか
November 1は、キリスト教では天上のすべての聖人を祀る祝日「万聖節」All Saints' Day、また古代ケルト暦では新年の始まりを祝う「秋の収穫祭」Samhainにあたります。その前夜には死者の霊や魔女、妖精、悪鬼が出現するとされ、それがHalloweenの仮装やカボチャをくりぬいた「お化けちょうちん」（Jack-o'-lantern）に表れています。日本では「十一月」は木枯らしや初霜、そして初雪の時期です。

● ネイティブによるワンポイント解説
英国ではNovember 5のガイ・フォークス夜祭（Guy Fawkes Night）が有名です。未遂に終わった火薬陰謀事件を記念する祭りで、首謀者の一人Guyの人形を燃やすかがり火と花火から、「たき火の夜」Bonfire Nightともいわれます。

宗教：religion 【政治】

● 英語のイメージ
国民の8割近くがキリスト教徒であるといわれ、そのキリスト教も数多くの宗派からなり、その他数多くの宗教が存在する米国では、神は日々の生活と密接に関わっています。子どもたちが小学校へ行けば、毎朝必ず忠誠の誓いを斉唱しますが、そこにはone Nation and Godとあり、大統領はスピーチの終わりにGod bless America.と祈り、法廷で証人は聖書に右手を乗せてSo help me God.と誓います。

● 日本語のイメージ
日本は神道や仏教が中心でしたが、戦後は宗教の自由が保障され各種の宗教が共存しています。一般的な日本人と宗教の関わりは、お宮参り、七五三、成人式、結婚式、葬式などの通過儀礼や、神社仏閣への初詣などが主なものといえます。

● どのような文化的背景からイメージの違いが生まれたか
米国が宗教的迫害から逃れてきた人たちによって建国されたという事実を忘れてはなりません。本来政教分離であるべきところにもちょっとした矛盾が存在しているのはそのためであるといっても過言ではありません。

● ネイティブによるワンポイント解説
小学生が毎朝国旗を前に斉唱する誓いは以下の通りです。I pledge allegiance to the flag of the United States of America and to the Republic for which it stands, one Nation under God, indivisible, with liberty and justice for all.

十二月：December 【時】

● 英語のイメージ
　December は、ラテン語で第十番目を意味する decem が語源で、旧ローマ暦で一年の始めとされた March から数えて「第十月」になります。December は「平和、静寂」を連想させる月です。

● 日本語のイメージ
　「十二月」は「師走」と称されますがその語源には諸説あり、師匠の僧が東西に馳せる「師馳す」から、また「年が果てる」の「年果つ」、「四季が果てる」の「四極（しはつ）」などからとされます。一年の最後の月を意味する「極月」、猟の獲物を先祖百神に供える「臘月」の名称もあります。暦の上では平地にも雪の降る時季の「大雪」や、一年で最も昼が短い「冬至」、一年の最後の日「大晦日」があります。

● どのような文化的背景からイメージの違いが生まれたか
　December 25 はクリスマスです。クリスマスを祝う習慣は各国に広がりましたが、英米のようなキリスト教国では、「救世主」イエス・キリスト Jesus Christ が誕生した「キリスト降誕祭」を祝う宗教的に重要な行事であり、日本などでの娯楽的、商業的なお祭りとは異なります。

● ネイティブによるワンポイント解説
　クリスマス前日・前夜は Christmas Eve ですが、Christmas は 12 月 24 日から元日までのクリスマス期間（Christmastime, Christmastide）も意味します。そこでクリスマス当日は Christmas Day といいます。

主人：master 【家庭】

● 英語のイメージ
　master は「より偉い人」が原義です。男性の「家長、主人、雇い主」で、女性なら mistress といいます。また「名人、熟練者、師匠、教師」、Master of Arts のように「修士（号）」も意味します。なお店の経営者は、日本語で言う「マスター」ではなく proprietor、owner、manager を使います。妻が夫を master とはいいません。

● 日本語のイメージ
　「主人」とは、「家長、店主」「自分の仕えている人、雇い主」「自分の夫」などをさします。通常妻が夫のことを「主人」、また呼び掛けや相手の夫への敬称としては「ご主人」といいます。他に客に対する「接待役」も「主人（役）」といいます。

● どのような文化的背景からイメージの違いが生まれたか
　master も「主人」も元来、「他人を従属させる者、支配する者」であり、上下、主従関係を表しますので避けられる傾向にあります。しかし日本では、「家父長制」の歴史の中で夫や店主を「主人」と呼ぶのは慣習化しています。

● ネイティブによるワンポイント解説
　性差別を避けるため、master ではなく head、boss、employer などが使われます。「接待役」も host と hostess がありますが、近年は女性にも host を使います。また「名人、熟練者、師匠、教師」も expert、specialist、supervisor、instructor などが使われます。

主婦：housewife 【日常生活】

● 英語のイメージ
　米国では半数を優に上回る家庭婦人が外に仕事を持っています。生活水準を維持していくための収入が必要だからです。米国では2組に1組は離婚するという離婚率では群を抜いて高い国であり、自分と子どものために働かなければなりません。さらには医者や弁護士などキャリアウーマンの存在も大きな理由です。

● 日本語のイメージ
　日本語で主婦といえば、それは専業主婦を意味するといっても過言ではありません。高校や大学を卒業後に就職した女性たちもその多くは結婚を契機に離職し、家庭に入る割合が米国に比して確実に高いのが現状です。

● どのような文化的背景からイメージの違いが生まれたか
　英語のイメージで述べた比較的ネガティブな理由からだけではない事情が米国にあると思います。それは経済大国としてそれを下支えする職業人が多く求められていることと、職業に男女差別がまったくといってよいほど少ないことです。

● ネイティブによるワンポイント解説
　米国では長距離用や市内の公共交通用のバスだけではなく、大型トラックをも女性が運転しているのを目にします。1960年代後半から欧米を中心として盛んになったウーマンリブ運動（Women's Lib）という女性解放運動がきっかけであったといわれます。それ以来、消防士の職業名 fireman も firefighter になりました。

樹木：tree 【植物】

● 英語のイメージ
　tree は広義には「樹木」一般を指しますが、狭義では「高木」をいい、「低木」shrub、bush や「ヤシ類」palm を除きます。tree は「生命、避難所」などの象徴です。英米では「広葉樹」broadleaf tree が中心です。特にオーク oak などは組織が密で複雑なので、製材し塗装すると美しい模様が現れるので珍重されています。

● 日本語のイメージ
　日本で「樹木」というと「針葉樹」が中心です。特に「杉」の巨木が多く、切り倒しても運搬が容易ではありませんが、縦割りしやすく厚板が作れるうえ、そのままでも非常に美しい木目が見られるため、その特性を生かした住宅造りが行われてきました。製材が容易だったため、丸太小屋は一般的ではありませんでした。

● どのような文化的背景からイメージの違いが生まれたか
　日本の家屋では、「針葉樹」の真直ぐな木目を愛で、柱も建具も「白木」を主要材としています。英米の家屋では、白木は普通塗装されます。また広葉樹は製材が困難なため、最初は丸太 log のまま使われ、log house が作られました。

● ネイティブによるワンポイント解説
　英語で tree というと、Christmas tree を思い浮かべます。また clothes tree「衣類掛け」や family tree「家系図」などもありますが、最近は tree diagram「樹形図」が、コンピュータのデータ表現で身近になりました。

生姜：ginger [食]

● 英語のイメージ
　ginger の原義は「角状の根」です。「活力・元気」のイメージがあり、ginger up で「励ます」の意です。刺激的な味・辛み・香りから煎じ汁、シロップ、錠剤などで駆風剤、去痰剤とされます。また赤（黄）褐色も意味し ginger hair は「赤毛」です。

● 日本語のイメージ
　「生姜」は熱帯アジア原産で、中国を経て3世紀頃伝来しました。和食・中華の代表的な香辛料です。「生姜」は魔除けとして「生姜市」を開く神社もあるといわれます。辛み・香り成分には薬効があるとされ、消臭・殺菌作用で食中毒予防、発汗・保温作用で新陳代謝や内臓の働きを活発にします。漢方でも健胃剤などにされます。

● どのような文化的背景からイメージの違いが生まれたか
　ginger といえば、クリスマス菓子の定番 gingerbread です。粉末生姜と糖蜜で味付けしたクッキー・ケーキで、さまざまな形を作り砂糖衣で色や模様を入れます。他にも炭酸飲料の ginger ale［pop］や風邪を和らげる ginger tea などが有名です。一方日本では、生の生姜を魚肉などの薬味調味料に、また甘酢漬物などに用います。

● ネイティブによるワンポイント解説
　gingerbread は、各家庭で子どもと一緒に色や模様をたくさん入れて作られます。そこで「けばけばしい、金ぴかの」という意味もあります。なお英国には片親とその子どもを支援する組織 Gingerbread（http://www.gingerbread.org.uk/）があります。

正月：the New Year [日常生活]

● 英語のイメージ
　正月休みは元日のみで、翌日が平日であれば会社や学校に行きます。着飾ったり、親戚や友人または上司の家を訪ねてご馳走を食べたりすることもなく、子どもたちへのお年玉もありません。大晦日にドンチャン騒ぎをして過ごし正月を迎えます。

● 日本語のイメージ
　年末から大掃除をし、鏡餅やしめ縄で飾り付けをして正月を迎えます。大晦日には年越し蕎麦を食べて家族全員の長寿を祈り、元旦は家族、親戚が集い、ご馳走を食べお祝いをし、その後の三箇日（さんがにち）は神社仏閣へ初詣に行きます。

● どのような文化的背景からイメージの違いが生まれたか
　キリスト教の影響が多いといえます。正月がクリスマスの直後にくるので、その飾りをそのままにしている人も多いし、大掃除は春のイースターの前にします。大晦日は米国で最大の飲み会の日になりますが、これは1月を過去（出口）と未来（入口）の境目と考えるローマ時代の考えの名残かもしれません。

● ネイティブによるワンポイント解説
　一年の最初の月 January はラテン語で扉を表す janus から来ています。Janus は、物の始終、入口と出口、日の出と日没を司る古代ローマの双面神 Janus であり、January はこの神に奉げられた月という意味でした。前面が未来を、後面が過去を表す二つの扉は平和の時に閉じられ、戦争の時には開かれたといわれます。

正午：noon 【時】

● 英語のイメージ

noon は「真昼」であり、闇と対極をなします。昼時 noontime、noontide、noonday、日中の中間 midday とも表します。the noon of one's life [one's career] では「全盛期、絶頂」の意味になります。人間では「中年」、季節では「夏」に対応します。

● 日本語のイメージ

「正午」は昼の12時であり、太陽がちょうど南中する時刻とされます。赤道と直角に交わる子午線を太陽が通過する時刻なので、「正午」と呼ばれます。また太陽が地平線下の子午線を通過する時刻は「正子」といい、午前零時真夜中となります。

● どのような文化的背景からイメージの違いが生まれたか

noon は、ラテン語の nōna（= ninth hour）に由来します。原義は「9時間目」であり、古代ローマでは1日の時刻を日の出の午前6時から数えたので、午後3時頃を意味しました。それは教会の礼拝が行われる時刻でしたが、その後礼拝が正午に行われるようになると「正午」の意になりました。

● ネイティブによるワンポイント解説

at noon は「ちょうど正午に」の意味です。日本語では「正午」を「午後零時」ともいいますが、英語では「正午12時」、twelve [high] noon といいます。なお (the) noon of night で「真夜中、夜半」も表しますが、真夜中も「午前零時」とはいわず「夜中12時」twelve a.m. [midnight] と表します。「夜遅く、深夜に」なら in the middle of the night となります。

昇進：promotion 【職業・契約】

● 英語のイメージ

大学や企業また公共機関などの職場における昇進は年功序列によらずその人の持つ実力によります。年齢も、その職場で仕事を始めてからの期間も、関係ないため職場を変えてもすぐに昇進し、年上の人を何人も部下に持つ人が多く見られます。

● 日本語のイメージ

その人の業績を上司なり組織なりがどう見るかということで昇進が決まります。日本で問題になるのは、その業績が本人だけによって達成されたものであるか、チーム全体の協力によるものであるのかの判断がしにくいところです。

● どのような文化的背景からイメージの違いが生まれたか

個人の価値、実力、優秀さを何よりも優先し、該当者にはそれにふさわしい地位と報酬を与えるという本当の実力主義の国と、企業への忠実度をはかる基準として年功序列制度を廃止できない国の違いといえます。

● ネイティブによるワンポイント解説

米国に年功序列がないといえば嘘になります。第二次世界大戦以前から存続する企業の中には不況時のレイオフの必要性がある場合にも、年功序列を考慮し長年勤続者はなるべく解雇しないようにしているところも多くあります。逆に、実力主義は冷厳なもので、実力がなければ昇進昇給もなくクビを切られる現実があります。

招待：invitation 　　　　　　　　　　　　　　　　　　　　　　　【日常生活】

● 英語のイメージ

　米国では本当に仲がよくなった職場の同僚や、またあるときは取引先の相手でも、日本のように料亭やレストランへ招待するのではなく、夫婦同伴で自宅へ招待することがあります。地域の友人や子どもの友人一家なども呼びバーベキューなどでもてなし、交友関係の話を広げていくのです。

● 日本語のイメージ

　よほど仲のよい友人やその家族でない限り自宅へ招待し、主婦の手料理でもてなすという習慣が日本には長くありませんでした。したがって「招待」のイメージはビジネスで取引先を行きつけの料理屋や、それを目的として自社の施設へ接待するというイメージで、招待される側に夫人や婦人が含まれることはまずありません。

● どのような文化的背景からイメージの違いが生まれたか

　自宅ができればオープンハウス（新居を見てもらうためのパーティー）をし、新しいバーベキューセットを購入すれば、そのお披露目のためのパーティーをするという、開放的な文化と家屋や庭の大きさの違いから生まれた違いの一つです。

● ネイティブによるワンポイント解説

　米国人の家庭に招待されたならば、日本人の時間厳守の精神は少し忘れ、呼ばれている時刻の5分ぐらい遅く到着するようにしたらよいでしょう。夫婦や家族総出で準備に一生懸命の相手の家の中を想像してみれば分かると思います。

冗談：joke 　　　　　　　　　　　　　　　　　　　　　　　　　【スピーチ】

● 英語のイメージ

　まさに多民族国家の住人である米国人にとってジョークは、地域や職場やその他関わり合いを持つ多くの「異なる」人々と良好な関係を保つための潤滑油としてなくてはならないものといえます。そのためにネタ集めの勉強をする人が多くいます。

● 日本語のイメージ

　日常会話の中でも上手にジョークをいえる人がいる反面、ジョークは落語や漫才などお笑い芸人の専売品であると思っている人が多いのも事実です。人間関係でジョークが言えないと困るということもない、というのが実態だと思います。

● どのような文化的背景からイメージの違いが生まれたか

　文化も、言語も、風俗習慣も皆が等しく共通理解していて、そのためにお互いの気持ちも分かりやすい環境にある日本と、人種も、文化も、元の言語も、習慣もそれぞれ異なる人々がうまく溶け合って生きていかなければならない米国の違いといえるでしょう。米国のジョークは、民族的、宗教的、政治的、社会的で、その種類の多さは並大抵のものではありません。

● ネイティブによるワンポイント解説

　米国ではジョークが通じ合える地域の広がりにも限度があります。あるところへ行ってそこで話されるジョークがまったく分からないことがあっても、心配は不要です。その地域以外の人には分からないインサイドジョークが多くあるからです。

職業：profession 【職業】

● **英語のイメージ**

米国人にとって職業とは生活の糧を得るためのものであるのは当然のこととして、自分の専門（持っている能力であれ、知識であれ、資格であれ）を生かすことができる仕事のことであり、その職に就くことを就職と考えます。もっとも経済事情により自分の希望する仕事に就くことが難しい場合も多くあります。

● **日本語のイメージ**

日本語の就職は「就社」であって本当の意味における就職をしていないといわれます。しかし、日本の企業の多くは新入社員に徹底した企業研修を実施し、その間にそれぞれに適した部署へ配置が決まります。それが「職業」となるわけです。

● **どのような文化的背景からイメージの違いが生まれたか**

米国の「就職」とは異なり、日本では高校や大学や専門学校を卒業してそれぞれの希望する企業やその他の団体組織に勤めますが、希望するのは会社や団体そのものであり、どのような職務に就くかという点におけるこだわりが少ないようです。

● **ネイティブによるワンポイント解説**

米国人と日本人が自己紹介をし合うと、日本人の多くは「○○自動車の△△です」とか「△△電機の○○です」と会社名をいい、米国人はほとんどが会計士、エンジニア、セールスマン、などと自分の職業を述べるといいます。ドラッカーは、それは日本人の会社への帰属意識が高いことであり、よいことであると述べていました。

食事：meals 【日常生活】

● **英語のイメージ**

米国人にとっての平均的なイメージといえばバターたっぷり、皿いっぱいに盛られた肉類とサラダ、ポテトチップス、甘い上になお甘いデザートとなるでしょうか。摂取カロリーを気にしながらそのような食習慣を止められない人がたくさんいます。

● **日本語のイメージ**

肉類を中心として西洋化してきたとはいうものの、依然として豊富な種類の魚類、野菜類、穀類などの健康的でかつ低カロリーの食材がまず目に浮かぶかもしれません。和食には、見た目も、味付けも肥満とは無縁のイメージがあります。

● **どのような文化的背景からイメージの違いが生まれたか**

肉体的にも日本人より体躯の大きな人が多いこと、狩猟民族を祖先に持つ移民が多かったこと、したがって摂取する食事の量が多かったことが原因といえるでしょう。米国人の1日平均摂取カロリーは 4,000 弱 kcal で先進国平均の 3,500 弱 kcal より多く、日本人のそれは 2,500 弱 kcal で発展途上国国民のそれと同じという統計があります。

● **ネイティブによるワンポイント解説**

日本や日本人をよく知る米国人は、例外なく、なぜ日本人はそんなにスリムなのかという疑問を持ち、一度ならず何度か真剣に日本人の友だちにそれを聞くようです。和食がユネスコの無形文化財として登録されましたが、その理由も、見た目の美しさと美味しさだけではない健康食であることも大きく貢献したのでしょう。

白：White 【色】

● 英語のイメージ

white は「白色」から「潔白、純潔、完全性、光明、平和」のイメージがあります。white Christmas の「雪」、white female の「白人」、white glass の「透明な」、white lips など血の気が失せて「青白い」こと、また white space「余白、空白」、white lie 人の気持ちを傷つけないための「罪のない」ウソなども表します。

● 日本語のイメージ

日本語の「白」には「雪、霜、氷」「白髪」「清浄、純潔」「透き通るような美しさ」などのイメージがあります。white と同様に、白紙や白票などの「空白」、顔が蒼白など「血の気がない」、白旗で「降伏」を表します。一方紅白戦など「赤との対比」、判決の「無罪」、白星で「勝利」、「白い目でみる」で「冷淡さ」も表します。

● どのような文化的背景からイメージの違いが生まれたか

英語の white も日本語の「白」も色や穢れなどがないことを表します。でも犯罪容疑で無罪を「彼は白だ」といいますが、英語では white ではなく He is innocent. といいます。また「白星」は相撲の勝敗を記す「星取表」に勝つと白い丸印で示すことから「勝利」を意味するようになりましたが、英語では victory や win です。

● ネイティブによるワンポイント解説

white flag は「白旗、降伏・休戦の旗」ですので show [wave] the white flag で「降伏する」、また a knight on a white charger は「白馬の騎士、正義の味方」です。

真珠：pearl 【鉱物（生体鉱物）】

● 英語のイメージ

pearl は 6 月の誕生石であり、「清浄、高貴、純粋性、月」などのイメージがあります。「貴重な物・人」、その形状から「露、涙、汗」なども意味し、pearls で「真珠の首飾り」pearl necklace、a pearl of great price で「非常に価値のある物・人」、pearls of wisdom「賢明な忠告、金言」、pearls of dew「露の玉」などと表します。

● 日本語のイメージ

「真珠」は、貝類の体内に形成される銀白色の玉で、「白玉」とも呼ばれます。「真玉」、「まことの玉」とされ、古来宝玉として珍重されてきました。日本では 19 世紀末に御木本幸吉が養殖に成功し、以来質・量とも世界に誇る養殖真珠 culture(d) pearl を産出しています。

● どのような文化的背景からイメージの違いが生まれたか

pearl は美と愛の女神アフロディティが海の泡から誕生した際に滴った水滴とされ、美や愛、水や涙を連想させます。a pearl among women は「女性の中の女性」、a pearl of beauty は「美の典型」になります。

● ネイティブによるワンポイント解説

cast pearls before swine「豚に真珠を与える」とは、真価を理解しないものに価値ある物を与えることです。日本では「猫に小判」のことわざに相当します。

心臓・心：heart 【身体】

● 英語のイメージ

heart は「太陽」であり、人間の生の中心である「感情」のイメージです。器官の「心臓」、身体の部位の「胸」breast、chest、精神的な「心、愛情」を表します。また人間の中心部に位置するとして「中心、本質」も意味します。たとえば the heart of the city、the heart of the problem では「中心、核心」になります。さらに in good heart や lose heart では「気力、元気」、have heart は「人情」の意味です。

● 日本語のイメージ

「心臓」は器官ですが、「心」とすると、人間のあらゆる精神活動を総合していいます。「からだ」や「モノ」と対立する概念であり、「理性、知識、感情、意志、気配り、精神、魂」などまで含みますので、英語の heart よりかなり広く、mind、idea、knowledge、information、memory、ambition、will、care、spirit などまで意味します。

● どのような文化的背景からイメージの違いが生まれたか

heart は「愛情、悲嘆、悔恨、憤慨、歓楽、偽り、恐怖、熱意」などさまざまな感情を表しますが、頭脳や脳の働きである「知、理性」の部分は含みません。

● ネイティブによるワンポイント解説

heart を表すハート型は「愛情」のシンボルであり、結婚記念日やバレンタインデーなどで多用されますが、break one's heart なら「悲嘆にくれさせる」となり、heartbreak「失恋」になります。

審判：umpire, referee, judgment 【職業】

● 英語のイメージ

米国ではプロ野球の試合の進行にあたっては審判が最高の責任者としての役割を担っています。審判は、それだけの責任を負うために、それに十分見合った強い権限が与えられているのです。毅然とした態度で試合を運営していくことが求められますが、選手や観客に対する審判の権威は十分に保たれています。

● 日本語のイメージ

審判には試合運営の全責任が負わされていて、そのために絶大な権限が与えられているということを知っている日本人は少ないと思います。審判のイメージは、大きなジェスチャーでボールとストライクの判定を下し、対戦チーム間でトラブルが起きたときの調停役やなだめ役ぐらいに考えている人が多いと思います。

● どのような文化的背景からイメージの違いが生まれたか

日本の組織には職務に見合った権限が与えられていないのに、何か不祥事が起きると責任を負わされる中間管理者が存在します。権限と負うべき責任の重さとが釣り合っていない労働慣行の残る文化と、そうではない文化の違いといえます。

● ネイティブによるワンポイント解説

umpire は古仏語の *nonper* (= one who is not equal) が中期英語の n(o)umpere となり、後に a numpire が異分析によって an umpire となったものです。umpire は主として volleyball、tennis、baseball、badminton、pingpong などの審判員です。

新聞：newspaper 【メディア】

● 英語のイメージ

全国紙である USA Today 以外はみな地方紙なのですが、その中でも New York Times、Washington Post、Los Angeles Times、Chicago Tribune、Boston Globe と一般紙でない Wall Street Journal が権威のある新聞といわれています。新聞には多くの広告紙（日曜版は特に）が挟まれ二つ折りで厚さ3～4センチにもなります。

● 日本語のイメージ

近年ではインターネットの影響で全体的に購読者が減少しているとはいえ、平均的家庭やビジネスパーソンにとってはなくてはならない情報源というイメージです。世界新聞発行部数ランキングトップ10のうち読売新聞が抜群の1千万部でトップ、以下2位、4位、9位が日本の大手新聞です（2011年現在）。

● どのような文化的背景からイメージの違いが生まれたか

本土内に四つのタイムゾーンがあり、その他アラスカとハワイの二つの時間帯がある米国では、大体同じ時刻にその日の新聞を発行するのは不可能であり、地方紙にならざるをえませんし、カバーする地域も限定されることになります。

● ネイティブによるワンポイント解説

結論先型で、5W1H情報を大から小へ繰り返すという新聞情報の書き方は南北戦争の時に始まったといわれます。北軍の従軍記者がケーブルで戦地のニュースを送る際に、途中の電線が切れても勝敗の結果だけでも早く読者に届けるためでした。

酢：vinegar 【食】

● 英語のイメージ

vinegar の原義は「酸っぱくなった葡萄酒」で、「辛苦、悲しみ」の象徴とされます。また「不機嫌、ひねくれたことば」、時には「活力、熱狂」も表します。vinegar には通例、リンゴ酒から作る apple-cider vinegar「リンゴ酢」やブドウ果汁・葡萄酒から作る wine vinegar「ワインビネガー」、balsamic vinegar「バルサミコ酢」などの果実酢、麦芽から作る malt vinegar「麦芽酢（モルト酢）」などがあります。

● 日本語のイメージ

「酢」は塩とともに古くからある代表的な酸味調味料です。「酢」には強い殺菌力と防腐効果があり、古来魚介類や野菜類を酢漬けにして保存していました。寿司や酢の物など日本料理には欠かせない調味料です。

● どのような文化的背景からイメージの違いが生まれたか

「酢」には穀物や果実から作る「醸造酢」と、風味も栄養価も劣りますが科学的に合成された「合成酢」があります。「醸造酢」には米酢、穀物酢、酒酢、粕酢、果実酢などがあり、日本では米酢、酒粕酢が多く、欧米の vinegar（洋酢）はワインビネガーや果実酢、酒酢が多くなっています。

● ネイティブによるワンポイント解説

(as) sour as vinegar で「とても酸っぱい」「非常に不機嫌な」、full of vinegar で「元気いっぱい（な様子）」、vinegared cucumbers で「胡瓜の酢の物」の意となります。

第Ⅱ部 単語の持つイメージを比べる

水晶：crystal 【鉱物】

● 英語のイメージ

crystal は結晶した「石英」（quartz）で、「透明、純粋、知性」のイメージがあります。(as) clear as crystal で「水晶のように透明な、明白な」ことを意味します。また水晶に似たもの、結晶も表し、snow crystals「雪の結晶」、ice crystals「氷の結晶」などといいます。また高級ガラス crystal glass のことでもあり、silver and crystal で「銀食器とガラス食器」になります。

● 日本語のイメージ

「水晶」は、仏教の七つの宝の一つで、「透明、清廉」のイメージがあります。冬瓜など色の淡い材料の色を生かすよう透明に煮上げることを「水晶煮」といいます。また「水晶は塵を受けず」というと、清廉・潔白な人が不義・不正を憎むたとえになります。「水晶」は日本でも産出され、石器に始まり古来装飾品や印材、置物、仏具、近代以降は工業用材料にも利用されてきました。「水精」とも表記します。

● どのような文化的背景からイメージの違いが生まれたか

英語の crystal では、「水晶球」crystal ball による「水晶占い」crystal gazing が連想されます。占い師は呪文により水晶球の中に現れる幻像（crystal vision）を読み取り、遠方の出来事や未来を語ります。

● ネイティブによるワンポイント解説

結婚 15 年目の記念日のことを crystal wedding（水晶婚式）といいます。

スカート：skirt 【衣】

● 英語のイメージ

skirt は一般に「女性用のスカート」ですが、スコットランドの kilt のように男性用もあります。skirt の語源は skyrta で「短い衣類」を意味しました。最初はシャツの意味で用いられ、後に上衣 shirt、下衣 skirt となりました。他に上着などの「裾」、「覆い状の物」、the skirts of a city のように「郊外」なども意味します。

● 日本語のイメージ

「スカート」は婦人用の下半身を覆う筒状の衣服です。日本で最初の洋装は、明治時代バッスル（bustle）で布地を腰の所でまとめたスカートでした。この上流階級の盛装から、その後各種洋装の普及とともに一般女性の日常着として定着しました。

● どのような文化的背景からイメージの違いが生まれたか

日本では洋装の歴史は短いですが、学生服から職場の制服、仕事着まで女性のスカート着用が当然で外国人が驚く程です。一方、欧米ではスカートは日常着というより特別な外出着であり、特に米国では普段はジーンズなどパンツ着用が圧倒的です。

● ネイティブによるワンポイント解説

skirt は、micro「超ミニ」、mini「膝上 10～20cm」、midi「ふくらはぎ丈」、long「膝下 10～20cm」、maxi「踝丈」など丈の長さで、また pleated「プリーツ」、flared「フレア」、gathered「ギャザー」、tight [straight]「タイト」、divided skirt、[culottes]「キュロット」など形でそれぞれ呼び名があります。

スカーフ：scarf 【衣】

● 英語のイメージ

scarfは、「装飾・防寒用の四角形・三角形の布」をいいます。「愛、ロマンス」などの象徴です。scarfは、肩に掛けたり首や腰に巻いたり、頭にかぶったりする装飾用アクセサリーですが、広義には衣服に添える帯状の布地を指し、防寒用のやや細長い襟巻マフラー muffler や、婦人用の毛皮・絹・毛などの細長い肩掛け stole、またテーブル掛け・ピアノカバーなども含まれます。

● 日本語のイメージ

「スカーフ」は、装飾用また防寒用に、首に巻いたり襟からのぞかせたり、また頭を包んだりベルト代わりにしたりする服飾品です。素材は薄地の毛、絹、ナイロンなど滑らかなものが多く、色柄でアクセントになります。

● どのような文化的背景からイメージの違いが生まれたか

「スカーフ」は、日本へは 1874 年、ウィーン万国博覧会でアクセサリーとして紹介されたので、日本では薄地の装飾用アクセサリーのイメージです。防寒より装飾用が主であり、英語の scarf と異なりマフラーなどは含まれません。

● ネイティブによるワンポイント解説

scarf は chiffon「シフォン」や silk「絹」もありますが、cashmere「カシミア」や mink「ミンク」、knitted「編物」、woolen［woollen（英), wool］「毛織物」scarf など防寒を目的とした素材が多くあります。

寿司：sushi 【食】

● 英語のイメージ

sushi のイメージはまずヘルシー、次いで異国情緒豊かな寿司レストランで食事をするのがカッコイイ、簡単なランチにも豪華なディナーにも合う、というところでしょうか。ただ米国での人気は握り寿司というよりは、巻き寿司、特に寿司飯を表にして裏側に海苔を巻く裏巻きが主流という違いがあります。

● 日本語のイメージ

寿司は本来庶民の食べ物であったものが段々と高級化してきて、一時は庶民には手の届かない食べ物になったこともありました。最近では新鮮で豊富なネタを揃えた回転寿しのお店が増え、家族連れで楽しめる庶民の味に戻ってきました。

● どのような文化的背景からイメージの違いが生まれたか

米国人の好む寿司ネタが日本での握り寿司とはかなり違ったものになってきているため、日・米二つの寿司の比較は難しいところです。ステーキをはじめとするボリュームのある料理と比べれば寿司はいわゆる副食程度に過ぎないかもしれません。

● ネイティブによるワンポイント解説

外国で寿司が大好きになった人が日本へ来て、行きたいと思うところは本格的な寿司屋ということになります。ところが、そのような寿司屋がかなり高級店で、ネタの種類も見慣れたものと違い、料金も高いことに驚く人が多くいます。逆に米国で寿司屋へ行くと見たこともない寿司ネタが並び、それに驚く日本人が多いです。

雀：sparrow 【鳥】

● 英語のイメージ

sparrow というと、欧米の人家近くにいる種で、house sparrow「イエ雀」のことになります。「賤しき者、お喋り」のイメージがあります。語源は、spearwa で「小さな野鳥」を意味します。米国へは 1850 年英国から持ち込まれたとされ、English sparrow、European sparrow とも呼ばれます。他に song sparrow など姿は地味ですが、美しいさえずりを持つ種もいます。

● 日本語のイメージ

日本の「雀」は house sparrow ではなく、欧米では郊外の林などに住む種で tree sparrow です。日本では人家近くに住み、穀物をついばむ「害鳥」として農家からは嫌われますが、同時に害虫を捕食する「益鳥」でもあります。さえずりが騒がしいことから「お喋り」、またあちこち飛び回るので「事情通」のたとえにもされます。

● どのような文化的背景からイメージの違いが生まれたか

日本の「雀」は「人と暮らす鳥」です。「雀」は古くから占いに用いられたり食用とされたり、また昔話の「舌切り雀」や童謡の「雀のお宿」などもあり、富をもたらすとされたり穀霊神の使いとみなされたり、身近な鳥として親しまれてきました。

● ネイティブによるワンポイント解説

シェークスピアの『ハムレット』に、There's a special providence in the fall of a sparrow.「雀が 1 羽落ちるのも特別の神慮があるのだ」というセリフがあります。

砂：sand 【鉱物】

● 英語のイメージ

sand は「無数、不毛、不安定さ」のイメージがあります。浜辺の砂は砂粒から、numberless [numerous] as the sand(s) (on the seashore) で「無数」を示します。砂漠 desert のように「不毛」、また岩との対比で「もろさ、不安定さ」を表し、built on sand で「砂上に築いた、不安定な」という意味です。

● 日本語のイメージ

「砂」は「土」とともに、「土の神の霊力」があるとされ、豊穣や安産祈願などに各地の特定の神社の砂が使われたりしました。「砂・土」が、穀物でも人でも誕生に特別な力を発揮すると考えられていたのです。

● どのような文化的背景からイメージの違いが生まれたか

日本では「砂・土」は霊力があるとされ、豊穣や安産などに特別な力を発揮すると考えられたのに対し、英語の sand は不毛のイメージがあります。sow one's seed in the sand「砂に種をまく」、plow the sand(s)「砂を耕す」で、どちらも「無益なことをする、無駄骨を折る」の意になります。

● ネイティブによるワンポイント解説

sand は「砂時計」sandglass から「時間、寿命」も表します。たとえば Her sands are running out. は「彼女の寿命も尽きようとしている」です。またおとぎ話には子どもの目に sand をまいて眠らせる「眠りの精、睡魔」sandman が登場します。

スーパー：supermarket 【日常生活】

● 英語のイメージ

米国人は、supermarket は郊外に立地し巨大な駐車場を備え、そこへ行けば食料品・医療品・日用品・医療品・家電・カー用品など、日常生活に必要な物はほとんど何でもそろうところをイメージします。食料品スーパーとディスカウントストアーを一体化したもので、低価格の上にレジも一か所で精算でき便利なところです。

● 日本語のイメージ

一般的なイメージは日々の生活に必要な食料品や日用品などをセルフサービスで買える便利なお店というイメージで、駅の近くや町の中にもあり、特に郊外に巨大な駐車場を持っている小売店とは限りません。

● どのような文化的背景からイメージの違いが生まれたか

広大な土地、郊外住宅地の開発、クルマがなければ生活できない環境、食料品や日用品の大量購買、購買品の保存を可能にする大型冷蔵庫、旧来型商店街の早期における消失、など日本とは大きく異なる生活スタイルから生じた違いといえます。

● ネイティブによるワンポイント解説

store と shop の違いですが、前者は department store というように、いろいろなものを扱う大型店を意味し、後者は小さめで主に一つのカテゴリーを中心に置いてあるお店です。また、bicycle shop、flower shop、car repair shop を見れば分かるように、shop が作業をする所を意味しているという重要な違いがあります。

ズボン：trousers, pants 【衣】

● 英語のイメージ

英国では、trousers で上着と対になった男子用の長ズボン、slacks で普段着用のズボンです。米国ではどちらも pants といいます。pants は、元は 19 世紀の男性用のぴったりしたズボン pantaloons の短縮形ですが、英国で pants は下着です。

● 日本語のイメージ

日本語の「ズボン」は、英語の trousers、slacks、pants、仏語の pantalon などの総称ですが、主に男物をいいます。日本語の「スラックス」は細身のズボン、「パンタロン」は女物、そして「パンツ」は主に木綿地のズボンのイメージですが、生地に関係なく「パンツスーツ」など女物で多く使われます。ただし下着もさします。

● どのような文化的背景からイメージの違いが生まれたか

日本語の「ズボン」は、仏語の女性用ペティコート jupon の転訛語とも、また段袋と呼ばれた陣股引などをはく時「ずぼん」と脚が入るので幕臣の大久保誠知が付けた俗称ともいわれます。ズボンの形の起源は中国のゆったりしたズボンとされ、それがインド、中近東を経て欧州へ伝わったので各地にさまざまなズボン形があります。

● ネイティブによるワンポイント解説

英語の pantaloons は、現代では女性用のだぶだぶのバギーパンツで踝の所が絞られたものです。日本語の「パンタロン」は、裾 bottoms が鐘 bell のように広がったラッパズボンで、英語では bellbottoms といいます。

第Ⅱ部　単語の持つイメージを比べる　135

政治家：politician, stateperson 【政治・職業】

● 英語のイメージ
politician は（特に米国では）選挙活動や、自らが所属する党や議会の運営にも長け、自己の利益と党利党略を優先する政界の策士のような人で、stateperson は政治に豊かな経験と見識を有し、公共政策や郡・州・連邦国家の運営に才能があり、かつ献身的な人というイメージで捉えられるのがふつうです。

● 日本語のイメージ
政治家が stateperson にあたり、politician は政治屋ということになります。前者が政治哲学をもって政治をする人、後者が党利党略のために政治をする人という単純な区分も可能です。政治家には駆け引きのうまいやり手という意味もあります。

● どのような文化的背景からイメージの違いが生まれたか
ある統計によれば、米国には選挙で選ばれる政治を職業とし、専門的に携わる人は全国に 52 万人います（2014 年現在）。そのような人たちは政治や地域での行事を通して住民との密着度も濃いものですが、日本では後援会組織以外の一般地域住民と議員との交流は限られています。議員に対する感覚の違いによるのでしょう。

● ネイティブによるワンポイント解説
英語を母語としない人々にとってこのような politician と stateperson の区別は難しいことで、使わないで済むならば使わない方がよいと思います。当該者との個人的関係により、状況により、皮肉か否かを含み、その意味が揺れ動くからです。

誠実：sincerity 【社交】

● 英語のイメージ
米国人にとって何よりも大切なことは、自分の発言に責任を持つことであり、聞く側も誠実な答えを期待します。質問に対する回答も字句の通りに理解します。心の底からそう思い、それをそのまま語ること、自分の言っていることの正しさに自信を持つことが誠実さのイメージです。

● 日本語のイメージ
日本語の「誠実」は他人や仕事に対して、まじめで心がこもっていることであり、私利私欲を交えず、真心をもって人や物事に対することです。表現技術上の問題ではないため、真心を込めて相手のために行うことであれば、それがことばと裏腹の行為であっても大きな問題にはなりません。

● どのような文化的背景からイメージの違いが生まれたか
人によって言うことが違うというのは、日本ではあることですが米国では不誠実で偽善的な行為となります。相手を傷つけないように言うべきことも抑えてしまう文化と、ことばは人を傷つけるものではないと信じる文化の違いといえます。

● ネイティブによるワンポイント解説
a man of sincerity は、言行一致の人という意味ですが、その他に the trait of being serious（まじめ）、a quality of naturalness and simplicity（自然で飾り気のない）、an earnest and sincere feeling（誠実な気持ち）などがあります。

星条旗（国歌）：The Star-Spangled Banner　　　　　　　　［政治］

● 英語のイメージ

　日本語では国旗と同じ「星条旗」とされていますが、英語では The Star-Spangled Banner といいます。Spangled はぴかぴか光ったという意味で、star-spangled skies は星の輝いた空となります。banner は国、軍隊、学校などの旗を意味します。

● 日本語のイメージ

　この国歌の由来を知らない日本人には、米国の要人の歓迎式典やスポーツのイベントなどで時折耳にする「星条旗」は旋律もよく、大変厳かで、耳に響きのよい歌と曲だなというイメージを持つだけに終わっていると思います。

● どのような文化的背景からイメージの違いが生まれたか

　星条旗は、1814 年に作詞されたものです。1812 年に始まった第二の独立戦争とも呼ばれる米英戦争の最中に、英国の軍艦上で、英軍と捕虜交換交渉を行っていた弁護士の Francis Scott Key が、激しい夜間の英国艦隊による砲撃に耐え、夜明けの光の中で砦の上に燦然と輝き、ひるがえる星条旗に感動し作詞したものです。

● ネイティブによるワンポイント解説

　米国内に限らず、日本でも小中学校や高校の運動会などでもよく演奏される勇ましい行進曲の一つに「星条旗よ永遠なれ」がありますが、これは Stars and Stripes Forever といい、国歌ではありません。米国の作曲家であり指揮者として有名なマーチ王スーザ（John Philip Sousa）による 100 を越えるマーチの一つです。

星条旗（国旗）：Stars and Stripes　　　　　　　　［政治］

● 英語のイメージ

　小学生が毎朝必ず国旗に向かい、忠誠の誓いをする米国では、あらゆる公共の場所に国旗が掲揚されています。白と赤の合計 13 本の横縞と 50 個の星からなるこの旗を米国人は一生の間に数え切れないほど目にし、勇気を表す赤、真実の白、正義の青の三色は米国のイメージとして目に焼き付いています。

● 日本語のイメージ

　幕末の横浜開港から始まった日米の関係は、第二次世界大戦中を除き、150 年を超える長い間にわたり友好的なものでした。そのため黒船に掲げられた星条旗（州の数を表す星の数はまだ 31 個でした）以来今日に至るまで日本人に最も見慣れた外国の国旗でしょう。

● どのような文化的背景からイメージの違いが生まれたか

　ともに建国の歴史を表象する国旗ですが、農業や漁業を中心として恵みの太陽を崇める日本と、異なる国々から新天地を求めてやってきた入植者たちが助け合いながら開拓し、英国から独立を勝ち取った米国との歴史的違いが表れています。

● ネイティブによるワンポイント解説

　stripes は「筋（すじ）」や「すじ状のもの」を意味し、星と筋からなる旗です。赤 7 本と白 6 本の横縞は独立当時の 13 の入植地を表し、50 個の星は州の数を表す現在の星条旗は、ハワイが州になった 1960 年 7 月 4 日から使われています。

青年：youth 【日常生活】

● 英語のイメージ

　米国人の多くが youth から連想する人物は 35 歳で司法長官に就任し 41 歳の若さで凶弾に倒れたケネディー大統領の実弟ロバート・ケネディーでしょう。多くの人々に愛され、親しまれた彼自身の若さ、そして早すぎる死に対する哀惜の情と、彼が兄への弔辞に引用した *Youth* というサミュエル・ウルマンの詩から生まれました。

● 日本語のイメージ

　「青年」ということばの語感は、元気いっぱいの年頃の男女で、活気にあふれ、血気盛んな若者というものです。人生の時期としては壮年期にはまだ間がある年齢層で、「若い」というだけでまだ一人前とは見られないこともあります。

● どのような文化的背景からイメージの違いが生まれたか

　成人式のあるユダヤ教社会を除き、英米には成人式はありません。日本には古くから上流社会のみならず村々でも子どもが一定時期になると成人として認める儀式があり、明治以降は徴兵制度との関係からも成人式が制度化されました。米国に成人式がないことが年齢に関係なく能力を重視する理由の一つなのかもしれません。

● ネイティブによるワンポイント解説

　Ulman の *Youth* は、Youth is not a time of life; it is a state of mind; it is not a matter of rosy cheeks, red lips and supple knees; it is a matter of the will, ... で始まります。ネット上に原文と日本文があるので是非ご覧ください。

世界地図：world map 【教育・政治】

● 英語のイメージ

　英米人が頭に描く世界地図は英仏が真ん中にある（米国の場合には米国が真ん中にくるものも多くあります）もので、右側（すなわち東側）に日本やアジア諸国が来ているものです。近東、中近東、極東や東南アジアという呼び名はすべてその英仏が中心に来ている世界地図のイメージからくるものです。

● 日本語のイメージ

　日本人の見慣れた世界地図は日本が中央に位置し、右側に米国大陸が、そして左側に欧州がきているもので、しかも日本が赤く塗られているものです。

● どのような文化的背景からイメージの違いが生まれたか

　最も古い世界地図は紀元前 600 年頃のものだといわれますが、太古から現在に至るまで文明の中心地であり続けた（と西洋では思われていた）ユーラシア大陸を地図の中央に置くのは当然でした。しかし、インドや中国にもそれぞれを中心に置いた古い世界地図はあり、欧州を中央に配置する世界地図との違いが見られます。

● ネイティブによるワンポイント解説

　昔のことですが、ブロードウエイの定番ミュージカル「王様と私」（*The King and I*）を見たことがあります。英国人家庭教師が世界情勢についてタイが世界の真ん中に置かれている地図を見せながら、いろいろと説明をする場面がありました。それがとても印象的で今でもよく覚えています。

石炭：coal   【鉱物】

● **英語のイメージ**

coal の語源は col で、「木炭、燃えている石炭」であり、「清めの火、豊穣、団欒、闘争」などのイメージがあります。刑罰として焼けた石炭の上を引きずり回したことから haul [rake] ~ over the coals で「~を厳しく叱りつける」、また blow [stir] the coals なら「怒り、争いなどを煽り立てる」になります。一方 coal は燃料・化学工業の原料として貴重品扱いされ、「black diamond」とも呼ばれました。

● **日本語のイメージ**

「石炭」は、植物が地中で変質して炭化した可燃性の堆積岩です。日本では「イシズミ」と呼ばれていましたが、幕末頃から「セキタン」が一般的になります。「石炭」は、主に暖房の燃料として使われましたので「冬」のイメージです。

● **どのような文化的背景からイメージの違いが生まれたか**

coal は黒色からネガティヴなイメージがあります。たとえば carry coals は「汚れた仕事をする、屈辱を甘んじて受ける」の意になります。シェークスピアの「ロメオとジュリエット」にも we'll not carry coals.「我々は屈辱を受けたまま引き下がったりしない」とあります。

● **ネイティブによるワンポイント解説**

英国北部の Newcastle は石炭産出地として有名でした。take [bring/carry] coals to Newcastle は、そこに石炭を運ぶ、つまり「まったく無駄なことをする」ことです。

石油：petroleum   【鉱物】

● **英語のイメージ**

petroleum は「石油」の正式な言い方で、「岩・石」の petro- と「油」の意の oleum が結びついた語です。普通は簡単に oil といいます。貴重なエネルギー源であり、black diamond と呼ばれた「石炭」に対し、black gold とも呼ばれます。「ガソリン」は米国では gasoline [gas]、英国では petroleum を縮めた petrol が使われます。

● **日本語のイメージ**

「石油」は、原油（crude oil [petroleum]）を精製・加工した石油製品で、燃料や各種化学製品の原料として重要です。種類に「ガソリン、灯油、軽油、重油」などがありますが、日本でたとえば「石油ストーブ」というと「灯油」（kerosene〈米〉、paraffin〈英〉）のことであり、「石油」は「灯油」の通称でも使われます。

● **どのような文化的背景からイメージの違いが生まれたか**

「石油」は紀元前 3000 年頃より灯火、炊事、アスファルトなどに使用されてきました。19 世紀米国での油井の掘削以降エネルギーの大量生産が可能となり、自動車、船舶航空機や産業設備での利用激増、また石油化学製品への需要拡大で大量消費が続いています。現在原子力に頼れない日本では依存度もさらに増しています。

● **ネイティブによるワンポイント解説**

「石油コンビナート」は、石油精製関連企業・工場が集まる一帯ですが、「コンビナート」は露語であり、英語では petrochemical complex といいます。

セーター：sweater 【衣】

● 英語のイメージ

　sweaterは、編み物の上着の総称で、cardigan sweater [jacket] 前開きのカーディガンやジャケット、pullover 頭からかぶるセーターの両方を指します。元は英国の船乗りや漁師たちが海上で着たウールの編み物のシャツに始まりました。その吸湿性、保温性から欧米で広まり、さらに knit で編んだ物がファッションとして流行し、男女の日常着として定着しました。

● 日本語のイメージ

　「セーター」は、毛糸で編んだ上着の総称ですが、日本では一般に「頭からかぶって着るタイプ」をいいます。羊毛素材の冬の防寒着ですが、他にも絹や化繊、木綿素材、夏用のサマーセーターもあり、またデザインや色も豊富でおしゃれ着としても愛好されています。

● どのような文化的背景からイメージの違いが生まれたか

　米国のスポーツ界では、毛糸のシャツを運動選手が減量のため汗（sweat）をかくのに着用したことから、sweater と呼ばれました。その後、運動後に着る保温・吸汗のためのシャツを指すようになり、日本語では訛ってセーターになりました。

● ネイティブによるワンポイント解説

　sweaterは、VネックならV-neck sweater、丸首はround-neck sweater、タートルネックはturtleneck (sweater)、roll-neck sweater といいます。

説明：explanation 【スピーチ】

● 英語のイメージ

　米国では日本のように「言わなくても分かる（はず）」は通じません。良いか悪い、賛成か反対かを述べ、必ずその理由を説明しなければならないのです。知るということは理解すること、というのが基本原則ですから話し手や書き手には相手が分かるように説明する義務があります。

● 日本語のイメージ

　日本人は一般的にいって相手に説明を求めたり、反論したり、議論によって問題を解決したりしようとはしません。問題は他の方法で解決しようとします。また、説明をすると、相手に弁解しているように思われるのを嫌う人も多くいます。

● どのような文化的背景からイメージの違いが生まれたか

　日本人は単一民族であったため文化や習慣を共有し、以心伝心で相手の言わんとするところは分かるし、説明をするとくどいと思われるからしない、という考え方もありました。それに対し米国にはたくさんの文化が流れ込んでいるために、何をどう解釈するかも人により違っている可能性が大きいため説明が必要なのです。

● ネイティブによるワンポイント解説

　米国では早い時期から、家庭においても学校においても必ず、何かをするだけではなく、なぜそれをしたのかを説明することの重要性を厳しく教えています。つまり what だけではなく why と how の重要性を小さい頃から習うのです。

背中：the back 【身体】

● 英語のイメージ

the back は「人間・動物の背」であり、身体の後ろ側の首から臀部までの部分です。また the back of a coin [chair, book] など「物の裏側、背の部分」、the back of the car [bus]「後部席」、さらに in the back of one's mind「心の奥底」なども意味します。

● 日本語のイメージ

日本語の「背中」は、「背の中央、背骨の辺り」であり、普通「腰から上」の部分をいいます。また物の後ろ側、影の方であり、「背面、背後」も指します。なお「背」には、「背丈、身長」の意もあります。

● どのような文化的背景からイメージの違いが生まれたか

英語の back は「胴体の後ろ側一面」であり、首から足の付け根までとされます。そこで「腰」の部分も含まれます。I have a pain in my back. [I have (a) backache.] は、「背中・腰が痛い」です。特に「腰」というなら waist ではなく lower back、腰を痛めたというなら hurt one's lower back と表します。

● ネイティブによるワンポイント解説

It's the last straw that breaks the camel's back.「限度を越せばわら1本でもラクダの背骨が折れる」とことわざにあるように、break one's back は「背骨を折る」の意ですが、そこから「骨を折る、苦労する」、そして They have broken the back of the job. なら「仕事の峠を越した」の意味にもなります。

蝉：cicada 【昆虫】

● 英語のイメージ

cicada は、「光と闇の霊、復活、不死」、また「詩と詩人」の象徴とされましたが、英米では昆虫との結びつきは薄く、米国への初期開拓者も大群で発生した蝉を見て locust バッタ・イナゴと思ったため、米国では蝉は locust と呼ばれています。

● 日本語のイメージ

「蝉」といえば、松尾芭蕉の有名な俳句「閑さや岩にしみいる蝉の声」が連想されます。また雨が降り注ぐような蝉の鳴き声を「蝉時雨」といいます。「蝉」の幼虫は土中で数年〜十数年過ごし、成虫になると寿命が平均10日位と短命なので、日本では成虫の蝉の声には「哀れ、はかなさ」のイメージがあります。

● どのような文化的背景からイメージの違いが生まれたか

cicada は、熱帯・亜熱帯の昆虫のため、英国ではあまり知られていませんでした。米国では収穫時の晩夏に大発生するため、harvest fly とも呼ばれますが、日本のような風物詩的な親しみはなく、むしろ害虫として忌み嫌われています。

● ネイティブによるワンポイント解説

Aesop's Fables『イソップの寓話』では『アリと蝉』の話がありますが、英国などでは蝉より馴染みのあるキリギリスに置き換えられ、日本にも『アリとキリギリス』として伝わりました。原話では冬に蝉 [キリギリス] は蟻に追い返されます。食料を分けてもらえるのは日本独自の温情的な結末です。

戦争：war　　　　　　　　　　　　　　　　　　　　　　　　　　【政治】

● 英語のイメージ

　米国は英国を相手にした独立戦争以来数多くの戦争をしてきましたが、米英戦争時のワシントン攻撃、真珠湾攻撃と9.11事件を除き、他国から自国を攻撃され数多くの国民が無差別的にその犠牲になった経験はありません。軍人以外の人々が戦争により命の危険にさらされるというイメージは持ちにくいといえるでしょう。

● 日本語のイメージ

　わが国では毎年8月になると原爆投下の悲劇を追悼し非戦の誓いを新たにする記念式典が行われ、親、祖父母、親類縁者から自分たちの戦争体験を耳にして育った人々が多くいます。戦争は恐ろしいというイメージを誰もが持っています。

● どのような文化的背景からイメージの違いが生まれたか

　戦争による悲劇的な被害を誰が、どこで、どれほどに受けてきたかという面において日本と米国には違いがあるといえます。戦地での実体験を有する軍人たちを除いて、米国人の多くは戦争とは自分の命が危うくなるものというイメージは持ちにくいものとなります。自国が攻撃を受けたことがあるかないかの違いといえます。

● ネイティブによるワンポイント解説

　「戦前の」と「戦後の」ということばがありますが、英語では prewar そして postwar となります。一部ではありますが、状況や文脈により、この「戦前と戦後」における戦争を、南北戦争（the Civil War）を指していう人がいます。

雑巾：cleaning rag　　　　　　　　　　　　　　　　　　　　【日常生活】

● 英語のイメージ

　rag は「ぼろきれ、ぼろ、端切れ」であり、「雑巾」は cleaning [wiping] rag「掃除用の端切れ、水滴や汚れを拭い取る布切れ」になります。特に「床用の雑巾（英）」なら、(quilted) floor-cloth ですが、「薄手の床敷き（米）」の意味もあります。「柄付きの床用雑巾」mop や、「埃取り用雑巾」dust cloth（米）[duster（英）] も使います。

● 日本語のイメージ

　「雑巾」は、汚れた部分を拭ききれいにするために用いる布です。床板や家具、調度品、また時には汚れた足なども拭きます。室内や器物の塵埃を払うなら、柄の先に羽根や細長い布切れなどを束ねて付けた道具「はたき」duster を使います。

● どのような文化的背景からイメージの違いが生まれたか

　英語で「雑巾」は、cleaning [wiping] rag「掃除用の布切れ」ですが、床用は floor-cloth ともいわれます。これは家具などの拭き掃除に対し、土足で踏まれる床の掃除用雑巾は通常別のものを使うイメージです。一方、日本では裸足で歩く床も家具も同じ布で掃除できますので、拭き掃除用の布を「雑巾」といいます。

● ネイティブによるワンポイント解説

　「雑巾がけ」は wipe [clean] with a dust cloth [duster, rag] ですが、通常見習生が行う仕事でありきつく大変な仕事なので、比喩的に work one's apprenticeship や do the dirty work と表します。

葬式：funeral 【式典・行事】

● **英語のイメージ**
　葬式はほとんどがフューネラル・ホームという葬儀場か、葬儀場に隣接する教会で行われます。葬儀を取り仕切る専門業者（undertaker）がいて、エンバーミング（embalming）と呼ばれる遺体保存からビューイング（viewing）という最後のお別れ、葬式、納骨／埋葬式、その後の関連業務まで一切を引き受けてくれます。

● **日本語のイメージ**
　昔はどこでも葬式は通夜を含み、近所の人たちが中心になって、葬儀社や寺社との打合わせや祭壇の設営を含み、自宅で行われていましたが、1980年代以降都会では葬儀場で執り行われるようになりました。家庭的なものからビジネスライクなものに変わりつつある日本の古い慣習の一つというイメージがあります。

● **どのような文化的背景からイメージの違いが生まれたか**
　米国と日本では葬儀事情がかなり異なります。米国では土葬が一般的であったために、使用する棺桶もきらびやかさは抑えるものの豪華なものとなりがちですが、火葬が一般的な日本では棺桶も白木の簡単なものです。また葬儀一切の他にカウンセリングまで請け負う葬儀士という専門家の存在も異なるところです。

● **ネイティブによるワンポイント解説**
　funeral を使った慣用句には It's not my funeral (= It's your own funeral).（私の知ったことではない）がありますが、business に置き換え可能です。

訴訟：litigation 【政治・日常生活】

● **英語のイメージ**
　訴訟の国といわれるように米国人はよく訴訟を起こします。各種の保険が充実していて、訴える側が訴訟の相手は保険会社であると考えやすいこと、また弁護士の数が非常に多く、競争して訴訟ビジネスを取ろうとしていること、経費弁済面で個人が訴訟を起こしやすいこと、などがあげられます。

● **日本語のイメージ**
　平均的な日本人にとって訴訟を起こすなどということはよほどのことがないかぎりありえないことでしょう。企業の顧問弁護士も、契約書作成の際に助言する以外には、不測の事態が起きたときの対処のために雇われているのが実情といえます。

● **どのような文化的背景からイメージの違いが生まれたか**
　共通面が多く、仕事においても日常生活の中でも「みなで仲良く」をモットーとして生きている日本人の間は、他者との間で何か問題が起きても、ことを荒立てることは避け、時には利害関係を共有する人を介して、解決しようと努力します。この点が、氏も素性も異なる人々が生きる米国との間で異なるところです。

● **ネイティブによるワンポイント解説**
　米国には合計で127万人の弁護士が登録されています。日本の弁護士登録者数は3万人で大きな差があります。ニューヨーク州（16.6万人）とカリフォルニア州（16.3万人）で全体の25％を占め、3位はテキサス州で8.2万人です（2013年現在）。

卒業式：commencement / graduation ceremony 【式典・行事】

● 英語のイメージ

　米国の大学では commencement といい、英国の大学では graduation ceremony といいます。旧英領諸国の大学では convocation といいます（シンガポール国立大学では commencement）。ガウンとキャップをまとい出席する卒業式は学生とその家族にとり晴れやかで重要な行事で、著名ゲストによるお祝いのスピーチがあります。

● 日本語のイメージ

　大学の卒業式には、春爛漫の３月に女子学生が振袖や袴を身につけて臨む華やかなイメージがあります。ゲストによる祝辞もなく、一部の大学を除き、ガウンやキャップを身につけるのは博士号の学位授与者に限られる場合がまだ多くあります。

● どのような文化的背景からイメージの違いが生まれたか

　卒業式はヨーロッパで 11 世紀に始まったとされます。同地には７〜８百年の歴史を有する大学があり、長い伝統を誇ります。ガウンやキャップは苦労の後に正式な教育を終え、学位を得たという名誉の印でした。明治期に教育制度を西洋から導入した日本はそのような伝統がないためにその大事な儀式の一部を省きました。

● ネイティブによるワンポイント解説

　commencement に着用するガウンとセットの帽子（square academic cap、graduate cap）を mortarboard といいます。その形が、壁を塗るときに左官がモルタルを乗せて使う「こて板」に似ているからです。頂上部にある房は tassel といいます。

鯛：sea bream 【魚・食】

● 英語のイメージ

　sea bream で海産の鯛類です。bream は欧州産のコイ科の淡水魚ですが、食用というより釣り用として有名です。英国の貴族や富豪の中には自宅に fishing pond「釣り池」を作り、bream を入れて来客に釣らせたりもしました。なお米英の寿司バーでは、red-snapper「赤魚、フエダイ」が主に使われています。

● 日本語のイメージ

　「鯛」は鯛科の海産魚の総称ですが、普通「真鯛」を指します。真鯛は美味なうえ姿・色も美しく、日本料理では「海魚の王」といわれます。また長寿・多産なこと、「めでたい」に通じることから、古来結婚式などの祝祭に欠かせない魚です。「鯛」は丸ごとその形のまま食べると運に恵まれるといわれ、尾頭付きが好まれます。

● どのような文化的背景からイメージの違いが生まれたか

　「鯛」は日本近海で取れるため、古くから知られた魚ですが、高級魚で縁起物でもあり、特別なイメージがあります。「海老で鯛を釣る」といわれるように、大きな利益や財宝などのたとえにもなります。一方、欧米では sea bream に高級魚、縁起物のイメージはありません。

● ネイティブによるワンポイント解説

　「尾頭付き鯛」料理といえば塩焼きが一般的です。sea bream grilled [broiled] whole with salt と表されます。

大学生活：campus life　　　　　　　　　　　　　　　　　　　　【教育】

● 英語のイメージ

　campusの原語はラテン語の*campus*（= field）で、campやcampaignと同根のことばで、大学の構内を意味します。字句の通り、若者が大学の構内や学舎で過ごす青春の一時期を表すことばで、多くの学生が政治的また社交的な生活をフラタニティ（女子の場合はソロリティ）という卒業生寄贈のホームや宿舎で送ります。

● 日本語のイメージ

　入学するのが難しく、入ってしまえば容易に進級できる日本の現行制度では、キャンパスライフを「楽しい大学生活」と誤解し、講義、友人との議論、特異な経験を得るための旅行などと無縁のものと思う大学生が少なからずいます。

● どのような文化的背景からイメージの違いが生まれたか

　多くの大学が入学要件として公的適正テストの受験を義務付け、学生は入学後も多くの本を読み、毎週膨大なレポートの提出が続く、などから米国の大学生はかなりの時間を勉強に費やしています。必要勉強量の違いから生じているのでしょう。

● ネイティブによるワンポイント解説

　米国では大学受験のために受験生が受験する大学まで出向いて行き入試を受けることはありません。大学によっても異なりますが、ふつうはGPA（学業成績）、SAT（適正検査）、自己申告書、推薦状、家計の状況、などをメールで送ることから始まります。大学入学後の生活ですが、よい大学では寮生活を義務付けています。

大根：radish　　　　　　　　　　　　　　　　　　　　　　　　【食】

● 英語のイメージ

　radishは、一般に2、3cm位の小さくて丸く皮が赤い「ハツカ大根」のことです。「大根」は世界各地で多様な品種が栽培されていますが、概ね欧州、日本、中国の三系統に分けられ、radishは欧州系です。日本系はJapanese radish、中国系はChinese radish、またアジア系統をまとめてOriental radishともいいます。

● 日本語のイメージ

　「大根」は、主に地下の多汁多肉質の長大な根の部分を食用としますが、葉も食べられます。古くは「おおね（おほね）」と呼ばれましたが、室町頃から「だいこん」と音読されるようになりました。作付面積、生産量とも日本を代表する野菜です。

● どのような文化的背景からイメージの違いが生まれたか

　欧米で一般的なのはradishですので、日本の大根の白くて長大なイメージはありません。たとえば日本語では太い脚を「大根足」といいますが、英語ではradishは使わずplump [thick, stout] legsなどと表します。また芸の下手な俳優を嘲って「大根役者」といいますが、これもa poor [bad] actor、またはハムのようだとa ham actor、a ham、hammyなどともいいます。

● ネイティブによるワンポイント解説

　日本の大根は、そのままdaikonまたdaikon radishということもできます。Merriam-WebsterやRandom House、Oxfordなどの辞書にも掲載されています。

大豆：soybean, soya bean　　　　　　　　　　　　　　　　【食】

● **英語のイメージ**

Soybean［soya bean（英）］は東アジア原産で、中国では紀元前2000年頃から栽培されていましたが、欧米に伝わったのは遅く18、19世紀でした。米国は1930年代以降の大規模栽培により現在最大の生産国ですが、主に「油脂原料用」です。

● **日本語のイメージ**

「大豆」は、最も古くから栽培されている豆類で、必須アミノ酸を含む良質のたんぱく質に富み栄養価が高く、「畑の肉」といわれます。煮豆などの料理のほか「納豆、豆腐、湯葉、豆乳、味噌、醤油、黄粉、菓子」など独特の加工品の原料となり、搾れば大豆油がとれ、その粕は肥料・飼料に用いられます。また緑色の未熟豆を莢ごと取り茹でたものが「枝豆」（green soybean）です。

● **どのような文化的背景からイメージの違いが生まれたか**

「大豆」は日本料理や伝統加工食品の原料で、「古事記」にも五穀の一つとされています。一方英米ではsoybeanを野菜として食べることは少なく、約90％は大豆油となり、マーガリンや調理油、またペンキや石鹸など食用・工業用に加工されます。

● **ネイティブによるワンポイント解説**

soybeanは、脂肪を気にせずに肉類と同等の良質なたんぱく質を摂取できるので、欧米でも「食材」として注目されています。特に「枝豆」はsoybeanの栄養価に加えビタミンCも含まれているので、Edamameの名で知られるようになりました。

台所：kitchen　　　　　　　　　　　　　　　　　　　　【住】

● **英語のイメージ**

kitchenは「調理する場」を表します。基本はsink（流し）、counter（調理台）range（電気・ガスレンジ）ですが、さらにrefrigerator（冷蔵庫）、freezer（冷凍庫）、oven（オーブン）、microwave oven（電子レンジ）、dishwasher（自動皿洗い機）などの電気・電子器具があります。語源はcyceneでto cook「調理する」です。

● **日本語のイメージ**

「台所」は食物の調理・配膳のための部屋で、「勝手、厨房」の呼び名もあります。もともと「台所」は、食事をする「板の間」とかまどを設けた「土間」があり、炊事と食事の両方の場でした。「台所」は「台盤所」の略で平安時代からありましたが、当初は宮中・公家などの女官や侍女の飲食する部屋でした。それが一般にも広まり、広く料理する場所のことになりました。

● **どのような文化的背景からイメージの違いが生まれたか**

日本語の「台所」には、「台所が苦しい」など「家計、会計、経済」の意味もあります。「台所」がその家の食事を用意する「賄い」をする所なので、「金銭のやりくり」も意味するようになったものです。kitchenにそのような意味はありません。

● **ネイティブによるワンポイント解説**

kitchenにdining tableも置いて、dining room兼用の家庭も多くなりました。アパートなどはkitchenetteで、簡易台所、または部屋の一部に台所設備があります。

台風：typhoon, hurricane 【自然】

● 英語のイメージ

　一般の米国人にとり typhoon に相当するのは北大西洋西部に発生する熱帯性低気圧で風速 32.7m/s 以上のものを指す hurricane です。一般に大暴風雨をそう呼ぶ場合もあります。大半の人は 2005 年 8 月に南東部を襲い、甚大な被害をもたらした大型のハリケーン・カトリーナをイメージすることでしょう。

● 日本語のイメージ

　北太平洋西部や南シナ海で発生し、東アジアを襲う熱帯低気圧で、毎年夏になると襲来し、時には大きな海難事故や風水害をもたらす自然災害をイメージします。

● どのような文化的背景からイメージの違いが生まれたか

　災害をもたらすハリケーンや台風に対するイメージに大きな違いはありませんが、そうしたハリケーンを楽しんでいる米国人の姿がネットで紹介されています。日本ではごく一部のサーファーを除き考えられません。陽気な性格の米国人と万事が控えめで、まじめな日本人の違いといえるでしょう。

● ネイティブによるワンポイント解説

　ハリケーンには女性の名前がつき（今日では男性の名前もつけるようになっています）、台風には番号がふられますが、第二次世界大戦後の日本に駐留していた米軍の兵士が、台風に妻やガールフレンドの名前を付けたのが最初といわれています。

ダイヤモンド：diamond 【鉱物】

● 英語のイメージ

　diamond の語源は adamas で、「征服しがたい、堅いもの」を意味するとされます。diamond は最も堅い鉱物で摩耗や変質もなく、またその光沢や希少性から、「不屈、堅牢さ、（王の）威厳と富、光、不変性、神秘」などのイメージがあります。天然の良質なものは装飾品など、最高の宝石として珍重されています。また rough diamond、diamond in the rough は、磨いていないダイヤモンドですが、見かけは粗野でも本質的に優秀な、善良な人を意味します。

● 日本語のイメージ

　「ダイヤモンド」は、日本語で「金剛石」ともいわれます。「金剛」とは最も固い金属、またきわめて硬く「壊れない事物」のたとえになります。

● どのような文化的背景からイメージの違いが生まれたか

　diamond はその不変性により、永遠の愛の証として古来婚約指輪として用いられ、diamond wedding（anniversary）なら、結婚 60（75）周年の祝いのダイヤモンド婚式になります。さらに米国の宝石組合は 1912 年、幸運を招き災いを祓うお守りとして diamond を 4 月の誕生石に定めています。

● ネイティブによるワンポイント解説

　diamond は普通無色透明か淡黄、淡褐色です。産出量の少ない青白色が最高とされ、as rare as a blue diamond で「ブルーダイヤのごとく稀な」と表されます。

第Ⅱ部　単語の持つイメージを比べる　147

太陽：the sun　　　　　　　　　　　　　　　　　　　【自然】

● 英語のイメージ

　古来太陽は神の眼と考えられることが多く、インド、ペルシア、ギリシャ、エジプト、イスラムの世界ではそれぞれの神の眼とされてきました。太陽は能動的で男性的であり、月は受動的で女性的であるというのも共通した考えでした。太陽の色は欧米では lemon、yellow、gold と捉えられています。

● 日本語のイメージ

　生命の根源として太陽を崇拝する信仰習慣は他の文化にも見られますが、日本ではそれが国旗の象徴にまでなっている点が独特であるといえます。正月にはご来光を仰ぎ冬至には力強い太陽の復活を願い農耕の再生を祈願したのです。日本人が太陽に対して持つ畏敬の念はさまざまなイメージで表されてきました。

● どのような文化的背景からイメージの違いが生まれたか

　古代文明や外国の宗教では、太陽は創造的、勇敢、英雄的な力を持つ男性的なものとして見られ、荘厳、光輝、そして権威の象徴として考えられてきました。日本では天照大御神の神話にも見られるように、太陽は女性であり恵みの母でした。

● ネイティブによるワンポイント解説

　大英帝国（the British Empire）を 日の没せぬ帝国（the empire on which the sun never sets）といいます。それは、地球が 24 時間かけて自転する間太陽が当たっているところに必ず英国の属国や植民地があり、そのため大英帝国は太陽も沈まず、夜がないということを意味しました。

対立：confrontation　　　　　　　　　　　　【政治・日常生活】

● 英語のイメージ

　米国では正直な意見が尊重されます。本人が本当に思っていることを口にすべきであり、たとえば「あなたは間違っている」というようなことでも本人がそう思っているならば言うべきだと考えます。そのため意見の対立がよく起きますが、それによって人間関係が壊れてしまうということはありません。

● 日本語のイメージ

　自分の意見が相手とは反対の場合に多くの日本人は、こちらの反対意見は述べずに沈黙を通すか、顔の表情を多少変えるか、「さあ、どうでしょうか」程度の最小限の意思表示でとどめ、対立を避けることでしょう。

● どのような文化的背景からイメージの違いが生まれたか

　真正面から反対意見を述べたのでは、その場の雰囲気を悪くしてしまうと遠慮し、相手に対して申し訳ないと思い、人間関係にひびが入るのではないかと恐れる文化と、相手に反対することが礼儀に反することではないとみなす文化の違いです。

● ネイティブによるワンポイント解説

　対立に対する日米の考え方の違いは政治やビジネスの現場でよく問題になります。米国人を相手にする交渉では曖昧な態度や、反対なのにあたかも賛成しているかのように見える対応振りを避け、はっきりと反論を述べるべきです。ただし、丁寧なマナーや明るい声の調子で説明し、分かってもらおうとする努力は必要です。

鷹：hawk 【鳥】

● 英語のイメージ
hawk はワシタカ類の総称で、大形のものは eagle「鷲」と呼ばれます。「獰猛、気高さ」の象徴とされ、他人を食い物にする「強欲な人」のたとえにもなります。また hawk-eyed というように「目の鋭い、油断のない」イメージがあり、watch 〜 [have eyes] like a hawk は「鋭い目で監視する」様子を表します。

● 日本語のイメージ
「鷹」は、肉食で鋭い爪と嘴を持ち急降下で獲物に襲い掛かることから、「威厳、鷹狩」のイメージです。また有能な鷹は獲物に悟られないよう鋭い爪を隠しておくことから「能ある鷹は爪隠す」のことわざがあります。一方「鷹揚」という大空を飛びまわる鷹の表現のように、「ゆったりした、おおらかな」イメージもあります。

● どのような文化的背景からイメージの違いが生まれたか
飼いならした鷹、隼（falcon）などを使って鳥獣を捕えさせる「鷹狩」hawking、falconry は、古来世界各地の上流階級で行われました。hawk は獰猛なイメージが強いですが、日本では「鷹は死すとも穂はつまず」、鷹が穀類を食べない習性から、どんなに困窮しても不正な金品を得ようとしない「高潔」のイメージもあります。

● ネイティブによるワンポイント解説
hawk は、dove「穏健派、ハト派」に対し、妥協せずに主義主張を押し通そうとする人々、好戦的な人々の「強硬派、タカ派」のことでもあります。

タクシー：taxi 【交通】

● 英語のイメージ
米国人は、タクシーと聞くとすぐにニューヨークのイエローキャブをイメージすることでしょう。地下鉄とならんでニューヨーク市内での重要な移動手段といえます。今やタクシーの運転手さんの 8 〜 9 割が外国人でホテルやお店をよく知っているわけではありません。行き先を告げるには住所や名称ではなく通りの名を告げます。

● 日本語のイメージ
日本でタクシーといえば JR や私鉄の駅で客待ちをしているタクシーの列をイメージすることと思います。もちろん賑やかな市街地には流しのタクシーもあり、庶民の足として重要な役割を果たしています。

● どのような文化的背景からイメージの違いが生まれたか
京都のタクシーとニューヨークのタクシーを比較してみるとおもしろいことが分かります。行き先は通りの名前（と角や辻から上がる、下がる）で指示しますが、ニューヨークと同じです。違うのは、地元出身の運転手さんが多くホテルやお店はもちろん観光名所はすべて細かく案内ができるほどに詳しく知っている点です。

● ネイティブによるワンポイント解説
ニューヨークだけではなく地方都市に行ってタクシーを利用しても、米国は本当に移民の国だな〜と思うことが多くあります。これまでに出会ったタクシー運転手さんの国籍は何十に及び、前職も大学教授から空軍将校までさまざまでした。

ただいま：I'm back [home].　　　【日常生活】

● 英語のイメージ

　日本語と異なり、英語では帰宅時の決まった挨拶ことばはありません。帰宅したことを強調したい時に I'm back [home]！ It's me! Here I am. また顔を合わせて Hi, Mom! などといいます。

● 日本語のイメージ

　「ただいま」は、「ただいま（只今）帰りました［戻りました］」の略で、出先から戻ったときの挨拶ことばです。この「只今」は「たった今」の意味で使われています。「今」より改まった丁寧な言い方であり、「ごく近い過去の時、つい今しがた」を表しています。「只今」はさらに「只今準備中」のように「今現在」、あるいは「只今お持ちします」など「ごく近い未来の時、すぐに」の意でも使われます。

● どのような文化的背景からイメージの違いが生まれたか

　日本では「親しき仲にも礼儀あり」の精神が、日常の挨拶ことばにも表れています。「ただいま」は、自分の行動をことばで報告する一環として、家庭でも職場でも用いられてきました。英米では、このような習慣はありません。

● ネイティブによるワンポイント解説

　只今の意味の中で、「たった今」と英語で言うなら、just（now）、また「只今現在」なら（right）now、at present、at the moment、「ただ今すぐに」なら at once、right away、immediately などに相当します。

建前：façade　　　【社交・職業】

● 英語のイメージ

　本音と建前は日本の専売特許のようにいわれますが、米国にも本音と建前は当然にあるし、もしかしたら日本以上に根深いものがあるかもしれません。職場での上司や同僚との会話、大学や大学院での教授やクラスメートの会話などでも昼間の話（建前）と夜のビールを片手にした会話（本音）では大きく異なるものです。

● 日本語のイメージ

　今では減ってきているといわれるものの、サラリーマン社会では同僚、上司、部下たちと仕事帰りに飲みに行くことが多くあります。そのときには上司と部下の境を取り払い、建前の領域を越えて本音で話し合うのがふつうです。

● どのような文化的背景からイメージの違いが生まれたか

　米国が移民の国であるということが理由といえます。「米国人」とは多くの国々からやってきた、言語、文化、そして宗教もさまざまな移民とその子孫なのです。そのような多様性の中では、自分の常識は通じないし、目の前の人がどんな人なのか推測すらできません。気を許すまでは建前で話すというのは当然のことになります。

● ネイティブによるワンポイント解説

　建前の英語訳とされるのは façade ですが、本来の意味は建物の、特に堂々として装飾的な正面のことです。そこから事物の表面、外観、うわべ、特に偽りの見せかけ、などという意味が生まれたのです。「ファサード」と発音します。

狸：raccoon dog 【動物】

● 英語のイメージ

raccoon dog で「狸」を表しますが、raccoon は「アライグマ」のことで、その原義は「ひっかき傷をつけるもの」です。「狸」はイヌ科の動物ですが、日本やロシア沿海州の特産とされ、英米にはいない動物ですので、代わりに狐 fox がよく登場します。

● 日本語のイメージ

「狸」は、日本では狐と同様「化けて人をだます動物」と信じられ、「人を欺き偽ること、嘘つき」のイメージがあります。ただ狐より「間の抜けた」イメージもあり、月夜には腹をたたいて楽しむともいわれます。「狸おやじ」はとぼけた顔をしながら実際には悪賢い人のことで、英語では an old fox, a foxy man になります。

● どのような文化的背景からイメージの違いが生まれたか

狸は強く驚くと死んだマネをするといわれ、眠っているふりをすることを「狸寝入り」といいます。英語では fox's sleep と表します。

● ネイティブによるワンポイント解説

「捕らぬ狸の皮算用」は、まだ捕まえていない狸の皮がいくらで売れるか計算する意で、物事が実現する前から収益を計算することです。英語では count your chickens before they are hatched.「ヒナが孵る前にヒナの数を数える」また make a sale of the bear's [lion's] skin before one has caught the bear [lion].「熊（ライオン）を捕える前に熊（ライオン）の皮を売る」と表されます。

旅：travel, journey, trip, tour 【日常生活】

● 英語のイメージ

travel はある所からある所へ行くこと、journey は移動の部分のことで二つの地点を結ぶ線、trip は不定期で短いもの、そして tour は見学などで数か所を訪れることです。旅が趣味であれば travel、バスやフライトが快適であったか否かは journey、日帰り旅行ならば trip、観光旅行は tour であって、それぞれメージが異なります。米国人にとっての旅は一般的に国内旅行のことであるといえます。

● 日本語のイメージ

食糧や生活の場を求めての移動、支配者が領地へ行くための移動、税金を納めるための移動などが旅の始まりでした。その後温泉地への湯治、神社仏閣への参拝のための旅となり、お金を積み立ててお参りに行く「講」が始まりました。日本人にとっての旅のイメージは一般的に物見遊山の旅である「観光旅行」です。

● どのような文化的背景からイメージの違いが生まれたか

馬や馬車による移動が可能であっても、国土が広大すぎて一般の人々の行きたいところへの移動が困難であった米国と、移動手段が徒歩に限られていたものの、旅を可能にする街道や宿場町が整備されていた日本との違いがありました。

● ネイティブによるワンポイント解説

米国人の大半は外国旅行へ行ったことがないといっても過言ではありません。パスポートも持たず、生まれた土地の州から一歩も出たことがない人も多くいます。

多弁：talkativeness 【スピーチ】

● 英語のイメージ

生まれも育ちも、信仰する宗教も、ものの考え方もそれぞれ異なる多様な人々がともに生活をしていく米国で寡黙であることは百害あって一利なしとなります。人は自立しなければならないし、自己保存のために権利を主張しなければ生きてさえいけないのです。そのため多弁は能弁にもつながるイメージがあります。

● 日本語のイメージ

多弁は「おしゃべり」につながり、最近では多少とも変わってきていますが、一般的にはまだ、口数の多いおしゃべりな人は軽薄で、機密保持の面からは信用できない人というイメージでとらえられることがあります。

● どのような文化的背景からイメージの違いが生まれたか

「能ある鷹は爪を隠す」という格言にも表れているように、日本では自分の能力を誇示せず、それを否定する「奥ゆかしさ」や謙虚さが尊ばれます。反対に、極端にいえば、米国では一を分かってもらうために十を言わなければならないのです。一を聞いて十を知る察しの文化の日本と異なるところです。

● ネイティブによるワンポイント解説

おしゃべりな人を a talkative person といいますが、talkative には unwisely talking too much（浅はかでしゃべりすぎ）から friendly and open and willing to talk（心を開いて親しみやすい）といういい意味までいろいろあります。

卵：egg 【食】

● 英語のイメージ

egg は「生命」の象徴とされます。原義は「鳥類などの丸い（楕円形）の卵」ですが、あらゆる創造の可能性を含み「天地創造、宇宙卵、多産、豊かさ」のイメージです。egg はビタミンC以外ほぼ全栄養素を含んでおり完全栄養食品といわれます。

● 日本語のイメージ

卵は、もとは「かひご（殻子）」と呼ばれましたが、「蚕」が「かいご」と呼ばれたので、混同を避けるために「たまご」になりました。「薬」として珍重されていましたが、江戸時代から食材として使われるようになり、現在では世界第二位の卵消費国といわれます。なお「玉子」の表示は鶏卵料理をいうときに用いられます。

● どのような文化的背景からイメージの違いが生まれたか

日本では生卵（raw egg）で「卵かけご飯」やすき焼きの「つけ汁」など生食もしますが、英米では一般に加熱調理されます。特に代表的な朝食メニューに、sunny-side up（目玉〈片面〉焼き）、scrambled eggs（炒り卵）、ham and eggs（ハムエッグ）、a boiled egg（茹で卵）、poached egg（落とし卵）などがあります。

● ネイティブによるワンポイント解説

Easter はキリストの復活を祝う春の最大の祝祭です。また豊穣と生命の始まりである春を祝う祭ですので egg はシンボルとなり、色を塗った Easter egg が用意されます。そして Easter egg は Easter bunny ウサギが持ってくるといわれます。

玉葱：onion 【食】

● 英語のイメージ

onion は king of vegetables「野菜の王様」とも呼ばれ、肉や魚の臭い消し、また甘味や香りの香味料として、世界中で数千年も前から利用されてきました。「不老と永遠」の象徴であり、また匂いが強いので「魔女除け、蛇除け」とされます。onion の語源は、ラテン語の ūniō で「結合」union のことです。これは onion の皮が多層構造でそのうえ一つの個体となっていることをいい、似た形状の教会や宮殿などの丸屋根を onion dome といいます。

● 日本語のイメージ

「玉葱」は日本へは明治初年に渡来しました。「葱」に似た風味があり地下茎が球形、扁球形を成すので「玉葱」とされました。日本での栽培は比較的遅く始まりましたが今では世界第2位の生産国で、夏の収穫が最も多く「夏野菜」といえます。

● どのような文化的背景からイメージの違いが生まれたか

日本では「葱」の方が古くから栽培されており、最も庶民的な「冬野菜」の一つで、鍋物、あえ物、薬味など日本料理では重要な野菜です。英語では onion が玉葱ですので、日本の葱は Welsh onion と説明する必要があります。

● ネイティブによるワンポイント解説

onion はさまざまな料理に利用されますが、onion rings「玉葱の薄い輪切りのフライ」や onion soup「玉葱を煮込んだスープ」が良く知られています。

地域社会：community, common 【政治・日常生活】

● 英語のイメージ

英国からの独立を主張した開拓者たちは、各々が独立精神に富むものの、お互いの間では強い助け合いの精神と地域社会への責任感を強く持っていました。このハイブリッドな精神が米国における community のイメージを作り上げたといえます。

● 日本語のイメージ

地域社会とは都市と村落という二つの共同社会を意味しますが、日本におけるイメージとしては田植え、刈入れ、入会地での伐採、個々の家屋の茅葺き、祭礼に至るまですべてグループで行ってきたムラ社会、そして京都や堺などの都市で自治的な共同体を組織・運営した商工・金融業者(ときには公家や武家も含む)からなる町衆ということになります。

● どのような文化的背景からイメージの違いが生まれたか

米国は、迫害を逃れるために、あるいは飢餓から脱出するために新天地を求めて各地から集まってきた多様な人々が、新しい国を創造しようと努力する過程から生まれました。農業を基盤として生成し、地域社会が生まれた日本とは異なります。

● ネイティブによるワンポイント解説

英語の common は多くの意味を持つことばです。常識を common sense といい、名詞で町やムラなどの共有地も common です。牧草地などの共同使用権も表します。common は町や村には必ずあり、祭、朝市、ジョギングなどに活用されています。

茶色：brown 【色】

● 英語のイメージ
brown は薄暗い、黒ずんだ「暗い色」が原義で、土や木、またコーヒーの色です。「茶色」「褐色」、こんがり焼けた「きつね色」(golden) brown も表し、(as) brown as a berry でこんがり日焼けした様子をいいます。また brown voice は「憂鬱な、薄暗い、陰気な」声、そして brown bread の「全粒粉」や brown rice の玄米のように「無漂白の、精白していない」ことも意味します。反対は white bread [rice] です。

● 日本語のイメージ
日本語の「茶色」は、飲料の煎茶の出がらしの色ともいわれ、土や樹木の幹、栗の実などの色です。「黒味を帯びた赤黄色」「薄茶色」「赤茶色」「こげ茶色」などの総称で、衣類の色では黒の次の最上級の色とされ、特に江戸時代に流行しました。

● どのような文化的背景からイメージの違いが生まれたか
brown には「大地、秋、謙虚、自制」などのイメージがあります。地味な背景色であり、秋の「憂愁や不毛」、また修道士の衣服の色から「自制、貧困、悔悛」を表すとされます。一方日本で「茶色」はお洒落な衣服の色として一般化しています。

● ネイティブによるワンポイント解説
do ~ brown なら「(パンなど) をこんがり焼く」、あるいは「まんまと~(人)を騙す」という意味です。また in a brown study で「黙考して、物思いにふけって」という意味になります。

昼食：lunch 【食】

● 英語のイメージ
lunch は luncheon の短縮形で、「昼食、朝食と夕食 (dinner) の間の食事」をいいます。luncheon は、社交的な集まりも兼ねた正式な昼食・午餐会です。また lunch は、時刻を問わず軽い簡単な食事、「軽食」light meal、snack のこともいいます。なお休日などにとる朝食を兼ねた昼食は、breakfast + lunch で brunch といいます。

● 日本語のイメージ
「昼食」は、「昼御飯」、「昼飯 (ひるめし)」、「午餐」、「お昼」とも表されます。「昼御飯」は丁寧な言い方、「昼飯」は主として男性ことば、「午餐」は改まった食事をいいます。「お昼」は太陽が高くなる時刻「正午」で、昼食をとる時間の意味から、「お昼にしましょう」などの表現で、昼食そのものも表します。

● どのような文化的背景からイメージの違いが生まれたか
一日のうちで最も主要な食事を dinner といいますが、lunch は「軽食」、間に食べる「間食」のイメージがあります。たとえば midnight lunch などともいいます。一方日本の昼食は、「正午」の辺りでとる食事を指します。

● ネイティブによるワンポイント解説
学校では普通、lunch に self-service タイプの school cafeteria を利用します。弁当 box (米) [packed (英)] lunch を持参する人もいます。会社の接待には、英米では夕食より昼食が一般的で、business lunch と呼ばれます。

蝶：butterfly 【昆虫】

● 英語のイメージ
butterflyは、「移り気、魂」のイメージです。甘い蜜を求めて花から花へと飛び移るので「浮気者、軽薄、快楽主義者」であり、また卵から幼虫、そしてさなぎから蝶への変身が劇的なので、「魂の化身」とされ、死から再生、復活を表すものとされます。そして「華美、見栄っ張り、着飾りすぎの女性」などの象徴でもあり、a social butterflyで「パーティ好きの社交家」になります。

● 日本語のイメージ
「蝶」には、「優雅、のどか、美女」のイメージがあります。四季それぞれの蝶がいますが、特に春の到来とともに現れるので「春」のイメージです。また子どもが「蝶よ花よ」と育てられるように、いとおしく大切にされるものでもあります。

● どのような文化的背景からイメージの違いが生まれたか
butterflyは、死者から飛び立つ「魂」であり、「不死」の象徴とされます。ギリシア語の「魂」を意味するpsyche「プシュケ」は、ギリシア神話に登場しますが、蝶の羽を持つ美少女と想像されました。

● ネイティブによるワンポイント解説
butterflyは、「落ち着かない気持ち、心配」も表します。have [get, feel] butterflies in one's stomach [tummy] なら、蝶がおなかの中で飛び回っている感じで「胸がどきどきしている[する]、はらはらする」の意になります。

朝食：breakfast 【食】

● 英語のイメージ
breakfastは「朝食、その日最初の食事」です。欧州ではパンとコーヒー・紅茶の軽い朝食continental breakfastですが、英国ではegg、bacon、toast、cereal、tea、juice、fruitなどたっぷりした朝食English breakfastが典型的です。米国の朝食はそれより軽めとされますが、pancakeやwaffle、doughnut、hashed browns（短冊切りのジャガイモをまとめて焼いた料理）なども一般的です。

● 日本語のイメージ
日本では「朝食」は、「朝御飯」「朝飯（めし）」「朝餉（あさげ）」などとも表されます。「朝御飯」は丁寧な言い方で、旅館などの豪華な朝食のイメージです。「朝飯」は主として男性が使う語で、容易なことを「朝飯前」などという使い方もあります。「朝餉」は「夕餉」と対になる語で古風な言い方です。

● どのような文化的背景からイメージの違いが生まれたか
breakfastはbreak「破る」＋fast「断食」、夜中の断食を破って食べるという意味で、時間に関係なくその日最初の食事を指します。wedding breakfast（英）も時間に関係なく、式後新婚旅行出発前に花嫁の自宅で行われた食事会のことでした。

● ネイティブによるワンポイント解説
最近は重役や各界有力者たちが、時間の有効活用で始業前の朝食時にも商談や会議をしています。英語でpower breakfastといいます。

賃貸借契約：rental contract 【契約】

● 英語のイメージ
　米国人は、当事者間の決まりごとに対しては詳細な条件を明記した契約書を交わします。賃貸契約の場合も同じですが、売主と買主の双方が契約書の作成その他をReal Estate Brokerと呼ばれる業者に委託します。外国人が米国で物件を賃借する際に分厚い契約書を突きつけられびっくりするケースが多くあるようです。

● 日本語のイメージ
　日本における契約書の重要性に対する認識は決して高いものとはいえません。契約書も、不動産屋が言うから作ってもらおうぐらいの考え方しかなく、それよりも貸主と借主の人間関係の方が重要だと考える傾向があります。

● どのような文化的背景からイメージの違いが生まれたか
　気心の知れない人間同士の契約ですので、問題が起きたときの処理方法まで詳しく決め、事前に同意しておくことは重要です。損害賠償制度が発達している米国ではそのような不測の事態に備えるために契約書があり、日本では人間関係がきちんとしていればお互いの信頼のもとに問題も解決できると考える違いです。

● ネイティブによるワンポイント解説
　ニューヨークや西海岸の大都市以外では家の賃借物件は多くありません。家は買うものであり、貸したり借りたりするものではないからといえます。賃貸借のある所では、日本人はきれい好きで問題も起こさず最高の借主として喜ばれています。

沈黙：silence 【社交】

● 英語のイメージ
　米国人や英国人が対人関係において居心地が悪くなるのは対話の最中に沈黙が生じるときです。英米人の多くが沈黙には耐えられません。もし対話をしている二人の間に、あるいはパーティーの席上で、沈黙がその場の空気を支配するようであれば、それはオカシイのであり、そのひとときは間違いであり失敗なのです。

● 日本語のイメージ
　茶道においてはもちろんのこと、華道にしても、日本を代表する文化は沈黙の文化ともいえます。日本人に沈黙はよくないものという意識が薄いのもそのせいかもしれません。寡黙な人が超然としているような印象を与えることもあります。

● どのような文化的背景からイメージの違いが生まれたか
　多様性の中で力強く生きていくために、思うことをはっきりと口に出し、相手に多くを話しかけ、相手も色々と聞いてくる、など対話によってお互いの氏素性を知ろうとする文化と、「物言えば唇寒し秋の風」に代表される文化の違いです。

● ネイティブによるワンポイント解説
　沈黙を嫌う英米人でも、ビジネスや社交の場、あるいはパーティーの席上でしゃべってばかりいる人（a person in a conversation not letting anyone else talk）はさすがにまわりの人たちから疎んじられることになります。英語では「会話を独占する」といい、He is monopolizing the conversation. といいます。

月：the moon [自然]

● 英語のイメージ
　月は能動的な太陽に対して受動的な天体として捉えられ、色のイメージも太陽が金で月は銀で表されます。中世では精神異常が月の満ち欠けによって起きると考えられ、精神異常を lunacy、精神病院を lunatic asylum といいました。これらはラテン語 luna（= moon）からきていて、月食を lunar eclipse といいます。

● 日本語のイメージ
　明治に入り太陽暦が導入されるまでわが国では太陰暦（lunar calendar）に従い、満月、三日月（新月）、上弦・下弦を目安に行事が行われていました。満月には小正月（1月15日）、盆（7月15日）、仲秋の名月の十五夜（8月15日）、後の月といわれた十三夜（9月13日）などで、人々は供え物をして月を祭りました。

● どのような文化的背景からイメージの違いが生まれたか
　月影を兎が臼で餅をついていると表す日本では、「お月見」は春の「お花見」と並んで庶民の楽しみでした。月に対して親しみを持って接してきたのです。男性的で金の太陽に対する女性的で銀の月という西洋的な見方とは異なっていました。

● ネイティブによるワンポイント解説
　月にかかわる英語を紹介しましょう。moonshine は「密造酒」（ウイスキーを夜陰に乗じて密造していたため）、moonish は「気まぐれ」（関連語 lunatic；狂気の）、once in a blue moon は「めったにしない、ごくたまに」という意味になります。

付き合い：friendship [社交]

● 英語のイメージ
　米国人の多くは初対面の時から相手に対して自分が誰であり何であるかを伝え、相手に対しても同じことを求め、詳しい自己紹介がないと矢継ぎ早に質問をしてきます。かなり突っ込んだ会話を通してお互いがどのような人で何をしている人なのかを知ろうとし、その結果から付き合いの深さも決まっていくことになります。

● 日本語のイメージ
　日本人は一般的に初対面の人に自分のことを明らかにすることに慣れていません。尋ねられれば自分の職業を、職種ではなく勤める「会社」の名前をあげるのがふつうです。尋ねられもしないのに自分の身分やしていることを明らかにするのは無礼であるとすら考える人さえいます。付き合いが始まるには時間が必要です。

● どのような文化的背景からイメージの違いが生まれたか
　見知らぬ人に会ってもすぐに、職業、家族、趣味、その他の個人的な情報（結婚して何年になるなど）に関する会話を始める米国人は、相手の正体が分からぬまま話をすることが不安なのです。日本人はそのようなあけすけなことができません。

● ネイティブによるワンポイント解説
　米国人があまりにもストレートなので抵抗を感じるという日本人が多いようです。しかし、米国人の友人を持ちたいならば、あるいは米国人と話をしたければ、自分のことをすべて吐き出すぐらいな気持ちを持ち、それを実践することが必要です。

槌：hammer, mallet, maul, gavel　　　　　　　　　　【道具】

● 英語のイメージ

　本来 hammer は鍛冶屋が使う道具ですが、金敷（金床；anvil）と合わせて創造、自然の形成力、宇宙の生成力を象徴するものです。古代では雷の所有物であるとされ、正義と復讐の象徴でもあり、裁判官が小槌（gavel）を打つことにつながっています。mallet はポロやクロケットなどの打球槌、maul は大鎚のことです。

● 日本語のイメージ

　大型の槌は破壊用の武器として用いられ、また冥界の地獄では罪人の責め道具としても使われ、怖いものというイメージがありました。逆に富をもたらすものとしてのイメージも槌にはあり、昔話には打出の小槌としてしばしば登場します。

● どのような文化的背景からイメージの違いが生まれたか

　ハンマーはキリストの処刑に使用された刑罰道具の一つで、キリスト受難のシンボルです。日本の昔話に描かれる槌は鬼や山姥、大黒といった超自然的存在が持つ道具として、破壊と同時に富の招来という相反するイメージで描かれます。

● ネイティブによるワンポイント解説

　hammer はその破壊力と鉄を鍛えるというイメージからさまざまな比喩表現があります。The local basketball team hammered their opponents yesterday.（相手を叩きのめした）とか、You have to hammer the basic rules into the head of the new comers.（新入りには基本ルールを叩き込まなければならない）などがあります。

椿：camellia　　　　　　　　　　【植物】

● 英語のイメージ

　camellia の名は、「椿」を日本からロンドンに初めて持ち帰ったカトリックイエズス会の宣教師 Georgius Josephus Camellus（1661–1706）に因んで付けられました。花ことばは「控え目な素晴らしさ」で、それは花に香りがないことからといわれています。花は萎まず一輪全体が落ちるので「短命な美の象徴」ともいわれます。

● 日本語のイメージ

　「椿」は「春を告げる木」と信じられ、この漢字が当てられました。日本や中国原産で早春に紅・白・桃色の花を咲かせ、その種子から「椿油」がとれます。椿の木の根元に財宝が埋められているという伝説もあり、聖地と関わる樹木とされました。

● どのような文化的背景からイメージの違いが生まれたか

　英語の camellia には異国風で魅惑的な美人のイメージがありますが、それは実話に基づいた小説 Camille（La Dame aux camélias）『椿姫』によるものです。Camellia が好きで「椿姫」と呼ばれた女性と青年との悲恋物語で、女性は 23 歳の時に結核で亡くなってしまいます。この小説は戯曲化され、19 世紀で最も成功した戯曲の一つとなり、後にオペラ化もされました。

● ネイティブによるワンポイント解説

　camellia はアラバマ州の州花で、アラバマ州は Camellia State とも呼ばれます。また Camellia の中国産の異種から紅茶が作られます。

爪：nail 【身体】

● 英語のイメージ

nail は「人間の爪」、また「釘、鋲」の意味があります。特に「手指の爪」なら fingernail、親指の爪は thumbnail、足指の爪は toenail です。長い爪は「誘惑、邪悪」、あるいは「貴族、安逸」を表しました。また爪には魔力があり、金曜、日曜日に切ると縁起が悪いとされます。

● 日本語のイメージ

「爪」は手足の指先の角質物で、表皮が固くなったものです。「爪」は髪の毛と同様、意識的な制御ができない生命力の宿るものとして禁忌の対象でした。たとえば「夜爪を切ると親の死に目に会えない」などの俗信があります。また「爪が長い」で欲深い、「爪を隠す」で才能を隠す、「爪痕」で事件・災害の被害なども表します。

● どのような文化的背景からイメージの違いが生まれたか

日本語の「爪」も英語の nail も特別な力を持つとされました。でも「爪」は、人間だけでなく爬虫類、鳥類、哺乳類など多くの生物の手足の指先に生える角質部分ですが、nail は人間の爪だけです。他に猫・鳥獣のかぎ爪・蟹海老のはさみは claw、特に鷲・鷹など猛禽類の大きなかぎ爪は talon、牛馬などの蹄は hoof といいます。

● ネイティブによるワンポイント解説

manicure は手指の化粧・美爪術で、甘皮 cuticle の処理、指の手入れも含みます。足指なら pedicure です。マニキュア液は nail polish（米）、nail varnish（英）です。

通夜：wake, viewing 【式典・行事】

● 英語のイメージ

wake は特にアイルランド系の人が使うことばで、一般的には viewing が通夜に相当します。死後に親戚や友人たちが故人と対面し地上でのお別れの時を過ごすことで、故人の顔を見る（view）ことから viewing といいます。式典などはなく、その時間も、また服装も自由で、メッセージカードを添えた花を飾ったりします。

● 日本語のイメージ

仏教葬では、葬儀の前夜に親族や友人たちが集まり、読経をする、死者を弔い故人を偲びながら飲食をする、線香やろうそくを絶やさない寝ずの番をする、遺体の上には悪霊から死者を守るための守り刀を置くなどのしきたりがあります。

● どのような文化的背景からイメージの違いが生まれたか

日本では、襖を取り払えば小部屋が大部屋に変わり、宴会ができるという家屋構造や町村内の互助制度の普及から冠婚葬祭は自宅で行うのが普通でした。通夜もその前提で考えられてきましたが、その点が funeral home [parlor, chapel] と呼ぶ葬儀専用の場所で葬儀や通夜が営まれる英米文化との違いといえます。

● ネイティブによるワンポイント解説

米国では遺族が地元の新聞に死亡広告を出すのがふつうです。親族や友人はその広告や電話により葬儀の場所と日時などの詳細を知り、その前に追悼メッセージを記したカード（sympathy card, mass card）を添えた花を贈り通夜に出かけます。

鶴：crane 【鳥】

● 英語のイメージ
　crane は、「神の使い」であり、ギリシア・ローマでは「春と光の使者」とされます。また長命とされ「長寿」の象徴であり、その堂々とした立ち姿から「高慢、正義、純粋」、さらに群れの中に見張りを立てるとされ「警戒、忠誠」なども表します。

● 日本語のイメージ
　「鶴」は、その端正な姿態から神秘的な鳥とされ、「天と地の仲介者、神の使い」のイメージがあります。日本では北海道の湿原に生息する丹頂鶴以外は 10 月末頃シベリア方面から飛来する「冬の渡り鳥」です。食用では武家の間で美味の代表でしたが、江戸時代には将軍の鷹狩の対象でしたので、一般庶民には禁鳥でした。

● どのような文化的背景からイメージの違いが生まれたか
　ことわざの「鶴は千年亀は万年」にあるように、「鶴」は亀とともに「長寿」の象徴であり、また「吉兆の鳥」として尊ばれ、民話、伝説、絵画などにも多く登場してきました。折り紙の「千羽鶴」も長寿、病気の回復などを祈って折られます。英語の crane は求愛の踊りが優美とされますが、その鳴き声はけたたましいだけで特に日本の「鶴の一声」のような「権力者」のイメージはありません。

● ネイティブによるワンポイント解説
　crane は長い足と長い首が特徴ですが、その動きから「起重機、クレーン」の意味もあります。動詞では crane forward [over] で「首を伸ばす」の意味があります。

手：hand, arm 【身体】

● 英語のイメージ
　hand は、手首から先の部分で 5 指を含みます。「力、保護、勤労」などの象徴です。「働き手、専門家、手腕、行為者、関係、所有・管理、援助、筆跡、拍手、約束、婚約、持ち札、方向」などを表します。また初対面、確約の印で shake hands「握手する」、うれしい時は rub one's hands「手をこすり合わせる」、嘆く時は wring one's hands「手を揉み絞る」、wash one's hands なら「手洗いに行く」ことです。

● 日本語のイメージ
　「手」は手首から指先だけでなく、肩から指先までの hand と arm「腕」の両方も指します。日本語の「手」も hand と同様の意味がありますが、さらに「把手」handle、grip、doorknob、pull、「火の手」fire、flame、「手数」trouble などがあります。

● どのような文化的背景からイメージの違いが生まれたか
　英語では「指し示す」という手の機能から「手の働きをするもの」を意味し、時計も hand を使って hour [short] hand「時針 [短針]」、minute [long] hand「分針」といいます。日本語では、機能より形状から「手」ではなく「針」といいます。

● ネイティブによるワンポイント解説
　right-hand man は「信頼できる人、片腕」、left-handed は「不器用な、疑わしい」の意があります。古代ローマ以来、右側に神、左側に悪霊が宿るという俗信があり、右手は「権力・理性」、左手は「弱さ、衰亡、死」を表すとされたのです。

手助け：helping hands 【社交】

● 英語のイメージ

困っている人には救いの手を差し伸べるというのは当然のことという気持ちは誰もが持っているといっても過言ではありません。ギャングのような風体の不良少年とおぼしき若者が横断歩道を渡る老人や車イスに乗っている人に、ことばではない本当の「救いの手」を差し伸べるのはよく見かける光景の一つです。

● 日本語のイメージ

困っている人に救いの手を差し伸べるという点では日本人も同じです。地震や風水害の被災地には全国各地から篤志家だけではなく、小学生からお年寄りまで多くの人たちから寄付金が多く集まります。しかし他人の体に触ってはいけないという気持ちが先走り、知らない人に手を貸すということがなかなかできないようです。

● どのような文化的背景からイメージの違いが生まれたか

困っている者どうし、お互いに苦労を分かち合い、助け合うという相互扶助の精神に満ちあふれていた建国の歴史を持つ米国と、昔から「内」と「外」を区別しがちなグループ中心主義の日本との違いから生まれたものと思います。

● ネイティブによるワンポイント解説

米国人の多くは、He that gives unto the poor lends unto the LORD, and he will give him his reward.（貧者に与える者は、それを主に貸し与えることになるから、いずれは自分に戻ってくる）という箴言を信じています。

鉄：iron 【鉱物】

● 英語のイメージ

iron は、「硬さ、忍耐力、過酷さ」のイメージで、原義は「聖なる金属」です。as hard as iron「鉄のように硬い、厳格」を表し、a will of iron「鉄の意志」、a heart of iron、iron heart は「鉄の心、冷酷」、an iron hand で「圧政」になります。

● 日本語のイメージ

「鉄」は「くろがね」とも呼ばれ、「刃物、武器、鉄道」の意味もあります。「堅固」なため「鉄則、鉄壁」など「揺るがない」イメージであり、また「魔除け、富」の象徴とされました。砂鉄を製鉄し鉄製道具を作り出すのは、鍛冶師だけが持つ技術であり、それは富に通じるだけでなく、神秘性と共に呪力を感じさせる物でした。

● どのような文化的背景からイメージの違いが生まれたか

iron は紀元前 1500 年頃ヒッタイト人によって使われ始めましたが、農耕具だけでなく武器としても非常に重要な物でした。その後世界は、青銅器時代から鉄器時代に移行し、堅くて耐久性があるうえ極限まで薄く打ち伸ばすことのできる「鉄」は、現在でもあらゆる金属の中で最も有用な金属とされます。「鉄」は日本では、「強固」なイメージですが、「冷酷」なイメージはありません。

● ネイティブによるワンポイント解説

Iron Lady「鉄の女」、英国のサッチャー（Margaret H. Thatcher）首相のように、歴史上にはその強い意志や行動力で Iron ～と名付けられた政治家が何人もいます。

第Ⅱ部 単語の持つイメージを比べる　161

天：sky
【自然】

● 英語のイメージ

sky は神のすみかであり、神々、天界、超越、無限、王権を象徴するものでした。北ゲルマン後の *sky*（= cloud）が中英語に入ったもので、もとは雲の意味で神々が雲の上に住んでいると考えたところから生まれたイメージでしたが、今日では上空だけではなく、空模様、天気、天、天国、風土なども意味します。

● 日本語のイメージ

天は空であり、地球を取り巻く空間、また天空にあって神々の住む天国であり、万物の支配者である造物主、帝、神や大自然の力そのものともいわれました。「運は天にあり」とは運は天にあって、人力ではどうすることもできないことです。

● どのような文化的背景からイメージの違いが生まれたか

漢字の「空（くう）」は古代の穴居の穴がもとになっていて穴の天井から眺めた天というイメージですが、穴の持つ空虚なイメージから「空しい」ということばが生まれました。英語の sky にはこの「空虚」なイメージはありません。

● ネイティブによるワンポイント解説

「青天の霹靂（せいてんのへきれき）」は南宋国（1127–1279）の詩からのことばであるといわれますが、英語で a bolt from [out of] the blue あるいは a thunderbolt from a clear sky といいます。その他に to the sky（惜しみなく）や本書の第Ⅳ部でも紹介している The sky is the limit.（無制限）という表現もあります。

天井：ceiling
【住】

● 英語のイメージ

ceiling は「天井、天井板」のことです。ceiling price「上限価格」など「最高限度、上限」の意味もあります。ceiling は、屋根表面を支える部分「小屋組」や、上階の床下である「床組」を隠すため、ルネッサンス以降設けられました。現在は建物の骨組や配線などを隠し、空調設備や照明器具などを取り付ける機能もあります。

● 日本語のイメージ

「天井」は屋根裏や上階の床下を隠し、塵よけ・保温・防音などのために室内の上部に板を張ったものです。最初は天蓋のように上から釣ったり、立てた柱の上に置いたりしましたが、その後作り付けになりました。なお「天井」は、「物の内部の最も高い所、相場の最高値」も意味します。

● どのような文化的背景からイメージの違いが生まれたか

欧米では、屋内で火を焚くので煙がこもらないよう中世まで天井を張りませんでした。家の中からも常に屋根が見えていましたので、roof が建物外部の屋根、また内部の小屋組でもあり、その後天井も意味しました。hit [go through] the ceiling [roof]「価格などが急騰する、かっとなる（口語）」では2語が同じように使われます。

● ネイティブによるワンポイント解説

glass ceiling「ガラスの天井」とは、管理職への昇進を阻む目に見えない性・人種差別や偏見をいいます。

戸：door 【住】

● 英語のイメージ
door は建物、部屋、家具、乗り物などの「戸、扉」ですが、大半が「開き戸」です。広義ではその手前の空間も含まれ at the door で「戸口、門口、出入口」、また a [the] door to success「成功への道」のように「～へ達する道」も意味します。

● 日本語のイメージ
「戸」は、窓や出入り口、門、戸棚などに取り付け、内部と外部とを仕切ったり開閉したりするための建具の総称です。日本には元々「襖、障子、板戸、雨戸」などの建具がありますが、それぞれ「引き戸」a sliding door のイメージです。近代の西欧建築の導入とともに door も一般化しましたが、典型的な日本家屋や都会の狭小家屋では、スペースを取らない「引き戸」が依然多く採用されています。

● どのような文化的背景からイメージの違いが生まれたか
door が「開き戸」なのは、欧米の伝統的な建築様式が石造りで日本家屋より閉鎖的であり、各部屋も個人のプライバシーを尊重するためといわれます。庭やベランダへの出入り口が「引き戸」の場合もありますが、比較的新しい家屋の場合で古い家屋には見られません。

● ネイティブによるワンポイント解説
欧米でも電車やエレベータなどは「引き戸」の automatic door(s) になり、Watch（米）[Mind（英）] the door(s).「ドアにご注意ください」といわれます。

洞窟：cave, cavern 【自然】

● 英語のイメージ
cave（大きな cave は cavern）は迫害された人や世捨て人や盗賊が身を隠すところ、また神話では神々の隠れ家であり、牢獄や時には墓にもなりました。湿った暗黒の穴で恐ろしいところというイメージと安全な避難場所というイメージもあります。胎内、子宮、母というイメージから生命の源とみなされます。

● 日本語のイメージ
民族信仰には洞窟めぐりがあり、胎内くぐりなどと呼ばれていました。洞窟を母体すなわち子宮とみなし、そこを通り抜けることによって生まれ変わることを意味しました。それは一度死ぬことであり、洞窟は他界への入り口でもありました。

● どのような文化的背景からイメージの違いが生まれたか
西洋社会では洞窟を宇宙の中心とみなす考えも昔からあり、天と地の聖婚の場でもあり、ロマンティックな場所をイメージすることもありますが、日本ではそのようなイメージはなく、観光名所あるいは修験者の修行の場所という感じがします。

● ネイティブによるワンポイント解説
cave には名詞としてワインや野菜・果物などの貯蔵に利用される天然または人口の地下の貯蔵室という意味もありますが、動詞では趣味あるいはスポーツとして洞穴を探検するという意味もあります。後者には pothole や spelunk ということばもよく使われ、欧米ではポピュラーな娯楽やレクリエーション（pastime）です。

第Ⅱ部　単語の持つイメージを比べる　163

刀剣：sword　　　　　　　　　　　　　　　　　　　　　【道具】

● 英語のイメージ

　sword は刀剣のたぐい一般をさす英語です。『アーサー王物語』として知られるアーサー王伝説は中世の騎士物語の一つですが、西洋の子供たちには親しみのあるもので、その中では Excalibur という魔法の剣の話が出てきます。王位継承者にしか抜き取れないとされた、岩にはさまっているその剣をアーサーが抜き取ることに成功して英国王になったといいます。sword は王位の象徴というイメージです。

● 日本語のイメージ

　日本刀は武士の魂であり、大和魂を形に表したもので、刀鍛冶が魂を込めて作り上げた入魂の芸術品であるといわれます。その拵え（柄・鍔・鞘などの外装）とともに、その姿の良さ、刃文、映り（うつり）や地肌の不思議な美しさから最高の芸術作品であるというイメージがあり、その価値は世界にも認められています。

● どのような文化的背景からイメージの違いが生まれたか

　西洋の sword は騎士や戦士が相手を刺したり斬ったりするための道具であり、大量生産された武器の一つにしか過ぎませんでした。しかし、日本刀は一本一本刀鍛冶が魂を込めて鍛え上げた逸品が多く、刀身に刀工の名前が刻まれました。

● ネイティブによるワンポイント解説

　相手と戦う、または論争することを cross swords with a person といい、The pen is mightier than the sword.（ペンは剣より強し）は言論人を讃える格言です。

どうぞご自由に：please do as you like　　　　　【社交】

● 英語のイメージ

　英国の文化と米国の文化の違いがよく表れているのがこの表現です。英国人が米国人を自宅でのお茶に誘うとします。米国人の多くは「どうぞ」といわれる前に手前に置かれた紅茶にミルクや砂糖を入れて飲み始めます。ところが、英国人は「どうぞ」といわれるまで手をつけず、「よそよそしい」といわれてしまいます。

● 日本語のイメージ

　上記のような場合、遠慮深い日本人の多くは、そしてある特定の地方では、「さあ〜どうぞ」と言われてもすぐには手をつけず、2度から3度ほど同じことを言われて初めておもむろにカップに手をつけることでしょう。

● どのような文化的背景からイメージの違いが生まれたか

　日本語の「主客」は茶道の心得にもあるようにもてなす側と招かれる側の間に明確な区別があることを示すことばです。それに対して米国では、最初のとっかかりこそ多少の遠慮があっても、すぐに親しくなり平等になるのがふつうです。親しくなれば両者の間には年齢差や社会的地位の差はなくなっていくのがふつうです。

● ネイティブによるワンポイント解説

　「よそよそしい」は stand-offish、「かたくるしい」は stuffy といいます。「どうぞご自由に」は英語では be my guest となるでしょうし、米語では help yourself といいますが、言語の違いを超えたもてなしの文化の違いといえるでしょう。

独立：independence 【政治】

● 英語のイメージ

個性を尊重し、自我の確立をめざす、すなわち自分自身の考えで行動すること、他人のいうことに盲従してはならない、というのは平均的な米国人の多くが子どもの頃から持っている（持たされてきた）考えであり「独立」のイメージです。

● 日本語のイメージ

長子相続制度、住宅環境、経済的な理由から日本では二世代あるいは三世代同居は珍しいことではなく、家の「外」に出ても町内会、出身地、学校など「身内」の関係は続きます。そのような文化の中では、和を乱さず「みながする」通りにして生きていくことが幸せに生きていく道であり、「出る杭」は好まれませんでした。

● どのような文化的背景からイメージの違いが生まれたか

米国人は自分で物事を考え、行動することをよいものと思い、そのような考えで子どもを育てます。大学へ行く子どもはほとんどが寮に住むか近くに部屋を借り、親元から通学する学生はほとんどいません。親元からの通学者が依然として多い日本との違いとはいえ、その原因の一つは親と子双方による甘えかもしれません。

● ネイティブによるワンポイント解説

米国の子どもたちはかなり小さな頃から自分で働いてお金を得ることを勧められます。また親も子どもに何か仕事を与え、その対価として報酬を支払います。自分の力で稼いだお金は自由に使ってよいことになっていて結構忙しいものです。

時計：clock 【日常生活・道具】

● 英語のイメージ

掛け時計や置き時計ですが、タイムレコーダー（time recorder、time clock）や体内時計（biological clock）も clock といい、さらには走行距離やタクシーの料金表示器も clock と呼んでいます。clock and a half は、タクシーの料金表示の5割増という意味です。ストップウォッチ（stopwatch）もクロックといいます。

● 日本語のイメージ

柱時計（掛け時計）や置き時計の他に、最近ではコンピューター用語のクロック（コンピューター各部の動作の歩調が合うように、周期的に発する信号。クロック周波数）をイメージすることでしょう。

● どのような文化的背景からイメージの違いが生まれたか

clock はラテン語で鐘を意味する *clocca* が語源です。教会や修道院で祈祷の時間を知らせる毎時の時鐘（time bell）は、村や町の人々も時刻を知るために利用しました。日本では1日を12に区切り、その1単位、すなわちおおよそ2時間を一ッ時（いっとき）、一刻、あるいは一つと呼びました。

● ネイティブによるワンポイント解説

o'clock は of（the）clock の省略形です。o'clock は〜時ぴったりという正時にしか用いません。歴史的に見ても clock が指すものはひろく、腕時計から大時計、さらに教会の時鐘にも使われましたが、それは常に正時を知らせるものでした。

トパーズ：topaz 【鉱物】

● 英語のイメージ

topaz は「友情、忠誠、誠実、知能、神の慈愛」などのイメージで、11 月の誕生石です。topaz の語源は、黄色い宝石が発見された紅海の島名 topazos（「探し求める」の意）といわれます。topaz は無色・青・黄・茶・ピンク色などの透明または半透明の鉱物ですが、特に最上とされるのが黄褐色のもので、sherry yellow topaz とシェリー酒にたとえられます。

● 日本語のイメージ

トパーズは「黄玉」のことで日本でも産出されますが、「無色」のものが中心です。現在ニューヨークのアメリカ自然史博物館（American Museum of Natural History）にある 143 カラットの卵型トパーズは、日本の岐阜県苗木の産とされます。

● どのような文化的背景からイメージの違いが生まれたか

topaz は黄色い宝石の代表格であり、中世には「知恵」と関連すると信じられ、哲学者や学生が身に付けました。一方、古来「美と健康の石」として、西洋では不眠症や視力の回復に、東洋では胃腸病に効くと信じられていました。

● ネイティブによるワンポイント解説

topaz には true topaz と oriental topaz、false topaz があります。true topaz は occidental topaz とも呼ばれます。oriental topaz は黄色のサファイア（golden sapphire）のことで、false topaz は黄水晶（citrine）のことです。

トマト：tomato 【食】

● 英語のイメージ

tomato は「愛、健康、成熟、妖艶」の象徴とされ、古くは love apple「愛のリンゴ」と呼ばれたりしました。tomato は南米ペルー原産で、16 世紀に欧州に伝えられましたが、最初は毒草と考えられ「観賞用」でした。tomato は栄養価が高く、動脈硬化予防、制ガン作用、疲労回復などさまざまな効果が期待できるので世界中で食用また加工され、現在では世界で最も代表的な果菜といわれています。

● 日本語のイメージ

「トマト」はナス科の果菜で、「唐柿、赤ナス、蕃茄」などの和名があります。江戸時代に渡来し「観賞用」でしたが、明治期以降食用ともされ、昭和期には栽培も広がりました。

● どのような文化的背景からイメージの違いが生まれたか

「トマト」は日本では主として「生食用」ですが、欧米では主に缶詰、ジュース（juice）、ケチャップ（ketchup）、ピューレ（purée）などの「加工用」とされ、世界で最も多く生産される缶詰は tomato といわれています。なお生の tomato は卵と同様抗議のため物や人に投げつけるのに使われ、それを egg and tomato といいます。

● ネイティブによるワンポイント解説

米国人は hamburger や hot dog、fried potato を始め、料理にケチャップをかけて食べるのが好きです。簡易食堂にはテーブルによくケチャップが置いてあります。

虎：tiger 【動物】

● 英語のイメージ

tiger は、「王位、強さ、残忍さ」の象徴であり、「荒くれ者、猛烈な人」のイメージです。savage [cruel] as a tiger で「乱暴な、残酷な」様子、work like a tiger なら「猛烈に働く」、ride a [the] tiger では「危険を冒す、不安定な生活をする」になります。なお tiger の原義は、tigris「すばやい動物」とされます。

● 日本語のイメージ

「虎」は日本でも「残忍、危険」のイメージがあり、「虎の尾を踏む」などのことわざに表れています。一方虎はその子を非常に大事に育てるので「大切なもの」の意で「虎の子」、また兵書で一番重要な一巻から「秘伝の書」を意味する「虎の巻」のようにも使われます。さらに「虎になる、大虎」なら「酔っ払い」になります。

● どのような文化的背景からイメージの違いが生まれたか

「虎」は西洋のライオンに対し東洋での「百獣の王」にあたります。日本では「東方青龍、南方朱雀、西方白虎、北方玄武」と四方に神獣がいる地形が吉相とされ、「虎」は「狂暴な」イメージだけでなく四神［四獣、四禽］の一つでもありました。

● ネイティブによるワンポイント解説

tiger は東洋を象徴しており、また「急速に経済成長している国」のこともいいます。tiger economy といえば「アジアの虎（経済）」で、特にシンガポール、台湾、韓国など急速に工業化した東アジア諸国のことをいいます。

鳥：bird, fowl 【鳥】

● 英語のイメージ

bird は、死後人の口から飛び出していく「魂」の象徴とされます。bird は「高さ、孤高、自由」なども表します。また神や天使が鳥の姿で現れるともいわれます。英米では bird-watching「野鳥観察」や bird sanctuary「野鳥保護区」、bird house「巣箱」などに愛鳥精神が見られますが、一方で鳥猟も盛んです。また bird は脳が小さく頭が悪いと思われ、bird-brained で「まぬけ」の意味です。bird は「鳥」の一般語ですが、鶏や七面鳥などの家禽は fowl と表されます。

● 日本語のイメージ

「鳥」は、人間の霊魂の象徴であり、「死－霊魂－鳥」のイメージは多くの日本の昔話に見られます。また小鳥の鳴き声を悲劇と結びつける傾向もあります。「鳥」は、「鳥類」の総称ですが、日本では「鶏」のことをいう場合が多くあります。

● どのような文化的背景からイメージの違いが生まれたか

bird「鳥」が人間の霊魂の象徴であるということは、日英を含め世界の普遍的なイメージです。日本語の「とり」は「鶏・鶏肉」の意味でよく使われますが、英語では bird ではなく fowl、「雌鶏」hen、「雄鶏」rooster（米）／cock（英）、鶏肉は chicken です。

● ネイティブによるワンポイント解説

古来鳥の飛び方や動き、鳴き声で吉兆が占われました。a little bird told me ...「噂では…」という表現は、鳥が真実を語ると信じられていたためです。

取扱説明書：instruction manual 【日常生活】

● 英語のイメージ

取扱説明書といえば、電化製品や薬など、その使用また服用が少しでも危険を伴うものには必ず付いてくるものですが、製造物責任法（PL法＝ Product Liability）が生まれた国である米国では、メーカー側の責任回避文言も、その内容は徹底しています。その文章は「〜しなさい」という肯定命令文がほとんどです。

● 日本語のイメージ

ひと昔前までの日本語の取扱説明書に書かれた文章といえば、ほとんどが「〜しないでください」という否定命令文で書かれていましたが、今でもそのようなスタイルが多く、取扱説明書のイメージは日本語コミュニケーションの典型といえます。

● どのような文化的背景からイメージの違いが生まれたか

日本の注意書きや警告には「〜禁止」「〜べからず」が多いのですが、これは『論語』にある「己の欲せざる所は、人に施す勿れ」や「不可〜」という中国語の影響であり、英文説明書は『黄金律』の Do onto others what you would be done by.（己の欲するところを他人に施せ）というキリストの教えの影響だと思います。

● ネイティブによるワンポイント解説

「水泳禁止」、「立入禁止」に相当する注意を英語では Swim at your own risk!（自分の責任で泳ぎなさい）、Keep off!（離れていなさい）といいます。「湿った布で拭くな」（Don't use a dampened cloth!）は Wipe it with a dried cloth! となります。

泥棒：thief/robber/burglar 【日常生活】

● 英語のイメージ

thief は、こっそり持ち去る泥棒、こそ泥、かっぱらいを意味し、時間泥棒などにも使います。「ぐずぐずすることは他人の時間を盗むこと」ということわざを英語では Procrastination is the thief of time. といいます。英米人は中世英国の伝説的義賊であり英雄のロビンフッド（Robin Hood）をイメージするでしょう。

● 日本語のイメージ

泥棒とは、法を犯して他人の土地や家屋に侵入し、こっそりとあるいは、家人を脅して無理やりその所有する金品を奪う者をいいます。その手口によりこそ泥、強盗、怪盗、窃盗、盗人などと呼ばれます。歴史上有名な盗人の多くは、常人の枠を超えた者として美化され庶民からは英雄視されました。

● どのような文化的背景からイメージの違いが生まれたか

封建領主など金持ちから金品を奪い、貧しい人々に分け与えた義侠心の厚い義賊が実在した世界と、庶民の願望が義賊的盗人を作り出した世界の違いといえます。

● ネイティブによるワンポイント解説

泥棒は次のように分類できます。thief は、こっそりと他人の品物を盗む者、robber は人から物を盗んだり奪ったりする者で法律用語では強奪や強盗の意味、burglar は通例、夜間に窃盗や強盗などの目的で押し込みをはたらく者、housebreaker は特に昼間に住居侵入し物を盗む者という違いがあります。

どんぐり：acorn 【自然】

● **英語のイメージ**

　acorn は米国人にはなじみの深いものです。1600年代に米国へ移住してきた人々はこれを食べて飢えをしのいだという話が残っていますし、また多くの起業家が独立時の苦労と成功を語るときに big things start small（どんな大きなこともそのはじめはほんの小さなことである）のたとえ話によく使うからです。

● **日本語のイメージ**

　小さな頃から山間部に生まれ育った人は別として、一般人には秋の山野や公園にたくさん落ちているカシ、クヌギ、ナラなどブナ科の木の果実の総称というイメージです。種類によっては食料や飼料になることを知らない人は多くいますが、時代や地方によっては主食格の食品として重要でした。

● **どのような文化的背景からイメージの違いが生まれたか**

　米国は立身出世物語の種類や数の豊富な国です。それは米国が多民族の集合体であり、いくつもの困難を経て勝ち取った建国の歴史がまだ浅く、独立精神が尊ばれ、すべては小さなものから始まることを誰もがよく知り、大事にしているからです。

● **ネイティブによるワンポイント解説**

　Big things start small. The biggest oak starts from an acorn.（何事も始まりは小さなもの。オークの大木もどんぐりから）はよく使われる表現で、Great oaks from little acorns grow. Tall oaks from little acorns grow. ともいいます。

梨：pear 【食】

● **英語のイメージ**

　pear は通常ヨーロッパ原産の西洋梨で、他に日本梨 Japanese pear、中国［支那］梨 Chinese white pear がありますが、どの地域でも長い栽培の歴史があります。pear は、その実が心臓型をしているので「情愛」、また貧弱な土壌でも結実することから「気前の良さ」などのイメージがあるとされ、花ことばは「慰め」です。pear は酸味と芳香、水分に富み、追熟させて柔らかい果肉と濃厚な甘味を楽しみます。

● **日本語のイメージ**

　「梨」の語源は、「な（内部）・すみ（酸味）」の略といわれます。語感が「無し」になるので忌まれて、昔は「有りの実」とも呼ばれました。水分と甘味に富んだ果実は食物繊維や消化酵素も含み、水分補給や疲労回復などの効果も期待できます。

● **どのような文化的背景からイメージの違いが生まれたか**

　pear はそのひょうたんのような下膨れの倒円錐型が特徴的で、いわゆる洋ナシ型を pear-shaped といいます。そこで It is shaped like a pear. とあったら、日本の梨の「球状」ではなく、「洋ナシ型」をイメージする必要があります。

● **ネイティブによるワンポイント解説**

　pear は米国では主に缶詰にされますが、ヨーロッパでは生食か pear を発酵させた酒である perry 用に使われます。pear を使った英語表現では、not worth a pear「まったく無価値な」というものがあります。

茄子：eggplant 【食】

● **英語のイメージ**

eggplant は通常「卵型」で「紫紺色」のイメージです。小さいもの、長いものもありますが、一般に日本のものよりかなり大きく、フットボールほどの大きさのものもあります。また紫紺色に加え、緑や白、黄色のものもあります。昔茄子は有毒で、食べると気が狂うと信じられていたため、塩水に長時間浸す習慣があります。

● **日本語のイメージ**

「茄子」は、インド原産で古くから渡来し、重要な野菜として広く栽培されてきました。「茄子」は「なすび」から変化したもので、夏から秋に収穫される果実であり、煮物、焼き物、揚げ物、漬物などさまざまな調理法で食用としてきました。

● **どのような文化的背景からイメージの違いが生まれたか**

「茄子」は、ことわざの「一富士二鷹三茄子」とあるように、初夢に見る縁起の良い物のイメージがあります。これは江戸時代、将軍家に縁の深い駿河の名物である、日本一の「富士山」、富士に棲む名鳥の「鷹」、他地域より早く収穫される「初茄子」のこと、あるいは高いものとして一に「富士山」、二に「愛鷹山（足高山）」、三に「初茄子」の値段ともいわれます。

● **ネイティブによるワンポイント解説**

eggplant は、卵の形に似ていることからの名で、egg apple、garden egg という言い方もあります。なお英国では通例 aubergine と呼びます。

夏：summer 【自然】

● **英語のイメージ**

小麦など収穫の季節でもある夏は太陽が輝き暑く乾燥した天候から、青春、成熟、清らかで無垢な状態を表し、成熟と完成という意味合いから盛りや壮年期というイメージもあります。一方で衰退の予兆を表すものとしても捉えられてきました。

● **日本語のイメージ**

稲作を生活の基盤としてきて日本では、夏の語源は「稲が成り着く（ナリツク）」季節であるという説もあります。夏は作物が活発に成育する季節であるのと同時に、悪疫や病虫害、また台風による風水害などさまざまな災厄が生じやすい季節でもあり、それらを除去するためのお祓いの行事、すなわち夏祭りが多く生まれました。

● **どのような文化的背景からイメージの違いが生まれたか**

シェイクスピアの『真夏の夜の夢』（*A Midsummer Night's Dream*）にある midsummer's night は夏至祭の夜で、北欧民族の祝祭とキリスト教が融合した祭といわれます。日本では、上記のような災厄は怨霊のなすわざとも考えられ、京都の祇園祭のようにそれをしずめなだめる華やかな祭礼が都市部で多く発展しました。

● **ネイティブによるワンポイント解説**

よく誤解されるのですが、Indian summer とは夏のことではなく、晩秋や初冬、特に米国北部の晩秋の穏やかな小春日和のことをいいます。そこから転じて人生の終わり近くの落ちついた平和で平穏な一時期を表すようになりました。

鍋：pan, pot 【食・道具】

● 英語のイメージ
　pan は frying pan（フライパン）、milk pan（ミルクパン）などの平鍋、pot は瀬戸物やガラス、金属製の丸い容器のつぼ、かめ、なべなどを指します。pots and pans といえば、日本語で「なべ・かま」というイメージ。米国西部で pan といえば砂金を水でふるい分けるための浅い金物の皿を思い出す米国人も多いでしょう。

● 日本語のイメージ
　鍋（なべ）の語源は「な（菜や肴）を煮るへ（酒食を入れる容器、甕や瓶）」の後者が濁音化されたものです。それより深く入り口が細い釜とともに鍋釜と総称され、鍋釜は炊事道具の代表であり生活に必要な最低限の道具というイメージです。

● どのような文化的背景からイメージの違いが生まれたか
　「鍋釜が賑（にぎ）わう」とは生活が豊かであるという意味になりますが、食事は魚や野菜など豊富な食材にも恵まれて、煮炊きが中心であった日本と、主食から副食まで焼く、炒める、揚げる、煮込むを中心とした料理法の違いから、その種類の豊富さに違いが出てきたといえるでしょう。

● ネイティブによるワンポイント解説
　potluck という英語がありますが、「あり合わせの料理」を意味することばです。potluck dinner [supper] とは不意の来客があった場合にあり合わせの食事で済ますことで、また potluck party は参加者があり合わせのものを持ち寄って行います。

名前：name 【日常生活】

● 英語のイメージ
　名前は古代においては魂そのものだと信じられていました。そのため戦う相手や冥界の悪魔や天上の神々の名前を知ることが不可欠で、そこから人にも名付けが始まったとされます。昔は一つの名前だけではなく先祖の名前をいくつも付けました。

● 日本語のイメージ
　名前は評判、名目、文字、名字、名字帯刀、本名、仮名、名代、名聞、名誉、名利などのことばを連想させます。日本の人名は古代の朝廷から与えられた氏（うじ）かれ分かれ出て、住むところの地名などに因んで付けました。江戸時代までは名字帯刀は武士の特権で、名字御免の農民や町人以外には許されませんでした。

● どのような文化的背景からイメージの違いが生まれたか
　江戸時代には士農工商というカースト制があり、それ以前にも貴族やその護衛にあたる武士階級と庶民との間に世代にまたがる身分差別があった社会と、奴隷制度時代を除き、誰もが名前を持ち、能力と努力次第で社会的な地位を得ることのできた社会の違いといえるでしょう。

● ネイティブによるワンポイント解説
　Words ought to serve intention and not the contrary.（ことばは意思に従うものであって、その逆ではない）という格言があります。名前が実体を決めるのではなく、実体が存在し、これを表すのに最適な名前が付けられるという意味です。

波：wave 【自然】

● 英語のイメージ
waveのイメージはその語源（*waifan*〈＝ to wave the hands〉という古英語）から分かるように手を振るということです。それが波、うねり、比喩的に感情の波、高まりや、その他の波動状、波型を表すことばを生みました。

● 日本語のイメージ
海のかなたから浜辺へ押し寄せる波には、さまざまな漂着物を恵み与えてくれる有難いイメージとともに、津波のように恐ろしい状態をもたらすという怖いものという二つのイメージがあります。

● どのような文化的背景からイメージの違いが生まれたか
日本では、浜に打ち寄せられたり網にかかったりした流木や石、さらには仏像本体や、流木で掘った仏像を本尊として崇めるという風習が各地にありました。英語では、波は波動や時間とリズムというイメージで捉えることが多いようです。

● ネイティブによるワンポイント解説
waveを使った英語表現をいくつかご紹介しましょう。A policeman waved down the car.（警官が手で合図してクルマを止めた）、The Stars and Stripes waved gently in the breeze.（星条旗がそよ風の中で翻っていた）、Jane has had her hair waved.（ジェーンは髪にウエーブをかけてもらった）、The tiny waves were beating on the seashore.（さざ波が海岸に打ち寄せていた）、などがあります。

二月：February 【時】

● 英語のイメージ
Februaryの語源は、ラテン語のFebruārius（mēnsis）で「浄罪の月」を意味するとされています。februāriusは「浄化、清めの祭り」februa（複数形）のことであり、古代ローマ時代この月の15日に開かれたことから月の名となりました。

● 日本語のイメージ
「二月」は旧暦では一年の最初の月であり、「旧正月」を迎えます。そこで「令月」とも呼ばれ「めでたい月」を意味します。一方旧暦2月は実際には3月で春の盛りなので「盛春」や「仲春」、「梅見月」の別称があり、新暦2月にも使われます。暦上は、春が始まる「立春」や雪が消えて水になる「雨水」などの時期になります。

● どのような文化的背景からイメージの違いが生まれたか
Februaryは、February fills the dyke (dike).（2月は溝を満たす）のことわざの通り、雨や雪が多いイメージで、「ぬかるみの月」ともいわれます。日本では「二月」は、「立春」や「盛春」「梅見月」の名の通り、「春」を意識する月になります。

● ネイティブによるワンポイント解説
ローマ旧暦（Roman calendar）ではこの時期が一年の最後でしたので、その後作成されたユリウス暦（Julian calendar）でもまたその修正版で現行のグレゴリオ暦（Gregorian calendar）でも、実際の一年との差異による閏年（leap year）は2月に調整されています。

西：west 【地理】

● 英語のイメージ
エジプト人やギリシャ人は、西は日が没するところであり、霊魂の国があるところと考えていました。キリスト教では、西は悪魔の住むところ、東は王国の象徴とされました。西は季節では秋、日では夕方、人生では中年を表すといいます。

● 日本語のイメージ
仏教では西のはるかなたに極楽浄土があると信じられ、宗派によっては西方に向かって落日を仰いで拝みます。日が沈み、死者が行く西にある阿弥陀仏の極楽浄土のことを「西方浄土」といいます。西へ沈む太陽を没落にたとえる場合もあります。

● どのような文化的背景からイメージの違いが生まれたか
西方に浄土があると信じられ、その方向感覚から西のかなたに位置する唐天竺（中国とインド）に理想郷としての浄土があると信じ、憧れに似た気持ちをもった日本人と西は悪魔が住むと信じていたキリスト教徒との違いといえます。

● ネイティブによるワンポイント解説
多くの米国人、特に半世紀ぐらい前から米国に住む人々にとって west は Western にもつながるイメージを間違いなく持つことでしょう。Western は(1)米国西部の開拓時代を舞台にした西部劇と称されるハリウッドやイタリア映画（マカロニ・ウエスタンと呼ばれました）、そして(2)ウエスタンミュージック（western music）と呼ばれる西部地方の民謡風の音楽のことです。

日曜日：Sunday 【時】

● 英語のイメージ
Sunday は、「主の日」the Lord's day であり、神への賛美と礼拝を捧げる日です。イエスが日曜の朝に復活したことを記念したとされます。中世以降、ユダヤ教の「安息日」の精神を取り入れ、キリスト教諸派の多くで礼拝と休息の日とされました。

● 日本語のイメージ
「日曜日」は、古代中国の哲学「陰陽五行説」で定められた「七曜」の一つといわれます。「七曜」は、日（太陽）・月（太陰）と火星・水星・木星・金星・土星の五星が交代で各日を支配するとして、一週の七日にそれぞれ配当させたものです。日本では 1876 年（明治九年）公に採用され、日曜日が休日となりました。

● どのような文化的背景からイメージの違いが生まれたか
「陰陽五行説」では、木、火、土、水、金の五行が万物の5元素であり、これに陰・陽の働きと季節や方位、星などをあてはめ、その相関の中で天変地異や福禍、吉凶が説明できるとしました。6 世紀頃伝来後占いとして普及し、大安、仏滅、友引など特に暦と結びつきましたが、19 世紀にキリスト教から「安息日」を取り入れるまでは、1 週間に 1 日休日をとる習慣はありませんでした。

● ネイティブによるワンポイント解説
英米の新聞ですが、Sunday には特別な日曜版が発行されます。英国の新聞 The Times も Sunday isn't Sunday without The Sunday Times. というように、その日曜版が知られています。

第Ⅱ部　単語の持つイメージを比べる　173

日章旗：the Rising Sun Flag　　　　　　　　　　【政治】

● 英語のイメージ

　自国の国旗を大事に扱う米国人ですが、外国の国旗に対しては、それぞれの個人的な経験からさまざまなイメージを抱くものです。日章旗は日本軍との戦いを経験した退役軍人やその家族たちには特別な思い出を与えることでしょうが、一般の米国人にはなじみが薄いかもしれません。

● 日本語のイメージ

　海と山の島国に多くの産物を与えてくれる恵みの母である太陽が白地の中央に描かれたデザインで、日本人であれば誰もが子どものころより親しみを持って接してきた国旗であり、日の丸は日本人一般に共通する心の象徴でもあるといえます。

● どのような文化的背景からイメージの違いが生まれたか

　国旗に対するイメージの違いがよく表れていると思うのは、被災地のあちこちに必ず掲げられる星条旗です。市民が悲しみを分かち合い、苦境を乗り越え、心を一つにして立ち上がらなければならない、というような時にその象徴として掲げられます。日本人は苦境の時でも一体感向上のために特に日の丸を必要としません。

● ネイティブによるワンポイント解説

　「日の丸」を英語では Rising Sun といいますが、日本のことを少し洒落たり、気取ったりして the Land of the Rising Sun（日の昇る国、日本）といったりします。どこの国や地域にも日の出があるのになぜ日本だけが？と不思議に思います。

入学式：entrance ceremony　　　　　　　　　　【式典・行事】

● 英語のイメージ

　英米人の多くは、入学式と聞いても、それがどのようなものか正しいイメージを持つことはふつうできません。米国も、英国も、カナダにおいても小学校から大学まで「入学式」のようなものは行われないからです。

● 日本語のイメージ

　入学式は俳句の季語にもなっていて、4月に男の子は真新しい学帽をかぶり、男女ともにおしゃれをして真新しいランドセルを背負い、桜吹雪の下を両親に手を引かれて学校へ向かうというのが定番のイメージです。小学校から大学まで周囲を綺麗に飾られた講堂や体育館で行われる式典が入学式です。

● どのような文化的背景からイメージの違いが生まれたか

　世界には、日本のように厳粛な入学式や始業式をする国はあまりありません。英国の大学では、最初に全新入生が集まる説明会があり、その時に各種の登録手続きをします。このような最初の週を Freshers Week（新入生の週）と呼んでいます。4月に入学するのは日本、インドネシア、そしてペルーだけといわれます。

● ネイティブによるワンポイント解説

　入学式を an entrance ceremony と英訳する時は、「日本では初等教育から高等教育まで新入生が入学する時には入学式と呼ばれる式典を行う。式には父母や、時には祖父母すらも出席する」などと補足説明するとよいでしょう。

庭：garden, yard 【住】

● 英語のイメージ
　garden は「囲い地」が原義で、家の敷地内の空地で一般に植木や草花などの植えられた一画であり、「豊穣、楽園、余暇」などのイメージです。米国では yard といい、前庭や裏庭で芝生が植えられていますが、特にその中で草花・野菜を植えた場所を garden とも呼びます。garden は、flower garden「花園」、kitchen garden「家庭菜園」、fruit garden「果樹園」、botanical garden「植物園」などの「菜園、公園」も意味します。また English garden など gardening「園芸・造園」も人気です。

● 日本語のイメージ
　日本語の「庭」は、「ニ（土）＋ハ（場）」が語源といわれ、家など生活空間の周辺にあって神事や狩猟、農事などを行う「場」を意味していました。後に敷地内で家屋の周りの空地を指すようになり、草木を植え、築山、泉池を設けたりしました。

● どのような文化的背景からイメージの違いが生まれたか
　日本の「庭」は、人と自然とが一体となる場であり、岩や木、池など自然の美を生かした自然の縮図を目指しますが、欧米の garden は、自然は征服すべき対象であり、花壇や噴水などに幾何学的デザインを採用し、人工の美を追求しています。

● ネイティブによるワンポイント解説
　garden では Garden of Eden「エデンの園」が有名ですが、beer garden、tea garden など「野外飲食店」、また固有名詞とともに「～街、～通り」も意味します。

鶏：chicken 【食】

● 英語のイメージ
　chicken は、「鶏」、特に「ヒナ、その肉」のことです。chicken には「臆病者」のイメージがあり、game of chicken「度胸比べ、にらみ合い」、play chicken「度胸比べをする」、また chicken out は「（怖気づいて）尻込みする」になります。なおヒヨコは chick、雌鶏は hen、雄鶏は rooster、cock（英）といいます。

● 日本語のイメージ
　「鶏（にわとり）」は「庭の鳥」の意味です。生活と密接に結びついており、日本では「とり」といえば「鶏」を指します。採卵用、肉用、卵肉兼用、闘鶏用、鑑賞用など多くの品種があります。「暁に時を告げる鳥」として古くから最も広く飼育されている家禽であり、栄養源としても貴重な存在でした。また魂の行方を教えてくれると信じられ、水辺や雪崩などの行方不明者の捜索に用いられたりしました。

● どのような文化的背景からイメージの違いが生まれたか
　chicken は特に「鶏のヒナ」であることから、「子ども、青二才、女の子」、さらには「弱虫、腰抜け、意気地なし」の意となります。一方日本語では、鶏のヒナは「雛人形、雛祭り、雛壇」と表すように、「小さくかわいい」イメージです。

● ネイティブによるワンポイント解説
　a chicken and egg situation [problem] は鶏が先か卵が先か明言できないことから、「どちらか決めかねる、因果関係がはっきりしない状況、問題」などをいいます。

第Ⅱ部　単語の持つイメージを比べる　175

人形：doll, figure　　　　　　　　　　　　　　　　　　　　　　　　　【衣】

● **英語のイメージ**

doll のイメージは、女性であればフランス人形や着せ替え人形を、男性であれば兵隊人形をと、それぞれ子どものころに遊んだ人形を思い出すことでしょう。ゲーム機時代の若者には doll ではない figure の方がピッタリすることばです。

● **日本語のイメージ**

子どもたちにとって遊び相手としての人形のイメージは英米と同じですが、お雛様や端午の節句の武者人形という季節に応じた独特の人形文化というものがある日本では、時に経済的負担も伴う「家」制度の慣習維持という点で違いがあります。

● **どのような文化的背景からイメージの違いが生まれたか**

人形（ひとかた）を作った目的は西洋においては、corn dolly（わら網人形）の例に見られるように、穀物の成長と収穫を祈るため、日本においては人の穢れを取り除くための代役として、あるいは同じわら人形でも呪いをかけるため、という点で異なっていました。現代における玩具としてのイメージに違いはありません。

● **ネイティブによるワンポイント解説**

ロボットは doll か figure か（または toy か）は難しい問題です。doll は a model of human figure, especially a baby or a child, for a child to play with と定義され、figure は a representation of a person or an animal in drawing or painting となります。若者たちに人気のアニメの登場「人物」の人形は figure です。

人参：carrot　　　　　　　　　　　　　　　　　　　　　　　　　　　【食】

● **英語のイメージ**

carrot には、東洋系と西洋系があり、また長根種と短根種があります。英米では carrot は、celery や radish と同様主にサラダなどで生食されます。またロバや馬を走らせることができるので「説得の手段、餌、褒美」の意味でも使います。さらに carrots と「赤毛（の人）」を貶して呼んだりします。

● **日本語のイメージ**

「人参」は、もともと中国・朝鮮などで栽培されていた薬用植物の「朝鮮人参」（ginseng）のことでした。野菜の方はそれと区別するため、その葉がセリと似ていることから「セリ人参」と呼ばれました。それが江戸時代になると野菜の方が一般化し、単に「人参」になり、薬用人参の方が「朝鮮人参、高麗人参」とされました。

● **どのような文化的背景からイメージの違いが生まれたか**

日本の「人参」は16世紀に中国より東洋種が伝わり、以来東洋系の長根の品種が主でしたが、明治以降は多くの西洋種が伝来し現在の栽培の中心になっています。日本では煮たり揚げたり炒めたりさまざまですが、英米では生食のイメージです。

● **ネイティブによるワンポイント解説**

日本語では相手を説得するのに報酬と罰をちらつかせることを「飴と鞭」といいますが、英語では「飴」ではなく馬の好物の「人参」で carrot and stick、またそのような方法を a carrot and stick approach「飴と鞭作戦」といいます。

ネクタイ：tie 【衣】

● 英語のイメージ

tie は結び下げネクタイ necktie であり、また首や襟元で結ぶ紐、スカーフなどの総称です。結び目から下の長さが手の幅の約4倍にするので、米国では four-in-hand ともいいました。またアスコット競馬場に集まる紳士が結んだ幅広のスカーフ状のタイを Ascot tie、ascot（米）、細い革ひもや編み紐に装飾の留め金をつけた紐タイを bolo tie、そして首元で蝶結び（bow）にしたタイを bow tie といいます。

● 日本語のイメージ

「ネクタイ」は首や襟下に巻き前で結ぶ飾り布の総称ですが、特に細長い帯状のタイプをいいます。他の種類でも Ascot tie はそのまま日本語でも「アスコットタイ」ですが、bolo tie は「ループタイ」、bow tie は「蝶ネクタイ」と呼んでいます。

● どのような文化的背景からイメージの違いが生まれたか

tie は17世紀、ルイ14世に仕えるためフランスに来たクロアチア人の将兵が首に巻いていた布 cravat（仏 cravate）に始まり、各種のネックウエアが流行しましたが、19世紀末結んで下げる今の形になりました。日本語では「ネクタイ」ですが、英語の necktie は首を縛る「首吊り縄」のイメージもあり、tie の方が普通です。

● ネイティブによるワンポイント解説

ネクタイ留めは、シャツと一緒に挟んで留めるタイプなら、tie clasp [clip]、細長いものは stickpin ともいいます。ピンで刺して留めるタイプは tie tack といいます。

猫：cat 【動物】

● 英語のイメージ

cat は「清潔、自由、遊び好き、長寿、予知能力」などの良いイメージと、「狡猾、裏切り、残酷、憂鬱、怠惰」などの悪いイメージの両方を併せ持ちます。「長寿」は A cat has nine lives.「猫には命が九つある」のことわざもあります。また play cat and mouse で「cat が鼠をもてあそぶようになぶる」「残酷」というイメージになります。

● 日本語のイメージ

「猫」は、縁起の良い動物であり、また恐ろしい動物でもあります。「猫」が顔をなでる仕草が幸福・顧客・財宝を招くとされ、「招き猫」の置物は縁起物です。一方「猫」は、穀物を食い荒らす鼠対策に飼われ、夜行性で「不気味、魔性」、特に「化け猫」のイメージがあります。狐や狸も化ける話がありますが、「猫」は人間を食い殺してその人間に化け、悪事を働くという陰惨な昔話が多くあります。

● どのような文化的背景からイメージの違いが生まれたか

猫は英米でも日本でも犬とともに代表的なペットで、その習性や仕草から同様のイメージがありますが、英語の cat に「招き猫、化け猫」のようなイメージはありません。black cat に「悪魔、魔女（の手先）、意地悪女」のイメージはあります。

● ネイティブによるワンポイント解説

猫は体をなめて毛繕いをするのでお腹に毛玉がたまります。それをよく吐き出すので (as) sick as a cat「吐き気を催して、ひどく嫌な」という表現があります。

第Ⅱ部　単語の持つイメージを比べる

鼠：mouse, rat 【動物】

● 英語のイメージ

mouse は「ハツカネズミ」で、一般に家や野原にいる小さなネズミです。「臆病、内気」、またディズニーの Mickey Mouse のように「可愛らしい」イメージがあります。rat は「ドブネズミ、クマネズミ」など mouse より大きいネズミで、「汚い、ずるい、いやな」イメージです。また「裏切り者、卑劣、密告者」を表します。like [(as) wet as] a drowned rat では、「ぬれねずみ、みじめな姿で」になります。

● 日本語のイメージ

「鼠」は「害獣」のイメージがあります。「鼠算」といわれるくらい繁殖力が旺盛なうえ、食料品・農作物・森林資源の食害や病原菌の媒介など人間の大敵となっています。また「裏切り者、狡猾」などのイメージもあり、「鼠根性」なら、人のいない時に食料品などを荒らす鼠のように狡猾な性質をいいます。

● どのような文化的背景からイメージの違いが生まれたか

日本の家に出る「鼠」は、主に rat ですが、欧米の家ネズミは mouse です。(as) quiet as a mouse なら、「おとなしい」様子を表します。

● ネイティブによるワンポイント解説

世界で最も有名なネズミは Walt Disney の Mickey Mouse でしょう。その映画が単純なことから Mickey Mouse は、「つまらない、不必要なもの、単純」の意味でも使われます。

根回し：spadework, preliminary work 【人間関係】

● 英語のイメージ

根回しは spadework といい、英米のみならず欧米各国にもそれに相応する慣行は存在し実際に行われています。政治・外交・ビジネスには spadework は付きものと一般にいわれていますが、特に政治の世界では絶対に必要だといわれます。

● 日本語のイメージ

日本では、大事な議案は票決によりますが、物事の多くが多数決ではなく全員一致で決定される傾向があります。したがって、根回しは反対派だけではなく賛成派の人にもしておく必要があります。さもないと賛成派と思っていた上司から「そのような話は聞いていない」という単純な理由で反対されることになりかねません。

● どのような文化的背景からイメージの違いが生まれたか

欧米での根回しは主に決定権を握っている上司や頑固な反対派に自説を理解してもらうために行われ、日本では賛成派にまで事前通告する必要があるのは、会議の性格の違いに起因するといえます。日本の会議は一種の儀式であり、親睦の場であるのに対して欧米の会議は口角泡を飛ばして議論する場であるという違いです。

● ネイティブによるワンポイント解説

spadework（根回し）は日本のように企業内で半ば制度化されているわけではありません。似ていることばに lobby があります。lobby for ... （…するように）、lobby against ... （…反対するように）と使い、議員に働きかけるときに用います。

年齢：age   【人間関係】

● 英語のイメージ

英語の age は年齢、年数、成年、一時期、世代、歴史上の時代と老年や老齢、さらには、長年また長い間という意味にもなります。動詞としては、年をとる、老ける、さらにはワインやウイスキーなどを熟成させて味をよくする、あるいは熟成して味わいが深まる、などという意味で使われます。

● 日本語のイメージ

「何歳」という年齢を表す「とし」には生きてきた年数と、収穫を基準にして同じ季節がめぐってくるまでの間、すなわち1年という定義の他に、季節や時候、さらには稲などの穀物とその実り、という意味もあります。日本語の年（とし）は年、年齢、そして時代の意味をあわせ持つことばです。

● どのような文化的背景からイメージの違いが生まれたか

米、麦、葡萄など農作物や果実を使うアルコール飲料の醸造や発酵、そして蒸留の過程を見ると、英語と日本語では age のイメージに大きな違いが見られます。すなわちウイスキー、ブランデー、ワインでは aged（熟成期間が長いもの）が好まれ、日本酒では蔵出しの新酒がよいものとして好まれそれぞれ高級品とされます。

● ネイティブによるワンポイント解説

民族で幅がありますが、baby は0歳、infant は1～6歳、child は7～12歳、youth は13～30歳、manhood は30代、middle age は大体40～60歳ぐらいといわれます。

能力：ability   【職業】

● 英語のイメージ

多くの米国人は ability とは生まれつきのものであって、努力や頑張りによってにわかに向上するものではないと思っているようです。すべての人間が ability の上で平等に生まれたのではないと理解しているようです。そのような基本認識があるために、あることに対し能力を超えて努力することが高く評価されるのです。

● 日本語のイメージ

音楽や絵画やスポーツには生まれながらにしてその子ども（人）に与えられた天賦の才を認めるものの、その他のこと、たとえば学校の成績などにおいては努力をすることによって向上するものと親が思い、子どももそのように思わされます。

● どのような文化的背景からイメージの違いが生まれたか

持って生まれた天賦の才も努力しなければそれ以上のものになりません。そのことを誰もが知る米国ではスーパープレイを見せる超一流のプレーヤーに破格の報酬が支払われることは当然なのです。「能ある鷹は爪を隠す」と控えめに言い表すように育てられる日本とは能力のあり方とその評価において違いがあるといえます。

● ネイティブによるワンポイント解説

ability は何かができる能力、faculty は元来人間に備わっている能力で視力、言語力、聴力など意識的な努力なしで備わっているもの、capacity は能力の限界（たとえば支払能力）、talent は能力を努力と訓練によって身に付ける才能です。

歯：tooth 【身体】

● 英語のイメージ

tooth は原始的な武器であり、「攻撃と防御、残酷さ」を表します。tooth は「歯、器具・機械などの歯状物」、「法律上の効力」、また「食べ物の好み」も意味します。たとえば sweet tooth は「甘党」、dainty tooth は「好みが贅沢」という意味になります。さらに the teeth of snow などにおける teeth には「(噛みつくような) 力、猛威」という意味もあります。

● 日本語のイメージ

「歯」は消化器の一部であり、食物の摂取・咀嚼、また言語の発声に関係している口腔内器官です。「歯」の他に、「器具・機械などの刻み目、櫛の歯、また下駄の下の板」なども意味します。なお「歯」を見て獣畜の年齢を知ることから、「年齢」の意でも用いられることがあります。

● どのような文化的背景からイメージの違いが生まれたか

「歯」は消化機能だけでなく、言語の発声に重要な役割を果たしています。そのため、特に日本語では「歯に衣着せぬ、歯牙にも掛けない、歯切れの悪い」など、「ことば、言動、論議」や「ことばの発音、内容の明確さ」なども表します。

● ネイティブによるワンポイント解説

decayed tooth「虫歯」にならないよう、toothbrush「歯ブラシ」、toothpaste「歯磨き」に加え、歯間の汚れや歯垢を取る糸の dental floss「デンタルフロス」も使って、brush [clean (英)] one's teeth 歯を磨きます。

灰色：gray, grey(英) 【色】

● 英語のイメージ

gray は、灰、曇天の空の色を連想させます。「賢明、円熟、老年、陰気、青白さ、悲観、不明確、隠ぺい」などのイメージがあります。gray hair「白髪」、gray life「灰色の人生」、gray sky [day]「どんより曇った空 [日]」、あいまいな地域の gray zone「グレーゾーン」などの表現があります。

● 日本語のイメージ

「灰色」は、「灰色の空」など「灰のように薄黒い色、ねずみ色」です。色相が陰鬱なところから、「灰色の人生」のように「陰気、希望がない」ことを意味します。また「灰色高官」など「疑惑がある」、あるいは「主義・主張などがはっきりしない」ことをいいます。

● どのような文化的背景からイメージの違いが生まれたか

「灰色」は白と黒の間の色であり、善悪どちらともいえない状態、けれども特に悪に近い印象があります。また陰鬱で抑圧された状態を表します。一方英語の gray は、普通「老人」を表します。日本語では灰色ではなくシルバー（銀色）を用います。

● ネイティブによるワンポイント解説

高齢化社会を迎え、老年者たちの gray wisdom「年の功」と gray experience「円熟した経験」が、gray power「老人パワー」としてさらに期待されています。

墓：grave 【式典・行事】

● 英語のイメージ
　本来は古英語 graef（＝ cave）から墓穴という意味で、the coffin was lowered into the grave（棺が墓穴に降ろされた）と使われていたものです。今では死者を地中に埋葬する場所のことで、広く一般に墓や墓所を指します。silent as the grave といえば、静まりかえった、黙りこくったというイメージです。

● 日本語のイメージ
　墓は死体を埋葬する場所であったため穢れのこもる空間ということから荒地に作られました。その空間は冥界への入り口とされ、墓地は境界的な空間であり、人の肉体が捨てられ腐乱していく場として崩壊や、怖いところというイメージがあります。

● どのような文化的背景からイメージの違いが生まれたか
　死が眠りにたとえられ、墓はそのベッドであるという表現がある英米文化においては There will be sleeping enough in the grave.（墓でゆっくりと眠る）というように墓は「安らかな眠り」を与えてくれるところであり、怖いところというイメージはありませんでした。類似の tomb は墓石や記念碑を表します。

● ネイティブによるワンポイント解説
　grave は重大な、危機的な、重い雰囲気を持った、深刻なというイメージを与える響きがありますが、威厳がある、真面目、荘厳で落ち着いているという意味もあります。彫刻する、印象づける、心に銘記する（＝ engrave）も grave で表します。

橋：bridge 【交通】

● 英語のイメージ
　二つのものを結びつけるというイメージです。虹は橋である考えられ、神の意志を伝える使者たちは、虹の橋を渡って人間界に来ると信じられていました。虹は教皇などのシンボルで、キリスト教美術に虹を表したものが多いのはそのためです。

● 日本語のイメージ
　橋は端と同根のことばで、「はし」は梯子、橋、階段（きざはし）を意味し、いずれもこちらとあちら、下と上という境界を意味することばです。三途の川などということばにもあるように冥界と現生は川や水路をもって境界とすることが多く、橋は異なる領域や異なる世界を結ぶものというイメージでした。

● どのような文化的背景からイメージの違いが生まれたか
　宗教の違いから冥界に対するイメージが異なっています。仏教で冥界、冥土（冥途）は死後に迷い行く道、また行き着いた暗黒の世界を意味します。しかし、キリスト教では、イエス・キリストを信じる人は死後神の国に迎えられると聖書に記されていて、キリスト教の信者はこのことばを信じています。

● ネイティブによるワンポイント解説
　bridge は（日米両国を結ぶ）太平洋の架け橋（a bridge to link Japan and the United States of America across the Pacific Ocean）などと比喩的に用いられることの多いことばです。burn one's bridges（背水の陣をしく）などもあります。

梯子：ladder 【住・道具】

● 英語のイメージ

ladder の原義は「立てかけるもの」です。「野心」の象徴であり、climb（up）[go up, move up] the ladder of success「出世の階段を上る」や、career ladder「出世街道」のように、「出世への道、手段」を意味します。kick down [away] the ladder「梯子を蹴って外す、後進の者が同じ出世の道を使えないようにする」など、競争に関係のある表現もあります。

● 日本語のイメージ

「梯子」は、高い所に登るための道具です。2 本の長い材に一定の間隔で足掛かりの横木があります。「梯子」は、「階段」であり、ある目的に到達する「過程、段階」の意味もあります。また「梯子する」は「梯子酒、梯子飲」のことで酒を飲み歩くことですが、さらに「同じような店を何軒も巡る」ことをいいます。

● どのような文化的背景からイメージの違いが生まれたか

ladder は「高さ」であり、social ladder「社会階層」は「世界」を表します。そして ladder は、「天と地を結ぶもの」として世界各地に伝説があります。しかし「梯子酒、梯子する」などの表現は日本語独特で、英語の ladder にはありません。

● ネイティブによるワンポイント解説

足をかける段は rung、step で脚立は stepladder、縄梯子は rope ladder です。なお I got a ladder（英）in my stocking. といえば靴下の伝線（run〈米〉）になります。

柱：pillar 【住】

● 英語のイメージ

pillar は、「石柱、煉瓦柱、記念柱」、また a pillar of the community のように「中心人物、大黒柱、要所」なども意味します。「世界軸、天の支柱」であり、a pillar of fire [(a) cloud]「火[雲]柱」などは「神の導き」とされました。なお円柱は column です。

● 日本語のイメージ

「柱」は、直立して上部の構造物を支える材であり、「支えるもの、中心になるもの」のイメージがあります。比喩的に頼りになる人や根幹となるもの、また貝柱など柱状の物もいいますが、特に霊が寄り付くものともされました。

● どのような文化的背景からイメージの違いが生まれたか

日本では架橋・築堤・築城などの難工事の際、神を鎮め無事に完成するよう、「人柱」で人間を水底や土中に生き埋めにした「人身御供」の伝説が各地に残っています。人身の霊が柱に乗り移ると信じられていました。また 6 年に一度山から刈り出して立てる諏訪神社の御柱などは、神霊の乗り移る依代でもあります。

● ネイティブによるワンポイント解説

「貝柱」は adductor muscle、特に帆立貝なら eyes of scallops、他に「帆柱」mast、「電柱」utility pole、生贄の「人柱」human sacrifice など、英語では pillar では表しません。一方英国では郵便ポスト（post box〈英〉、mail box〈米〉）を pillar box とも呼びます。

旗：flag, banner, colors 【政治】

● 英語のイメージ

　星条旗が至るところにひるがえる米国における旗のイメージは、国、州、郡、学校、クラブ、軍隊などそこに所属する人々に、喜びや悲しみを共有する連帯意識を強く感じさせ、苦境を乗り越える勇気を与えてくれるものといえます。

● 日本語のイメージ

　日本の旗は幡（はた）や幟（のぼり）から始まったもので神の座を示し、あるときは軍団の目印でもあったものです。戦いにおいて神を自陣に招き、勝利を得るために将兵を鼓舞する役割がありました。戦争がスポーツに代わった現代でも、競技の世界における国旗や団体旗など旗のイメージは幡や幟の役割に似ています。

● どのような文化的背景からイメージの違いが生まれたか

　生まれ故郷を捨て、新天地を求めてやってきた、それぞれ言語も文化も慣習も異なる移民たちが一つにまとまって国づくりをしていくには、皆をまとめる象徴としての旗が必要でした。何千年にわたる戦いの歴史を持つ日本との違いといえます。

● ネイティブによるワンポイント解説

　米国の国旗は the Star Spangled Banner、英国の国旗は the Union Jack、日本の国旗は the Rising Sun Flag といいます。flag ははためくものの上位概念で、banner/standard（軍旗）、ensign（艦船旗）、color(s)（連隊旗、軍艦旗）、pennant/pennon（長三角旗）、jack（国籍を表す船首旗）などの総称といえます。

肌：skin 【身体】

● 英語のイメージ

　skin は、人・動物の皮膚をいう一般語ですが、果物などの皮をいうこともあります。rough skin「荒れた肌」など「人間の皮膚、肌」、crocodile skin「鰐皮」など「動物の皮革」、banana skin「バナナの皮」など「皮状の物、外皮」をいいます。なお形容詞の skinny は「痩せこけた」skin and bone(s) であり、褒めるなら slender（女性）や slim（男女とも）を使います。

● 日本語のイメージ

　「肌」は、人間の体の表面の皮膚をいいます。また「職人肌、学者肌」「肌が合わない」など「人の気質、気性」、木肌や山肌など「物の表面」も意味します。そして、「肌触り」などの感触、「ひと肌脱ぐ」のように尽力の意味でも用いられます。

● どのような文化的背景からイメージの違いが生まれたか

　英語の skin は、人間だけでなく動物の体の表面を覆っている組織であり、物を包んでいる皮をいいます。一方日本語の「肌」は皮膚とは異なり、「肌を刺す、肌にやさしい」のように感触を表す表現、特に触覚と関連させて用いられます。

● ネイティブによるワンポイント解説

　「動物の皮革」でも、なめし皮や革製品になると leather といいます。たとえば革のジャケットは leather jacket です。また果物や野菜を剥いた薄い皮は、lemon [orange, banana] peel のように普通 peel を使います。

蜂：bee 【昆虫】

● 英語のイメージ
bee は蜂の総称、また蜜蜂のことで honeybee ともいいます。「勤勉、多忙」の象徴であり、(as) busy as a bee で「とても忙しい」、a busy bee は「働き者」、work like a bee で「せっせと働く」になります。また蜜蜂は 1 匹の女王蜂（queen）を中心に数万の働き蜂（worker）、数百〜数千の雄蜂（drone）の群れ（swarm）で一つの社会（colony）を構成し、「秩序、智恵、純潔、雄弁」などのイメージもあります。

● 日本語のイメージ
「蜂」は「毒針、蜜」の他、「群集、卑小」のイメージがあります。蜂を群集にたとえ、大騒ぎになり収拾がつかない様子を「蜂の巣をつついたよう」と表します。

● どのような文化的背景からイメージの違いが生まれたか
bee は人間には蜜、祭壇にはロウソクの原料を提供するので、「天国の鳥（bird of paradise）」とも呼ばれ、殺すことは冒涜とされました。日本でも古代養蜂の記録がありますが、あまり一般的なものではなくイメージも薄いものでした。

● ネイティブによるワンポイント解説
bee には「変な考え」の意もあり、have a bee in one's head [bonnet] で頭や帽子の中でミツバチがぶんぶん（hum, buzz）飛んでいるように「ある考えに取りつかれている」になります。また米国では「集まり」の意味で、編み物の knitting bee、キルト作りの quilting bee や、綴り字コンテストの spelling bee などといいます。

八月：August 【時】

● 英語のイメージ
August の語源は初代ローマ皇帝 Augustus Caesar の名とされます。地中海世界を平定した彼に Augustus（アウグスツス）「尊厳な者」という称号が贈られたもので、後に「皇帝」の称号となりました。それまでは、当時一年の最初の月は March でしたので、そこから数えて第六月（Sextilis）と呼ばれていました。

● 日本語のイメージ
「八月」は「葉月」とされますが、由来は諸説あり、「葉落ち月」や「穂初月」または雁の初来（はつき）からともいわれます。また旧暦八月が秋 3 か月の真ん中に当たることから「仲秋」、秋風の吹き始める「秋風月」、木の葉が紅葉する「紅染月」、「月見月」とも呼ばれます。暦には「立秋」があり、秋を意識し始める月です。

● どのような文化的背景からイメージの違いが生まれたか
August は、穀物や果実の収穫期であり、8 月 1 日は初穂の収穫への感謝と奉納を行う「初穂祭」の日です。一方日本では「八月」は「原爆忌」や「終戦記念日」があり、日本人には特別の時期となります。

● ネイティブによるワンポイント解説
august は「威厳のある」、「尊い」などの意味があり、your august father なら「御尊父」になります。In the august presence of 〜 では「〜のご降臨を賜って」と来訪への尊敬表現になります。

鳩：dove, pigeon　　　　　　　　　　　　　　　　　　　　　　【鳥】

● **英語のイメージ**

dove は「鳩」の総称で、「平和、柔和、無邪気、純潔、愛、優しさ」などのイメージがあります。a [the] dove of peace は「平和の鳩」、as gentle [harmless] as a dove で「とても優しい [無邪気な]」という意味です。また my dove「かわいい人」と呼びかけでも使われます。pigeon も「鳩」の総称で用いられますが、特に米国では dove は小型の野生鳩、pigeon は大型の飼い鳩をいいます。

● **日本語のイメージ**

「鳩」には、「平和、穏健」のイメージがあります。また「鳩に三枝の礼あり」と、子鳩が親鳩より三枝下に留まるように礼儀を重んじることの例や、「鳩が豆鉄砲を食ったよう」のように驚いて目を丸くしている例にも用いられます。

● **どのような文化的背景からイメージの違いが生まれたか**

dove は Noah's Ark「ノアの箱舟」から送り出され、olive leaf「オリーブの葉」をくわえて戻って来たので、ノアは地上から水が引いたことを知ります。dove は「聖霊（Holy Spirit）」として、天国の知らせをもたらす存在とされてきたのです。

● **ネイティブによるワンポイント解説**

pigeon には dove のイメージに加えて「騙されやすい人、カモ」のイメージがあり、pluck a pigeon なら「間抜けから金をだまし取る」、Here comes our pigeon. は「いいカモがやって来た」になります。

花：flower　　　　　　　　　　　　　　　　　　　　　　【植物】

● **英語のイメージ**

flower は「花」の総称ですが、特に果樹の花は blossom、bloom と表します。in flower で「開花・満開」、また the flower of one's age [life]「人生の盛り」など「最盛期、最良の部分」も意味します。flower は春に多く咲き、美しいと同時に移ろいやすいものです。「春、美、短命、美徳、純粋性」などのイメージがあります。

● **日本語のイメージ**

「花」は、神を迎えるための依代であり、人と神との媒介とイメージされました。また「花の都、人生の花」と表現されるように「繁栄、栄華」や、「人生の青年期、若い女性」のイメージもあります。「花」には生命力、霊的な力が宿るので、花の扱いや選び方の禁忌が全国的にみられます。

● **どのような文化的背景からイメージの違いが生まれたか**

flower「花」は、祭典の時の飾りや花冠、葬儀の献花、愛情表現、感謝の印など、特別な時を彩ります。日本では「花」は、自然界の美の代表であり、特に春の風雅の代表とされます。「花見」など「花」といえば、春の代表的な花である桜の花をさす場合が多くあります。英語では flower ではなく cherry blossom になります。

● **ネイティブによるワンポイント解説**

週末前の金曜日を「花の金曜日」といいますが、英語では TGIF といいます。Thank God it's Friday! の略です。

鼻：nose 【身体】

● 英語のイメージ

nose は「嗅覚」であり、「直観力、勘」、また「嘲笑、干渉」などのイメージがあります。たとえば、thumb one's nose 親指を鼻先に当て 4 本の指を広げてひらひら動かす動作や、turn up one's nose, hold [stick, have] one's nose in the air 鼻を上に向けることで嘲笑・軽蔑を表します。また poke [put, push, shove, stick, thrust] one's nose into ～は「～に干渉する、詮索する」です。「密告者」の意味もあります。

● 日本語のイメージ

「鼻」は、「呼吸、嗅覚、発声」の器官であり、「鼻で笑う、鼻であしらう」の嘲笑や、「鼻が高い、鼻にかける」の自慢、「鼻につく」の嫌悪など、感情を表す表現にも使われます。

● どのような文化的背景からイメージの違いが生まれたか

日本人にとって「高い鼻」は美男美女の特徴の一つですが、英語では鼻梁の長短 long、short や、大小 large [prominent]、small [flat] と表します。「高い鼻」は long [large, prominent] nose になりますが、褒めことばではありません。

● ネイティブによるワンポイント解説

鼻の症状では、have a runny nose、one's nose is running で「鼻水が出ている」、また have a stuffy nose、one's nose is stuffed up [stuffy] なら「鼻が詰まっている」ことになります。

バナナ：banana 【食】

● 英語のイメージ

banana は熱帯アジア原産で、甘い生食用と加熱料理用（cooking banana）があり、主食としている地域もあります。欧米では生食の他、つぶしたバナナを入れた banana bread [cake, muffin, cookie] などの焼き菓子、banana shake [smoothie] などの飲料が人気です。なお米国は他のどの国よりも多くバナナを輸入しています。

● 日本語のイメージ

「バナナ」は「熱帯産輸入フルーツ」で、「生食」のイメージです。芳香と甘味があり栄養に富む上、一年中入手でき手軽に食べられるのが人気です。日本では甘みのある品種の青いもの green banana を輸入し、追熟させて販売します。「甘焦、芭蕉、実芭蕉」などとも呼ばれ、かつては高価でしたが、今は廉価になりました。

● どのような文化的背景からイメージの違いが生まれたか

banana は、曲がった形の変な果物なので「気の変な」、また興奮しやすい猿（ape）の好物なので「怒って、夢中」の意味にもなり、go bananas「気が変になる、怒り狂う、夢中になる」となります。このイメージは日本語の「バナナ」にはありません。

● ネイティブによるワンポイント解説

バナナの皮 banana skin [peel] で滑るイメージは各国共通ですが、英語では政府高官など公的な立場の人の「愚かな失敗」の意味もあり、slip on a banana skin [peel] で「失態を演じる」になります。

母：mother 【家庭】

● 英語のイメージ
　Mother Earth「母なる大地」のことばもあるように、mother は「大自然、生命原理」であり生命を育む「慈愛の母」ですが、同時に破壊的な「死の原理」を持つ Terrible Mother「恐ろしい母」でもあります。これは春夏に草木を繁茂させ冬に枯死させる大地の循環・再生の力の反映であり、mother は世界を動かす「原動力」とみなされ、それは Mother of God「神の母」そして「聖母マリア」に繋がっています。

● 日本語のイメージ
　「母」は、「万物の生成、消滅、回帰」のイメージがあります。生母、養母、継母の総称であり、また「必要は発明の母」のように「産み育てるもと」を意味します。日本では母と子との強い絆も表現され、各地に母子信仰の伝説が残されています。

● どのような文化的背景からイメージの違いが生まれたか
　「母」は穏やかで温かく、すべてを許し迎え入れる存在であり、「観音菩薩」に重ね合わされます。日本の「母」は神秘的な霊力を持つ女性ですが、英語の mother は、子を食う貪欲さも併せ持つ両義性の典型とされます。

● ネイティブによるワンポイント解説
　Mother Goose's Melody [rhyme]（〈英〉nursery rhyme）「マザーグース」は、英国に伝わるわらべ歌です。Mother Goose は架空の作者ですが、この mother は親しみを込めて呼ぶ「おばさん」の意で、「ガチョウおばさん」になります。

腹：stomach, belly 【身体】

● 英語のイメージ
　stomach は器官の「胃」、belly は「腹」で、どちらも「腹、食欲、欲望」のイメージです。stomach は、「学識、忍耐、怒り」なども意味します。belly は品のないことばで、「大食、肉体、怠惰」も表します。「太鼓腹」も a potbelly と表されます。

● 日本語のイメージ
　「腹」は、日本では古来「生命の中心」と考えられ、生命を断つのに「切腹」が用いられていました。「腹」は、「同じ血族、本心、度胸、立腹、物の中央部」などの意味もあり、また慣用表現も数多くあります。なお「太鼓腹」は七福神の布袋様が有名ですが、「富」を表します。

● どのような文化的背景からイメージの違いが生まれたか
　一般に英語では腹部は下品なものとされ言及を避けるか、本来は「胃」を意味する stomach や学術語の abdomen「腹部、腹腔」を代わりに使います。子どもには tummy「ポンポン」を使います。日本でも婉曲的に「おなか」といいますが、英語では insides「胃腸」、bowels「腸、内臓」に相当します。

● ネイティブによるワンポイント解説
　「胃が弱い [丈夫]」は have a weak [strong] stomach、「食べ物が胃にもたれる」lie (heavy) on [in] one's stomach、「胃を落ち着かせる、吐き気を抑える」は settle the stomach といいます。

薔薇：rose 【植物】

● 英語のイメージ
　rose は最も美しい花であり、「花の王」とされ、人生における「愛、幸福、美徳、淑女、安楽、秘密」などのイメージがあります。たとえば as beautiful [sweet] as a rose なら「薔薇のように美しい、香しい」、be not all roses、be not a bed of roses は「安楽な生活ではない」、under the rose は「秘密に」です。なお rose は英国の国花でもあります。

● 日本語のイメージ
　「バラ」は、もともと棘のある草木の総称で「イバラ、ウバラ、ムバラ」から変化したとされます。棘があるので嫌われていましたが、江戸時代には西洋バラが渡来し、そして明治以降の輸入で広まり親しまれるようになりました。

● どのような文化的背景からイメージの違いが生まれたか
　rose は大、中、小輪から一重、五重、八重咲、また紅、淡紅色、白、黄色など原種から多彩な品種が作られ、香り高く、姿麗しく、その美しさから世界中で愛されてきました。東洋の「菊」に対し、「西洋」をイメージしているといわれます。

● ネイティブによるワンポイント解説
　white rose は「徳、純潔、沈黙」などのイメージで、the white rose of innocence なら「白バラのような無垢」になります。red rose は「炎のような慈愛、情熱、結婚、母性、死」などを表します。一方 blue rose は「不可能の代名詞」です。

針：needle 【衣】

● 英語のイメージ
　needle は「縫い針、編み物針、注射針、レコード針、計器の針、針葉」などを表します。needle は thread とともに「困難」も表し、thread the needle「困難なことを成し遂げる」、また look for a needle in a haystack [in a bottle [bundle] of hay] では「乾草の中から針を探す、無駄骨を折る」になります。

● 日本語のイメージ
　「針」は、「縫い針、釣り針」や虫ピンなどの「留針」「計器の針、針葉樹や動物・魚・昆虫などの針」などの「針状のもの」をいいます。また「針を含んだことば」では「人の心を傷つける意図」「針の筵」は「批判・非難にさらされ辛い状態」を表します。「針の穴、針の先、針小棒大」などでは「ごくわずかなこと」も意味します。

● どのような文化的背景からイメージの違いが生まれたか
　needle の語源は「縫う、（糸を）紡ぐ」であり、「縫い針」を意味しています。縫い針は、旧石器時代の骨角製に始まり、黄金や青銅、鉄、鋼製へと進化してきましたが、衣生活に最も密接な道具でした。そのため needle は衣類や縫うことに関係のあるものが中心で、日本語の「針」より意味するものが狭くなっています。

● ネイティブによるワンポイント解説
　needle で表さない日本語の「針」は、釣り針 hook、時計の針 hand、ステープラの針 staple、留針 pin、縫物・傷口の一針 stitch、虫の毒針 sting などです。

春：spring 【自然】

● 英語のイメージ

春分から夏至までの期間で、英国では2月から4月まで、米国では3月から5月までをいいます。春は若さや純真無垢なものの象徴であり、寒くて辛い冬の間は眠っていて死んだように思われていた生命が再生する季節であり、活動の時期でもあります。そこから泉、源、バネ、若さ、成長、求愛を意味するようになりました。

● 日本語のイメージ

春の語源はものに宿った霊魂が、その威力を表へ張り出す（はじき出す）、その「張る」というところにあるという説があります。冬の間に衰えた生命力が再生する季節というイメージで捕らえられてきたといえます。

● どのような文化的背景からイメージの違いが生まれたか

農耕民族の1年間は、稲作の季節的要因からなる過程と重ね合って構成されていました。その始めの季節が春であり、そのイメージが同時に若くて勢いの盛んな状態ともつながり「我が世の春」「春を謳歌する」などということばを生みました。わが国では温和やはかなさというその気候的な特徴もイメージされてきました。

● ネイティブによるワンポイント解説

spring は春、バネ、跳ぶ、泉を意味し、そのイメージは「はじける」です。spread は広げる、spray は吹きかける、sprinkle で撒き散らす、sprout は芽を出す、sprint は全力疾走する、ということで、日本語の「張り出す」イメージとも似ています。

晴れ着：best clothes 【衣】

● 英語のイメージ

礼装・正装なら formal dress ですが、「晴れ着」は one's best clothes や one's Sunday best (clothes) と表します。Sunday best は、everyday clothes「普段着」に対して日曜日用の服で、キリスト教徒が礼拝に出かける日曜に着るようなよそ行きの服をいいます。gala dress ともいいますが、派手でけばけばしいイメージです。

● 日本語のイメージ

「晴れ着」は「晴の日」に着る物であり、礼装・正装などです。「晴の日」は、普段とは異なる特別な日で本来神祭りを行う時です。正月や盆、節供、祭礼などの年中行事や神事ですが、成人や婚姻、出産、葬式など人生の節目も含まれます。

● どのような文化的背景からイメージの違いが生まれたか

日本での「晴れ着」は本来、写経・神事などの際に身を清めて身につける「淨衣」であり、吉事にも凶事にも着用する白無地のものでした。現在は礼装・正装だけでなく特別な時に身につける上等な衣装をいうようになりました。

● ネイティブによるワンポイント解説

dress は礼装用では男女の区別なく用いられ、evening dress は夜のパーティや観劇用の夜会服、cocktail dress はカクテルパーティ用、afternoon dress は午後のお茶会や訪問用です。一方、紳士服では tail coat 夜会服、tuxedo (coat)[dinner jacket (英)] 略式夜会服、morning coat 昼間用礼服など、それぞれの上着の種類に応じた表現もあります。

バレンタインデー：Saint Valentine('s) Day　　　【時】

● 英語のイメージ

Saint Valentine's Day の 2 月 14 日は、「恋人の祝祭日」です。3 世紀ごろローマで、異教徒迫害により殉教したキリスト教の聖人バレンタイン（ラテン語表記では Valentinus）の記念日ですが、恋人同士が贈り物をする習慣とは元来無関係であったといわれます。欧米では恋人たちの間だけでなく、家族や親友、級友、先生などにもバレンタインカード（a valentine〈card〉）や贈り物をする日です。

● 日本語のイメージ

「バレンタインデー」は、日本では女性が男性にチョコレートを贈って愛の告白をする日ですが、最近は学校や職場で配る「義理チョコ」も一般化しています。なお、3 月 14 日に男性側がお返しをする White Day は英米にはありません。

● どのような文化的背景からイメージの違いが生まれたか

Saint Valentine's Day は、古代ローマで豊穣を祈願するルペルカリア（Lupercalia）祭が開催される 2 月 15 日の前日、家庭と結婚の女神ジュノー（Juno）の祝日に若い男女が異性の名前の書かれたカードを箱から引いて相手を決めたことに関係があるとされ、また小鳥が 2 月 14 日に初めて雌雄の相手を選ぶという言い伝えによるともいわれます。

● ネイティブによるワンポイント解説

Valentine はバレンタインカード、また意中の恋人を意味します。そこでカードには Be my valentine. と書かれ、時には Guess Who と書いて匿名で送ります。

パン：bread　　　【食】

● 英語のイメージ

bread は、小麦粉などを水でこねイーストで発酵させて焼いた食品です。Man shall not live by bread alone.「人はパンのみにて生くるものに非ず」とあるように、精神的なものに対する物質的なものとされ、「パン、生活の糧、お金」を意味します。

● 日本語のイメージ

「パン」は 1543 年ポルトガル人により伝えられ、ポルトガル語の pão からの名前です。その後鎖国を経て「パン」は、「饅頭」と合体させた「アンパン」により、明治初期に「菓子パン」として登場しました。そして戦時中の兵食や米の代用食、戦後の給食パンから「食事パン」として普及していきました。

● どのような文化的背景からイメージの違いが生まれたか

キリスト教では bread は、葡萄酒とともに「キリストの体と血」を意味し、「聖餐」「神への供物」とされます。bread は「生命の糧」であり、欧米を始め世界各地での「主食」です。日本では「菓子パン」や「軽食」「朝食」のイメージがあります。

● ネイティブによるワンポイント解説

bread は通常「食パン」であり、それ以外の小型パンは（bread）roll、ハンバーガーなどの丸い小型パンは bun（米）、菓子パンは sweet roll、bun（英）といいます。またサンドイッチの注文では、精製小麦粉の white bread、ふすま（bran）入り全粒粉（whole-wheat）の brown bread、ライ麦（rye）の black bread などから選びます。

火：fire 【日常生活】

● 英語のイメージ

古来、火は太陽の炎そのものであり、太陽との関係から優越と支配に関連するものと考えられていました。各地に残る火祭りの元の意味は太陽の熱と光が永続することを祈念するもので、オリンピックの聖火にその名残を見ることができます。

● 日本語のイメージ

火は宗教と密接に結びついていますが、それは火の持つ浄化作用や変形作用を応用したものといえます。出産、結婚、葬儀という通過儀礼には火が焚かれ、一般家庭でも毎朝神前や仏前に灯明が上げられます。火は神仏と人とを取り結び人に生命力を与え、神聖なものとして穢れを浄化するものというイメージがあります。

● どのような文化的背景からイメージの違いが生まれたか

火は、昔は「へ」であり、炉やなかまどを意味したという説があります。火は家（イ＋ヘ）そのものの象徴とされ、同じ火で調理された食べ物が家族や血縁、地縁の紐帯。太陽の持つ偉大な力を神に祈るという西洋とは違う考えでした。

● ネイティブによるワンポイント解説

fire には、炎、火事、砲火、情熱、焼き入れ、また光（The diamond shone with a sparking fire. ダイヤはまぶしいほどに光り輝いていた）など多くの意味があり次のような慣用句があります。between two fires（板ばさみにあって）、fight fire with fire（目には目をもって報いる）、hang fire（ぐずぐずする）、など。

東：east 【地理】

● 英語のイメージ

east は、エジプト神話では、太陽神の支配するところであり、キリスト教では世の光であるキリストの出現を表します。語源的には夜明けで、そこから季節の始まりを象徴する女神の名前になりました。季節でいえば春、人生では幼年時代を表します。east は、知恵の宿るところ、また雨の宿るところともいわれました。

● 日本語のイメージ

「日出る処の天子」と自己紹介した聖徳太子は、大国の中国に対して東の辺境の地日本の地位を高めるために表現上で工夫を凝らしたのです。東は「日向がし」と書き、日に向かうところというのが語源とされます。昔から京都を政治や文化の中心とする日本では、東の地は文化果つる辺境の地というイメージがありました。

● どのような文化的背景からイメージの違いが生まれたか

森羅万象のすべてにおいてエジプト、ギリシャにおける神々との関係を重視した西洋と、神々との関係よりも庶民の生活を中心にして、原始宗教から発した神道やその後入ってきた仏教との関係から東の位置を考えてきた日本との違いです。

● ネイティブによるワンポイント解説

日本語では方位を列挙するとき東西南北と東を先にいいますが、英語ではふつう north、south、east and west と北を先にいいます。形容詞としては east と eastern がありますが、eastern は east ほど方位を正確に意識しません。

第Ⅱ部 単語の持つイメージを比べる　191

皮肉：sarcasm, irony　　　　　　　　　　　　　　　【人間関係】

● **英語のイメージ**

sarcasm が意図的に相手を傷つけるための悪意のあるいやみや風刺のきいたことばで、irony は表面の意味とは正反対のことば、という違いがあります。米国のコメディー番組は全編皮肉だらけといっても過言ではないし、政治家の一挙一動を皮肉るトークショー的お笑い番組が多くあり視聴者はジョークを楽しんでいます。

● **日本語のイメージ**

皮肉は、遠回しに意地悪く弱点などをつくことやあてこすりのことですが、日常会話の中ではあまり出てくるものではありません。皮肉をいうのが好きな人は敬遠されがちで、外国人からはよく日本人は皮肉が通じない人種だといわれます。

● **どのような文化的背景からイメージの違いが生まれたか**

米国の政治家や経営者たちは、一般的な会合ではもちろん、正式な晩餐会においてすらスピーチにはたくさんのジョークを折り込み、いかに聴衆を笑わせるかに腐心します。皮肉がジョークの材料となる文化と落語や漫才はあっても、スピーチにジョークが必須となっていない日本という言語文化の違いといえるでしょう。

● **ネイティブによるワンポイント解説**

sarcasm はギリシャ語の *sarkazein*（肉をひきちぎる；辛辣なことをいう）から派生した英語です。irony ももとはギリシャ語で、しらばくれるという意味でした。失敗した人に You've done a great job!（スゴイね！）というのが irony です。

日の出と日の入り：sunrise, sunset　　　　　　　　　【自然】

● **英語のイメージ**

特に海辺や高山で眺める日の出は、季節にもよりますが、日没とともに雄大で荘厳なイメージを与えてくれるものです。それはあくまで、何ともいえない、筆舌に尽くしがたい（beyond description）素晴らしい景色ということです。

● **日本語のイメージ**

太陽神を国旗の象徴にしているわが国においては、日の出は格別のものです。元旦の日の出は「初日の出」、高山で望む荘厳な日の出の景観は「ご来光」として敬われます。日の出時に陽光を背にして立つと自分の影が前面の霧に投影され、阿弥陀如来が光背を負って来迎する様に見えるため、ご来光は御来迎ともいいます。

● **どのような文化的背景からイメージの違いが生まれたか**

太陽に対して抱く聖なるイメージの違いといえます。太陽が人間の力をはるかに超える大きな力を持ち、人間を支配する太陽に対する人間の畏怖の念を感じるところは同じですが、日本ではそれを神仏にまで結びつけるところが違います。

● **ネイティブによるワンポイント解説**

英語も日本語も太陽が「昇る」「入る」と表しますが、これは事実に反する表現といえます。太陽は太陽系の中心としてその位置を動かさず、動くのは地球です。日の出は地球が自ら沈んでいくことで、日没は地球が上がって来ることです。「初日の出」が「地球の初沈み」では縁起よいものではなく、誰も直さないようです。

ひまわり：sunflower 【植物】

● 英語のイメージ

　sunflower はその花の色と形から「太陽の花」であり、「太陽、日輪、崇拝、熱情、栄光」などを表します。花ことばは「憧憬、崇拝」です。sunflower は常に太陽にその顔を向け、太陽が最も暑い時期に開花します。sunflower seeds 種子は、食用または sunflower oil 食用油などとして用いられます。なお sunflower は Kansas 州の州花であり、この州は Sunflower State と呼ばれます。

● 日本語のイメージ

　「ひまわり」は、北米原産で、300 年以上前に伝来しました。夏に鮮黄色の巨大な花が横向きに咲きます。生命力旺盛で「夏」の代表的なイメージです。「向日葵、日輪草、日車、日回り草」ともいわれます。「太陽に向かって回る花」という意味の名ですが、実際は蕾が反応するだけで、花はそれほど動きません。

● どのような文化的背景からイメージの違いが生まれたか

　Sunflower はスペイン人がヨーロッパに持ち帰り、その花の形から「インディアンの太陽、ペルーの黄金の花」と呼ばれていました。古代インカ帝国ではこの花を「太陽神」のシンボルと崇め、神殿にも宝飾細工の彫刻が残っています。

● ネイティブによるワンポイント解説

　sunflower といえば、ゴッホ Van Gogh の The Sunflowers が有名です。その連作にはゴッホの激情が表されているとされ、彼の最も有名な作品群に数えられます。

病院：hospital 【日常生活】

● 英語のイメージ

　hospital といえば入院が中心の大病院のことであり、患者が最初に診察を受けるのは physician's office か clinic です。hospital は本来「傷病者や病人の収容施設」という意味があり、そこから hospital が老人ホーム、養老院、孤児院というイメージで使用されることもあります。

● 日本語のイメージ

　日本語の病院は明治以降 hospital の訳語として使われてきました。医療法上から入院用ベッド数が 19 以下のものは医院と呼ばれる診療所であって、病院とはいえないのですが、日常ではその差もあいまいなままのイメージで捉えられています。

● どのような文化的背景からイメージの違いが生まれたか

　西洋ではキリスト教の修道女や修道士が病人を集めて日常生活の世話をしたのが病院の始まりで、はじめは医療の場というよりは、感染症患者や精神病患者を隔離するところ、貧者に食事とベッドを提供するところでした。日本では江戸時代の小石川養生所のような無料の医療施設がありました。

● ネイティブによるワンポイント解説

　hospital は語源からしても hotel や、「おもてなし」の英語にあたる hospitality、さらには末期癌患者など死期の近い病人を対象に、延命処置を行わず、身体的苦痛を和らげ、精神的援助をして医療を行う hospice とも同根のことばです。

ピンク：pink 【色】

● 英語のイメージ

pink は、red と white の中間色です。明るく健康的なイメージがあり、He looks in the pink（of condition [health]）といえば「とても元気、絶好調」という意味です。pink は女児に着せる衣類の色であり、「女性、肉体、情緒」などを象徴します。the pink of society で「社交界の花」、pink collar「女性事務職」、また pink ribbon は「乳がん啓蒙活動」を表します。

● 日本語のイメージ

「ピンク」は「淡紅色」であり、桃の花の色で「桃色」、また桜の花の色なので「桜色」とも表します。英語と同様女児の衣服の色とされ、「健康、若さ、女性」のイメージです。一方「ピンク映画」のように、男女関係のイメージもあります。

● どのような文化的背景からイメージの違いが生まれたか

pink は、そもそも植物の「ナデシコ、カーネーション（maiden pink）」のことであり、その薄紅色の花の色からピンク色を意味します。また pink は赤ん坊の肌を連想させることから、「若さ、活力、純真」のイメージです。英語の pink には日本語の「ピンク映画」的イメージはありません。

● ネイティブによるワンポイント解説

米国で pink slip といえば「解雇通知」です。従業員への解雇通告用紙の色がピンクだからです。同じ理由で「自動車所有権証書」を意味する場合もあります。

夫婦別姓：dual surnames 【家庭】

● 英語のイメージ

夫婦別姓が認められるか否かは州によって異なり一概にはいえませんが、基本的には同姓も複合姓（「苗字」p.208 参照）も別姓も可能です。法律上で氏の変更をしない場合もいずれかの氏にする場合も、事実上は夫婦同姓とする場合が多いようです。女性ビジネスパーソン、大学の教員、著作家などには旧姓を使う人も多くいます。

● 日本語のイメージ

婚姻の時の氏の扱いは民法と戸籍法により次のように決まっています「夫婦は、婚姻の際に定めるところに従い、夫又は妻の氏を称する」（民法第 750 条）。最近になり民法改正案「選択的夫婦別姓制度」が取りざたされるようになっていますが、法律上と仕事上を別に考え、実際に社会生活の上で別姓としている夫婦もいます。

● どのような文化的背景からイメージの違いが生まれたか

比較的自由に氏名が付けられた欧米に比べ、日本では建国の歴史や古代天皇制、江戸時代の名字（な・あざな）の使用制限、さらには明治時代に入っての「平民苗字必称義務令」など氏と苗字の生成に関しては複雑な歴史がありました。

● ネイティブによるワンポイント解説

夫婦別姓の英語としては、the right of a married couple to use separate surnames あるいは a policy to allow a man and a woman, when they marry, to either each keep their own surnames or follow the single-surname となるでしょう。

豚：pig, hog, swine 【動物】

● 英語のイメージ

pig は「不潔、欲張り、大食漢」のイメージです。「怠惰、愚か、欲望、大食」の象徴とされ、「薄汚い人、欲張り、食いしん坊」を意味します。集合的または動物学的には swine が用いられますが、19世紀以降には pig が一般化しました。pig は米国では子豚とされ大型になると hog といいます。pig よりガサツなイメージで、behave like a hog は「不作法に振る舞う」の意になります。なお豚肉は pork です。

● 日本語のイメージ

「豚」には、「怠惰、醜、不潔」というイメージがあるとされ、悪口や罵詈雑言の表現で豚が用いられます。元々「猪」を飼いならした家畜ですので「豚肉、猪」ですが、「太っている人、醜い女」を指します。英語では cow（雌牛）といいます。

● どのような文化的背景からイメージの違いが生まれたか

「豚」は、仏教の影響で日本では南島を除いて食用が禁忌とされ、一般的な家畜ではありませんでした。それが江戸時代、中国の長編小説『西遊記』の普及で登場人物の豚（猪）の妖怪、「猪八戒」が紹介されると、その「大食漢、欲張り」のイメージが明治以降の豚の食用とともに一般化したといわれます。

● ネイティブによるワンポイント解説

Pigs may [might, could] fly. は「それはあり得ない」と主張する時に「だったら豚も空を飛びますよ」と使います。また皮肉めいた反論では When pigs fly. を用います。

葡萄：grape 【食】

● 英語のイメージ

grape は「ワインとバッカス」のイメージです。智恵とキリストの血の象徴で、豊穣神、特に酒神バッカスの持ち物であり、多くの実がつくこと、ワインに用いられることなどから「豊穣、青春、歓待、快楽、酩酊、狂宴」などのイメージがあります。grape は一粒のことなので、一房は a cluster [bunch] of grapes とします。

● 日本語のイメージ

「葡萄」は、中国で西アジアのことば Gk botrus を音写して漢字表記を当て、それを日本で音読したものとされます。日本自生種もあり、「えびかずら」と呼ばれました。「えび」は紫色、「かずら」はつる、つる草（蔓・葛）のことで、「紫葛（えびかつら）」とも表されます。葡萄に漬けて染めることを「えび染」といいます。

● どのような文化的背景からイメージの違いが生まれたか

葡萄は世界最古の果物であり、また現在世界で最も生産量の多い果実で、その8割はワインに加工されています。一方日本では生産量の9割が生食用です。葡萄は「果実」のイメージですが、grape はワインのイメージです。

● ネイティブによるワンポイント解説

イソップ物語 Fox and the grapes の中で、手が届かず葡萄を取り損ねた狐が悔し紛れに言ったセリフ The grapes are sour.「あのブドウは酸っぱい」から、ほしいものが手に入らない時の負け惜しみのことを sour grapes といいます。

第Ⅱ部　単語の持つイメージを比べる　195

船：vessel, ship, boat 【交通】

● 英語のイメージ

旧約聖書に出てくる「ノアの方舟」からも、キリスト教では船は教会を表し、海を世間にたとえるといいます。波を受けても、教会である船は沈むことがありません。教会の身廊（中央の一般会衆席のある部分）を nave（ネーブ）といいますが、これはラテン語の *navis*（船）を語源とし、教会を船にたとえたものといえます。

● 日本語のイメージ

フネは船・舟・槽の漢字で表しますが、人や物を乗せて水上を渡航するもの、水や酒を入れる箱型の容器、（特に貴人を入れる）棺、刺身などを盛る底の浅い容器などを意味します。舟は霊魂を冥界へ送り出すための道具でもあり、盆の供物を載せて川や海に流す精霊流しの行事は各地に残ります。フネは霊魂の容器でした。

● どのような文化的背景からイメージの違いが生まれたか

舟は太陽神話にもエジプト神話にもよく登場し、その後ユダヤ教やキリスト教に伝わっていきましたが、神の乗り物というイメージでした。それに対して日本の場合にはフネには霊魂が宿ると考え人間界と冥界を結ぶ霊魂の乗り物と考えました。

● ネイティブによるワンポイント解説

一般に ship は小型蒸気船（steamboat）、客船（passenger ship）、遠洋航海の定期船（ocean liner）をいいます。vessel、ship、boat の順に小さくなりますが、潜水艦（submarine、U-boat）も漁船（fishing boat）も大きさに関係なく boat です。

冬：winter 【自然】

● 英語のイメージ

winter の語源としては、(1) wet（湿っぽい）な季節、(2) wind-white な the white season（雪の多い季節）などがあげられます。また、本来季節は winter と non-winter の二つに区分されていたといいますが、寒い北欧を思い出す話です。

● 日本語のイメージ

冬の語源は「ふ・ゆ 増ゆ・殖ゆ」で「ふえる」こと、すなわち衰えた霊魂の増殖を意味するものであったといわれます。その霊魂の再生、農業生産の再生を祈って神々を迎える行事が冬至に集中していましたが、やがて張り弾ける春（張る）を待ち望む農民たちの姿が浮かんできます。

● どのような文化的背景からイメージの違いが生まれたか

バルト海沿岸を原住地としたゲルマン民族にとって、冬の寒さは間違えば死を招くものでした。生命が最も衰える季節である冬は老齢や死を意味し、それを乗り越えたことで1年が終わったと考えていたのでしょう。日本では冬は稲の収穫を終えた後、稲作の始まる春を楽しみに待つイメージがあります。

● ネイティブによるワンポイント解説

「冬来りなば春遠からじ」は、英国の詩人シェリー（P. B. Shelley）の *ODE TO THE WEST WIND*（西風に寄せて）の最終節　O, Wind, If Winter comes, can Spring be far behind? を訳したものです。Ode（オウド）は「〜に寄せる」歌や詩のことです。

プライバシー：privacy 【人間関係】

● 英語のイメージ

　米国人は、国家安全保証局（NSA）によるインターネット詮索に対して怒りを感じていますが、それでも多くの人々はテロ対策手段として NSA による通信記録の追跡を受け入れているようです。米国では民間のプライバシー保護を目的とする規制がないためにプライバシー情報は野放しに近いとまでいわれます。

● 日本語のイメージ

　日本人はプライバシー意識が低いというのは長い間にわたり指摘されてきたことです。その正否はともかくとして、独立行政法人情報処理推進機構によるインターネット上のサービスとプライバシーに関する調査（2009 年）によっても日本人の懸念度合いが EU のそれに比べ低いことが明らかになっています。

● どのような文化的背景からイメージの違いが生まれたか

　上記の調査のうち、(1)ウェブサイトのプライバシーポリシーを読む、(2)自分を特定されないよう偽のメールアカウントを使う、(3)プライバシーを確保するためにブラウザーのセキュリティー設定を変える、において日本人の回答は非常に低いものです。この回答も日本社会のプライバシーの低さを表しています。

● ネイティブによるワンポイント解説

　個人的なことを聞いてもよいですかは、May I ask you something private? といい、これは個人的な問題ですは、This is a personal matter. といいます。

プレゼンテーション：presentation 【スピーチ】

● 英語のイメージ

　presentation は幅の広いことばですが現代では主に、政治、文化、教育・研究、またビジネスの世界で、主義主張、発見や発明、研究成果、会社方針や新製品を発表するために聴衆の前でジェスチャーや顔の表情、パワーポイントやキーノートなどプレゼンテーションソフトを使って口頭発表することを意味します。

● 日本語のイメージ

　一般にプレゼンと呼ばれていますが、広告会社が広告主に対して行う広告原案の提示とその説明という意味で使われていました。その後、学校の授業や企業の会議など公式の場で自分の意見や考えを発表することという意味にもなってきました。

● どのような文化的背景からイメージの違いが生まれたか

　日本ではプレゼンはソフトウエアを使うものと誤解している人が多くいます。欧米ではそのようなソフトなしにスピーチをすることも立派なプレゼンです。何千年にわたる雄弁術の歴史を有する西欧とそのような基本のない日本との違いでしょう。

● ネイティブによるワンポイント解説

　英語で speech することを oratory とか public speaking といいますが、英米の子どもたちは小学生から授業の一環として行われる Show and tell（何かを見せそれについて話す）でその重要性を学び、政治家や企業経営者は elocution school（雄弁術を教えるところ）に行って指導を受け、プレゼンテーションの訓練をします。

風呂：bath, bathroom　　　　　　　　　　　　　　　【住】

● 英語のイメージ

bath は「入浴、入浴用の水・湯、浴室（米）、浴槽（英）」のことです。でも欧米では「浴室」は、風呂、トイレ、洗面所が一体となっている場所であり、浴槽（bathtub（米））、水洗便器（toilet）、洗面台（washbasin）があります。英国では「浴室」は bathroom といいます。ただし米国では bathroom は「トイレ、化粧室」です。

● 日本語のイメージ

「風呂」は入浴のための場所ですが、「浴槽、浴室、入湯」、またその「湯」を意味します。「ひと風呂浴びる」なら「入浴」、「風呂を沸かす」といえばその「湯」のことになります。「風呂」は穴倉や岩屋を意味した室（ムロ）から転じたといわれます。

● どのような文化的背景からイメージの違いが生まれたか

日本の風呂は江戸時代初期までは「蒸風呂」形式で、体を清潔にするというより発汗させ疲労を除き養生するのが目的であり、室町時代に寺院などから始まりました。それが大衆化したのは江戸時代中期以降、「風呂屋」「湯屋」が一般化したからで、温かい湯に入る「温湯浴」が主流となり、湯に体を入れる「湯殿」と「風呂場」との区別がなくなりました。

● ネイティブによるワンポイント解説

bath の原義は「暖めること」で、湯、日光、蒸気などを浴びる意味で使います。たとえば sun bath「日光浴」、steam [vapor] bath「蒸風呂」などです。

フロント：front　　　　　　　　　　　　　　　　　【職業】

● 英語のイメージ

front desk はホテルなどのフロント、受付、あるいは帳場のことです。名詞としての front には最前列、表面、前面、正面、戦線、先頭、指導的立場、道路・川に面した土地、遊歩道、境界線、看板役、見せかけ、など多くの意味がありますが、受付（reception）としては必ず front desk とします。

● 日本語のイメージ

フロントにはホテルのフロントとしてのイメージがあります。外来語としてのフロントにはフロント（ガラス）やフロント（オフィス）を略して使う例があります。

● どのような文化的背景からイメージの違いが生まれたか

日本は江戸時代中期からオランダ語、そして明治に入ってからは英語、の語句を数多く日本語に翻訳しました。そのために外国語に頼ることなく最新医学から宇宙工学まですべての科学を日本語で研究できるようになりました。しかし、近年になり外国語を後方省略型や前方省略型のカタカナ表示することが多くなっています。

● ネイティブによるワンポイント解説

日本人とホテルで会う約束した米国人が See you at the front of the hotel. といわれホテルの前でいつまでも待っていたという本当の話は今でも続いています。その他、フロントガラスは windshield [windscreen]、フロント（球団の首脳陣）は front office あるいは administrative office がそれぞれ正しい表現です。

ベテラン：veteran 【職業】

● 英語のイメージ
veteran は政治家から映画俳優に至るまで色々な職業の分野で経験豊富かつ老練な人を指している場合もありますが、本来の意味である退役軍人や在郷軍人というイメージが強いです。毎年 11 月 11 日（英では最も近い日曜日）の Veterans(') Day（復員軍人の日）に各地で盛大なパレードがあり、人々に親しまれています。

● 日本語のイメージ
日本語のベテランは、長年の経験を積んで、その道に熟達した人、老練な人というイメージで使われ、時には専門家や権威者を表す場合もあります。本来の意味である老練な兵士や退役軍人として使われることはありません。

● どのような文化的背景からイメージの違いが生まれたか
日本は第二次世界大戦終了後いかなる戦争にも関わりを持たずに今日まで来ました。今では退役軍人の数も少ないし、軍隊を持たない国には在郷軍人がいるわけもありません。そのために在郷軍人のような用語自体が存在しません。その点が幾多の戦争を経験し、国のために命をかけて戦った退役軍人を敬う米国との違いです。

● ネイティブによるワンポイント解説
veteran が付されるのは往年の名女優が逝去した場合などで（Veteran actress Jane Doe has died at the age of 85）、その他の場合では experienced doctor/pitcher（ベテランの医者／投手）や expert driver（ベテランドライバー）といいます。

蛇 (1)：snake, serpent 【動物】

● 英語のイメージ
snake は蛇の一般語で serpent は大型で有毒な蛇をいいます。キリスト教社会では、旧約聖書『創世記』の話から、悪魔が serpent に化けてイブを誘惑して禁断の実を食べさせたとし、(Old) Serpent を Satan（悪魔）としています。イメージとしては、裏切りの、冷酷な、陰険な、など嫌われ者ということになります。

● 日本語のイメージ
蛇は神聖な動物として水の神の使者、あるいは水神そのものと考えられる場合が多くあります。蛇が脱皮を繰り返して成長するところから人々に「生まれ変わり」の印象も与え、蛇と人とが結ばれる話や、その間に生まれた子どもが神童であり、その子が水や雨をもたらして干ばつを救うという類の民話も多く残ります。

● どのような文化的背景からイメージの違いが生まれたか
日本における農業の中心は稲作であり、しかも水田による水稲でした。その水田が干上がることは凶作を意味します。農民たちは日照りが続くと神に、水や雨で田に水を満たしてくれるよう祈願したのです。その使いが蛇でした。農業文化とキリスト教文化との違いからのイメージの違いといえます。

● ネイティブによるワンポイント解説
蛇の動きから次のような英語もあります。The soldiers snaked their way through the jungle.（兵隊たちはジャングルの中を曲がりくねって進んでいった）。

蛇 (2)：snake, serpent 【動物】

● 英語のイメージ
snake も serpent も「陰険、冷酷、狡猾」なイメージです。その語源形は違いますが、意味は同じ「這う」です。serpent は特に大きく猛毒な snake で文語的に使われ、聖書では The (old) Serpent で「悪魔」のことになります。また raise [wake] snakes なら「騒ぎを起こす」です。snake も serpent も「エネルギー、宇宙の力」の象徴であり、「智恵のキリストと地下の悪、創造と破壊、肯定と否定、暗闇と光、善悪、毒と治療、生死」など両義性のイメージがあるともいわれます。

● 日本語のイメージ
「蛇」は、「不吉、執念深い」と恐れ嫌われる一方、「水の神の使い、水の神」として神聖視されてもいました。また何度も脱皮することから「再生」のイメージもあります。漢字の「蛇」は「ウネウネする」が原義です。

● どのような文化的背景からイメージの違いが生まれたか
中国では「竜」が西洋の蛇に相当し、すべての水を貯めこんで旱魃を引き起こす怪物のイメージであり、それが農業国の日本では「水の神」とみなされました。

● ネイティブによるワンポイント解説
紀元前のローマの詩人ウェルギリウスが、裏切り者のことを「草むらに潜んでいる毒蛇」にたとえたところから、a snake in the grass で「目に見えない危険、隠れた敵、裏切る奴」などを意味します。

弁護士：lawyer 【職業】

● 英語のイメージ
一般的に弁護士の社会的地位は、大変高いものといえます。教育はあり、難しい司法試験に受かり、社交性があり、尊敬を勝ち得る職業です。大統領や上院・下院議員は弁護士出身が多く、政治家として成功する資質を備えているといえます。

● 日本語のイメージ
企業社会においては自社の法務部を持つ大企業も、独自の法務部門を持たない中小企業も、必ずといってよいほど顧問弁護士を置き、何か問題が起きることに備えています。しかし、マスコミに登場してくる以外は、日常生活の中で一般的な人々との接触のかなり少ない職業というイメージがあります。

● どのような文化的背景からイメージの違いが生まれたか
米国には 127 万人、片や日本には 3 万人が登録されているという弁護士の絶対数、何でもすぐに訴訟に持ち込む気風とそれを可能にする保険制度、国会議員になる前の代表的な職業、など両国の社会慣習の違いが見られます。

● ネイティブによるワンポイント解説
lawyer は弁護士を意味する最も一般的な語です。その下位概念として次のように分けることができます。attorney（米）と solicitor（英）は事務弁護士を指し、法律相談や法律書類の作成や管理にあたります。counselor（米）と barrister（英）は法廷で弁護にあたる法廷弁護士を指します。

便所：lavatory, toilet 【住】

● **英語のイメージ**

lavatory の語義は「洗う所」で、「洗面所、水洗便器（英）」を意味し、toilet の婉曲語です。toilet は「便器（toilet bowl）、便所」の直接的な語であり、「排泄をする場所」を意味します。他に restroom、ladies' [women's, powder] room、[the Ladies（英）]、men's room [gents（英）]、comfort station、public convenience（英）、WC もあります。

● **日本語のイメージ**

「便所」は大小便をする所であり、「不浄、汚穢、暗さ」のイメージがあります。また私的な空間であり、しばしば怪異現象が生ずる話から霊魂の出入り口、他界との境界的領域とされました。特に他界からこの世への赤子の誕生と結びつき、妊婦が掃除に努めるときれいな子どもが生まれるという習俗も全国にあります。

● **どのような文化的背景からイメージの違いが生まれたか**

欧米では、紀元前 2000 年頃のバビロニアの水洗便所やローマ時代の上下水道以後近世までは原始的方式に逆行し、室内便器を用いて庭などに汚物を捨て、便所は特に作られませんでした。一方日本では、便所を司る神「厠神・便所神」を便所の片隅に祀り、供え膳をしたりする地域もあるように、特別な空間とされました。

● **ネイティブによるワンポイント解説**

個人宅では、家庭の便所は普通 bathroom といいます。使用したいときは、May I use your bathroom? や Where can I wash my hands? というと上品です。

ほうき：broom 【日常生活】

● **英語のイメージ**

broom は、エニシダという植物のことです。砂地や荒地に生えるこの低木の枝や葉などからほうきを作ったことが命名の由来です。よく知られているイメージはほうきが魔女の乗り物だということでしょう。ほうきは女性の道具の代表格で、女性が外出するときにはほうきを扉の外に立てかけておいたといわれます。

● **日本語のイメージ**

ほうきはものを掃き出し、かつ掃き入れるものということから神霊を払い、かつ招きいれる道具として扱われ、生と死、現生と冥界を媒介し移行させるものというイメージがありました。また穢れを払い、福を招き入れる道具でもありました。

● **どのような文化的背景からイメージの違いが生まれたか**

家を、守護神が宿るところ、また病気や死をもたらす霊魂が入ってくるところとも考え、そこから福を招き入れ、邪気を払い出すためにほうきが儀式的に使われた日本と、ほうきが魔女との関係から考えられる英米との違いです。

● **ネイティブによるワンポイント解説**

broom に関する英語をいくつか紹介します。mops and brooms（ほろ酔いの、一杯機嫌の）、drunk as a broom（ひどく酔っ払って）、broom off（(厄介なことを)放り出す、投げ出す）、A new broom sweeps clean.（新任の役職者は多くの変革をしたがるものだ）、などがあります。新しいほうきはよく掃けるからです。

帽子：hat, cap 【衣】

● 英語のイメージ

「帽子」は hat、cap と表します。hat は縁 brim のある帽子で、素材で silk [top] hat、felt hat、straw hat「麦わら帽」など、職業由来で cowboy hat などがあります。cap は縁のない帽子で中世には従僕・職人・学生用でしたが、その後スポーツ用にもなり、現在では名誉や階級用もあります。baseball cap「野球帽」、hunting cap「狩猟帽」、college [academic] cap「大学の角帽」、nurse's cap「看護帽」などです。

● 日本語のイメージ

元来「帽子」は、広義では頭巾なども含めた布製の被り物、狭義では平安時代に登場した成人男子の被り物の「烏帽子（えぼし）」のことでしたが、近代の洋装の普及で西洋風の被り物をさすようになりました。

● どのような文化的背景からイメージの違いが生まれたか

欧米では帽子は古代より存在し、天候から頭部を保護するだけでなく、職業・身分などを表し、儀式用・装飾用でもあります。また礼儀作法の象徴にもなり、男性は屋内また屋外でも女性の前では帽子を脱ぎます。一方女性の帽子は服装の一部とされ、屋内でも食事中でも脱がなくてよいとされます。

● ネイティブによるワンポイント解説

子どもに Where is your cap? というと、「お辞儀は？」とたしなめる意味です。また Hats off to ～! といえば「～に敬礼 [脱帽] ！」になります。

法律制度：legal system 【政治・契約】

● 英語のイメージ

米国では 50 州それぞれに独自の法律があります。極端なことをいうと、ある州では犯罪であるものが他州では犯罪とならないし、弁護士資格も州単位であるためある州で司法試験に合格しても他の州へ移れば資格がないことになります。英米の陪審員制度も日本で 2009 年から始まった裁判員制度とは異なります。

● 日本語のイメージ

日本では、北海道から沖縄まで同じ法律制度です。地方公共団体が主体となる法律がありますし、また諸事情により制度の運営主体が国から都道府県に移ることもありますが、それらも日本国憲法によりその組織や運営に関する事項は国の法律でこれを定めることになっています。また裁判員が参加できるのは刑事裁判だけです。

● どのような文化的背景からイメージの違いが生まれたか

英米は長い歴史を有する、判例を重ねた慣習法の体系であるコモンローの国で、日本は明治期にローマ法系の大陸法を取り入れた国であるという大きな違いがあります。英国で陪審が刑事事件に取り入れられたのが 13 世紀、米国では 1787 年にすべての犯罪の公判は陪審裁判によってなされる旨が憲法に規定されました。

● ネイティブによるワンポイント解説

州によって法解釈が違ってくるということは、ある州では過失罪を適用される行為が、過失に対する法解釈が違うために、別の州では適用されないということです。

ホウレンソウ：spinach 【食】

● 英語のイメージ

spinach は「ホウレンソウ」ですが、gammon and spinach で「でたらめ」を意味することから「不要なもの、くだらないもの」のイメージもあります。また俗にその色から、緑色の紙幣の「米ドル札」を意味したりもします。

● 日本語のイメージ

「ホウレンソウ」は冬の重要な葉物野菜です。西アジア原産で、江戸初期に中国から伝えられた東洋種と明治以降に普及した西洋種があります。「菠薐草」と書きますが、この「菠薐」は、ネパールの地名ともいわれます。

● どのような文化的背景からイメージの違いが生まれたか

日本では、生の「ホウレンソウ」は「えぐみ」がある have an acrid flavor、taste acrid とされ、ゆがいて blanch［parboil］灰汁をとってから食用とされます。日本の代表的な料理はそれをだし汁につけた「ホウレンソウのお浸し」ですが、欧米では加熱調理だけでなく、柔らかい緑の葉をそのまま「サラダ」で食べます。

● ネイティブによるワンポイント解説

spinach といえば、Popeye を連想します。Popeye は米国の漫画の主人公で、缶詰のホウレンソウを食べると怪力となる水夫です。Popeye の銅像のある Texas 州 Crystal City は、Spinach Capital of the World「ホウレンソウの首都」と呼ばれています。

本音：true color 【人間関係】

● 英語のイメージ

英米の社会においても本音と建前はあります。たとえば身近な How are you? という挨拶にも、その返答の I'm fine and you? も建前の一部であって、I'm not fine. と本音で答えることは少ないだろうというのがその理由です。

● 日本語のイメージ

家を出たところ隣の奥さんから、「お出かけですか？どちらまで？」といわれた場合、「ちょっとそこまで」と答えればよいわけで、聞いている方も具体的な場所を聞いているわけではありません。本音は本当の姿（正体）という意味にもなります。

● どのような文化的背景からイメージの違いが生まれたか

本音と建前は日本の専売特許ではなく英米にもあるのですが、日本の場合には心にもないことを言うという点で独特かもしれません。日本は小さな集団社会であり仲間内の人たちと悶着を起こしたくないという気持ちから、面子を重んじて本音をいいません。相手の顔を立て、調和を第一に考えるところからきているといえます。

● ネイティブによるワンポイント解説

英語で true color といいます。show one's true colors で本性を表す、本音を吐くという意味です。この color は海賊船がマストに掲げる旗のことで、昔海賊船が、偽の旗を掲げて獲物の商船に近づき、その後突如本来の海賊船の旗に変え相手に襲いかかったことに由来し、「本性を表す」はそこから生まれたことばです。

松 (1)：pine 【植物】

● 英語のイメージ
　西洋の松はもみ（樅）の木と混同されることがありますが、樅の木はクリスマスツリーの木です。いずれもマツ科の常緑針葉樹で垂直に生えて腐りにくく、その形から火を表すとされます。また孤独、不死、強い性格を表すといわれます。

● 日本語のイメージ
　松は常緑という色からしても、またその独特の形状からしても、不変、または長寿の象徴として芸術の題材ともなり、能の舞台には欠かせない鏡板（舞台後ろにある板）にも松が描かれています。この松は神仏が現れる時の依代（乗り移る物）とされ、正月に飾る門松も本来は正月に訪れる歳神が降臨する依代でした。

● どのような文化的背景からイメージの違いが生まれたか
　日本では昔から神霊が降臨し、その際の乗り物として神々は形状が普通ではない樹木を選ぶという民間伝承があります。そのような依代（よりしろ）として神々が松を選んだということから、松はおめでたいことや最上のもの（松竹梅の三段階で最上階）を表すようになりました。西洋には見られない話といえます。

● ネイティブによるワンポイント解説
　pine は多くの州で州木とされ、特にメイン州は愛称 Pine Tree State で呼ばれることが多くあります。その他に、ミシガン、アーカンソー、ノースカロライナ、アラバマ、ミネソタ、アイダホ、モンタナ、ニューメキシコの各州があります。

松 (2)：pine 【植物】

● 英語のイメージ
　pine（tree）は垂直に生え、腐りにくいので、「垂直、不朽、長寿、豊穣」のイメージがあります。また「孤独、不死、強い性格」を表します。その材の pinewood は、棺の材料でもありました。葉は針状なので、pine needles「松葉」、また果実は pine corns「松笠、松ぼっくり」でその実 pine nut は食用とされます。家具や製紙原料のパルプ（pulp）などに用いられ、また樹脂からテレビン油、タールが作られます。

● 日本語のイメージ
　「松」には、「長寿、慶賀」のイメージがあり、正月に欠かせない「門松」に用いられます。「松」は常緑であるところから「永久、不変」の象徴であり、竹や梅とともに「祝い」を表し、「松竹梅」として三段階の最上位ともなります。さらに「待つ」と同音であることから掛詞として和歌などに用いられてきました。

● どのような文化的背景からイメージの違いが生まれたか
　日本では、「松」は神がその木に天降ることをマツという意味であるという説があります。「松」は普通に庭園樹として植えられていますが、各地に天然記念物の大木もあり、古来「神の依る木」として尊ばれ、日本を代表する木です。

● ネイティブによるワンポイント解説
　米国 Maine 州は豊かな森林があり、総面積の約 80％が針葉樹林のため、the Pine Tree State と呼ばれます。

祭り：festival 【日常生活】

● 英語のイメージ
festival は「宗教的祝い」のことです。原義は「休日、祝日」であり、「祝祭、楽しい」です。他に film festival「映画祭」など、定期的な文化行事の催しも意味します。feast も「宗教的な祝祭（日）」ですが、特に「祝宴」をいいます。

● 日本語のイメージ
「祭り」は本来、神仏・祖先を祀ることであり、神仏祖霊などを慰撫・鎮魂したり、感謝・祈願したりする儀式、祭儀をいいます。京都賀茂神社の「葵祭」、江戸二大祭である日吉山王神社と神田明神の祭など、日本全国に有名な「祭り」があります。また記念・祝賀・宣伝などで催される集団的な行事・祭典も、「祭り」というようになりました。

● どのような文化的背景からイメージの違いが生まれたか
日本の伝統的な「祭り」は、各地域にある神社を中心に行われてきました。各地の民間信仰とも重なり、形式はさまざまですが、「祭り」は地域住民が一堂に会する特別な機会となっています。一方 festival は、キリスト教、ユダヤ教、ヒンズー教、イスラム教、仏教など各宗教に特有の祝祭があります。

● ネイティブによるワンポイント解説
クリスマスも the festival of Christmas でキリスト教の祝祭です。身近な例では、school festival「文化祭・学園祭」、memorial festival「追悼祭」などもあります。

窓：window 【住】

● 英語のイメージ
window は vindr (wind) ＋ auga (ow) で「風の目」であり、「光、知識、理解、伝達、偵察、窓口、機会」などを表します。また The eyes are the windows of the soul [mind, heart]. というように「心の窓」、店の陳列窓を飾る window dressing で「見せかけ、粉飾」、買わずに見て歩く window-shopping から「欲望、虚飾」も表します。

● 日本語のイメージ
日本語の「窓」は、「目門（まと）、間戸（まと）」で「のぞき穴」に由来するとされます。日本の窓は、自然との接触を目的とした採光・通風・展望のための開口部であり、また「外と内をつなぐもの」のたとえにもなります。

● どのような文化的背景からイメージの違いが生まれたか
欧米の window は、敵の攻撃に対する防備上から縦長で、壁とともに外界からの遮断を目的としました。「家の目」として各家庭の雰囲気を外部に伝える部分であり、window box 植木箱などで飾られます。欧米では上げ下げ窓 sash window や観音開きの開き窓 casement (window)、日本では引違窓 sliding window が一般的です。

● ネイティブによるワンポイント解説
Windows は「マイクロソフト社製パソコン用基本ソフト（OS）」として有名ですが、window はコンピュータのディスプレー上の各開口部で独立した操作が可能な領域、また一度に表示されるテキストデータの一部分をいいます。

豆：bean [食]

● 英語のイメージ
bean は凹みのある楕円形の豆をいいます。インゲン豆（French [kidney（腎臓形なので）] bean）、ソラ豆（broad bean）、大豆（soybean [soya bean]）、コーヒー豆（coffee bean）などです。丸い球形の豆は pea でエンドウ豆・グリーンピース（pea, green pea）などです。またレンズ豆などの平らな円形の豆は lentil といいます。

● 日本語のイメージ
「豆」は、日本では形にかかわらず、マメ科の植物で果実・種子を食用にするものを総称して呼びますが、一般には大豆をいいます。また摩擦などで手足の皮膚にできる豆のような水ぶくれのことにもなります。さらに接頭語として「豆電球」や「豆知識」など、「小さい」ことを意味します。

● どのような文化的背景からイメージの違いが生まれたか
bean には死者の霊が住むとされ、ローマの死者を祀る記念日「万霊節」には、霊を防ぐために bean を吐き出したり投げつけたりしました。日本の節分の豆撒きも邪気を祓うためであり、「鬼」も元は「隠（オン）」で「隠れて見えない物、死者の霊、幽鬼」のことですので似ています。ただし欧米では主にインゲン豆、日本では大豆です。

● ネイティブによるワンポイント解説
インゲン豆を使った米国の伝統的な豆料理（Boston）baked beans は、安料理の代表でもあり、主に豆料理を出す大衆的な「安料理店」を beanery といいます。

眉：brow [身体]

● 英語のイメージ
brow は、「感情・性格を表す場所」とされます。knit [crease, furrow, wrinkle] one's brows は「眉を寄せる、顔をしかめる」で心配、不審、困惑、不機嫌、熟考などの表情、また raise [arch, lift] one's brow[s]「眉を上げる」では驚き、軽蔑、非難、疑いなどを表します。なお brow には「突端」の意味もあり、on the brow of a hill「山の端に」、the brow of a cliff「崖っぷち」となります。

● 日本語のイメージ
日本語の「眉」も、喜怒哀楽など「感情が表れるところ」とされます。たとえば心配事や不快なことに対し「眉をひそめる」「眉を開く、愁眉を開く」なら心配がなくなって「安心する」の意、「眉を読む」なら顔の表情から相手の「心を推し量る」、「眉を上げる」は怒った様子または喜ぶ様子になります。

● どのような文化的背景からイメージの違いが生まれたか
brow は、正確には眉毛 eyebrow だけでなく額 forehead や表情を含みます。たとえば wipe [mop] one's brow は「眉」というより「額の汗をぬぐう」、an angry brow は「険しい表情」、clear one's brow なら「顔の表情が明るくなる」になります。

● ネイティブによるワンポイント解説
brow は、口語では「おつむ」の意味にもなり、「知的水準」を示します。教養の高さにより highbrow、middlebrow、lowbrow と分類されます。

マンション：mansion 【住】

● 英語のイメージ

　mansion は、貴族、地主、富豪などの大邸宅で、手入れの行き届いた芝生や花壇、木立と小道、プールやテニスコートなどもある広い庭園に、城のような豪壮な居宅があります。ただ英国では「〜 mansions」のようにアパートの名前に用いることもあります。

● 日本語のイメージ

　「マンション」は、日本では鉄筋コンクリート造の中高層建築で、民間企業が供給するやや高級なイメージの集合住宅のことです。賃貸と分譲がありますが、一般に分譲方式の住宅をいいます。個人が所有する各戸（unit）と、玄関や庭、駐車場など居住者が共同で使用し共有する部分（common area）があります。

● どのような文化的背景からイメージの違いが生まれたか

　日本の「マンション」は、地価高騰や都市圏の拡張に対応する土地の有効活用から、東京オリンピック（1964年）の頃から急速に普及しました。それまでの木造アパートより高級感を出すため、英語で大邸宅のマンションという語が使われました。

● ネイティブによるワンポイント解説

　日本の分譲マンションは英語では、建物全体もその一戸も condominium、condo（米口語）と呼びます。賃貸の集合住宅は、1区画なら apartment、flat（英）、建物全体は apartment building [house, complex]、block of flats（英）といいます。またワンルームマンションは a studio、a one-room apartment といいます。

蜜柑・オレンジ：orange 【食】

● 英語のイメージ

　orange は東方からもたらされた語で、「愛、結婚、情欲、嫉妬」のイメージがあります。その色は僧の衣の色であり、その実は「豊穣、嫉妬」などの象徴です。ダイダイ（bitter [sour] orange）、アマダイダイ（sweet orange）、マンダリン（mandarin orange）、ベルガモット（belgamot orange）など多くの種類があります。

● 日本語のイメージ

　「蜜柑」は炬燵などを囲む日本の団欒のイメージがあります。古くは「橘、橙、柑子」と呼ばれ、美味しい果物として大切にされていましたが、「蜜」のように甘い果汁の新種が伝えられると「蜜柑」と呼ばれるようになりました。日本の「蜜柑」の種類は mandarin orange、Satsuma（温州蜜柑）、tangerine（ポンカン）です。

● どのような文化的背景からイメージの違いが生まれたか

　日本では「蜜柑」はまず果実のイメージですが、orange は花のイメージも重要です。orange blossom は純白で、花ことばが「純潔、貞節、愛らしさ」であることから、結婚式に花嫁が花冠にしたり花束として持ったりします。orange blossom は米国 Florida 州の州花です。

● ネイティブによるワンポイント解説

　apples and oranges は「まったく異なるもの・人、水と油」で、compare apples and oranges なら「異質なものを比べる」、つまり「不適切な比較」を表します。

第Ⅱ部　単語の持つイメージを比べる　　207

緑：green　　　　　　　　　　　　　　　　　　　　　　　　　　　　【色】

● 英語のイメージ

green は「緑色、草色」ですが、「若々しい、新鮮な、熟していない」イメージがあります。また green salad のように「野菜」、green cars なら「環境に配慮した」、green light で「青」信号、She is still green. なら「未熟な」、さらに green with envy [jealousy] なら「うらやんで、嫉妬で青ざめて」などの意味になります。

● 日本語のイメージ

日本語の「緑」は、草木の新芽、初夏の若葉、植物一般、また青と黄色の間色、新緑の色のイメージです。そして「緑児」で三歳くらいまでの新芽のように「若々しい」乳幼児、「緑の海原」で海や空などの「深い藍色」、「緑の黒髪」(raven-black hair) で「黒くつやのある色」も表します。でも嫉妬の意味はありません。

● どのような文化的背景からイメージの違いが生まれたか

green に嫉妬の意味を印象付けたのはシェークスピアです。作品「ヴェニスの商人」や「オセロ」で、green-eyed monster [jealousy] が嫉妬の意味で使われました。

● ネイティブによるワンポイント解説

日本では学童交通整理員を「緑のおばさん」といいますが、英語では school crossing patrol、英口語で a lollipop lady [man] といいます。Stop! Children crossing. (止まれ！子ども横断中) と書かれた丸い標識の付いた棒を持っていますが、それが lollipop (棒付きの円形キャンデー) に似ているからです。

南：south　　　　　　　　　　　　　　　　　　　　　　　　　　　【地理】

● 英語のイメージ

south と聞けば南米の国々を思い、また米国南部を思い浮かべるのが一般的な米国人です。明るくて、陽気で、激しく、また気まぐれで、情熱的なところというイメージを持っています。北部の人たちであれば南北戦争を想起するかもしれません。

● 日本語のイメージ

南は日の出る方に向かって右の方向であり、皆んなが見る（皆見）というのが語源とされます。熱と光からなる火や、草木が十分に生育し充実した状態を指しました。西欧文明を日本にもたらしたのはスペインやポルトガルなど南欧であったことからも異国情緒豊かなヨーロッパからの渡来人を南蛮人と総称していました。

● どのような文化的背景からイメージの違いが生まれたか

四面を海で囲まれ外国との接点もほとんどなかった日本の庶民にとっては、紅毛碧眼の外国人は珍しいものでした。しかし国別ではオランダをはじめとしごく限られたもので、民族や文化の違いにより人の性格が異なるということは分かりませんでした。出身地域、言語、文化が異なる多様な人々が共存する米国との違いです。

● ネイティブによるワンポイント解説

左利きの選手、左腕投手、左利きの人を southpaw (南の手) といいます (paw はおどけて人間の手)。シカゴ球場が本塁を西側とする向きだったため (左腕が南向きになる) という説と、南部出身の左腕投手が多かったからという説があります。

耳：ear 【身体】

● 英語のイメージ
ear は器官の「耳」であり、「聴覚、音感、耳形の物」などを意味します。Walls have ears.「壁に耳あり」、big ears「地獄耳」、be all ears「一心に耳を傾ける」のように「好奇心、盗み聞き、傾聴」のイメージがあります。また The ears burn.「耳がほてる」のは「誰かが噂している」からです。他に「裏切り」なども表します。

● 日本語のイメージ
日本語の「耳」も ear と同様の意味があります。「聴覚、聴力」の器官であり、また「耳が早い」など「聞いた話、噂」、「鍋の耳」など「耳形の物」、「パンの耳」のように「物の縁、端」などを意味します。なお長い耳たぶは仏教で有徳の僧を指すことから、日本では「福耳」といわれ、「福運、幸運」を表すとされます。

● どのような文化的背景からイメージの違いが生まれたか
キリスト教では、「聖霊」の鳩が ear「耳」よりマリアに入ったと描かれています。またエジプトでは右耳から生命の息が、左耳から死の息が入ると信じられていました。ear は人間の身体への特別な入口とみなされていたようです。

● ネイティブによるワンポイント解説
listen with only half an ear というと「いい加減に聞く」の意味ですが、(go) in one ear and out the other になると片耳からもう一方の耳へ抜けますので、日本語の「馬耳東風、馬の耳に念仏」にあたります。

苗字：last name/surname 【家庭】

● 英語のイメージ
家族と共有しているということから family name ともいいます。英語の姓は、上流階級を除き、1600 年ごろから一般的に使われるようになったものです。大別すると職業（Baker, Cook, etc.）、場所（London, York）、地理（Bush, Forest）、外見（Short, Young）、続柄（Peterson, Jackson ＝～の息子）に分かれます。

● 日本語のイメージ
日本で誰でも苗字（名字）を名乗れるようになったのは明治に入ってからのことです。古代においては天皇から与えられた氏が家の名前になり、その後同一の氏から分かれてその住む地名などを付けた家名（千葉、三浦など）となりました。

● どのような文化的背景からイメージの違いが生まれたか
元々は天皇から与えられた氏（うじ）と姓（かばね ＝ 氏の下につけたもの、また両者）から始まった日本の苗字に比べて、英米の苗字はその付け方からして独特なものも多く、また移民の国である米国にはそれぞれの国々からの苗字も多くあり、実にユニークでバラエティに富んだ苗字が多くあります。

● ネイティブによるワンポイント解説
英米では二つの姓がつながった二重姓（double-barreled name）があり、上流階級の家族によく見られるます。triple-barreled name、quadruple-barreled name もあり、チャーチル英首相の名は Sir Winston Leonard Spencer-Churchill でした。

麦：wheat, barley [食]

● 英語のイメージ

wheat は「農業、豊穣」の象徴であり、西欧では「生命の糧」とされました。wheat は「小麦」で、気候や風水害の影響を受けやすい米に比べて環境適応力が高く、世界的にも広く栽培されています。他に barley「大麦」、rye「ライ麦」、oats「燕麦」などがあります。wheat の原義は小麦粉の色が白いことから「白い」です。

● 日本語のイメージ

「麦」は、古来食用、飼料またビールの原料として重要な穀物です。日本では「米」が特別視され普段は食べられないものでしたので、米の分量を少なくするために麦を加えたり、麦だけを炊いた麦飯にしたりしていました。そのため「麦」は米より下位に位置づけられていました。

● どのような文化的背景からイメージの違いが生まれたか

「麦」は小麦、大麦、ライ麦、燕麦などの総称ですが、日本では大麦を指すことが多く、たとえば「麦茶」roasted barley tea は大麦を煎って煎じたもの、「麦飯」も大麦のご飯です。世界的には「小麦」の方が収穫量も重要性も圧倒的に大きいです。

● ネイティブによるワンポイント解説

wheat は西欧では最も重要な穀物です。Separate [sort] the wheat from the chaff は wheat と chaff「もみがら」を分ける、「価値のあるもの（人）とないもの（人）を分ける」という意味です。また (as) good as wheat で「とても良い」になります。

無口：taciturnity [社交]

● 英語のイメージ

無口でいるということは、周りの人間から人格的に問題ありという烙印を押される危険につながります。米国人たちは、相手が何も言わなければ、その人がいったい何を考えているのか分からないので不気味に思います。また、無口でいることは何の意見も持たないということであり軽蔑に値する人間と思われてしまうのです。

● 日本語のイメージ

日本で無口であることは大きな問題とはなりません。また、たとえば食事時などにおいては現在でも食事中に家族がしゃべるのを好まない家庭すらあります。食事は黙ってするものという古い考えが生きていますし、「男は黙って〜」という表現は、広告宣伝文にもよく使われます。

● どのような文化的背景からイメージの違いが生まれたか

「はじめにことばありき」の西欧社会と、古来寡黙を美徳としてきた日本との違いといえます。日本では、侘び寂びの心、茶道、華道、書道においても重んじられる静かさ、無言の舞台である能、また武士道の世界においても「沈黙は金」でした。

● ネイティブによるワンポイント解説

日本では「口は災いのもと」といわれ寡黙で多くを語らないことは好意的に見られてきたようですが、これは価値観の異なる英米では通用しません。発言力がリーダーシップや能力の証拠とされる英米では不利な評価を招くことになります。

紫：purple 【色】

● 英語のイメージ
　purple は染料となる貝が語源で、「紫色」に「深紅色」も含みます。「高貴な、華麗な」イメージがあります。皇帝や枢機卿が身につけた「紫衣」も意味しますので、wear the purple で「皇帝である」、be born in the purple「帝王・王侯貴族の家に生まれて」、be raised to the purple「皇帝、枢機卿になる」ことを表します。また purple passage [patch] は「華麗な一節」、時には「幸運な時期」の意味です。

● 日本語のイメージ
　日本語の「紫」は、「紫草」、その根で染めた「紫色」、赤と青との間色で、「高貴」なイメージです。平安時代には「深紫」は一般人が着ることを許されない高貴な色で、許された「薄紫」は広く愛好されました。なお、色が紫色なので「醤油」も指します。

● どのような文化的背景からイメージの違いが生まれたか
　高貴な紫のイメージを生かしたのが紫式部の『源氏物語』でした。藤壺や紫の上など登場人物は紫のイメージで理想化されています。purple は元々貝から得られる色が紫に近い深紅色であったため、日本語の紫よりも赤に近い色を指すことが多く、たとえば turn purple (with rage) で「怒りで顔が紅潮する」ことを意味します。

● ネイティブによるワンポイント解説
　purple は「激しさ」のイメージもあり、with a purple passion で「激しく、熱烈に」のように使われます。

目：eye 【身体】

● 英語のイメージ
　eye は「太陽（神）」であり、「光の源、知性や精神」の象徴とされました。特に正常な二つの目に対し三つめの目が描かれることがあり、それは「超人的、神のような能力」とされました。一方数多くの目は「劣等」のイメージがあり、夜空にある無数の星のように「暗黒界」と多くの目を持つ Satan に結びつけられます。

● 日本語のイメージ
　「目は口ほどにものを言う」ことから、「目」には「雄弁」のイメージがあります。また「目をつける、目を配る」等視線を向けることや、「目が利く、目を肥やす」など識別すること、また児童遊戯の「にらめっこ」、歌舞伎の「ニラミ」など、目には特別な力、不思議な力があるとされます。

● どのような文化的背景からイメージの違いが生まれたか
　日英とも「目、視線、注目、好意、視力、鑑識眼、見方、眼状のもの、中心」など同様の意味合いがありますが、日本語の「目」には「いい目、つらい目、憂き目」など「状況、境遇、体験」の意味もあります。これは目に見える姿・様子から、その人が出会う自身の有様、体験を表すようになったものです。

● ネイティブによるワンポイント解説
　be all eyes で「目を皿にして見る」、また be all ears なら「一心に耳を傾ける」ですが、be all thumbs は指がすべて親指、つまり「不器用」という意味です。

名刺 (1)：business card, visiting card　　　　【人間関係】

● 英語のイメージ

　英米では一般的に bsiness card［calling card〈主に米〉, visiting card〈主に英〉］を持ち歩き、頻繁に相手と交換するという慣習はありません。営業や管理職以外のビジネスパーソンや教育研究関係者以外、外国の人々、企業、諸機関との関係や接触のない人たちは名刺を持っていないのが普通です。

● 日本語のイメージ

　政府機関、企業、大学など各種の教育研究機関などに勤める人たちはもちろん、最近では大学生までもが名刺を持っているのがふつうです。飲食店関係の経営者や従業員にとって名刺は営業活動に欠かせない広告媒体の一つにもなっています。

● どのような文化的背景からイメージの違いが生まれたか

　日本語は男女により、また職位や社会的ステータスの上下によりその使い方が変わります。相手がどのような人間であるかによってことば遣いを変えなければなりません。そのために初対面の相手がどのような立場にある人かを知る必要があり、名刺はお互いの氏名だけではなく立場の紹介のために大事なものとなります。

● ネイティブによるワンポイント解説

　政治、経済、教育研究、スポーツや文化面においてグローバル化はその勢いを増していますが、それは国際間の人的交流が激増していることを意味します。初対面での自己紹介に便利な名刺の価値は欧米においても十分に認められ始めています。

名刺 (2)：business card, visiting card　　　　【人間関係】

● 英語のイメージ

　名刺は、一部の変型タイプは別として、すべて横書きで、ふつうは中央に氏名、その下に職階や地位、その下に勤務先名が印刷されます。ただし、勤務先の位置は千差万別です。住所の表示は、左下あるいは右下に勤務先の家屋番号、通り名、丁目番号、町村郡名、都市名、州や県名、その後に郵便番号、最後に国名がきます。

● 日本語のイメージ

　一般的な名刺のイメージは縦型のものですが、最近では横型も多くなりました。右上から勤務先名（この位置も千差万別ですが）、中央に職階や地位とともに氏名がきます。左下に住所がきますが、その順序は郵便番号、都道府県名、都市名、区名、町村名、丁目、住居表示番号の順序になります。

● どのような文化的背景からイメージの違いが生まれたか

　住所の表記方法は名刺だけではなく便箋や封筒にも、その違いがあります。日本では大から小へと縮めていき、英米では小から大へと広げていきます。握った5本指を広げていく英米、広げた5本指を織り込んでいく日本という数の数え方にも表れています。日本で生まれた扇子も「縮み（織り込む）」文化の産物といえます。

● ネイティブによるワンポイント解説

　名刺を入れておく名刺入れは business card holder、名刺を整理するための収納用の名刺帳は business card album、収納ケースは business card box といいます。

面子：face, honor 【身体】

● 英語のイメージ

face は単に肉体上の顔というイメージよりも、むしろ面（つら、めん）、外観、面目（メンツ、体面）や「困難に面する」など人やモノが「面と向かっている」という感じのすることばです。façade（建物の正面）、facet（面や相）、surface（表面）、face value（額面）やさらには時計の文字盤などがそのイメージです。

● 日本語のイメージ

日本語の面子は、顔つきという意味以外に、世間に対する名誉や様子という意味があります。影響力のある人やその力（面目）、成員としての個々の人々（顔ぶれ）を意味し、「大都会の顔」「顔が効く」「顔を潰す」などと言います。

● どのような文化的背景からイメージの違いが生まれたか

個人主義を旨とし一人ひとりが自立する（している）ことを第一義に考える社会と、集団主義を標榜し他人に迷惑をかけず、互いに波風を立てずに、無事に協同生活を送っていくことを大事にする2つの社会における人間関係の違いといえます。

● ネイティブによるワンポイント解説

You must face the music.（自分の行為の結果に対していさぎよく批判を受ける）の由来は、(1)舞台役者が自分に批判的な観客に顔を向ける、(2)不名誉な事件で除名処分を受ける兵士が演奏する軍楽隊にその顔を向ける、などにあります。

モーニングサービス：morning service 【食】

● 英語のイメージ

英米人が morning service と聞いて（読んで）イメージするものは教会での朝の礼拝式（a regular church service in the morning）です。英米のいずれにおいてもテレビやラジオでも放送され、BBC はインターネット上で実録紹介しています。

● 日本語のイメージ

morning service に該当する日本語は早天祈祷会です。プロテスタント、カソリック、英国教会、など宗派にかかわらず午前中に行われます。しかしモーニングサービスとカタカナになると喫茶店でコーヒー、紅茶とゆで卵、サラダ、トーストまでがついてくる朝の時間帯の特別サービスということになります。

● どのような文化的背景からイメージの違いが生まれたか

コーヒー・食パン・目玉焼き（あるいはゆで卵）の3点セットで1950年代後半に提供され始めたといわれるのがモーニングサービスです。キリスト教とは縁もゆかりもない喫茶店での早朝割引メニューで、外国人観光客が午前中に喫茶店に入りそのことばを見て、聞いて驚いたという話がいまだによく聞かれます。

● ネイティブによるワンポイント解説

標準的な英米の家族であれば、日曜日に自分たちが所属する教会へ morning service に家族揃って出かけていくのが普通です。Sunday-go-to-meeting という英語がありますが、日曜に教会に行くときの最上の服、よそ行きの、という意味です。

桃：peach　　　　　　　　　　　　　　　　　　　　　　　　　　【色・食】

● 英語のイメージ
peach の語源は「ペルシア語のリンゴ」で、「結婚」「女性」「キリスト教の救済」などのイメージがあります。peach は「魅力的なモノ・人、女の子」なども意味し、a peach of a house で「素晴らしい家」、a real peach「素敵な子」です。また peach は「桃色」でもあり、peach and cream なら「すべすべした桃色の頬」になります。

● 日本語のイメージ
「桃」には「聖なる果実」のイメージがあります。「桃」は、邪気を払う霊力のある「仙果」として、古くから中国で栽培されてきました。日本でも古来「桃の実」で悪霊を撃退した話などがあり、また農事開始前に穢れを払う行事として「桃酒」を飲むのが「桃の節句」とされます。

● どのような文化的背景からイメージの違いが生まれたか
中国では理想郷を「桃源郷」と呼び、桃は不老長寿の実として珍重されてきました。また「結婚」、「救済」の象徴ともされています。日本もこうした考え方を受けているといわれます。

● ネイティブによるワンポイント解説
peach brandy は peach から作ったブランデーですが、米国南部発祥の表現、drunker than a peach orchard boar は、桃の果樹園で木から落ちて発酵した桃を食べて酔っ払ったイノシシよりもさらに酔っている、「泥酔して」いることをいいます。

門：gate　　　　　　　　　　　　　　　　　　　　　　　　　　　　　【住】

● 英語のイメージ
gate は垣、柵、塀などの開口部であり、また城、都市、街路などに築かれた「門、出入口」をいいます。gatekeeper「門番」などがチェックをするイメージがあります。原義は「隙間、開いている所」です。「通路、生死・善悪の境界、要塞」などを表します。gate は一般に木製や鉄製ですが、鉄製は「貴族」の象徴とされました。

● 日本語のイメージ
日本語の「門」も gate と同様、建築物の外囲いやある区域の出入口、そこの構築物、また物事の通過点、試練などをいいます。ただし「門」は二枚の戸のある形で「家」となり「身内、仲間」を表しますので、「専門、門徒、宗門」など学問・芸術・宗教などの分野・一派、「家門」など家柄、「生物分類学上の区分」なども表します。

● どのような文化的背景からイメージの違いが生まれたか
日本の「門」は、中国の建築様式の伝来とともに平安時代には貴族の邸宅、宮城、都市などに造られましたが、地位を象徴する物であり近世までは特権階級の物でした。今日では一般の民家にも見られ、「門」は盆に迎え火・送り火を焚き、正月に門松を立てる場所となり、祖先の霊、神などを迎える「家」の象徴となっています。

● ネイティブによるワンポイント解説
gate は比喩的に「～への道、方法、手段」も意味します。たとえば open a gate [the gate(s)] for ～で「～への門戸を開く、～に便宜をはかる」の意味になります。

矢：arrow 【道具】

● 英語のイメージ
　矢は古来戦争や狩猟に用いられるものであり、そのために速さ、狩猟、戦争、的を射る、というイメージで捉えられます。矢の使い手は太陽の神や月の神であり、また愛の仲介者であるキューピットです。Time has wings.（時には翼がある）、Time passes like an arrow.（時は矢のごとく過ぎ去る）というイメージです。

● 日本語のイメージ
　矢は戦争や狩猟用具としてだけではなく、宗教的な用具でもありました。各地に矢祭町とか矢祭山また矢神という地名が残りますが、狩猟を始めるに際し山の神に知らせる祭が由来です。流鏑馬も、その年の天候を占うもので御弓神事から生まれたものですし、矢には邪神を払う力があると信じられ、破魔矢が生まれました。

● どのような文化的背景からイメージの違いが生まれたか
　月日は矢のように一瞬のうちに過ぎ去ってしまうのであるから無駄に過ごしてはならないという戒めを、光陰如箭（こういんじょせん）といい、「光陰矢の如し」として知られる四字熟語です。宗教的な用具としての使用は日本独自のものです。

● ネイティブによるワンポイント解説
　英語で Time flies. あるいは Time flies like an arrow. ということわざがありますが、これは中国語の光陰如矢がもとになって作られたものといわれます。英語のTime and tide wait for no man.（歳月人を待たず）とはニュアンスが異なります。

野球：baseball 【教育】

● 英語のイメージ
　野球は米国の国技であるといわれますが、米国人の野球に対する愛情や愛着は人並み以上のものがあります。大統領が始球式を行い、IBAF ワールドカップ（Baseball World Cup）で優勝すればホワイトハウスで大統領から祝福を受けます。野球は、米国の5大プロスポーツの中で最も長い歴史と伝統を誇る国民のスポーツです。

● 日本語のイメージ
　多くの日本人にとって野球のイメージは、プロ野球よりは甲子園球場で開催される夏の全国高校野球選手権大会と春の選抜高校野球大会といえるでしょう。全試合が全国にテレビ放送され、日本国中が熱中するといっても過言ではありません。

● どのような文化的背景からイメージの違いが生まれたか
　米国で一流といわれる選手の優秀さはきわめて高いものがあり、ファンたちは彼ら個々人の投打における最高のプレーを期待し観戦します。日本人が高校野球に感動するのは、球児一人ひとりの純粋で健気な一生懸命さとチームプレイかもしれません。

● ネイティブによるワンポイント解説
　米国人の日常会話には野球用語が頻出します。hit singles, not homers.（とっぴなことはせず着実に）、warm the bench（あまり使われなくなった人に対して）、strike out（失敗）、bush league（マイナーリーグのこと；同じ業界内で二流どころ、劣った、未熟な、素人臭い）など、自動車の用語と同様に数多くあります。

焼く：bake, roast, grill, broil　　　　　　　　　　　　　　　　　　【食】

● 英語のイメージ
　調理で「焼く」は、天火の場合と直火の場合があります。天火ならオーブンの上下四方の熱で蒸し焼きにします。パン・菓子・果物など比較的小さな材料を焼くなら bake、chicken や beef など肉を焼くなら roast といいます。直火の場合、焼き網（grill）やグリル装置（broiler）などで炙り焼きするなら grill（英）、broil（米）といいます。またフライパンで油を引いて焼くなら pan-fry、仏語の sauté を使います。

● 日本語のイメージ
　「焼く」は、火、光、薬品などで物の状態を変えることで、調理以外にも使います。また「世話を焼く」、「やきもちを焼く」など心の働かせ方でも用います。調理では火であぶって中まで熱が通るようにすること、原材料に熱を加えて物を作ることをいいます。

● どのような文化的背景からイメージの違いが生まれたか
　日本には伝統的な調理法に肉料理がなかったため、日本語で「焼く」といえば火を当てて調理することですが、英語では直火・天火、また材料・道具・調理法でそれぞれ違う表現があります。

● ネイティブによるワンポイント解説
　パンなどをきつね色に焼くなら toast、強火でこんがり焼くなら brown、戸外で具材にソースを付けてじっくりと焼くなら barbecue なども使います。

闇鍋：potluck　　　　　　　　　　　　　　　　　　　　　　　　【日常生活】

● 英語のイメージ
　potluck とは本来日本語の賄い料理のように「あり合わせの料理を食べること、またそのような料理でもてなす」という意味です。potluck［potluck supper］といえば、パーティーに参加する人たちがそれぞれ何か一品ずつを持ち寄り皆で食べることで、ピクニックや気楽なホームパーティーに利用されます。

● 日本語のイメージ
　字義的には potluck と同じものにはなりませんが、日本には闇鍋というある意味でお遊びの食事会があります（闇鍋は日本独自のものではないという説もあります）。参加する人たちが、それぞれ自分だけが知っている材料を持ち寄り、闇の中でそれを鍋で煮込みながら食べるというものです。

● どのような文化的背景からイメージの違いが生まれたか
　potluck は不意の客に対して食事を出すときに、あり合わせのものしかないのでと断りながら提供するお料理でしたが、それがパーティー用にと進化してきたものです。闇鍋は中身が何か分からないというスリルが伴うという点で違っています。

● ネイティブによるワンポイント解説
　米国では教会、生徒の親たちどうし、地域住民どうしの関係からハウスパーティーが開かれる頻度が高く、potluck は欠かせません。そのため持っていく料理に困らないように potluck recipes（レシピ）が何千となくネットで公開されています。

夕食：dinner　　　　　　　　　　　　　　　　　　　　　　　　　　　　　　【食】

● 英語のイメージ

　dinner は「正餐、一日の中心的な食事」であり、昼食または夕食です。午餐なら early dinner、晩餐なら late dinner となります。通常は soup、bread、salad、main dish、dessert という正式なコース料理のイメージですが、粗末な食事でも「正餐」なら my dinner と呼ぶこともあります。また調理済みの急速冷凍食品の一食分も意味し、テレビを見ながらでも温めるだけで食べられる TV dinner などがあります。

● 日本語のイメージ

　「夕食」は、「夕［晩］御飯」「夕［晩］めし」「夕餉」「晩餐、ディナー」とも表されます。「夕［晩］御飯」は丁寧な表現、「夕［晩］めし」は男性語、「夕餉」は古風な言い方、「晩餐、ディナー」は特に豪華で改まった食事のイメージです。

● どのような文化的背景からイメージの違いが生まれたか

　dinner は、「正餐、最も主要な食事」ですので「夕食」とは限りません。子どもや勤労・中・下流階級では昼食が（midday）dinner、有閑・上流階級では夕食が（evening）dinner になります。ただし教会に行く日曜や Christmas dinner は昼食になります。

● ネイティブによるワンポイント解説

　midday dinner の後の夕食は supper といいます。supper は「一日の最後の食事」をさし、夜の観劇などの後の「夜食」の意味にもなります。普通コース料理ではなく軽いものですが、必ずしも dinner より粗末な食事というわけではありません。

床：floor　　　　　　　　　　　　　　　　　　　　　　　　　　　　　　　【住】

● 英語のイメージ

　floor の原義は「平らな所」であり、「部屋などの床、板の間、床板」をいいます。他にも the top floor「最上階」のように建物の「階」、the ocean floor「海底」で「（海、川、洞窟などの）底」、さらに「議員、発言、議員席、参加者席」の意味もあり、ask for the floor で「発言を求める」です。

● 日本語のイメージ

　「床」は、室内、廊下などを板敷きにしたその底面であり、また家の中の一段高い所で人の寝所、「寝床」をいいます。さらに、座敷上座の一画を一段高くして仏画、書画、美術品などを飾る「床の間」もあり、神聖な空間となっています。

● どのような文化的背景からイメージの違いが生まれたか

　原始時代の住居には床はなく土間のままでした。西洋ではこの土間形式のまま建築が進み、やがて床ができてからも人々は履物のまま建物に出入りし、椅子や寝台を置いて生活しました。一方日本では、奈良時代に上流階級の住宅で床を上げて板張りにしたので、履物を脱いで床に上がり、座ったり寝たりする生活となりました。

● ネイティブによるワンポイント解説

　英国では 1 階は「地上階」ground floor というので日本語とずれます。first floor は 2 階、second floor は 3 階です。米国でもこの英国式を採用しているホテルなどがあります。なお「○階建て」なら floor ではなく ○-story building とします。

指：finger 【身体】

● 英語のイメージ

finger は親指 thumb 以外の手指4本で、人差し指 index [first] finger、forefinger、中指 middle [long, second] finger、薬指 third finger、結婚指輪をはめる左手薬指 ring finger、小指 little finger、pinkie で、足指は toe です。finger は聴覚障害者の finger language「指話」(dactylology) もあり、「沈黙の言語」のイメージです。

● 日本語のイメージ

日本語では親指も区別せず「指」は5本とします。指は「指示、非難、義理、関与」などを表します。最も大きい「親指」、人を指さす「人差し指」、5本の指の真ん中「中指」、最も小さい「小指」ですが、「薬指」は古来薬を溶かして付けるのに使ったことからの名称で、唇に紅を塗る指で「べにさしゆび」ともいわれました。

● どのような文化的背景からイメージの違いが生まれたか

指さすことには「魔力」があるとされ、旧約聖書では禁じられていました。日本では自分を指す時は人差し指を鼻に向けますが、英米では侮辱になります。英米では親指で胸を指します。

● ネイティブによるワンポイント解説

「指（人差し指と中指）を交差させる」cross one's fingers は幸運を祈る仕草であり、「指（中指と親指）をはじいて鳴らす」snap [click] one's fingers は注意を引く仕草です。なおページ送りなど画面を「指ではじく」のは flick [flip] です。

指輪：ring 【衣】

● 英語のイメージ

ring は、一般に輪状の物で、装身具では特に指輪 finger ring をいいます。「束縛、結婚、豊穣、永遠、認知、権力」などを表します。婚約指輪 engagement ring、結婚指輪 wedding ring は左手薬指にはめるので、その指を ring finger と呼びます。ring は他に、鍵用の key ring、サーカス、レスリングなどの円形場もいいます。

● 日本語のイメージ

装飾用の「指輪」は、日本では弥生時代に用いられていましたが、その後は見られず、一般には明治以降に普及しました。一方裁縫用具の「指貫」は筒形の指輪で、飛鳥奈良時代に中国から伝来し、中指にはめて指の保護・運針用に使われました。

● どのような文化的背景からイメージの違いが生まれたか

指輪には装飾、魔除け、身分の象徴、婚約・既婚の印、印章用などの目的があり、古代エジプト、古代ローマ時代より、両手の親指から小指までどの指にもはめる風習が見られました。特に記号や表象の彫られた指輪を認印とすることは広く行われました。印章付の指輪を signet [seal] ring といいます。日本では、指輪を身につける風習は近代以前にはほとんど見られません。

● ネイティブによるワンポイント解説

装身具では指輪の他に、腕輪 bangle、bracelet、足首飾り anklet、イヤリング earring、鼻輪 nose ring、首輪 necklace、足指輪 toe ring などがあります。

夢 (1)：dream 【日常生活】

● **英語のイメージ**

　古代ギリシャでは夢は睡眠中に起きる一種の想像力であるといわれました。またキリスト教では、夢の中で神が直接に人に語りかける話が聖書にあり、夢の中で日常的現実と霊的な現実がつながると考えられていました。人間の一生は夢にすぎないという考え方も詩や文学の世界でよく取り上げられた題材でした。

● **日本語のイメージ**

　正夢と逆夢の区別があり、「～の夢を見ると～が起きる」という類の夢にまつわる迷信が昔から数多く語られてきました。正月2日の夜に見る夢を初夢と称するなど、年代にかかわらず今でもそのような迷信を信じる人は多くいるようです。

● **どのような文化的背景からイメージの違いが生まれたか**

　覚醒時に抑圧されている欲望が睡眠時に現れるものが夢であり、夢は知的活動による心の活動とする考えがあります。夢の世界が覚醒しているときの現実を支配するという古代の考え方に通じるものといえます。日本では、初夢や正夢あるいは逆夢ということばにあるように夢を神仏による啓示と考える傾向が強くありました。

● **ネイティブによるワンポイント解説**

　dream は寝て見る夢と希望として見る夢の二つに分けることができます。「見果てぬ夢」は、最後まで見ることができない夢（unfinished dream）であると同時にいくら求めても叶えられない願い（*The Impossible Dream* 〈曲名〉）でもあります。

夢 (2)：dream 【日常生活】

● **英語のイメージ**

　米国には American Dream ということばがあります。簡単にいえば、米国では、思想、信教、人種、性別、出身階級などによって差別されず、才能や努力次第で夢は叶うということです。建国以来信奉してきた米国的成功の夢で、リンカーン大統領のように貧しい家に生まれた者でも大統領になることができるという考えです。

● **日本語のイメージ**

　クラーク博士による「少年よ大志を抱け」のことばを思い出す人が多いことでしょう。とくにスポーツの世界で、自分の持って生まれた才能と人並み以上の努力により栄冠を勝ち得たイチローや松井その他の有名人をイメージすると思います。

● **どのような文化的背景からイメージの違いが生まれたか**

　貴族、荘園領主とその護衛集団として始まった武士社会対それを経済的に支えてきた農民、商人、職人との間の身分差別は長く続きました。また長子相続制度も影響し、なりたい者になれるという夢は庶民には関係の薄いものであり、米国的夢の実現も可能と信じられるようになったのは明治になってからのことでした。

● **ネイティブによるワンポイント解説**

　You can make your dream come true by hard work and confidence in your ability.（努力し能力に自信を持てば夢は叶う）と信じられてきた米国ですが、時代を経るにつれ人種差別や経済的格差の広がりからそうとはいえない国になってきました。

ユーモア：humor　　　　　　　　　　　　　　　　　　【スピーチ】

● 英語のイメージ

　ユーモアは人と人が交流するあらゆる機会において、人間関係を良好に保つための必要にして不可欠の潤滑油であるといえます。そこには皮肉もあるし、自分自身を笑いのタネにすることもあります。民族の特徴もよくジョーク（ethnic joke）になりますが、言う方も言われる方も笑いころげるユーモア感覚が備わっています。

● 日本語のイメージ

　平均的な日本人が日常会話の中に取り込むユーモアの数量はきわめて少ないといえます。ユーモアが分からないというわけではありませんが、親しい仲間内以外では自らユーモアを言って人をなごますようなことはあまりしません。

● どのような文化的背景からイメージの違いが生まれたか

　日本では仲間内での「ため口（仲間内の話し方）」にはボケやツッコミが出てくることはありますが、初対面の人に対してジョークを言っては失礼と考え、付き合いの深さと相手の出方を探りながら会話を進めていきます。人間関係の深さに関係なく、気楽に（ある時には努力して）ジョークを言い合える英米との違いです。

● ネイティブによるワンポイント解説

　humor は中世の生理学で人間の性質と気質や健康を支えていると考えられた血液、粘液、黒胆汁、黄胆汁からなる体液のことでした。人間の体質や気質はその割合によって決まるとされ、バランスが悪いとオカシナ人になると考えられました。

夜明け：dawn　　　　　　　　　　　　　　　　　　　　　【時】

● 英語のイメージ

　dawn は「夜明け、曙、暁（daybreak）、日の出（sunrise）、黎明（aurora）」であり、「光の到来、太陽の復活」を表します。daybreak は dawn よりやや遅い時刻のイメージです。また the dawn of civilization のように「始まり、兆し」も表します。dawn chorus「夜明けの小鳥のさえずり」が夜明けの合図になります。

● 日本語のイメージ

　「夜明け」は、「夜が明けること、明け方、その時間帯」を意味します。「暁」も「明か時（あかとき）」の転訛であり、「夜明け」のことです。「曙」は［明け仄（ぼの）］で暁の終わり頃をいいます。また幕末から明治維新を題材にした島崎藤村の小説『夜明け前』に見られるように、「新しい時代、物事、希望の始まり」を意味します。

● どのような文化的背景からイメージの違いが生まれたか

　「夜明け」は夜と昼が交錯する時であり、魔が跳梁する世界から光明の人間界への転換点とされ、魔が退散する時刻を知らせるのが鶏とされます。日本では、昼と夜の転換から、旧年から新年への転換の意味で元旦に御来光を拝む習俗があります。

● ネイティブによるワンポイント解説

　「夜が明けようとしている」は、night ではなく The dawn is breaking. です。「夜が明けた」なら The dawn [day] broke. であり、また dawn を動詞にして It [(The) morning, day] dawned. とも表しますが、Night dawned. とはいいません。

夜：night 【日常生活】

● 英語のイメージ

　古代においては、万物は夜とその闇を経て創造され、死者は夜の闇を通して再生すると考えられていました。夜は創造への前段階であるという考えから、夜は可能性と豊穣を表すものであり、新しく事態が展開しようとする時を表す曙（あけぼの）や夜明けの前ぶれであると捉えられてきました。

● 日本語のイメージ

　夜は活動的な昼間とはまったく異なる非日常的な静また闇の世界であり、神や妖怪が出現する人間界とは別の世界であると考えられてきました。「夜に爪を切ると親の死に目にあえない」、「夜耳の穴を掘ると貧乏になる」など日常生活の中でも夜にしてはならない戒めのことばが数多くあるのもそのためです。

● どのような文化的背景からイメージの違いが生まれたか

　生は死から再生されるもの、夜明けは夜がなければこないものと、夜を物事の大事な前ぶれであると積極的に考える社会では夜は怖いものではありませんでした。一方、家屋内も暗く一歩外へ出れば暗黒の世界である夜は、日本人にとっては妖魔の住む異郷の世界という考え方が一般的でした。

● ネイティブによるワンポイント解説

　ゲルマン系の言語では「日」を数えるのに「夜」を単位として用いました。現代英語で 2 週間を fortnight（米では文語・方言）というのはその名残です。

理屈：reason, logic, argument 【教育】

● 英語のイメージ

　「理屈に合った」は reasonable/logical、「理屈の上では」は true in theory、「理屈を言う」は argue、「理屈っぽい人」は argumentative person、などとなりますが、理屈をきちんと論理的に述べることができる人は尊敬こそされ、決して「理屈っぽい人」という評価はされません。論理的であることは大事なことです。

● 日本語のイメージ

　人との話でいろいろと理屈を述べる人は「理屈っぽい人」と烙印を押されますが、どうも英語でいう argumentative とはニュアンスもイメージも異なるようです。いわゆる道理に合わない理屈や無理にこじつけた理屈を述べる人のことをいいます。

● どのような文化的背景からイメージの違いが生まれたか

　理屈とは論理であるとすれば、議論を大事にし、論理的であることはよいことであるとされる英米で、He is too logical.（彼は（彼の話は）論理的すぎる）というのは成立しにくい論理ということになります。寡黙を尊んだ社会との違いです。

● ネイティブによるワンポイント解説

　理屈屋や理屈っぽいをあえて英語にすれば、He is too argumentative.［He's too fond of quibbling.］や He is argumentative by nature. あるいは He is a stickler for an argument.（「論理にはうるさい人だ」というニュアンスです）などとなりますが文化的な違いがあり字句的な翻訳は難しいことばです。

離婚：divorce 【日常生活】

● 英語のイメージ

　米国では夫婦2組に1組は離婚するといわれます（それでも離婚率では世界第4位で、ロシアが群を抜いて1位です）。また英国は世界で15位とはいうもののEU諸国ではトップです（いずれも2011年）。英米ともに自主独立の気風と自由主義や個人主義の徹底と女性の社会進出を現すイメージで捉えられます。

● 日本語のイメージ

　日本でも結婚した夫婦の3組に1組は離婚するという現状を迎えていますが、離婚を経験するとその後は女性側が、経済的な必要性からもシングルマザーとして子どもを養育しながら仕事を続けるというパターンをイメージしがちです。

● どのような文化的背景からイメージの違いが生まれたか

　自由主義を標榜し、国民の自己主張が強く、個人の考えを大切にする米国では、そのような考え方や習慣が法律にも影響して、離婚がしやすいこと、また英国においては労働人口の約5割を女性が占めているという現実から離婚しても自立できる環境が整っているという事情もあります。日本とは異なる労働環境といえます。

● ネイティブによるワンポイント解説

　離婚の英語ですが、My wife and I divorced by mutual consent and I took custody of our two children.（協議離婚し二人の子を引き取った）、She divorced from her Japanese husband by agreement.（日本人の夫と協議離婚した）などといいます。

リボン：ribbon 【衣】

● 英語のイメージ

　ribbon は細長い平紐で、結ぶため、また飾りとして、衣服や頭髪、手芸、花束、勲章、包装などに用いられます。結び方では bow of ribbon「蝶結び」の他に、rosette「薔薇結び」があります。「褒賞、卓越、歓喜」などの象徴で、blue ribbon は英国最高勲章のガーター勲章（Order of the Garter）であることから、各種の最優秀賞一等賞になり、red ribbon が二等賞です。またインクリボンやしおり紐なども意味します。

● 日本語のイメージ

　日本でも古来、打ち紐や糸などの紐結びに「花結び」がありました。調度や衣装などの装飾用に、梅結びや菊結び、玉房結びなど、細紐や糸を花形に結ぶものです。ほどいてまた結べるので、出産や年賀、歳暮など、繰り返してもよい祝事の飾り結びです。西洋の ribbon は明治以降に流入し、主に女性用の髪飾りにされました。

● どのような文化的背景からイメージの違いが生まれたか

　ribbon は、16世紀に細幅織機（ribbon loom）が発明されて一般化しました。ribbon は細長い帯状の物を意味し、a ribbon of road [cloud]「一条の道路［雲］」なども表します。日本語では蝶結びなどに結んだ飾りのイメージです。

● ネイティブによるワンポイント解説

　日本語でいう各種開会式の「テープカット」は、英語では tape ではなく ribbon cutting であり、「テープカットする」ことは cut a [the] ribbon といいます。

龍・竜：dragon 【自然】

● **英語のイメージ**

　西欧の龍は古来悪者というイメージで捉えられることが多くあり、キリスト教では悪魔を表すようになりました。多くの英雄伝説や聖人伝説の中に龍を退治する話が多いのはそのためです。中世では龍の首と脚はわし、体は大蛇、羽はコウモリ、尾の先は矢になっていました（ウエールズの国旗を見るとそれが分かります）。

● **日本語のイメージ**

　龍は日本ではしばしば蛇と混同され、蛇信仰が水神と結びついていました。農耕民族であった日本人には龍神も大切な水を司る水神としてイメージされてきたのです。各地に龍の名を伏した池、沼、泉、山が多く残るのはそのためであり、雨乞いの祈願はそのような場所で行われました。

● **どのような文化的背景からイメージの違いが生まれたか**

　龍を悪者として扱い、退治される対象と捉えられていたのが西欧でした。それに対して農業国家として水を大事にしてきた日本では龍は大事な水の神様として崇め奉られました。神である龍は竜巻のときに天にのぼると考えられていました。

● **ネイティブによるワンポイント解説**

　ウエールズの国旗には赤い龍が描かれていますが、これは大昔大地ができた頃に地中には地震を起こし災厄を招く黒い龍がいて、それを水の神である赤い龍が倒してこの地に平和をもたらしたという、ケルト人の建国伝承に由来するものです。

料亭：restaurant 【食】

● **英語のイメージ**

　restaurant はディナー用の高級店のイメージもありますが、「料理店、飲食店」の総称であり、fast-food restaurant「ファーストフード店」、family restaurant なども含まれます。セルフサービスの cafeteria も米国では restaurant と呼びます。

● **日本語のイメージ**

　「料亭」は、正式な日本料理を供する所であり、日本の伝統建築で畳敷きの座敷があるような、高級（high-class）日本料理屋（Japanese-style）restaurant です。法的には、客に飲食だけでなく芸妓など遊芸人を招いて遊興させる場所とされます。

● **どのような文化的背景からイメージの違いが生まれたか**

　restaurant の原義は「疲労を回復させる所」です。フランス人が作った「元気を回復させる」restaurant という名のスープに由来するといわれます。1765 年にパリに開業したこのスープを出す店の屋号 restaurant が、その後「食事を出す店」を意味するようになりました。日本でも「レストラン」は料理店ですが、明治後期以降西洋料理の普及とともに一般化したので、特に西洋料理店のイメージがあります。

● **ネイティブによるワンポイント解説**

　drive-in（restaurant）は日本の「ドライブイン」とは異なり、乗車のまま注文・受取・支払が可能な店で、日本の「ドライブスルー」drive-through に当たります。日本の「ドライブイン」は幹線道路沿いにあるので、roadside restaurant です。

第Ⅱ部 単語の持つイメージを比べる　223

林檎：apple　　　　　　　　　　　　　　　　　　　　　　　　　　　　[食]

● 英語のイメージ

　apple は「愛、歓喜、豊穣」のイメージがあります。apple は果実だけでなく「形・色が林檎に似たもの」「大都市」や「人」なども意味します。たとえば the apple of 〜 's eye は「瞳、非常に大切にしているもの」であり、New York 市は Big Apple と呼ばれます。また bad [rotten] apple は「他に悪影響を及ぼす人・モノ、癌」、wise apple は「生意気な奴」になります。apple は色では赤、黄、緑を連想します。

● 日本語のイメージ

　「林檎」は、日本では「可憐、素朴、赤い頬」を連想させます。主な品種は明治初期に導入された西洋林檎のものですが、現在はミカンに次いで生産され日本人にとっても非常に身近な果実です。

● どのような文化的背景からイメージの違いが生まれたか

　apple はギリシャ神話では「結婚のお祝い」、ローマ神話では「花嫁の象徴」と、愛や喜びのイメージがありますが、キリスト教では、エデンの園でアダムが食べた「禁断の実」the forbidden fruit とされます。一方日本では藤村の作品の「初恋」や「リンゴの歌」にある「赤いリンゴ」のイメージがよく知られています。

● ネイティブによるワンポイント解説

　apple-pie は米国の代表的なデザートであり、家庭料理と母親のイメージでまさに「おふくろの味」です。as American as apple pie で「純米国的」になります。

ルビー：ruby　　　　　　　　　　　　　　　　　　　　　　　　　　　　[鉱物]

● 英語のイメージ

　ruby は赤色の鋼玉で「炎の石」とも呼ばれ、五大宝石の一つとされています。語源はラテン語の rubeus「赤」です。7月の誕生石で「慈悲、愛、幸福、威厳」などを表します。古来、毒やペスト菌除けとなり健康をもたらすという俗信もあります。

● 日本語のイメージ

　「ルビー」は「紅玉」であり、赤色宝石の代表です。主産地はミャンマー、タイ、スリランカなどの東洋ですので、「東洋紅玉」Oriental Ruby ともいわれますが、日本では鎖国の影響もあり、一般に紹介されたのは近代になってからです。「ルビーの指輪」ruby ring が注目されたこともありましたが、婚約指輪や冠婚葬祭用のダイヤモンドや真珠と比べると、あまりなじみがありません。

● どのような文化的背景からイメージの違いが生まれたか

　西洋では ruby は宝石の代名詞とされ、古代から中世には赤い石をすべて ruby と呼びました。希少性が高く特に pigeon blood「鳩の血」といわれる透明な深紅色の物が珍重されます。above rubies で「きわめて貴重な」という表現があるほどです。

● ネイティブによるワンポイント解説

　宝石以外に、鮮紅色 ruby-red や、ルビー色のものでたとえば赤ワインやピンク色の果肉のグレープフルーツなども ruby と呼ばれます。また結婚40周年記念日を ruby wedding（英）、ruby (wedding) anniversary（米）「ルビー婚式」といいます。

礼儀作法：manner 【社交】

● 英語のイメージ

礼儀作法は manners and etiquette です。出身地、人種、文化、宗教などを異にする人々が集まる米国であるため細かなところでは違いがあるものの、それらが収斂されて米国独自の礼儀を作り出しています。チップ、テーブルマナー、ギフト、訪問、パーティー、ジェスチャー、ドレスコード、携帯電話などに及びます。

● 日本語のイメージ

日本の武道は、礼に始まり礼に終わるといわれますが、具体的には最初の互いに交わすお辞儀から始まります。その礼は食事で手を合わせて「いただきます」と始め、終わりには「ごちそうさま」と手を合わせて終わることにも通じるものです。礼儀作法は、茶道、華道、書道、能などに端を発し日々の中に溶け込んでいます。

● どのような文化的背景からイメージの違いが生まれたか

日本の礼儀作法は、武道や習い事に基づき、精神面における基本的な姿勢と表に現れる形のはっきりしたものです。英米のエチケットは人と接するときに相手や周りの人に不快感を与えないという考え方から自然発生したものが多いようです。

● ネイティブによるワンポイント解説

オバマ大統領が初来日した際に天皇陛下に対して深々とお辞儀をして敬意を表したことがありましたが、その時の角度が米国で物議を醸し出したことがありました。しかし、今やお辞儀は諸外国から称賛を受けるほど評価が上がってきています。

列車・電車：trains 【交通】

● 英語のイメージ

クルマ社会の米国で列車や電車のイメージは、まず Amtrak です。正式名称は「全米鉄道旅客輸送公社」といい、米国全土で主要都市間を結ぶ旅客列車網の運営にあたります。Amtrak で大陸間横断もでき、いくつかのルートがあり列車の旅を楽しめます。その他、ニューヨーク市の地下鉄や、また郊外の電車もあります。

● 日本語のイメージ

日本では、列車や電車といえば新幹線をイメージするのがふつうでしょう。また各地の主要都市には網の目のように張り巡らされた地下鉄の路線が整備されています。地方都市にはまだ路面電車が走り庶民の足として親しまれています。

● どのような文化的背景からイメージの違いが生まれたか

明治時代初期に新橋と横浜間に敷設されてから電車は国民すべての足といってもよいほどにあまねく利用されてきました。長距離列車区間も早い時期から北海道から九州まで整備されました。米国では、初期の繁栄期を過ぎてからはクルマと飛行機にとって代わられ、一時は存続も危ぶまれましたが今や復活してきています。

● ネイティブによるワンポイント解説

英米で異なる英語は次の通りで、英／米の順とします。鉄道は railway/railroad、車両は carriage/car、食堂車は dining car/restaurant car（軽食が取れる車両は buffet car/café car）、往復切符は return ticket/roundtrip ticket となります。

老人：senior citizen, the aged 【家庭】

● 英語のイメージ

　米国では通常65歳以上の退職者または年金生活者を指します。今日ではsenior citizenという方が一般的で、その他にelderly、older person、person aged 65 or olderなどと呼ぶ場合もあります。平均的な米国人であれば退職後には仕事を離れ、子どもや孫とのひと時を楽しみ、旅行や趣味の世界に生きることになります。

● 日本語のイメージ

　「老人」よりは高齢者ということが多くなってきましたが、日本の統計調査では65歳以上となっていて、65歳から74歳までを前期高齢者といい、75歳以上の人を後期高齢者と分けています。定年退職後に趣味を楽しみながらパートタイムで働く人たちも増えてきているようです。現役の企業経営者や管理者も多くいます。

● どのような文化的背景からイメージの違いが生まれたか

　米国が実力社会であることはよく知られています。その実力が発揮できるのは体力と気力の若さであり、鋭敏な反応や判断力においても若い人の方が優れていると認めるのが米国です。老人の知恵が若者に優れ、尊重されるのが日本といえ、実力と本人の希望次第で高齢者にもそれなりの仕事が与えられる場合もあります。

● ネイティブによるワンポイント解説

　英語のold personはもはや死語で使いません。比較級にしてolder personとすれば、「若い人に比べて年上」というニュアンスになり丁寧な呼び方になります。

六月：June 【時】

● 英語のイメージ

　Juneの語源はラテン語のJūniusで「女神ユノの月」を意味するとされます。ユノは、ローマ神話で天界の支配者Jupiterの妻で、ローマ最高の女神であり「女性と結婚の守護神」といわれます。このユノの祭典が6月初めに行われたことからこの月はJuneとされました。

● 日本語のイメージ

　「六月」は陰暦6月の別称で「水無月」とも呼ばれます。「水無月」は「水の月」であり、「田植え」の時期で田に水を注ぎ入れる月、あるいは炎暑で水が涸れるため、水の無くなる月の意ともされます。暦には、梅雨入りを表す「入梅」や、一年で最も昼が長くなる「夏至」などがあります。

● どのような文化的背景からイメージの違いが生まれたか

　Juneは「バラ」や「夏至」が連想されます。The roses flower in June. といわれるように、英国の国花「薔薇」はこの月に花咲きます。またこの月に太陽の位置が（北半球で）最も高くなる時期が訪れ、Juneは英国では最も快適な月です。一方日本では「田植え」や「梅雨」の時期であり、まさに「水の月」のイメージです。

● ネイティブによるワンポイント解説

　June marriages are happy. といわれるように、欧米ではJuneは結婚の季節であり、June brideは幸せになれるとされます。この風習は日本でも知られています。

論理：logic 【スピーチ】

● 英語のイメージ

「理路整然」ということばがありますが、物事や話のすじ道がきちんと通っていることで、英語でいえば well-argued、well-reasoned、well-organized、logically consistent などと表現されるさまをいいます。そのような表現力のある人は優れた人物であり、リーダーとしてもふさわしいと一目置かれることになります。

● 日本語のイメージ

日本語の「話す」は、頭によぎることをそのまま脈絡もなく口に出す（解き放す）ことだとある同時通訳者の方が言っていましたが、その通りだと思います。理路整然と話す人は少なく、感情的なコミュニケーションが主体となるために、きちんとした議論になりえず、平行線をたどるか、喧嘩別れになることもあります。

● どのような文化的背景からイメージの違いが生まれたか

米国の政治家が発言したものを、そのまま記録すると立派なステートメントができあがるのに、日本の政治家の発言を紙面に再録すると意味不明な部分が多いということが調査の結果明らかにされたことがあります。論理構造の違いといえます。

● ネイティブによるワンポイント解説

一番簡単な論理構築は、どのようなことでもまず what、why、how の三つに分けてよく考えるところから始めます。主張があり、なぜそう言えるのかをはっきりと述べ、そしてそれをどのように実施・実現するのか例を用いて述べるのです。

笑い：laughter 【社交】

● 英語のイメージ

おかしなこと、おもしろいこと、楽しいこと、うれしいことがあったときにはもちろん笑います。皮肉っぽい笑いや嘲笑もあります。笑い方も大笑いや馬鹿笑いからクスクス笑いまであります。悲しいことがあったり、相手が失敗したりした時など、決して笑ってはならない場面もあるので注意が必要かもしれません。

● 日本語のイメージ

日本人自身では気づかない不思議な笑いに次のようなものがあります。相手を悲しませてはならないという配慮からニコニコしたり、相手の失策を軽減させてあげようとしたり、場を和ませようとしたり、怒りを隠したり、する時の笑いです。

● どのような文化的背景からイメージの違いが生まれたか

きまりが悪い、バツが悪い、恥ずかしい、照れくさい、相手に精神的な負担をかけたくないなどという気持ちからの笑いは日本人に特有のもののようです。英米では、悲しいことや、ちょっとした失敗などが自分にあるいは相手に起こっても、それを笑ってはならないのが鉄則です。同情の表し方の文化が違うということです。

● ネイティブによるワンポイント解説

日本人にはあまり見られないのですが、特に米国人が示す高笑い、大笑い、馬鹿笑いと分類される笑い方に horse laughing があります。馬が歯を出して、のけぞっていななく姿がまるで笑っているように見えるところからその名が付きました。

第Ⅲ部

ことわざ・格言のイメージを比べる

赤子も同然（赤子の手をひねる）
Babe in the woods. / As easy as kissing my hand.

● 英語のイメージ
babe は baby の古語で、聖書にも出てくることばです。産まれた後しばらくすれば一人歩きする四つ足の動物とは違い、人間の赤ちゃんはしばらくの間親の保護を必要とする非力な生命体です。そんな弱い者が森の中に置き去りされれば、当然に死を迎えることになります（赤ちゃんではなく二人の幼子でしたが、16世紀末に英国であった事件に基づいていることばです）。抵抗力のない子どもなど、どのように扱おうが、そんな簡単なことはないというイメージを与えます。

● 日本語のイメージ
赤子は赤児ともいい、特に産まれて間もない子ども、赤ん坊のことをいいます。そのような赤ちゃんの手をひねるなどたやすいことである、というところから生まれたことわざですが、新入社員やまだ経験の浅い社会人に対してベテラン社員が、同情的に、また時には非難めいて使うイメージもあります。上司からあるプロジェクトに新入社員のA君を抜擢して参加させると伝えられた課長が、「えっ？ まだ赤子も同然の彼にこの大役を任せるんですか？」などという場合です。

● ネイティブによるワンポイント解説
わけもないことというのを、日本語では「赤子の手をひねる（to twist a baby's arm）」といい、英語では自分の手にキスするという違いがおもしろいと思います。

浅瀬に仇波（あだなみ）
Still waters run deep.

● 英語のイメージ
still waters のイメージはたおやかに、静かに、そして悠々と流れる川というところです。同じことを Smooth waters run deep. ともいいます。still water は水面が水平か非常にわずかな傾斜しかなく、そのために流れていないように見えるところです。このことわざ「静かな流れは底が深い」は沈黙の人こそ思慮が深く、かつまた激しい気性が隠されているものだという意味になります。現在ではよい意味だけではなく、悪い意味で何を考えているか分からない腹黒い人にも用います。

● 日本語のイメージ
「浅瀬に仇波」の意味は、思慮の浅い者ほど騒がしいということですが、英語と同じ「深い川は静かに流れる」ともいいます。その場合には、思慮ある人は静かに落ち着いて行動するものであるとなり、「空き樽は音高し」とか「痩せ犬はよく吠える」など、おしゃべりは軽薄であるという意味合いとは逆の意味になります。

● ネイティブによるワンポイント解説
テキサス州の北に位置するオクラホマ州には Stillwater という都市があります。近くに creek（小川、細流、支流）がいくつもあるところから命名されたものです。米国の都市郊外には、そこかしこに西部開拓時代の面影を残す creek が古ぼけた橋とともに残っているのを見ることができます。

明日のことを言うと鬼が笑う
Tomorrow is another day. / Tomorrow is a new day.

● 英語のイメージ

Tomorrow is another day. は、今日が最後ではない、明日はまた別の新しい日が始まるのだから、落胆せず希望を持って頑張りなさい、という励ましの意味を持ったことわざです。明日のことは分からない、だからくよくよするなという意味でも用います。その場合には Don't cross a bridge till you come to it.（橋へ来てから渡ればよい＝取り越し苦労はするな）と同じイメージになります。

● 日本語のイメージ

日本語版は英語版とはイメージの異なったものです。すなわち、未来のことは予測できない。これから何が起きるか分からないのだから、それを言うのはまだ気が早いと、からかいの気持ちでいうことばです。明日のことさえ分からないのに、来年のことなどとても予測できない、という意味で「来年のことを言えば鬼が笑う」ともいいます。英語版に近いものでは「明日は明日の風が吹く」で、明日はまた別のなりゆきになるのだから先を思い煩うことはない、という意味になります。

● ネイティブによるワンポイント解説

結婚式でよく引用されることばに、"Yesterday is history, Tomorrow is a mystery, and Today is a gift. That is why we call it present." がありますが、本当に明日は来るか来ないかも分からないもの（mystery）といえます。

あぶく銭は身につかぬ
Easy come, easy go. / A fool and his money are soon parted.

● 英語のイメージ

「楽をして手に入ったおカネは簡単に出ていってしまう」という意味で使われることわざです。単に金銭のみならず、容易に手に入ったものが簡単に出ていってしまう様子を表現する場合にも使います。予期せぬ財産や、宝くじの賞金が転がり込んでくると、湯水のように散財し、気がついたときには一銭も残っていないというような状況を表します。似たようなことわざに The goods of fortune pass away with the moon.（幸運によって得たものは月とともに消え去る）があります。

● 日本語のイメージ

あぶく銭とは、正当な労働によらずに、苦労しないで得た金銭のことです。特に悪事やばくちで得たお金（悪銭＝正しくない方法で手にいれたカネ）は、あぶくがはじけるようにあっという間になくなることをいいます。

● ネイティブによるワンポイント解説

お手軽に手に入ったカネは口語で quick buck といいます。buck はドルのことです。日本語のあぶく銭に相当するその他の英語に ill-gotten money があり「不当に手に入れたカネ」というニュアンスがあります。その英語を使ったことわざに、What is got over the devil's back is spent under his belly.（悪魔の背中越しに得られたものは、やはり悪魔の腹の下で使われる）というものがあります。

一押し二金三男
Faint heart never won fair lady.

● 英語のイメージ
faint heart（しばしば faintheart）は臆病者や意気地なし、fair は美しいものや女性、美人のことです。このことわざは気の弱い男性への忠告であり励ましとして使われることばで、「好きな人の心を掴みたいのであれば、勇気を出さなければダメ」ということを意味しています。強くなければ男ではないし、気の弱いものが美人を得ることはありえない（None but the braves deserves the fair）というのです。「幸運は勇者に味方する（Fortune favors the bold.）」ともいいます。

● 日本語のイメージ
日本語では、「女性を得たいと思ったら何よりも押しが第一であり、財産や男ぶりは二の次だ」という意味で、「一押し（おし）二金（かね）三男（おとこ）」といいます。三男は三姿とされることもありますが、好きな女性の関心を引き、手にするための重大な要素は、押しと、金と、姿の順番であるといっています。

● ネイティブによるワンポイント解説
このことわざは女性のハートを射止めるだけではなく交渉に臨む際の心構えにも使えます。ただ、交渉ごとでの成功の秘訣はコネ、運、カネという意味の A friend in court is better than two pence in a man's purse.（宮廷に知人を持っている方が、財布の中に2ペンス持っているよりもよい）というものもあります。

一蓮托生
To sail in the same boat.

● 英語のイメージ
To sail in the same boat. は、「同じ船で行く」ことです。We are in the same boat. とも表します。目的地に到着できるか否か、途中で嵐や火災などに見舞われるか沈没するか、同じ船に乗り合わせたら同じ運命をたどることです。つまり「運命共同体」であり、share the same fate を意味し、通常悪い状況を共にすることです。

● 日本語のイメージ
「一蓮托生」とは、善悪や結果に関係なく最後まで行動・運命をともにすることをいいます。「一蓮」とは、極楽浄土に生まれ変わった人が座る一つの蓮の花、「托生」は命を託することです。そもそもは仏教で、死後極楽浄土に生まれ変わり同じ蓮華の上に生まれ合わせること、親子や夫婦が死後までも幸せをともにする意でした。それが「死ぬも生きるも一蓮托生だ」のように、行動や運命をともにすることを意味するようになり、特に現在では、危険の中や悪事を働く仲間どうしで多く用いられます。

● ネイティブによるワンポイント解説
同じ運命を辿る意で boat はよく使われます。ただし boat は日本語でいう「櫓をこぐボート」rowboat だけでなく、（小型）汽船 steamboat や客船 passenger boat、漁船（fishing）boat、潜水艦 boat などもあります。

魚心あれば水心
Scratch my back and I'll scratch yours.
● 英語のイメージ

Scratch my back and I'll scratch yours. は、「私の背中を掻いてくれたらあなたの背中を掻いてあげよう」という意味です。類句に Roll my log and I'll roll yours.「私の丸太を転がしてくれたら、あなたの丸太を転がしてあげよう」などもあります。両句とも、相手が助けてくれたら自分も相手を助けることを意味します。助ける行為が具体的で交換条件であり、打算的、限定的なイメージです。

● 日本語のイメージ

「魚心あれば水心」は、相手が自分に好意を持てば自分も相手に好意を持つ用意があることをいいます。元は「魚、心あれば、水、心あり」で、魚に水と親しむ心があれば水もそれに応じる心を持つ意味から、相手の態度次第でこちらの態度も決まることをいいます。この「心」は人に対する思いやり、温かい反応であり、情緒的なので行為が限定されません。ただし「水魚の交わり」と混同して「仲の良い」意で使うのは誤用です。このことわざは時には犯罪者間の同類意識も表します。

● ネイティブによるワンポイント解説

Serve me, serve you. も類句にあげられます。「私に尽くしてくれれば、私もあなたに尽くそう」の意味ですので、より緊密な関係を表します。

内弁慶
A lion at home, but a mouse abroad.
● 英語のイメージ

A lion at home, but a mouse abroad. とは、内ではライオン、外では鼠という意味です。lion は the king of beasts「百獣の王」であり「勇猛な人」、一方 mouse「ハツカネズミ」は、「臆病者」のイメージです。home「家、居住地、本拠地、生国」では自信満々であり、abroad「家の外、外地、外国」では自信喪失の様子です。

● 日本語のイメージ

「内弁慶」とは、家の中では威張っていても、一旦外に出ると意気地がないこと、またそういう人をいいます。「弁慶」は「武蔵坊弁慶」のことで、鎌倉初期の粗暴な法師でしたが、後に源義経に忠実に従い、その合戦の中での武勇は伝説化されています。そこから強い者のたとえとなりました。「陰弁慶」ともいいます。通常は身内の前では気が強く、外では弱気になり小さくなっているので、「うちの子は内弁慶で」、「子どもの頃は内弁慶で」など、身内や自身の「欠点」のように言及されます。

● ネイティブによるワンポイント解説

一般に動物は人間よりも劣ったものと考えられているので、人間を動物にたとえることは、当人の悪口を言う、また揶揄することになります。他人への言及には注意が必要です。

馬の耳に念仏
Preaching to the wind.

● 英語のイメージ
　Preaching to the wind. は、「風に説教」で、風に向かって宗教的・道徳的真理などを教え諭すことです。相手が風では無意味な行為です。類義のことわざに Like water off a duck's back「アヒルの背中を流れる水のよう」があります。duck は「カモ・アヒル」など水鳥の総称で原義が「水に潜るもの」ですから、自分の背中に水が流れてもまったく気にしません。それが「馬耳東風、馬の耳に念仏」の姿勢を表します。

● 日本語のイメージ
　「馬の耳に念仏」は、人の意見や忠告を少しも聞き入れようとせずただ聞き流すことで、「馬耳東風」「馬の耳に風」ともいいます。この「東風」は「春風」の意で、春風が吹いてきても馬が何も感じないことです。また「馬の耳に念仏」は、馬に念仏を聞かせてもその有難みがわからないように、無知なために高尚な話を聞いても理解できないことも意味します。そこで「社長にはいくら説明しても馬の耳に念仏だ」というと、社長が念仏の有難みの分からない愚かな人になりますので失礼です。

● ネイティブによるワンポイント解説
　耳を貸さない様子は turn a deaf ear to 〜 とも表せます。deaf ear は「聞こうとしない・聞こえない耳」です。preach to deaf ears で「馬の耳に念仏」と類義です。

噂をすれば影がさす
Speak of the devil.

● 英語のイメージ
　Speak of the devil. は、人が集まってある人の噂をしていたところ、そこへその張本人が現れた時などにおどけて「あれ、噂をすれば影。噂をすればなんとやら、ですね」などというときに用いる英語です。もともとは Talk of the devil, and he's bound to appear.（悪魔の話をすれば、悪魔は現れる（だからしない方がよい））という警告だったものが、その後悪魔をちゃかして使うようになったものです。悪魔が名前になったり、狼になったり、また天使にもなったりもします。

● 日本語のイメージ
　日本語の噂は、「①ある人の身の上や物事について陰で話すこと。またその話。②世間で根拠もなく言いふらす話。風説。世評」ですが、決してよくないことを話すという含意はありません（「お噂はうかがっておりました」がその例）。ある人の噂をすると当人がそこに現れるものだ、という意味で「噂をすれば影」と略されます。「呼ぶより謗（そし）れ」などともいいます。人の悪口を言っているとその本人が現れるのだから、呼びに行くよりも早いという意味です。

● ネイティブによるワンポイント解説
　同じことを Speak of the wolf and he will appear. といいます。会話では、Well, speak of the wolf! We were just talking about you. のように使います。

縁は異なもの味なもの
Marriages are made in heaven.

● 英語のイメージ
「結婚相手はまったくの偶然によって決まるものだ」という意味で用いられることわざです。Your marriage [match] is made in heaven!（素晴らしい結婚（良縁）だね）などとしても使います。似たものには、Marriage is a lottery.（結婚なんてくじ引きだ）がありますが、こちらは「配偶者の当たり外れは結婚してみなければ分からない」という意味です。

● 日本語のイメージ
「縁は異なもの味なもの」略して「縁は異なもの」とは、男女の縁は不思議なものであり、おもしろいものであるという意味です。結婚する運命にある二人は赤い糸でつながっているという俗信から生まれた「赤い糸で結ばれる」ということばがありますが、二人がどこで、どう結ばれるのか誰にも分からないということです。そこから「合縁奇縁」ということばも生まれました。人が出会い、気心が合って親しく交わることができるのも、理屈を超えた不思議な縁によるものです。

● ネイティブによるワンポイント解説
自分ではどうしようもないものは、何も結婚だけではありません。洋の東西を問わず、地頭や代官（封建領主の地方行政官）もそうした対象であり、Marriage and magistrate be destines of heaven.（結婚と地頭は天の定め）ともいいます。

奥の手
Ace in the hole.

● 英語のイメージ
5枚のカードの組合せの強さで勝負が決まるカードゲームをポーカーと呼びます。最強は10、Jack、Queen、King、Aceの同種札が連続するもの、一番弱い役は同位札が2枚揃っているものです。このポーカーの1種に、1枚目のカードのみを裏にし、後の4枚は表にして配っていくものがあります（プレーヤーはその都度賭けていきます）。この伏せたカードをthe card in the holeと呼び、もしそれが最強のカード（他の4枚との組合せで）であればan ace in the holeということになります。自分だけが知っているので奥の手ということになります。

● 日本語のイメージ
「奥の手」は一般的な用法としては、最後の手段という意味で使います。奥義（おうぎ）、秘訣（ひけつ）、極意（ごくい）のことで、容易に人には知らせない技法や謀略などを指します。とっておきの手段ということで、「いよいよ奥の手を出す」などと使ったりします。

● ネイティブによるワンポイント解説
Aceはカードの1番、サイコロの1の目、空中戦の名パイロット、凄腕、第一人者のこと。そこからhave [hold] (all) the acesで、君臨する、すべてを掌握している、決定権を握っている、すべてにおいて有利である、ということになります。

奢る平家は久しからず
Pride goes before a fall.

● 英語のイメージ

Pride goes before a fall. は人々に驕り高ぶることを戒めることわざです。傲慢な態度をとる人に対して警鐘を発したり、注意をしたりするときに使います。Pride will have a fall. ともいい、同じようなことわざには次のようなものがあります。Pride goes before destruction, and shame comes after.（驕りは破滅の一歩手前にあり、その後を恥が追う）、Pride and grace dwelt never in one place.（高慢と神の恵は同席しない）、After a collar comes a halter.（頸章（首にかける勲章）の後には絞首刑の綱が控えている）。

● 日本語のイメージ

「祇園精舎の鐘の声、諸行無常の響きあり。沙羅双樹の花の色、盛者必衰の理をあらはす。おごれる人も久しからず。ただ春の夜の夢のごとし。たけき者も遂にはほろびぬ、ひとへに風の前の塵に同じ」。誰もがよく知る『平家物語』冒頭の「祇園精舎」の一節です。平家の滅亡を語るこの部分は、栄華をきわめて勝手な振る舞いをする人は長くその身を保つことができないという教訓を与えるものです。

● ネイティブによるワンポイント解説

日本の平家や源氏は、英語では clan（氏族）といいます。日本文は The Heike clan did not long last because of their pride and prosperity. と訳せるでしょう。

鬼に金棒
The more Moors, the better victory.

● 英語のイメージ

The more Moors, the better victory. は、「これ以上のムーア人が加われば勝利はより確実になる」ことをいいます。Moor とはベルベルおよびアラブの子孫で、アフリカ北西部に住むイスラム教徒です。8世紀頃イベリア半島を征服し、15世紀まで支配したことから戦に強いイメージがあります。そこから強い力添えが成功をより確実にすると表しています。

● 日本語のイメージ

「鬼に金棒」は、もともと強いものにさらに強さが加わることをいいます。「金棒」の「金」は金属のことで「くろがね」の「鉄」であり、「鉄の棒」のことです。鬼は素手でも強いですが、鉄の棒を持たせればさらに強くなります。また似合わしいものが加わり一層引き立つようになることもいいます。普通競い合いの中で好条件が加わるような望ましいことをあげます。

● ネイティブによるワンポイント解説

類句に That makes it double sure.「それがあれば確実性が倍になる」があります。すでにある程度確実な事柄に、さらに何かが加わりこれでもう絶対に大丈夫というイメージで、競争での勝利というより保証のイメージです。

鬼の居ぬ間に洗濯
When the cat's away, the mice will play.

● 英語のイメージ
　When the cat's away, the mice will play. は、「猫の居ない間に鼠が遊ぶ」ことです。そもそも cat は mouse を獲るものであり、cat は mouse の天敵です。猫を恐れて臆病者の mice（mouse の複数）は隠れていますが、その cat がいなければ mice の天下、自由に動き回れます。権威者・監督者がいなければ従属者・部下は機に乗じて好き勝手なことをする、時にはとんでもない悪さをすると注意しています。

● 日本語のイメージ
　「鬼の居ぬ間に洗濯」は、気兼ねをする人や怖い人がいない間に息抜きをすることをいいます。「鬼」は、元は「隠（オン）」で「隠れて姿の見えないもの」から、「想像上の怪物」となり、そして牛の角、鋭い牙、金棒を持った怪力無慈悲な怖い存在とされました。そこで厳しい上司や監督、気を遣う姑や小うるさい親などがイメージされます。また「洗濯」は「命の洗濯」のことであり、日頃の苦労や束縛から解放され心が洗われる位思う存分楽しむこと、寿命が延びる程の保養をいいます。

● ネイティブによるワンポイント解説
　14世紀初めには Where there is no cat the rat is king.（仏語：ou chat na rat regne.）「猫がいないところでは鼠が王様」とも表されています。

蛙の子は蛙
Like father [mother], like son [daughter].

● 英語のイメージ
　「この父[母]にしてこの息子[娘]」という意味です。「蛙の子は蛙」と同様のことわざですが、相手によって「凡人の子は凡人」の意味にもまた褒め言葉にもなります。一方 Like breeds like.「同類はまた同類を生む」も同義ですが、breed が動物などの繁殖の意で蔑視が含まれ、あまり良いイメージではありません。

● 日本語のイメージ
　「蛙の子は蛙」は、蛙の子オタマジャクシが親と似ても似つかぬ姿であることが前提です。それがやがて手足ができ尾がとれ親と同じ姿になることから、どんなに似ていない子も親に似る、親の進んだ道を結局は歩むことを表します。ただし蛙は古来人間生活に近い生物であり、所詮「凡人の子は凡人」という意味合いも含まれます。身内のことを謙遜して使えても、目上の人に対してや褒め言葉にするのは避けるべきです。「さすが先生のお子さん、蛙の子は蛙ですね」では気分を害してしまいます。類義で「瓜の蔓に茄子はならぬ」、「鳶の子鷹にならず」などがあります。

● ネイティブによるワンポイント解説
　親と子の姿が違うことを強調するなら、Like hen, like chicken.「この雌鶏にしてこの雛」という言い方もあります。この like は「〜と同様」の意です。

漁夫の利
While two dogs fight over a bone, a third runs away with it.

● 英語のイメージ

　While two dogs fight over a bone, a third runs away with it. は、2匹の犬が一本の骨を争っている間に、第三の犬がその骨を持ち逃げすることを表しています。ただし争っている二者と利益を横取りする第三者が同等とは限りません。むしろ実例では、第三者がひ弱なほど、二者の争いが無益なことを物語ります。

● 日本語のイメージ

　「漁夫の利」とは、二者が争っている間に第三者が利益を横取りすることです。中国の故事で、鷸（しぎ）が蚌（はまぐり）を食べようとしたところ貝殻でくちばしを挟まれ、互いに殻を開けろ、くちばしをひっこめろと争っているところに漁師が通りかかり、鷸と蚌の両方を捕えることができたという寓話に基づいています。労せずして利益をものにするので「漁夫の利」、年老いた漁師の意味で「漁父」を使い「漁父の利」、また「鷸蚌の争い」ともいいます。二者が利を争っていると第三者に利用され共倒れになるという戒めを表します。

● ネイティブによるワンポイント解説

　While two Alsatians are fighting over a large bone, a passing poodle can easily walk off with it. の例文では、勇猛なシェパードから愛玩犬プードルが横取りします。

犬猿の仲
Cats and dogs

● 英語のイメージ

　cats and dogs は欧米では仲が悪いとされ、We are [live, fight] like cats and dogs. で「我々は本当に仲が悪い、喧嘩ばかり、犬猿の仲」の意味です。英国の民話でその昔、雨や雪など悪天候になると犬や猫は納屋の屋根裏に避難しましたが、狭い所に一緒だったため始終喧嘩していたというのがこの英語表現の始まりだったようです。猫も犬に負けるとは限らず、猛然と犬に向かっていくこともあります。

● 日本語のイメージ

　「犬猿の仲」は、犬と猿のように非常に仲の悪いことをいいます。「犬」は賢く忠実な家畜であり、また威厳と魔除けの象徴として神社仏閣の「狛犬」にもなっていますが、野山を徘徊する野犬もいます。一方「猿」は、森林に生息する野生動物で、その習性から「卑しい物、狡猾、物真似」などのイメージですが、天上の神と人の世界を媒介する「猿神」などもあります。犬と猿は古来仲が悪いたとえですが、「桃太郎」では雉も含めて力を合わせて鬼退治をしています。

● ネイティブによるワンポイント解説

　It's raining cats and dogs. で「土砂降り」も意味します。一説に cat は大雨を、dog は強風をもたらすものという北欧の神話からとされます。

虎穴に入らずんば虎子を得ず
Nothing ventured, nothing gained.

● 英語のイメージ
venture は生命や金銭を失う危険を伴う冒険や冒険的事業を表します。一般的な冒険では adventure の方がふつうです。John is ready for any venture. といえば、ジョンはどんな冒険も辞さない、ということ。「冒険を覚悟してやらなければ、何も得られない」というのがこのことわざの意味です。覚悟とは勇気をもって取り組むことであり、Fortune favors the bold.（幸運の女神は勇者を好む）とか、The more danger the more honour.（危険が大きければ名誉も大きい）ともいいます。

● 日本語のイメージ
虎穴とは虎の住んでいる穴のことですから、大変危険な場所ということになります。虎子（虎の子）は、自分が大切にして手離さないもの、秘蔵の金品をいいますが、虎はその子どもを非常に愛護する習性があることから生まれたことばです。そのような子ども思いの虎の住んでいる穴の中へ入るのはまさに命がけのこと、しかし宝物（手柄や功名）を得たいと願うならば、危険を冒さなければそれらは得られない、すなわち宝物は得られない（手柄は立てられない）ということです。

● ネイティブによるワンポイント解説
英国英語では Nothing ventured, nothing gained. といいますが、同じことを The best fish swim near the bottom.（最上の魚は深いところにいる）ともいいます。

転ばぬ先の杖
One must draw back in order to leap better.

● 英語のイメージ
英文は「よく跳びたければ　身一つ後に下がることが必要だ」という意味で、跳躍の前には助走が大切であるといっています。同じ跳躍でも、前やまわりをよく見てから跳ばなければならないとする Look before you leap. もあります。大事の前には準備が欠かせないということです。英語では Providing is preventing.（備えは予防）とか Fear the worst; the best will save itself.（最悪を念頭に置け）などといい、いずれも、ことを成すには事前の準備が必要であると教えています。

● 日本語のイメージ
杖は、「杖にすがる」というように頼りにするもののたとえとして使われることばです。そこから、老人や病人などが歩行時に転倒するという不測の事態が起きないように、支えとなる杖を携えて出かけるべきだという教えとなりました。しくじらないよう事前に準備をしておくことが大切だということです。この種の教訓は、「備えあれば憂いなし」をはじめとする数々のことわざにも表れています。

● ネイティブによるワンポイント解説
「備える」ことは医療においても、一国の政治においても大切です。Prevention is better than cure.（予防は治療より有効）、Forewarned is forearmed.（警戒は武装に匹敵する）などは今日の社会情勢を反映するものといえるでしょう。

先んずれば人を制す
First come, first served.

● 英語のイメージ
　自給自足の生活がふつうであった昔の農村においては、大型の機械などは村人全員の共有財産でした。製粉所もそのようなものの一つで、真っ先に来た者が粉をひくことができることになっていました。そこから生まれたことわざです。類似のことわざには、Foremost dog catches the hare.（先頭の犬がウサギを捕える）や The early bird catches the worm.（早起きの鳥が虫を捕える）があります。

● 日本語のイメージ
　「先即制人」という『史記』にある中国語からきていることわざです。相手より先にことを行えば優位に立つことができる（人に遅れてことを行えば、必ず人に先手をとられておさえられてしまう）という意味で、各種の武道の教えにも通じます。現代では、「早い者勝ち」とか「早いが勝ち」という形で使われることが多くなりました。何でも早くきた者から順番にサービスを受けられるという意味です。

● ネイティブによるワンポイント解説
　子どもが朝寝坊をし、朝起きてからもグズグズしていると親が、He that rises first is first dressed.（早く起きた子が、まず洋服を着せてもらう）と注意したりします。もっと厳しいと、The devil [or Satan, Hell] take [or catch] the hindmost.（遅れた者は鬼に食われろ）と叱られることになります。

猿も木から落ちる
(Even) Homer sometimes nods.

● 英語のイメージ
　Homer sometimes nods. は「Homer も居眠りすることがある」という意味です。Homer は、紀元前 8、9 世紀ギリシャ最古の叙事詩 *The Iliad* や *The Odyssey* を著した偉大な叙事詩人です。その Homer でさえ四六時中注意を向けてはいられません。nod はぼんやりしてうとうとすることで、偉人も失敗することを表しています。

● 日本語のイメージ
　「猿も木から落ちる」は、木登りの上手な猿でさえ時には木から落ちることもあることから、その道の名人・達人でも時には失敗することをいいます。ただし、「猿」は「詐欺、物まね、詮索好き、虚栄」など良いイメージではありませんので、たとえ達人の失敗の話でも、目上の人には使わない方がよいでしょう。類義のことわざに「弘法にも筆の誤り」があります。弘法大師のような書道の名人でも書き損じることがあるという意味です。弘法大師は「応天門」の「応」の点を書き忘れてしまい、すでに門に掲げた額に筆を投げつけて点を打ったと『今昔物語』に記されています。

● ネイティブによるワンポイント解説
　monkey といえば three wise monkeys「三猿」です。「見ざる聞かざる言わざる」の日本のことわざが、英語でも思慮分別を意味する手本となったのです。

地獄の沙汰も金次第
Money talks.

● 英語のイメージ
　金銭は人の世に強い影響力を持っているということを Money talks. とわずか2語で見事に表現しています。その正否は別として、金銭にまつわることわざは数多くあります。「金があれば〜」の例をいくつかを紹介します。Money will do anything.（どんなことでもできる）、Money will make the pot boil.（鍋を煮立たせる）、If money go before all ways lie open.（あらゆる道は通行自由）、Money makes a man free everywhere.（どこででも人を自由にする）、など枚挙に暇がありません。

● 日本語のイメージ
　道教の教えでは、人間が死ぬと、最初に天国へ行けるか、地獄に落ちるかを10人の王に姿を変えた仏様が裁判をして決めるものとされています。「地獄の沙汰」とはその裁判のことです。死んだ後に善人として極楽で生まれ変わるか、極悪人として地獄に落ちるか、当人にとっては大事な裁判になります。そのような裁判ですら、カネの力で何とでもなるという金力（カネの力）万能をいうことわざです。

● ネイティブによるワンポイント解説
　「人間万事金の世の中」を直訳すると Money rules the world. となりますが、英語のことわざでは All things are obedient to money.（金は万物を支配する）があります。本当にそうなのかな、またそうあってほしくないなとも思います。

釈迦に説法
Do not teach your grandmother to suck eggs.

● 英語のイメージ
　自分より経験の浅い者が口をはさんできたり、お説教めいたことをいい始めたりしたときにやり返すことばです。「自分以上に経験のある者に向かって助言するなどもってのほか」という意味です。人生経験豊かな祖母に食生活の基本中の基本ともいえる、ゆで卵のすすりかたを教えるなどとはおこがましい、というのが原意です。短縮形は Teach your grandmother to suck eggs. といい、Teach your grandmother to spin.（糸の紡ぎかたを教えよ）など類似のものがいくつもあります。

● 日本語のイメージ
　物事をよく知っている人になお教えること、また言ったり、説いたりする必要のないことのたとえです。「釈迦に説教」や「釈迦に経」ともいいます。不必要なことをする、という意味では「極楽の入り口で念仏を売る」ということわざもあります。念仏とは、仏の姿や功徳を心の中に思い浮かべること、仏の名（仏、菩薩の）を口に唱えることです。

● ネイティブによるワンポイント解説
　「釈迦に説法」は To teach a sutra to Buddha. であり、「極楽の入り口で念仏を売る」は To preach at the entrance to paradise. と英訳できますが、そのままで十分に伝わる英語のことわざといえるでしょう。

蛇の道は蛇
An old poacher makes the best keeper.
● 英語のイメージ

poacher とはサンゴや野生動物を、法を犯してひそかに漁（猟）をする人のことです。そのような密漁（猟）の経験豊富な者は法の穴をかいくぐり、どこがよい漁（猟）場を熟知しているので最高の監視人になれるという意味です。keeper は（禁）猟を管理・監視する人のこと、この場合の make は You'll *make* a good lawyer.（君は立派な弁護士になる）と同じ用法で、～になるということを意味します。

● 日本語のイメージ

蛇の行く道（かくれ道）は誰よりも蛇が一番よく知っているということです。同類のもののする事柄は、互いにその方面の事情に通じているために、同類のものには容易に推知できることを意味します。正しい読み方は「じゃのみちはへび」であり、「じゃ」は大きな蛇を、「へび」はそれよりも小さな蛇を意味します。このことわざの由来は、大蛇（serpent）の通る道は小蛇（snake）がよく知っている、という説と蛇の通る道は他の蛇によく分かる、という 2 つの説があります。

● ネイティブによるワンポイント解説

上記の英語版では犯罪者対監視人の関係をたとえにしていますが、逆に犯罪者どうしはその言動が分かりやすいという意味を表す Set a thief to catch a thief.（泥棒を捕まえるには泥棒に任せるのがよい）ということわざもあります。

正直の頭（こうべ）に神宿る
Honesty is the best policy.
● 英語のイメージ

このことわざは文字通り「正直こそが最善の策である」という意味です。類似したことわざには、Knavery may serve for a turn, but honesty is best at long run.（不正が役に立つこともあるが、長い目でみれば、正直であること一番）、Fortune waits on honest toil and earnest endeavor.（幸運は誠実な勤労とまじめな努力に奉仕する）などがあります。

● 日本語のイメージ

このことわざの意味は、正直な人には神の加護があるということで、神様は誠実で正直に生きる者を見守っていて、必ずその加護があるということ。正直の大切さを教えるものです。これとはまったく正反対の「正直貧乏横着栄耀」ということわざもあり、こちらは「真面目な人間が報われるとは限らない」という意味になります。正直者は馬鹿を見るということですが、このように正直に対して二律背反する考えがあることは洋の東西に共通しています。

● ネイティブによるワンポイント解説

「正直者が馬鹿を見る」は、正直で誠実な人が損をするということですが、英語で Honesty is ill for thriving.（正直は繁栄にとって不都合なものである）とか、The properer man the worse luck.（上品で誠実な人ほど運が悪い）といいます。

捨てる神あれば拾う神あり
When one door is shut, another is open.

● 英語のイメージ
　When one door is shut, another is open. は、「一方の扉が閉じても別の扉が開く」という意味です。door は勿論「扉、戸」ですが、「～への入口、道、方法」でもあります。進む道を閉ざされ、絶望することもあるかもしれません。世間は残酷なように見えますが、それと同時に優しいものです。別の手段・方法が示されるでしょう。失敗してもまた次の機会を待てばよいと、励ましてくれる句です。

● 日本語のイメージ
　「捨てる神あれば拾う神あり」は、一方で見捨てる人がいても他方で手を差し伸べてくれる人がいる、という意味です。日本では天地万物に神が宿るとして八百万の神がいるとされます。一方で相手にされなくなってもまた他方で救ってくれる神が出てくるものです。現在の人間関係に絶望したとしても、世間は広く人もさまざまだから必ず救いの手は差し伸べられる、希望を持って待つよう諭した格言です。

● ネイティブによるワンポイント解説
　キリスト教では、God the Father, the Son, and the Holy Spirit.「父（なる神）と子（なるキリスト）と聖霊」とあるように一神教ですが、ギリシャ・ローマ神話では、太陽神や海神、火の神などさまざまな神が登場します。

背に腹は代えられぬ
Necessity has [knows] no law.

● 英語のイメージ
　Necessity has [knows] no law. は、生死にかかわる緊急時には、法律や慣例どころではないということです。necessity は、「必要不可欠」、特に「緊急性、差し迫った必要性」であり、必要度の緊急性や絶対性が非常に強い語です。そこで差し迫った必要のため、状況によっては違反もやむをえないことを意味します。

● 日本語のイメージ
　「背に腹は代えられぬ」とは、背中では腹の代わりにはならないので、大切なものを守るためには他を犠牲にすることもやむをえないことをいいます。同じ身体の部位でも、腹はいわゆる五臓六腑を内含する重要な部位ですが、背中は骨と皮に過ぎません。背より腹を守るため、つまり差し迫った大事のためには、他を顧みる余裕がないので多少の損害も仕方がない、大きな苦痛を避けるためには小さな苦痛はやむをえないことを意味しています。

● ネイティブによるワンポイント解説
　英語版は必要なら法律も無視して何でもやることですが、日本語では自身が犠牲や苦痛、損害を被る覚悟を表しています。類似のものには Better the purse starve than the body.「飢えに苦しむより財布が空になる方がよい」があります。

船頭多くして船山へ上る
Too many cooks spoil the broth.

●英語のイメージ
　broth は肉や魚を煮出して作ったスープのことです。コックが多すぎるとそのスープはおいしいものにはならず、結果として失敗作となります。すなわち同時に多くの人が同じことに取り組んだり、指揮したりすると仕事にはならずただ混乱を招き失敗するという教訓です。すなわち、A pot that belongs to many is ill stirred and worse boiled.（たくさんの人が共有する鍋はうまくかき回されず、煮え方もより悪くなる）ということを意味します。

●日本語のイメージ
　これは、仕事をするのに指図する人ばかり多くて、そのためにまとまりも悪く統一がとれず、かえってとんでもない方向に物事が進んでいってしまうことをからかっていることばです。似たようなことわざには、役につきたい人ばかりが多すぎると、いざこざが絶えず、いつまでもまとまりがつかないことをいう「役人多くして事絶えず」があります。この場合の「事」は望ましくないことを表します。

●ネイティブによるワンポイント解説
　類似のことわざには次のようなものがあります。Many dressers put the bride's dress out of order.（着付けする人が多いと花嫁衣装は乱れる）、Where every man is master the world goes to wrack.（みなが支配者になれば世界は破滅する）。

高嶺の花
One may point at a star but not pull at it.

●英語のイメージ
　One may point at a star but not pull at it. は、「人は星を指さすことはできるがそれを引っ張ることはできない」という意味です。star は夜空に輝きその不思議な光から、古代より「運命、希望、理想」などの象徴とされました。現代でも運勢を占う「占星術」や希望の星、高評価を表す「星印」などに現れています。そして芸能界などの「スター、憧れの存在」も意味します。One may look at a star but not reach at it.「見ることはできても達することはできない」とも表現されます。

●日本語のイメージ
　「高嶺の花」は、遠くから眺めるだけで自分のものにはできないものをいいます。「高嶺」は高い峰のことで、高い山の頂に咲く花は望んでも摘むことができないことから、希少なもの、自分の地位・身分・能力などに比して別格のもの、時には非常に高値のものも指します。特に分不相応で手の届かない女性を意味します。

●ネイティブによるワンポイント解説
　reach for the stars という表現では、星を取ろうと手を伸ばすことから、不可能なことをやろうとすることを意味します。なお芸能界で花形役者を star と呼ぶのは、イタリアの喜劇団で人気俳優の名の上に星印（☆）を付けたからといいます。

多勢に無勢
Many a sheep drive away a wolf.

● 英語のイメージ
　Many a sheep drive away a wolf. は、「羊も多く集まれば一匹の狼を追いやる」という意味です。many a 〜（＋単数名詞）は個々を強調する表現で「幾多の、多数の」、drive away 〜で「敵などを追い払う」ことです。肉食の wolf にとって sheep は獲物であり、sheep は餌食にならないよう逃げるしかありません。しかし羊も多数集まれば一匹の狼を追い払うことができる、一匹ずつでは弱者でも、協力し合えば強者をも退散させることができるという、弱者に対する励ましの格言です。

● 日本語のイメージ
　「多勢に無勢」は、多人数に対しては少人数では勝ち目がないことです。「多勢」は「多人数」、「無勢」は「少人数」のことで、強者と弱者というより、少人数では多人数にとても敵わないので数で不利なら戦うなという教えです。類句に「衆寡敵せず」があります。「衆」と「寡」は「多数」と「少数」、「敵する」は敵として対抗しうることですので、多人数に対し少人数では勝つことができないという意味です。

● ネイティブによるワンポイント解説
　sheep は本来群れで行動し、先導者に follow like sheep 従順に従います。一方狼は、as greedy as a wolf 貪欲で残忍な存在です。

蓼食う虫も好き好き
There is no accounting for taste(s).

● 英語のイメージ
　There is no accounting for taste(s). は、「人の好みは説明できない」ことをいいます。taste は「味覚、好み、趣味」のことであり、Tastes differ. 人によって嗜好が違います。特に誰かの選択が話し手にとって賛成できない場合でも、Everyone has their own taste [likes]. 誰もが自分だけの好みを持っており、それは To each his own. 人それぞれです。Different strokes for different folks. さまざまな人々にさまざまな動作があり、まさに「十人十色」といえます。

● 日本語のイメージ
　「蓼食う虫も好き好き」は、辛くて苦い蓼を好む虫もいるように、人の好みはさまざまなことをいいます。「蓼」は食用・薬用にされる植物ですが、葉や茎に特有の辛みがあります。その辛い葉を好んで食べる「虫」を、人の意外な好みの例にしています。日本では「虫」を身近な存在として捉え、「虫」の声に風情を感じ、また感情や病気、特有の相手を「虫」で表すこともあり、人を「虫」にたとえることわざがたくさんあります。

● ネイティブによるワンポイント解説
　元のラテン語のことわざ（de gustibus non est disputandum）は、There is no disputing about tastes. 「人の選択・好みの是非を論じることはできない」です。

旅は道連れ、世は情け
A merry companion is a wagon in the way.

● 英語のイメージ
　もとはラテン語のこのことわざの意味は「楽しい同行者は旅を行く馬車の如し」という意味です。a merry companion は一緒にいて本当に楽しい仲間ということで、そのような仲間と一緒であれば旅も楽しいに違いありません。同じことを An agreeable companion on the road is as good as a coach.（気の合う道連れは乗り心地のよい馬車と同じようにうれしいものだ）といいます。

● 日本語のイメージ
　旅をするときには困ったときに互いに助け合うことができる道連れがいる方が心強いし、それと同じように世の中を渡っていくには互いに人情をもって他人と仲良くやっていった方がよい、という意味です。江戸時代に作られた「いろはかるた」の一つで、その頃の旅は今とは違っていろいろと不便も多く、危険も伴う不安の多いものでした。そこから生まれたことばでした。

● ネイティブによるワンポイント解説
　結婚に「ゴールイン」ということばは相応しくないと思います。人生は旅（Life is a journey.）であり、二人の人生航路がそこから始まるからです。道連れの旅がそこから始まるのです。When shared, joy is doubled and sorrow halved.（分かち合えば喜び倍増し、悲しみは半減する）も意味の似たことわざといえます。

玉に瑕
A [the] fly in the ointment.

● 英語のイメージ
　a [the] fly in the ointment は、「軟膏の中の蠅」の意です。ointment は「軟膏」、さらに、「香油、化粧クリーム」も意味します。fly「蠅」は不衛生の象徴であり、人を悩ます害虫として聖書にもよく登場します。旧約聖書の「伝道の書」に出てくる「かぐわしいクリームの中の死んだ蠅」であり、お楽しみを台無しにする人・物、また成功の妨げ、欠点、難点をいいます。

● 日本語のイメージ
　「玉に瑕」は、完全なものに見えるのにわずかな欠点が一つだけあることをいいます。「玉」は「宝玉」であり、「瑕」は宝玉についた「きず」のことで、「瑕疵、瑕瑾（かきん）」などのように「過失・欠点」も意味します。どれほど美しい玉でも一か所くらい瑕があることから、完璧に見える物でも一つぐらい瑕がある、立派な物、善美な物、完全無欠の人にも欠点の一つもあることを認める句です。

● ネイティブによるワンポイント解説
　似たものに There are spots in the sun.「太陽にも黒点がある」があります。太陽は太陽神、全知全能の神のイメージですが、その太陽面には温度が低いため黒く見える黒い斑点「黒点」があります。「黒点」は「良くない所、汚点」の意です。

月とすっぽん
(They are) As different as chalk from cheese.

● 英語のイメージ
　As different as chalk from cheese. は、「チョークとチーズほど違いがある」ことをいいます。cheese は日々の生活に風味を添える大切な食品であり、チョークとは大きな差があります。cheese は各国で特色ある物が作られ、Camembert（仏）、Parmesan（伊）、Cheddar（英）など各地に特有の cheese があります。食後のデザートにも供せられ、「美味、高級」のイメージです。

● 日本語のイメージ
　「月とすっぽん」とは、二つの物の違いが甚だしいことをいいます。「すっぽん」は「丸い魚」といわれ、俗に「まる」とも呼ばれます「月」も「すっぽん」も丸い形ですが、風情のある月に比べると、「すっぽん」には何の価値もないとしています。実際には「すっぽん」は滋養強壮の高価な食材ですが、風流を感じるには月の価値にはるかに及びません。ただし「豚に真珠」のように高価なものと価値の分からないものとの対比ではありません。似たことわざに「雲泥の差」などもあります。

● ネイティブによるワンポイント解説
　米国では cheese は cheesy「安っぽい」と表すほど、安価な日常食品です。そこで cheese と chalk ではなく as different as night and day といいます。

出る杭は打たれる
A tall tree catches much wind.

● 英語のイメージ
　A tall tree catches much wind. は、「高い木は多くの風を受ける」という意味です。wind は「風」また「大風、強風」であり、「大きな力、破壊力」も意味します。そこで背の高い木ほど風の力を受ける、つまり人より抜きん出た者ほど周囲の羨望やそしりを受けるのは当然であり、強い向かい風を覚悟するよう諭しています。

● 日本語のイメージ
　「出る杭は打たれる」は、才能や技芸など人より秀でた者は他から憎まれる、また出過ぎた真似をするものは他から制裁を受けることをいいます。「杭」は、並べて地中に打ち込み目印や支柱にする棒のことですが、他の棒より高くはみ出た杭は打たれるものです。そこで人より優れた者はとかく他の人から妬まれる、また差し出がましい振る舞いをすれば疎まれることをいいます。集団を重視する典型的な日本人の行動規範として、集団の中に溶け込み目立ちすぎるなという戒めに使われます。

● ネイティブによるワンポイント解説
　A tall tree catches much wind. は、優秀な者に対して周囲からの妬みは当然と伝える句ですが、だからといって日本語版のように目立たないようにしろというのは、個性や独自性を重んじ個人の能力を高く評価する欧米では考えられません。

転石苔を生ぜず
A rolling stone gathers no moss.

●英語のイメージ
　このことわざは英国と米国ではその解釈が異なります。日本と同じように四面を海で囲まれ湿気のある島国の英国と、太陽輝く平原の多い米国では木々の緑や苔類に対する美的感覚が異なります。英国では、転職を繰り返していたのでは知識も技能も身に付かないと戒め、米国では同じところにじっとしていたのでは、知識も能力も鈍ってしまう、上を見てよりよい仕事に就くべきだと教えます。ただし、今では英米いずれの国においても二つの異なる解釈が通用します。

●日本語のイメージ
　「転がる石に苔むさず」ともいいますが、上記の英語のことわざが日本語に訳されたものです。何事も腰を落ち着けてあたらないと、身に付くものがなく大成できないという意味と、常に行動している人は、時代に遅れることがない、という意味の二つがあります。「石の上にも三年」を説く日本には前者の意味合いの方が合っているようです。

●ネイティブによるワンポイント解説
　「石の上にも三年」は Patience is a virtue.（忍耐は美徳）と訳せます。Patient men win the day.（忍耐強い人間はやがて勝利する）ともいい、Patience is a remedy for every sorrow.（忍耐はすべての悲しみをも癒す）ということばもあります。

点滴石をも穿つ（雨垂れ石を穿つ）
Rome was not built in a day.

●英語のイメージ
　このラテン語がもとのことわざは、知らない者はいないといってよいほどに有名なものです。大きな仕事は1日で達成されるものではないのと同じように、何かを得ようとするならば焦らずに努力を重ね、忍耐すべきであるという意味です。忍耐の大切さを訴える An inch an hour a foot a day.（1時間1インチでも1日では1フィート）、Little strokes fell great oaks.（巨木も小さな打撃の繰り返しで倒れる）、Many drops make a shower.（水滴が雨となる）などがあります。

●日本語のイメージ
　同じところに落ちる雨垂れが長い時間をかけて石に穴をあけるように、たとえ微力でも根気よく続ければ何事も成就するというたとえを意味します。「針縷（しんる）に順（したが）う者は帷幕（いばく）を成す（仕立屋が少しずつ針を進め、やがて大きな幕を完成させるように、まじめに努力すれば、大きなものごとを成就させることができる）」という中国のことばにも合い通じることわざです。

●ネイティブによるワンポイント解説
　日本語の「点滴石をも穿つ」をそのまま英語にしたことわざもあります。それは、Constant dripping wears away the stone. といいます。あえていうならば、wear はすり減らすで、穿つは pierce という違いはありますが、同じといえるでしょう。

隣の芝生は青い（隣の糂粏味噌〈じんだみそ〉）
The grass is always greener on the other side of the fence.

● 英語のイメージ
　「他人のものは何でもよく見えるもの」と人を羨む気持ちを表すことわざです。人は誰もが他人の持ち物に目を奪われてしまい、その真価を知ろうともせずに羨ましがることを指摘し、そうしないようにと戒めています。He esteems each man's birds and jewels better than his own.（人は他人の鳥や宝石を自分のものより高く評価する）や My neighbour's goat gives more milk than mine.（隣人のヤギは自分のヤギより多くのミルクを出す）など類似のものがたくさんあります。

● 日本語のイメージ
　他人のものは何でもよく見えることのたとえです。「隣の芝生は青い」は英語のことわざの直訳で、日本版としては「隣の糂粏味噌」が相当します。糂粏（じんだ）味噌とは糠（ぬか）味噌のこと、麹に塩などを加えて練り込み野菜を漬けるために使うものです。「隣の花は赤い」や「他人の飯は白い」なども同類です。

● ネイティブによるワンポイント解説
　隣のものがよく見えるのは洋の東西を問わず人間に共通のことのようで、同じようなことわざに Our neighbour's cow gives more milk than ours.（隣の牛はウチのよりたくさんの牛乳を出す）と Our neighbour's ground yields better corn than ours.（隣の土地はウチのより良い穀物ができる土地だ）などがあります。

鳶が鷹を生む
A black hen lays a white egg.

● 英語のイメージ
　A black hen lays a white egg. は、「黒い雌鶏が白い卵を生む」ことです。逆に Out of a white egg often comes a black chicken.「白い卵から黒い雛がよく生まれる」という句もあります。人種にたとえて差別的なことを言う人もいますが、逆の句もあるように、親子間の才能・優劣というより一般的には親子間の色・形状の相違を表したものとされます。なおこの chicken は「鶏肉」ではなく「雛」です。

● 日本語のイメージ
　「鳶が鷹を生む」は、平凡な親が優れた子を生むことをいいます。「鳶」と「鷹」は同じ種族で姿形が似ていますが、「鳶」は腐肉を好み小動物などの死体を漁るので、「あさましい、貪欲」なイメージがあります。一方「鷹」は「威厳、高貴」なイメージで、古来姿に威厳があり「鷹狩」に用いられました。この「鳶」と「鷹」の対比から、平凡な親が非凡な才能を持った子ども、また月並な容姿の親が容姿端麗な子どもを持つという意外性を強調しています。なお「鳶が孔雀を生む」ともいいます。

● ネイティブによるワンポイント解説
　特に親子間の優劣を表したことわざには、An ill cow may have a good calf.「弱々しい雌牛が丈夫な子牛を生むこともある」があります。

虎の威を借りる狐
(To act like) An ass in a lion's skin.

● 英語のイメージ

An ass in a lion's skin. は、「ライオンの皮を被ったロバ」という意味です。Aesop's Fables『イソップ物語』で、ロバがライオンの皮を被って威嚇しながら歩き回り他の動物を怖がらせましたが、うっかりいなないたために正体がばれて笑いものになったという話から、「偉そうな風を装った馬鹿者」「強がっている臆病者」を意味します。「虎の威を借りる狐」のずる賢いイメージではありません。

● 日本語のイメージ

「虎の威を借りる狐」は、「有力者の権勢に頼って威張る小人物」のたとえです。狐は日本では、ずる賢く人をだますイメージがあります。このことわざは、虎に食べられそうになった狐が、自分は天帝に命じられた百獣の王であり、食べれば天帝に背くことになる、その証拠に自分の後をついてくるよう言い、虎がついていくと百獣が逃げ出し、それをみて虎は、みなが自分を恐れて逃げるのを知らず狐の言うことを信じたという寓話に基づきます。このことわざには狐の「狡猾」なイメージがあります。

● ネイティブによるワンポイント解説

ass には「頑固、のろま、バカ」のイメージがあります。play the ass で「馬鹿なまねをする」、You silly ass! What an ass! なら「バカだね！」になります。

ない袖は振られぬ
A man cannot give what he hasn't got.

● 英語のイメージ

A man cannot give what he hasn't got. は、「人は持っていないものを与えることはできない」という意味です。ここで what は、the thing(s) which ～ , that [those] which ～「～するもの・こと」ですので、what he hasn't got は「その人が持っていない物」です。金銭に限らず持っていない物を求められても出せないことをいいます。

● 日本語のイメージ

「ない袖は振られぬ」は、通常金銭の話で、持っていなければ出したくても出せないことをいいます。「袖」は着物で腕を通す部分ですが、その袋のように膨らんだ部分「袂」に財布などを入れることができるので、「金銭」を持っているときは、袖をたたいたり振ったりして合図します。袖のない着物では袖を振りたくても振れないように、金銭の持ち合わせがないので、援助を申し込まれまた借金の返済を迫られても出すことができないことを示すのに用いられます。

● ネイティブによるワンポイント解説

金銭を連想させることわざに、If you squeeze a cork, you will get but little juice.「コルクを絞ってもほんの少ししか汁を得られない。」などがありますが、搾取のイメージになっています。

何もしないよりはまし
Better late than never.

● 英語のイメージ

　このことわざのイメージは、ユーモアのこもった言い訳というところです。何かしなければならないことがまだできていなくて、さあこれからやるぞ、とか少し時期外れのお祝い（誕生日祝いや結婚記念日のお祝いなど）を相手に渡すとき、あるいはかなり年をとってから何か新しいことを始めときなど、または遅刻することが分かっているときの言い訳として「何もしないで済ますよりはずっとまし」という意味で用います。

● 日本語のイメージ

　「たとえ遅くなってしまっても、何もしないよりはいい」ということですが、時間の問題についていうことわざです。数量の問題においては、「少しでもあれば、まったくないよりはいい」という別のものがありますが、その真髄は同じところをついているといえるでしょう。

● ネイティブによるワンポイント解説

　時間を数量に変えてみると次のようなことわざがあります。Half a loaf is better than no bread.（半分のパンでもないよりはまし）、Want is the worst of it.（なんといっても、ないということが最悪）、Better some of a pudding than none of a pie.（たとえパイが全部なくても、プディングが少しあれば、それでよい）など。

猫も杓子も
Every Tom, Dick and Harry.

● 英語のイメージ

　ことわざの中に出てくる Tom（Thomas）も Dick（Richard）も Harry（Harold あるいは Henry）もみな 19 世紀後半に英国の男性に定着したファーストネームの代表格のようなものです。英国中どこへ行っても、それこそ「掃いて捨てるほど」多かった名前で、日本でいえば太郎や次郎に相当します。それに Every とつけば、当然のことながら誰も彼も、すなわち猫も杓子も、というイメージになるわけです。

● 日本語のイメージ

　イメージは英語版と同じですが、なぜ「猫と杓子」が「誰も彼も」という意味になるのでしょうか。正確な語源は分からないそうですが、⑴猫は女子（めこ）、杓子は弱子（じゃくし）で、女も子どももの意味、⑵猫は寝子（ねこ）、杓子は赤子（せきし）で音声変化した、そして⑶猫はどこにでもいる動物、杓子は毎日使う道具であることから「ありふれたもの」という意味、などがあげられています。こじつけのようですが、何百年にわたる民間伝承でそれぞれに味わいがあります。

● ネイティブによるワンポイント解説

　犬猫はペット（犬は狩猟用や運搬用としても）として多くの家庭に飼われてきたもので、昔は家族の食べ残したものが餌でした。そこから「誰も彼も」を Everyone that can lick a dish.（皿を舐めることができる者なら誰でも）ともいいました。

猫を被る
A wolf in sheep's clothing.

● 英語のイメージ

a wolf in sheep's clothing. は、聖書にある「羊の皮を被った狼」で、「偽善者」を意味します。wolf は「残忍、強欲、狡猾」、sheep は「温和、従順、誠実」などの象徴ですので、羊を装った、つまり温和で悪気がないように装って、実は不正直で悪意を持った危険な人をいいます。a wolf in a lamb's skin ともいいます。

● 日本語のイメージ

「猫を被る」は、本性を隠しておとなしそうに振る舞うこと、また知っていながら知らないふりをすることをいいます。「猫」は代表的な愛玩動物であり、その仕草や行動から「可愛らしい」イメージがあります。一方夜行性で不気味、人間を食い殺して化けるような「化け猫」のイメージもあります。「かぶる」は、全身を覆うことですので、うわべを「猫」のように柔和に装うことです。そしてこの「猫」の二面性から、柔和に見えるが本性は違うことを感じさせます。ただし英語の「羊の皮」のように「猫の皮を被る」とは言いません。

● ネイティブによるワンポイント解説

look as if butter would [will] not melt in one's mouth. の形でも、「まるで口の中でバターが溶けないかのように見せている」、「猫を被っている」の意味になります。

寝耳に水
A bolt from [out of] the blue.

● 英語のイメージ

a bolt from the blue は、「思いがけない出来事」を意味します。bolt は、thunderbolt「稲妻、雷、電光」であり、the blue は blue sky「青天」です。青く澄み渡った空に突然起こる雷に驚くことであり、「青天の霹靂（へきれき）」にあたります。突発的な大事件、突然の大変動などを意味します。

● 日本語のイメージ

「寝耳に水」は、まったく突然の思いがけない出来事に驚くことをいいます。「寝耳に水の入る如し」の略とされます。元来は眠っているうちに大水が出てその流れの水音を聞いた時のように不意の出来事に驚くことでしたが、次第に「聞こえる」の意の「耳に入る」が、実際に「水が耳に入る」と解されるようになり、「まるで寝ている耳に水を注がれるよう」となりました。「寝耳に擂粉木（すりこぎ）」、「青天の霹靂」、「藪から棒」なども類句です。

● ネイティブによるワンポイント解説

日本語版と同様「耳」を使ったことわざで a box on the ear「耳への一撃」があります。この box は箱ではなく「こぶし・平手で打つこと」です。通常突然の知らせが悪いニュースで、まるで耳に一撃をくらったような驚きを表します。

念力岩をも徹す
Faith can move mountains.

● 英語のイメージ
　Faith can move [remove] mountains. は、「信仰は山をも動かす」の意です。faith は「キリスト教の信仰」、そして「信じること」であり、「信念」があれば不可能と思われることも達成できるということです。同様の Sincerity moves Heaven.「赤誠天に通ず」とあるように、その真実の思いは天をも動かすともいえます。

● 日本語のイメージ
　「念力岩をも徹す」は、一心に思いを込めて当たればどんなことでも成就するという意味です。「思う念力岩をも徹す[通す]」とも表されます。中国史で将軍「李広」が、草むらの岩を虎と思い込んで弓を射たら、その矢じりが岩に突き刺さったという故事からとされます。精神を集中させれば奇跡のような力も起こせるということですが、精神力のことであり超能力などの話ではありません。類似のことわざに「為せば成る」「精神一到何事か成らざらん」などもあります。

● ネイティブによるワンポイント解説
　Where there is a will, there is a way.「意志あるところに道あり」も類句です。日本語の句の「為せば成る」「精神一到何事か成らざらん」に相当します。ここで will は「意志、決意」であり、way と頭韻を踏んでいます。

八十の手習い
A man is never too old to learn.

● 英語のイメージ
　このことわざでいう learn のイメージは単に学習するだけではなく、学習や鍛錬を通して学問、技術、運動技能、また資格などを習い覚えて身に付けるという意味です。old を late に変えた省略形の Never too late to learn.（学ぶのに遅すぎるということはない）もよく使われます。

● 日本語のイメージ
　手習いとは、文字を書くことを習うこと、また稽古や学問のことをいいます。このことわざは「六十の手習い」や「七十の手習い」ともいいますが、晩学のたとえで、年をとってから字を習ったり（基本中の基本という含意があります）学問や稽古事を始めたりすることをいいます。習い事や学問を始めるのに年齢制限などない、たとえ晩年に始めても遅すぎることはないということを意味しています。人生五十年といわれた昔の八十歳ということを考えてみる必要があるかもしれません。

● ネイティブによるワンポイント解説
　2015 年 5 月 31 日に開催された the San Diego Rock'n'Roll Marathon に参加した 92 歳の Harriet Thomson さんが 42.195 Km. を 7 時間 24 分で完走し、a full marathon 完走の最高齢女性記録を達成しました。彼女がマラソンを始めたのは 76 歳でした。まさに、Never too old [late] to learn を地で行く話で感動しました。

花より団子
Bread is better than the song of the birds.

● 英語のイメージ
　Bread is better than the song(s) of the birds. は、「鳥の歌よりパンの方がよい」という意味で、デンマークのことわざの英訳とされます。風流な鳥の声と比較されるのは、欧米人にとって主食とされる bread です。Bread is the staff of life.「パンは命の糧」であり、まず生きることを重視していることわざです。

● 日本語のイメージ
　「花より団子」は、風流より実利、外観より実質、虚栄より実益を重視することです。このことわざで主食ではなく軽食の「団子」なのは、「花見」という日本的な季節行事が背景にあるからで、庶民にとっては花見に行っても桜を愛でるより団子を喜んだのでしょう。「団子」は本来神仏の供物で、仏事や行事で用いられます。もとは中国の唐菓子で中世までは貴族や僧侶の軽食・茶菓子でしたが、江戸時代には寺社の門前などで作られ庶民の軽食にもなりました。風流の分からない相手を見下す、また自分を卑下するのにも使われます。

● ネイティブによるワンポイント解説
　勿論 Man shall not live by bread alone.「人はパン（食物）のみにて生きるにあらず」ですが、but he definitely cannot live without it.「パン（食物）なしでも生きられません」。

人は見かけによらぬもの
You can't judge a book by its cover.

● 英語のイメージ
　本の中身はブックカバーからでは判断できないように、人も決して見た目だけでその価値を判断できない、という意味です。似たようなことわざには、All is not gold that glitters.（光るものが必ずしも黄金とは限らない）とか Appearances are deceitful (deceptive).（外見は当てにならない）があります。後者の deceitful も deceptive もともに人目を欺く、惑わせるという意味です。

● 日本語のイメージ
　このことわざは、人はみな外見とは違うその人なりの意外な一面を持ち合わせているものであるから、見た目だけでその人を判断することはできないということを意味します。ある人が思いがけない才能を持っていることが分かったときなどに使います。逆に、本当に人の良さそうな人が実は稀代の詐欺師であることが分かったときにも使います。「馬と武士は見かけによらぬ」や「馬には乗ってみよ、人には添うてみよ」など、同じことをいっていることわざも多くあります。

● ネイティブによるワンポイント解説
　None can guess the jewel by the casket.（宝石箱からだけでは、宝石の良し悪しは分からない）はずなのですが、現実にはそうともいえず、身なりや乗りつけるクルマ（レンタカーかもしれない）に惑わされ、詐欺にあう人が後を断ちません。

風前の灯火
Hang by a thread [hair]
● 英語のイメージ

hang by [on, upon] a (single) thread [hair] は、一本の糸[毛]でぶら下がっている、つまり非常に危ない様子をいいます。Her life hangs by a thread. なら細い糸にぶら下がっていることから、「明日をも知れぬ命、風前の灯火」です。the future、the project、his career など危機一髪の状態のものにも使います。なお single は強調であり、より危険な様子を表します。

● 日本語のイメージ

「風前の灯火」は、風の吹く中に置かれた灯火のように、物事が儚くもろいこと、生命が危ういことを意味します。「風前」は風の当たる所であり、風に吹かれる灯火が今にも消えそうな様子が、危険が迫り滅ぶ寸前であること、物事や人の命の儚さを表しています。「風前の灯燭」「風中の灯」「風中の燭」などともいいます。

● ネイティブによるワンポイント解説

「風前の灯火」を A candle flickering in the wind と表すこともできます。キリスト教では、candle の火は人の「魂」ともされ、それが消えるのは「死」を意味しますので、風に吹かれて揺れる candle の火から、生命が危うい状態であることが理解されます。

覆水盆に返らず
It is no use crying over spilt milk.
● 英語のイメージ

「こぼれたミルクを嘆いても仕方がない」という意味ですが、これも使われる頻度の高いことわざです。過ぎたことは戻らないのだから嘆いても仕方がない(無駄だ)ということを意味することわざは多くあります。It is useless to beat a dead horse. (死んだ馬に鞭打つ)、It is too late to grieve when the chance is past. (好機を逸してから嘆いても仕方がない)、Never grieve for what you cannot help. (済んでしまったことは嘆くな) などです。

● 日本語のイメージ

このことわざは次の中国の故事に基づいています。勉強ばかりしている夫に愛想を尽かして離婚した妻が、夫が立身出世したので再婚してほしいといってきたときに、盆の水をこぼし、それをもとに戻すことができればその願いを受け容れようといったというのです。夫婦間のことでは、「破鏡再び照らさず」ということわざもあります。別れた夫婦がもとのさやにおさまることは難しいという意味です。

● ネイティブによるワンポイント解説

Repentance comes too late. (後悔先に立たず) は 15 世紀中期に使われていましたが、16 世紀後期になると Repentance never comes too late. (悔い改めはいつしても遅すぎることはない) とそれを打ち消すことばが使われるようになりました。

不言実行
Actions speak louder than words.

● 英語のイメージ
ことばよりも実際に行動することの大切さを説くことわざです。第Ⅱ部でも述べたように、米国の子どもたちは小さい頃から Say what you mean, and mean what you say.（自分の言ったことには責任を取りなさい）と教わります。そのような社会ですから米国には不言実行の大切さを教えることわざが多くあります。"Deeds, not words." "Action before words." "Work before talk." などですが、古いものでは Fine [or Fair, Kind, Soft] words butter no parsnips.（優しいことばなどサトウ人参の味付けにもならない）があります。

● 日本語のイメージ
この四文字熟語は、つべこべ言わず、黙ってなすべきことをきちんと実行することを意味します。「不言実行の人」や「不言実行の政治家」とか「今こそ不言実行の時だ」などのように使います。

● ネイティブによるワンポイント解説
「わが町で今一番必要なのは不言実行のリーダーだ」は What is most needed for our town now is a leader who acts rather than talks. といいます。The greatest talkers are the least doers.（大口を叩く人は行動力がゼロ）とは、ことばばかり巧みで、実行力が伴わない人を揶揄することばです。

無沙汰は無事の便り（無事に便りなし）
No news is good news.

● 英語のイメージ
このことわざのもとの形は The best news is when we hear no news.（最高の知らせとは知らせがないとき）だったといわれます。その後紆余曲折を経て現在のシンプルな形に収まったようです。読んで字の如しで、私たちは何か悪いことが起きると親戚や友人たちに知らせますが、近況報告やよい知らせは割合に遅れがちになります。それゆえに、まったく頼りがないときは無事に暮らしているという証拠だと思うものです。そのような状況を表すことわざです。

● 日本語のイメージ
「無沙汰は無事の便り」とは、何の便りもこないということは、相手は無事であることの証拠に他ならず何の心配もない、安心すればよい、という意味です。沙汰は便りや知らせ、音信をいうことばで、長いこと会っていない知人に対して「ご無沙汰しています」というように、無沙汰は長い間便りも音信もないことです。

● ネイティブによるワンポイント解説
夫婦が米国へ留学している息子の話をしているとします。会話は次のように進むでしょう。We haven't heard from Taro for over a month. What's going on there in New York, any idea? と母親、それに対して父親は、Oh, come on! A month is too short to complain. Don't worry. No news is good news. と答えるでしょう。

蒔かぬ種は生えぬ
You cannot make an omelet without breaking eggs.

● 英語のイメージ

　You cannot make an omelet without breaking eggs. は、「卵を割らないとオムレツは作れない」です。omelet [omelette] は溶いた卵を焼いてまとめた料理で、炒り卵 (scrambled egg) から変化したものとされます。具なしの plain から具材や地域毎に多種多様な omelet があり卵料理の代表です。egg は「生命、豊穣」の象徴であり大切に扱われますが、オムレツを食べたいならその egg を割る必要があることから、望む結果を得るには犠牲を払うことを覚悟しなければならないことを意味します。

● 日本語のイメージ

　「蒔かぬ種は生えぬ」は、何もせずに好結果を期待しても得られないことをいいます。種をまかなければ芽が出るはずもなく、まして花も咲かないし収穫もありません。原因がなければ結果は生じないので、よい結果を期待するなら行動に移す必要があることを表しています。農耕民族ゆえのことわざであり、働かなければ収穫も得られないことを示しています。

● ネイティブによるワンポイント解説

　収穫を目的としたことわざには、Harvest follows seedtime.「収穫は種まきの後に来る」があります。

目の上の瘤
A thorn in the [one's] flesh [side].

● 英語のイメージ

　A thorn in the flesh. は、「肉に刺さった刺」であり、痛みを与え続けるもの、「悩みの種」をいいます。thorn は「刺、針」のことです。身体に刺が刺さっていれば絶えず苦痛を感じ続けることから、絶えず苦しめ悩ませ、そして苛立たせる人やものになります。thorn は、キリストが十字架に掛けられる前にかぶらされた the crown of thorns「茨の冠」から、「苦難、苦痛」であり、また be [lie] on a bed of thorns で、「針のむしろにすわる」ように、辛い立場にいることも表します。

● 日本語のイメージ

　「目の上の瘤」は目障りなものであることから、自分よりも地位や実力が上で邪魔になる人をいいます。目の上に瘤があったら、瞬きするたびに気になり煩わしい物ですが、なければと思っても取り除ける物ではないことから、たとえで自分の行動や出世のうえでとかく妨げになるような邪魔な人、始終気になる人のことをいいます。「目の上のたん瘤」ともいいます。

● ネイティブによるワンポイント解説

　類似のことわざ a pain in the neck [backside (英)] も、「首 [臀部] の痛み」から、「迷惑、イライラするもの」を意味します。

藪をつついて蛇を出す
Let sleeping dogs lie.

● 英語のイメージ

Let sleeping dogs lie. は、「眠っている犬はそのままにしておけ」という意味です。この sleeping dogs は、いやな不快な事実・思い出のことでもあり、すでに過去にまずいことが起きているので事態が一層悪化しないよう、意図的に言及を避けよ、手を出すなという意味です。似たものに lion を使った Wake not a sleeping lion. や、Let [Leave] well (enough) alone.「良いことはそのままにしておけ」があります。

● 日本語のイメージ

「藪をつついて蛇を出す」は、余計なことをしてかえって災いを招くことです。「蛇」は、通常は「不吉」な存在とされます。この句は、わざわざ藪をつついて中に潜んでいた蛇を追い出し、その蛇に嚙まれるような愚かなことをする意味です。余計なことをすると災難や不利益を受けることになりかねないという注意や、自分の失言などに言及するのに用いられます。「藪蛇」ともいいます。

● ネイティブによるワンポイント解説

日本語版は悪い結果を示した忠告で、それと同様の英語版は為すべき行動を示した教えになっています。日本語のことわざのように悪い結果を示したものに、If you play with fire you get burnt.「火遊びをすればやけどする」があります。

闇夜の [に] 鉄砲
It is ill to drive black hogs in the dark.

● 英語のイメージ

It is ill to drive black hogs in the dark. は、「闇夜の中で黒豚を追うのは難しい」という意味です。この ill は difficult の意であり、drive 〜は「〜を追う、駆り立てる」という意味です。hog は豚、特に食肉用に太らせた大型の豚ですので、本来鈍重でそれを追いかけるのは容易なことです。しかし暗闇の中では黒いものを追うのが困難であることから、達成困難が明らかなこと、試すのも無意味なことをいいます。

● 日本語のイメージ

「闇夜に鉄砲」は、目標の定まらないこと、向う見ずな行動、またやっても効果や意味のないことをいいます。月明かりもない闇夜に鉄砲を撃とうとしても狙いの定めようもなく、当たるはずもありません。それでも結果の如何にかかわらずやってみるという無鉄砲な試み、さらに当たらないことが明らかなので、試みても効果がない、その試み自体が無意味なことをいいます。「暗闇の鉄砲」、「闇夜の礫」ともいいます。

● ネイティブによるワンポイント解説

He that walks in the darkness does not know where he goes. ともいいます。暗闇の中を歩く人がいますが、あまりの暗さにどこに向かっているのか自分でも分からない様子です。「闇を歩く人は行く手を知らない」という意味になります。

李下に冠を正さず
Caesar's wife must be above suspicion.

● 英語のイメージ

疑わしいことはしてはならないと教えるこのことわざを理解するにはローマの歴史を知る必要があります。有名な将軍であり政治家であったシーザーの妻たちが社交界の女性たちを招いて女性だけによる儀式をしていたとき、そこに女装した男性が入り混んでいたのです。その男はシーザーの２番目の妻と男女の仲を疑われていた者であったために、シーザーはこの「いやしくもシーザーの妻たる者は、不貞を疑われるようなことはしてはならない」と叫んでその妻と離婚したのです。

● 日本語のイメージ

「李」とはスモモのことです。中国の故事からことわざになりました。「（李の下で冠の曲っているのを直したりすると李の実を盗むのではないかと疑われる、ということから）他人の嫌疑を受けやすい行為は避けるようにしなさい」という教えです。「李下の冠」とも略され、また「瓜田（かでん）に履（くつ）を納（い）れず」も同じことを意味することわざです。

● ネイティブによるワンポイント解説

「李下に冠を正さず」を、英米人に分かりやすいように少し注釈を入れて英語に訳すと次のようになるでしょう。To refrain from doing anything that looks suspicious such as putting on one's hat under a plum tree.

我が家楽の釜盥（かまだらい）
There is no place like home

● 英語のイメージ

このことわざは米国の劇作家であるジョン・ペイン（John Howard Payne）の作品の中に出てくる Be it ever so humble, there's no place like home.（たとえみすぼらしくても、つましくても、わが家に勝るところはない）がもとになってできたものです。Home is home be it never so homely.（いかにみすぼらしくても、わが家は最高だ）や、They that be in hell think there is none other heaven.（地獄の住人は、自分たちのいる地こそ天国だと思い込んでいる）もあります。

● 日本語のイメージ

釜（かま）は飯を炊くために使うもの、手洗い（テアライ）の簡略形である盥（たらい）は、水や湯を入れて顔や手足を洗う器の総称です。「わが家（いえ）楽（らく）の釜盥（かまだらい）」は、たとえ生活が貧しくて、たらい一つも買えず、たらいの代わりに飯炊き用の釜を使っているような暮らしをしていても、わが家はどこよりも素晴らしい、わが家はいいものだといっていることわざです。

● ネイティブによるワンポイント解説

上記の Home is home be it never so homely. の homely ですが、英国では家庭的、きもちのよい、質素な、地味なという意味で、米国では不器量な、魅力のない、あかぬけしない、やぼったいという意味になるので注意が必要です。

第IV部

基本単語の組合せなのに直訳すると意味不明のイディオム

A Hot Potato

このことばは、「議論の余地があるような問題には深入りしたりしない方がよい、もし首を突っ込みすぎると後から面倒なことになる」という意味です。その起源は、1800年代の終わり頃にはやったゲームで、輪になった子どもたちが火の点いたロウソクを隣へ回していき、あいにくと火が消えるロウソクを手にしてしまった子が罰となるというものでした。ロウソクが他のモノに変わりましたが、現代に受け継がれているパーティーゲームの一つです。子どもたちが輪を作り、何か手元にある熱いもので、長くは持ち続けられないモノを回して行き、音楽が止まったときにそれを手にした子は抜けて行き、最後まで残った者が勝ちというものです。

● **この表現の使用例**

英語の使用例としては、"Gun control is a political hot potato." があります。「銃規制は政治的なホットポテトだ」というような意味ですが、これは銃規制の問題は反対派と賛成派を巻き込む大論争となっている状況を表しています。日本語ではきっと「触らぬ神に祟り（たたり）なし」という意味になるかもしれません。

● **ネイティブによるワンポイント解説**

A Hot Potato は映画、TVショー、コンピューターゲーム、歌のタイトルになっていて、マイケルジャクソンの妹の La Toya Jackson が1980年代に歌ってヒットしたこともあります。熱いポテトは手の上に長くは置いておけず、やけどをしないように、それをお手玉しなければなりません。

A house of cards

砂上の楼閣を意味するこの表現は、エミー賞を受賞した人気テレビドラマ（そして小説）のタイトルにもなりました。物語は実利的で利己的な政治家が、より強大な権力を得るためにさまざまな手段を使うというものです。しかし、この悪だくみのせいで、政治システムそのものが危険にさらされ、トランプでできた家のようにいつ崩れてもおかしくない状況に追い込まれます。現在では、いつ壊れてもおかしくない、不安定な組織や計画を意味することばとして使用されていますが、もともとは脆い土台を持つ構造物を指しました。英国にある古代遺跡であるストーンヘンジも、house of cards architecture と呼ばれる不安定な建築術により建造されているとのことです。

● **この表現の使用例**

この表現は "That company is a house of cards. It could fall at any moment."（あの会社は砂上の楼閣だ。いつ崩れてもおかしくない）や "Her scheme to reorganize management sounds like a house of cards."（経営を再編するという彼女の計画は危うく聞こえる）のように使用します。

● **ネイティブによるワンポイント解説**

be 動詞以外にも、「〜のようだ」を表す "be like" "seem like" "look like" "sound like" を使い、隠喩の表現を直喩にすることができます（直喩は as cold as ice（氷のように冷たい）のように as から始まる場合もあります）。

A night owl

これは夜更かしをする人間を表すことばです。これ以外にも、英語には夜型人間を表すことばがあります。たとえば米国では "night hawk"（owl はフクロウで hawk は鷹）とも言います。またすぐに思いつくものに "burn the midnight oil" があげられます（これは通常、仕事や勉強の時に使用します）。もっと基本的な英語を使って表現する時、ネイティブは "stay up late"（遅くまで起きている）や "stay up past one's bedtime"（寝る時間になっても起きている）と言います。これらはよく使われることばです。

● この表現の使用例

夜更かしをする人について説明する時にこの表現を使ってみましょう。"He always stays up late. He's a real night owl."（彼はいつも夜更かしをする。完全に夜型人間だ）と言うことができます。またもう少し説明を加えて "Tom is an incorrigible night owl. I've never seen him go to sleep before the clock strikes twelve."（トムはどうしようもない夜型人間だ。午前 0 時前に寝るのを見たことがない）という風に使用できます。

● ネイティブによるワンポイント解説

イディオムの中には、特定の方言や地域の中でしか使用しないものも含まれます（今回紹介した night hawk はその一つの例です）。ですから、ことばを使用する際はそれがその場所で伝わるかどうかを一度考えてみましょう。

A nightcap

そもそもこのことばが意味するところはベッドでかぶる帽子のことでした（恐らく 14 世紀頃のものだと考えられています）。これは寒い夜に眠りに就く前の防寒具として使用されていたのです。この習慣は欧州に幅広くあったようです。当時の家は隙間風がひどかったようですので、特に不思議なことではありません。きっとこの帽子は大いに役立ったことでしょう。そして 18 世紀後半から 19 世紀頃に入り、このことばに別の意味が与えられます。寝酒です。ただ、体を温める目的は共通しているので、もとの意味との関連は強いものがあります。当時、寝酒をすることは当たり前とされており、医師も不眠症を含む睡眠障害への対処策としてこの習慣を推奨していました。このようにあることばが時代を経てまったく別の意味で使用されるようになることは多々あります。

● この表現の使用例

この表現の使い方を見ておきましょう。寝る前に軽く一杯何かを飲みたいと思い、人を誘う時に "How about a nightcap?"（寝酒でもどう？）と言うことができます。また単に "I could go for a nightcap."（寝酒を飲みたい）と言うこともできます。

● ネイティブによるワンポイント解説

イディオムには複数の意味があることも珍しくありません。せっかくなので、なるべく一度に覚えてしまいましょう。

A walk-off hit

これは新しい野球用語で、サヨナラヒットという意味です。昔は "game-winning hit" と呼ばれていました（今でも使われていますが、滅多に聞きません）。"walk off" は立ち去ることで、このことばが用いられるのは相手チームがまさにその瞬間に負け、球場を去るからです。

● この表現の使用例

近年では米国の野球中継を外国にいても楽しめるようになりました。ヒット以外のことばを使った例文もあげておきます。たとえばサヨナラホームランであれば "The game ended on a walk-off homer in the bottom of the 9th."（ゲームは9回裏に打者がサヨナラホームランを放ち終了した）と言うことができます。また二塁打の場合は "He hit a walk-off double."（彼はサヨナラ二塁打を放った）となります。

● ネイティブによるワンポイント解説

野球には野球の、他のスポーツにはそのスポーツ独特の英語表現があります。その数の多さには正直参ってしまいます。しかも新しい用語が次々と登場し、古いものが淘汰されていきます。このようにことばはダイナミックなもので、静的なものではありません。ですから埃をかぶった教科書だけから英語を学ぶのは十分ではありません。ノンネイティブは自分が駆使できるあらゆるチャンネルを使い、ネイティブが今どんな英語を使用しているかにもぜひ興味を持ってください。常にことばをブラッシュアップして行きましょう。

A walkover match

スポーツにおいてはさまざまな形で勝敗がつきます。その一つが "walkover"（不戦勝）と呼ばれるものです。この "walk over" は少なくとも1829年にさかのぼることばで、英国において競馬の用語として使用されていました。今ではさまざまなスポーツで用いられていることばです。不戦勝以外に、楽勝という意味もあります（相手はいるのですが、あなたが圧倒的に強いことを表します）。またこれはスポーツだけではなく、政治家の選挙結果について話す時にも使用されます。この場合、無投票当選や、"landslide"（地滑り的勝利）を表現したい場合に使うことができます。その候補者、政党、また法案が大勢の支持をえた時に起こります。

● この表現の使用例

たとえばテニスの試合結果について "My opponent injured himself, so I won my match on a walkover."（相手がケガをして、不戦勝を得た）と言うことができます。同じことばが政治の文脈でどう使用されるかも見てみましょう。たとえば "The general election was a walkover for the Liberal Democratic Party.（総選挙では自民党が圧勝した）という文が考えられます。

● ネイティブによるワンポイント解説

ある分野で使われていたことばが別の世界に越境し、似たような意味で使用される場合があります。これもことばのおもしろい特徴の一つです。何気なく使っていることばの出所を探すのも楽しいかもしれません。

Ace in the hole

　スタッド・ポーカーというゲームがあります。普通のポーカーと違うのはカードの配り方です。通常ポーカーでは、カードの表は伏せられます。自分が持っているカードを他人が見ることはできません。しかし、スタッド・ポーカーでは伏せて配られるホールカード（in the hole）のはたった1枚のみ。残りのカードはすべて表が見える状態で配られます。そしてエースが最高の札なので、それを手にすることはゲームを優位に進められることを意味します（特にポーカーでは頻繁にお金が賭けられるので、プレーヤーも最強のカードを期待します）。このインフォーマルな表現は会話において、あなたに隠された切り札や能力などがあるので、簡単には負けないということを相手に伝えるために使用できます。

● **この表現の使用例**

　誰かと競っている時に、自分の切り札を指して "It's my ace in the hole."（それが俺の切り札だ）と言うことができます。また万が一のために貯めておいたお金について "My rainy day fund is my ace in the hole."（緊急時のために蓄えておいた金がある。万が一の時はそれを使うさ）と言うことができます。

● **ネイティブによるワンポイント解説**

　ことばには味わい深く、またユーモラスなものがたくさんあります。理解が深まれば、その分楽しめるものです。また、それらのおもしろい表現を自分で使えるようになれば、英語のコミュニケーションがもっと楽しくなります。

Ball and chain

　歴史的に見ればこれは鉄球と鎖であり、1600年代から1900年代にかけて大英帝国の刑務所で囚人の自由を制限するための拘束具でした。鉄球は直径15センチでおよそ8キロの重さでした。これは一番重いボーリングの球と同じ重さです。鎖は90センチほどで足枷に固定されていました。現在では自由を束縛する伴侶や恋人（もしくはあなたを束縛する他の誰か）を指すことばとして使用されています。日常会話において、主に男性が他の人に対し、自分が結婚していることを伝えるために使う（かっこいい）表現という位置づけです。人についてのみならず、負担の多い仕事についてもこの表現を使用することができます（大体の人が仕事を重荷に感じているでしょうから、この表現を使う資格はあるはずです）。

● **この表現の使用例**

　結婚すると "I wanted to go skiing but my ball and chain wouldn't let me go."（スキーに行きたかったんだけど、妻がダメだと言うんだ）と嘆く場合があるかもしれません。そんな人を見て "I'm too young to wear a ball and chain."（自分は結婚するにはまだ早いよ）と言う人もいるでしょう。

● **ネイティブによるワンポイント解説**

　比喩とは、あるものをまったく異なるもので表現する方法です。ここで紹介したことばは、ものがどのように比喩として使用されるようになるかを観察する上でうってつけの材料です。

Behind the 8 ball

困った状況を表すことばで、欧州のゲームであるビリヤードから来ています（米国ではプール）。ビリヤードのボールには数字が書かれており、黒いボールが8番です。楽しんでいるゲーム次第では、あなたの玉が8番ボールの後ろ、もしくは付近にある場合、敗色が濃厚です。英語における数について少々。通常、数が大きくなればその後に来るものは複数形のsがつきます（one car, two cars）。しかし、"a one-car garage" "two-car garage" とすれば、数の隣にあるものの名前は複数形になりません。ボールを数える時も "8 balls" は場合によって "8-ball" や "8th ball" そして "ball 8" や "ball number 8" になるのです。米国では fish は何匹でも fish ですが、英国では2匹以上は fishes になります。数え方もそれぞれです。

● この表現の使用例

この表現はさまざまな困った状況で使用できます。"I'm behind the 8-ball at work. My boss is really putting a lot of pressure on me." （仕事で本当に困っているんだ。上司がプレッシャーをかけて来るんだよ）や "I can't pay rent. I'm behind the 8-ball with my landlord." （家賃が払えないから大家に対して弱みがあるんだ）というように使います。

● ネイティブによるワンポイント解説

文法的に言っても、数を含む英語にはさまざまな形があります。このような知識もどんどん身につけましょう。

Big Box

これはもともとマーケティング用語でした。私たちは普段 "big box stores"（大規模小売店）を利用します。他に "superstores" "megastores" "supercenters" といった呼び方をします。スーパーマーケットはこれに比べると小規模です。big box には 50,000 平方メートル以上の売り場面積があります。時々 "hypermarkets" や "big box retailers" そして "big box supermarkets" とも呼ばれるのがややこしいところです。"big box" と呼ぶのが一番楽ですね。世界中のほぼ至る所にあります。最近、米国の大手企業が銀行の利用者を取り込むべく "The Big Box Bank" を考案しました。ここでは銀行を利用する以外に買い物をしたり、その他のサービスを受けたりすることができます。気になるのは、金融業界の新しい潮流としてはよいことかもしれませんが、食品スーパーの顧客としてそのサイズが大きくなりすぎる傾向がみられることです。

● この表現の使用例

この表現には "Big-box stores squeeze into the Big Apple"（ビッグボックスがニューヨークに上陸）や "She has the best big-box braids"（彼女のビッグボックス編み（髪を大きな三つ編みにする）が一番だ）という使用法があります。

● ネイティブによるワンポイント解説

ことばにはハイフンを付けても付けなくても良いものがあります。この表現は "big-box" でも "big box" でも構いません。両方形容詞として使えます。ただ、名詞として使用できるのは後者のみです。

Black Box

　科学や工学の世界では、ブラックボックスは利用者に中身が見えない機器を指します。その逆が透明なホワイトボックスです。機器の取り付け方を意味するのですが、色でいえば opaque（オパーク）は黒で、transparent は白もしくは透明です。ですからホワイトボックスはクリアボックスやガラス箱とも呼ばれます。ブラックボックスを理解する上で重要なのは、入力と出力の間に何があるのかは見えないという点です。このことばは科学的な文脈だけではなく、想像できるあらゆる場面において使用できます。たとえば子どもたちは具体的なしくみを知らないまま、ドアの開閉を簡単にやってのけます。そこにはブラックボックスがあるものの、作業にはまったく支障がないのです。航空機にはブラックボックスと呼ばれる乗組員の会話データなどを記録した機械が搭載されています。事故があった時に手がかりとして重要なもので、これは通常オレンジ色をしています。

● **この表現の使用例**

　この表現は "It's a black box to me."（私にはよく分からない）や "This computer program contains a black box."（このプログラムにはブラックボックスがある）という風に使用します。

● **ネイティブによるワンポイント解説**

　通常この表現は何かが複雑であり、理解が難しいということを伝える場合に使用されます。

Black Friday

　黒い金曜日とは何だか不吉な感じの漂うことばですが、実際に不吉な金曜日ということです。ありとあらゆる大災害や大惨事（大地震、大津波、竜巻、大火災、大空襲、火山の大噴火、大量殺りくなど）を連想させます。そんなことばだったのですが最近米国の小売業者が、一年でもっとも大きなセールを開催する日というまったく異なる意味を与えました。このセールは毎年 11 月の第四木曜にある感謝祭の翌日、つまり金曜日に行われるものです。ショッピングと関連する形で Black Friday が使用されるようになったのは 1960 年代の初めごろです。しかしもともとは、11 月の第四金曜日に発生する人ごみと交通渋滞のことを意味しました。

● **この表現の使用例**

　この表現を使用する場合は、たとえば "Black Friday is the best shopping day of the year."（ブラック・フライデーは一年で最高の買い物ができる日だ）という文が考えられます。また何だか思わせぶりに "It happened on Black Friday."（それはブラック・フライデーに起きた）と言うこともできるでしょう。

● **ネイティブによるワンポイント解説**

　まったく同じ表現が、まったく異なるものを指すことはよくありますが、Black Friday はその分かりやすい例の一つです。英国ではクリスマスパーティーを開催するのに一番人気のある日のことをこう呼びます。同じ英語圏でも、ずいぶんと違うものですね。

Black Sheep

ほとんどの羊は白色ですが、時折黒い羊が生まれることがあります。白い羊の群れの中では当然目立つ存在です。そのため黒い羊は "the odd one out"（異質な存在）とされるのです。数百年前には黒い羊は白いものよりも劣っているとされていました。恐らく毛を他の色に染めることができなかったからでしょう。異質であるがゆえに、black sheep には悪い評判がつきまとうこともあります。これとやや似ている表現はアンデルセン童話から来る ugly duckling（醜いアヒルの子）です。物語では醜いといじめられていたアヒルの子は最後には美しいハクチョウになります。しかし残念ながら black sheep はずっと black sheep のままなのです。

● この表現の使用例

この表現の使用例を見ておきましょう。一家の厄介者を指して "He is a black sheep of the family." と表現します。また職場などで "The investment banking sector's black sheep performs better than expected."（あの投資銀行部門の厄介者、思ったよりも仕事ができる）などと使うことができます。

● ネイティブによるワンポイント解説

英語には本当に多くの比喩があります。重要な点は、比喩とは表現上の効果を狙うものだということです。実際に人間が黒い羊だといっているのではありません。これに気付くのは簡単ですが、メタファーの中には分かりにくいものもあるので、油断をしないようにしましょう。

Black Swan

ギリシャ神話ではハクチョウは調和の象徴です。ほとんどは白色ですが、中には黒色のもの（コクチョウ）も存在します。数百年前には存在しないものと考えられていたのですが、1697 年にオーストラリア西部で発見されました。以来、驚くようなことや大きな出来事を "It's like a black swan."（予期せぬ出来事）と表現するようになったのです。これは良い意味ではありません。ハリウッド映画の Black Swan はサイコスリラーでした。また最近ベストセラーになったある本は、重大な出来事を Black Swan Events と表現していますが、その中には 2001 年 9 月 11 日にニューヨークで起きたテロ事件も含まれています。同書によりこの新しい表現が広まりました。

● この表現の使用例

壊滅的な被害をもたらす出来事について "It's a black swan event." と表現することができます。また "The new tax is a black swan for the local economy."（新しい税制は地域経済に打撃を与える）という使用法もあります。

● ネイティブによるワンポイント解説

この表現はイディオムではなく、比喩です。比喩は異なる二つのものを同一として扱います。シェイクスピアの『お気に召すまま』には "All the world's a stage."（この世は一つの舞台）という有名なセリフがありますが、それと似ています。

Black Tuesday

　金融業界にいる人間であればこれが悪夢のような日であったことが分かるでしょう。1929年10月29日（火）はニューヨーク証券取引場にとって最悪の日でした。それは24日（木）に起きたウォール街大暴落の4日目で、壊滅的な下落が起きた日です（その24日を "Black Thursday" と呼びます）。その前日の月曜日にも "Black Monday" という名前が付いています。火曜日よりもマシだったのですが、それでも深刻でした。なおブラック・マンデーはその後、1987年と1997年にも発生しています。実はすべての曜日に black がつけられる悲劇が起きているのです。1992年には英国で "Black Wednesday" がありましたがこれも金融がらみです。土曜日と日曜日は金融関係の出来事ではありません。ぜひ自分で調べてみてください。

● **この表現の使用例**

　明るい文脈では使える表現ではありません。たとえば "Black Tuesday ushered in the Great Depression of the 1930's."（Black Tuesday が 1930 年代の世界大恐慌の先駆けとなった）が使用法としてあげられます。また "The excesses of the Roaring Twenties ended precipitously on Black Tuesday（October 29, 1929)."（狂騒の20年代は Black Tuesday にあっけなく終わりを迎えた）という文もあります。

● **ネイティブによるワンポイント解説**

　英語にはこのことばや The Big Apple（ニューヨーク市）のような換喩がたくさんあります。覚えると便利です。

Blackmail

　blackmail や extortion は脅迫、ゆすりを意味します。人から金銭を得るために相手を脅すことです。米国においてこの二つのことばはほぼ同じ意味で使用されています。英国でも同様でしょう。この表現の起源は次の通りです。blackmail の mail はかつて、賃借料や税金を意味することばでした。これはスコットランドの部族の長が土地の農民にみかじめ料として要求したものです（これを払えば悪さはしないというものでした）。そして black の部分は悪と関連付けられます。法的観点からいえば blackmail と extortion は異なります。両方に「誰かを脅して金品を要求する」という意味がありますが、blackmail は被害者が痛めつけられるおそれがあるというニュアンスも含みます。

● **この表現の使用例**

　この表現は "He was blackmailed into it."（彼は脅されてそんなことをやった）や "The mafia boss tried to blackmail the chief of police."（マフィアのボスは警察署長を脅迫しようとした）という風に使用できます。

● **ネイティブによるワンポイント解説**

　blackmail と extortion のように、会話では同じ意味で使用されていても、法的には異なる意味を持つことばが存在します。またそれらは、地域によってはまったく同じ意味で使用される場合もあります。しかし、あなたが法律関係の仕事に就いていない限り、過度に神経質になる必要はありません。

Bored to the bone

イディオムではない普通の英語で表す場合、これは very bored（とても退屈）となります。この表現の to the bone の部分は「骨の髄まで」を意味し、要は何かが奥の奥までそうであるということになります。単に退屈であるだけではなく、徹底的に退屈している様子が伝わる表現です。このことばには多くのバリエーションがあり、たとえば bored to death（死ぬほど退屈）や bored to tears（涙が出るほど退屈）を使うことが可能です。

● この表現の使用例

それでは退屈であることを表現してみましょう。"I have absolutely nothing to do. I'm bored to the bone."（何もすることがない。骨の髄まで退屈だよ）と少々大げさに言うことができます。また、何かをしている最中であっても退屈する場合があります。"The dull speech left me bored to distraction. I'm bored to tears. Let's go home."（あのおもしろくないスピーチにまったく集中できなかった。泣きそうなほど退屈だよ。家に帰ろう）と言うことができます。自分のスピーチに対してそのように言われないようにしましょう。

● ネイティブによるワンポイント解説

標準英語とイディオムを上手に組み合わせてみましょう。英語によるコミュニケーションのレベルがぐっと上がることを実感するはずです。ネイティブスピーカーは日々そのような工夫をこらしています。

Bottom of the Barrel

この表現は人や物に対して使われるもので、ビジネスでも人材について話す時によく使用されます。しばしば「しょうがない」「他に候補者がなかった」といったニュアンスを含みます。この起源は鉄器時代のケルト族にあると考えられています。もともとはワイン樽の底にある沈殿物を指していました。後にローマの哲学者で政治家であったキケロが、ローマ社会の最下層の人々を指すのにこの比喩を用いたのです。地域によって、または所属するグループによっては違う表現を用いて同じ意味を指す場合があります。このことばのバリエーションである bottom of the heap はその一例です。

● この表現の使用例

この表現は自分や他人が選んだものについて文句を言う時に使用できます。"That secretary is the bottom of the barrel."（あの秘書はどうしようもない人間だ）や "Why is she seeing that guy? He's the bottom of the barrel!"（どうして彼女はあんなやつと付き合っているんだ？ あいつはクズじゃないか）というように使用します。

● ネイティブによるワンポイント解説

どの表現が正しいかについての絶対的な基準はありません。ことばというものは場所によって、そして話す人によって変わるものです。それは同じ言語を話す人間同士であっても当てはまります。

Box of Chocolates

　この表現は映画や小説などにも使用されています。広まったきっかけは、トム・ハンクスが主演する1990年代の映画 Forrest Gump（邦題『フォレスト・ガンプ/一期一会』）です。また1989年に発表された村上春樹の小説『ノルウェイの森』の英訳版にも見ることができます。米国と英国をはじめ、多くの国々でチョコレートを贈り合う習慣があります。有名なのはバレンタインデーです。英国のヴィクトリア朝時代にその起源があるとする説があります。日本のバレンタインデーは特殊なもので、女性が男性にチョコレートを贈る日です（そのお返しをする日としてホワイトデーが設定されています）。英語には box を使ったイディオムが多くあり、その一部は本書でも取り上げています。

● この表現の使用例

　映画フォレスト・ガンプの有名な 次のセリフを通じてこの表現を学びましょう。"Life is like a box of chocolates. You never know which one you're going to get." （人生はチョコレートの箱のようなもの。甘いか、苦いか、実際に食べてみるまで何が入っているか分からない）はネイティブが日常会話でしばしば用いている便利な文です。ぜひ使ってみてください。

● ネイティブによるワンポイント解説

　英語のコミュニケーションにおいては、イディオムで使われている各単語の音をよく聞き取ることが大切です。

Boxcars

　北米や英国に行けば多くの boxcars を見かけることでしょう。これらは貨物列車の車両です。「眠らない街」と呼ばれるラスベガスのカジノでは違う意味で boxcars が使われます。craps（クラップス）という、サイコロを2個使うゲームをやっているテーブルに行ってみましょう。両方のサイコロの目が6（一番大きな目）ならそれが boxcars です。ラスベガスでは確率がすべて。サイコロをひたすら振り続けていれば1,000回のうち約28回 boxcars が出ます。ビジネスの世界では boxcars は「高い」「大きい」を意味するスラングです。これは恐らく、貨物列車の側面に記載されている大きな数字から来ています。ところが、ファッションの世界では特大サイズの靴を意味します。

● この表現の使用例

　この表現には "He rolled boxcars and lost all his bet." （彼はボックスカー（6のぞろ目）を出してそのあと賭け金を全部スッた）や "Company XYZ had boxcar profits in the last quarter." （XYZ社は前四半期に非常に大きな利益を出した）といった使用法があります。

● ネイティブによるワンポイント解説

　このことばはさまざまな意味で用いられます。しかし「大きい」など、共通する意味のコアを理解しておけば、この表現豊かなことばをうまく活用できるでしょう。そのような目を養うことも大切です。

Bucket List

　この表現は 2007 年に公開された映画のタイトルにもなりました(邦題は『最高の人生の見つけ方』)。ジャック・ニコルソンとモーガン・フリーマン演じる二人の男性の晩年を描いた作品です。一人は大富豪、もう一人はブルーカラーの仕事に就いています。二人に共通しているのは冒険心と簡単に物事をあきらめない気持ち、そしてやろうと思ったことは全部やるという行動力です。Bucket list とは死ぬまでに自分がやりたいことのリストを意味します。これは kick the bucket (死ぬ) というイディオムから来ています。これは昔、動物を殺す時に bucket と呼ばれる梁から首を吊るすという方法をとっていたからです。動物たちはまるで何かを蹴るように足をジタバタさせ、死にました。飼っている犬の余命がわずかしかないと知ったある女性は、愛犬のために bucket list を作りました。彼女がどのようにしてペットの希望を聞いたかは謎ですが、旅行やカヌーに乗ることなどが含まれています。

● この表現の使用例

　この表現は "I'm definitely going to put this on my bucket list." (これは絶対にやりたいことリストに載せるよ) や "I'm making my bucket list." (やりたいことリストを作っているんだ) というように使うことができます。

● ネイティブによるワンポイント解説

　kick the bucket や bucket list のように、同じことばを使った表現を関連付けることにより語彙を増やしやすくなります。

Can of Worms

　北米には釣りを趣味とする人が大勢いるので、この表現がどこから来たのかを想像するのは難しくありません。疑似餌や竿などの釣り道具や本当の餌などのセクションを持つスポーツショップには、実にたくさんの缶入りの虫が売られています。魚にとってこれらの虫が発するにおいと、ウネウネした動きは本当に魅力的であるようです。釣り人が針に虫を刺し、それを水中に投げ入れて釣りを楽しんでいる間、他の虫たちは蓋の開いた缶から脱出を試みます。気をつけていないと、あちこちに虫がいるという事態になってしまいます。A can of worms (虫の缶) は 20 世紀初頭に使用され始めました。ギリシャ神話にある Pandora's Box (パンドラの箱) の別の言い方であると考えられます。この箱はゼウスがパンドラに与えたものでした。決して開けてはならないといわれていたのに、好奇心に負けたパンドラは箱を開けてしまいます。そして世界は閉じ込められていたはずの不幸と悪に満ち溢れてしまったのです。

● この表現の使用例

　この表現には "I wouldn't touch that. It's a can of worms." (かかわらない方がいいよ。ゴチャゴチャするから) "Don't open that can of worms." (それは放っておいた方がいい) などの使い方があります。

● ネイティブによるワンポイント解説

　直訳すれば「虫の缶を開ける」となるこの表現はよく使われるたとえであり、問題を解決しようとすればより大きく複雑な問題に直面することを表すのに最適です。

Clean Slate

　clean slate は頁岩から形成される滑らかな変成岩のことです。その昔、生徒たちは学校でスレートと呼ばれる石盤をノート代わりに使用していました（携帯用の黒板みたいなもので、居酒屋でも使用されていました）。それに取り付けられた石板にチョークで文字を書いていたのですが、この文字は拭けば簡単に消えました。転じて「過去を忘れて新しくやり直す」という比喩となったのです。このように用いられるようになったのは 1850 年頃であると言われています。英国では clean sheet という表現を使います。このことばをタイトルにした米国のコメディ映画がありました。しかしこの作品は興行的には大失敗に終わったのです。そんな作品を作ってしまった監督や出演した俳優たちは、この人生の汚点を何とかきれいに消して出直したいと思ったことでしょう。

● **この表現の使用例**

　この表現は "Let's start with a clean slate."（新しくやり直そう）や "We need to wipe the slate clean first."（まず過去の記録を抹消しなくてはいけない）という風に使用します。何だか犯罪者のようですね。

● **ネイティブによるワンポイント解説**

　この表現のように、2 文字のイディオムは人々の記憶に残りやすいようです（映画のタイトルにも使用されるほどです）。単語数も少ないので比較的簡単に覚えられそうです。たくさん知っておけば必ず役立ちます。

Close but no cigar

　この米国の表現が意味するのは「あと少し」「おしい」などです。他の言い方には "almost"（あと少し）"very nearly"（すんでのところで）"nice try"（惜しい）などがあります。この表現は 1900 年頃に使用され始めたと考えられます。当時は fair と呼ばれる移動式アミューズメントパークが人々に娯楽を提供していました。そこで大人たちが楽しむゲームがあり、その景品が葉巻だったのです。フットボールと野球の解説者である Keith Jackson は飾らないことば遣いをする人物として有名になりました。彼は解説の中で、この表現を使っていました。私自身、子どもの頃に聞いた彼の解説においてこの表現が使用されていたことを覚えています。1958 年にソ連から初めてスポーツ解説を行った人物でもあった Jackson は米国民に多大な影響を与えました。

● **この表現の使用例**

　この表現は会話の中でカジュアルに使用できる便利なものです。たとえば "That was close, but no cigar."（惜しかったけど、残念ながら外れた）というように使用します。これをさらに短くして "Close but no cigar." と言うことも可能です。

● **ネイティブによるワンポイント解説**

　英語のイディオムにはそれぞれ明確な意味があります。一見似たような表現があったとしても、それらが決して同じ意味であると思い込まないように注意しましょう。

Cloud 9

　幸福にはさまざまなレベルがあり、それを表す方法もさまざまです。Cloud 9 は本当に幸せな状態を表す時に用いることばです。どうして cloud（雲）なのでしょうか。このような話があります。その昔、テストパイロットが雲帯上を飛んでいました。気分が高揚した彼は "Cloud 9"（入道雲）の上にいることを基地に無線連絡したのです。この話が本当かどうかは分からないのですが、この表現の起源を説明する資料のほとんどは 1950 年代からこのことばが使用され始めたとしており、これはテストパイロットたちが活躍した時代と一致します。この表現に近い意味を持つことばとして euphoric（有頂天）をあげることができます。

● この表現の使用例

　このことばを使って喜びを表現してみましょう。たとえば "I'm on cloud 9! I just got engaged!"（本当に幸せだ！婚約したんだよ！）と報告することができます。また "Today was such an awesome day. I feel like I'm floating on cloud nine!"（今日は本当に良い日だった。最高の気分だよ）と、その日を振り返ることもできます。

● ネイティブによるワンポイント解説

　同じ意味で使用できる表現をいくつか知っておくと本当に便利です。これがいきいきとした彩りのあるコミュニケーションにつながります。使いこなせるようになりましょう。

Cut to the chase

　ネイティブは大事なことに集中したい時や、早く要点を知りたい時などにこの古典的な表現を使います。特に時間がない場合は回りくどい話は抜きにして、さっさと大事なことを言ってもらいたいものです。これは映画作りから来ている表現であると考えられます。監督は現場で「その部分はつまらないからカットだ。さっさとおもしろいシーン（物語を盛り上げる追跡シーン "chase"）にいくぞ」というようなことをよく言います。映画以前は演劇で長いセリフをカットする "Cut to Hecuba." という表現がありました。そこから派生したようです。

● この表現の使用例

　この表現はたとえばビジネスライクに "Can we skip the small talk and cut to the chase?"（お喋りは抜きにして、さっさと要点に移りませんか）という使い方ができます。それでも長いと感じるのであればそれこそまさに "cut to the chase" 的にズバッと "Let's cut to the chase."（要点だけ言おう）と言うこともできるでしょう。

● ネイティブによるワンポイント解説

　イディオムにはそれが使用されるようになった背景があります。その語源を学び、どのような「物語」がそこにあるかを知ることにより、ことばを深く理解できます。ストーリーや背景知識と一緒に表現を学ぶと、記憶にも定着しやすくなるのでお勧めです。

Dance in the End Zone

　個人が何かの成功や勝利を祝う時、この表現を使用します。1969年にあった大学生のアメフトの試合で一人の選手 Elmo Wright（後に NFL のスター選手になりました）がエンド・ゾーンで踊ったことがきっかけになり広まったことばです。これは即興的に足を高く上げながら進むというものでした。それ以降、チームのタッチダウンがあるたびに選手らが独自のエンド・ゾーン・ダンスを披露するようになったのです。最も単純なのはボールを地面にたたきつける勝利のしぐさですが（踊りはありません）、中には念入りに練習された振り付けを披露する選手たちも出てきました。これは 2013 年に NFL がタッチダウン後の勝利のしぐさを禁止するまで続きました（これによりファンの中には NFL を No Fun League と呼びだす人も出てきました）。今ではフットボールの枠を超え、幅広く浸透していることばです。

● **この表現の使用例**

　この表現は "When he found out about his promotion he was dancing in the end zone."（私たちが彼の昇進を知った頃、彼は自分の成功を祝っていた）や "I just got accepted to Stanford. I'm dancing in the end zone!"（スタンフォード大学の合格通知を受け取ったところだ。合格を祝っているよ）というように使用します。

● **ネイティブによるワンポイント解説**

　表現にはそれを文字通りに使う場合と比喩的に使う場合があります。

Dance with the stars

　なかなか目を引く表現です。実際、この表現を使ったダンス番組があります。有名人とプロダンサーがペアになり、ダンスの勝ち抜き戦を行うというものです。題名やタイトルはキャッチ―な方が印象に残ります。そして実際にこのダンス番組のタイトルは「高みを目指せ。失敗してもきらびやかな人の周囲にいれる」という人を元気づける意味があるのです。ダンスといえば、千葉県船橋市には「ふなっしー」という踊れるご当地キャラがいますね。今や国際的なスターになっていて、米国の子どもたちもふなっしーグッズを購入しています。キャラクターの名前と船橋市の地名が似ていますが、これも音の類似性を使ってインパクトを与えるためのことばの技術です。広告の作成や説得的なコミュニケーションにおいても幅広く用いられています。

● **この表現の使用例**

　この表現の使用例としては "He graduated cum laude from Harvard. Now he's dancing with the stars."（彼はハーバードを優等で卒業した。今では凄い人たちの仲間入りさ）や "Fly with the angels. Dance with the stars. Reach for the moon."（「高みを目指せ」を異なる表現を使って言い表したもの）があげられます。

● **ネイティブによるワンポイント解説**

　適度なことば遊びは楽しく便利な表現を生み出します。中にはテレビのタイトルになるものもありますので、そのような点もチェックしてみてください。

Drop in the bucket

このイディオムは米国で用いられています。「きわめて少量」「取るに足らない分量」という意味です。物理有機化学は、上から下に流れる水を観察すれば一滴ずつ滴っていることを教えてくれます。つまりこれは、物理的世界を正確に描写した表現といえるでしょう。この表現以外にも drop in the ocean（大海の中の一滴）という表現があり、こちらは北米、英国、豪州でも用いられています。

● この表現の使用例

この表現は何かの量が本当に少ないことをイメージしやすい形で伝えることができます。たとえば "It's a drop in the bucket."（取るに足らないよ）と言い捨てることができます。また、"Compared to how much the company was making our salaries were a drop in the bucket."（会社の利益から考えれば、私たちの給料はきわめて低かった）と愚痴を言う時に使うことができます。

● ネイティブによるワンポイント解説

イディオムはそのまま使うものであり、原則的にはことばを付け加えたり、省いたりするものではありません。しかし時々、ある単語を別のものと置き換えることができます。たとえば bucket を bay としてみましょう。バケツよりも bay（入り江）の水の量の方が圧倒的に多いので、インパクトが変わりますね。自分が普段使用しているイディオムでもそのような操作が可能か、調べてみるのもおもしろいかもしれませんね。

Fall off the wagon

この表現は、誰かが飲酒や薬物を断っていたのに、それを再び始めたことを意味します。個人的には、普通の英語よりも、このイディオムを使用した方が、インパクトが強いと感じます。それでは、一体どんな wagon（台車）から fall off（落ちる）しているのかを見て行きましょう。これについては諸説あるのですが、一番説得力がありそうなのは 1900 年から使用されていた散水車です。当時は米国の舗装されていない埃っぽい道路に水を撒くため、この車が使用されていました。その少し後の 1920 年代（禁酒法時代）に "I'm on the water wagon."（酒を控えている）という表現が流行したのです。ですからその車から落ちたというのは、またアルコールに手を出したということを指すようになったのです。

● この表現の使用例

この表現の使用例としては、"Has Robert Downey Jr. fallen off the wagon?"（Robert Downey Jr. はまた薬物の使用を始めたのか？）があげられます。また冗談で "Dean Martin never fell off the wagon, since he never got on it. He was ALWAYS drinking!"（Dean Martin は飲酒を再開してなんかいないよ。いつも飲んでいるからね）と言うことができます。

● ネイティブによるワンポイント解説

この表現の使用範囲は限定されており、誰かが薬物の使用もしくは飲酒を再び始めた時に用います。

Flash in the Pan

米国には銃の文化があります。歴史家のRichard Hofstadterによれば、この文化は独立戦争時代に生まれました。当然、ここから生まれたイディオムも数多くあります。数百年前の昔、戦いにおいては火打石式の銃火器が使用されていました。火薬を火皿に入れて使用するタイプの武器です。この使用手順を間違えた時は音と煙しか出ません。もともとはそれを指してflash in the panといったのです。銃の文化から来る他の表現をいくつか見ておきましょう。おもしろいものにはgo off half-cockedというものがあります。これは撃鉄が半分起きた状態のことで、準備不足で何かに臨むことを意味します。またlock, stock and barrelは銃を構成する要素のすべてを表し、「これで全部」を意味します。

● この表現の使用例

この表現は "His career as a film director was a flash in the pan." （映画監督としての彼のキャリアはあっさり終わった）や "At first the idea attracted a lot of interest, but it turned out to be a flash in the pan." （そのアイデアは最初こそ多くの人の興味を惹いたが、あっけなく消えた）という風に使用します。

● ネイティブによるワンポイント解説

語源を学ぶことはそのことばの理解に大いに役立ちます。知識があれば、表現をうまく活用できるでしょう。

For my money

お金という単語が使われていますが、これは「私の意見では」を表すインフォーマルな言い方です。英語にはmoneyが使用されているイディオムが何百とありますが、そのうちの一つです（お金は常に人の頭の片隅にありますから、この単語を使った表現がたくさんあるのも理解できます）。一見似ている表現に "not for my money" があるのですが、これは強い否定を表す時に使われるので、まったく意味が違います。たとえば誰かが「これはいい案だと思うか」と尋ねた場合に "Not for my money!"（まったくそう思わない）と言うことができます。

● この表現の使用例

この表現は自分の意見を表明する時に使うものです。たとえば政治の話をする時に "For my money, Hillary Clinton will become first female U.S. president in history." （私が思うに、ヒラリー・クリントンが最初の女性大統領になるだろう）と言うことができます。また "For my money, the next manned space mission should be to Mars." （次の有人宇宙探査の目的地は火星であるべきだ）という風に使用します。

● ネイティブによるワンポイント解説

ここで紹介した "for my money" は比較的簡単な部類に入ります。しかしイディオムの中にはもう少し複雑なものもあるので、覚える時は戦略的に、簡単なものから難しいものに移行するのが得策です。

Get on the bandwagon

　この表現は流行や何かの人気の波に乗ることを意味します。get on（乗り込む）の他にも jump on や hop on（飛び乗る）が使用できます。それでは、この bandwagon というのは一体何なのか、起源を見てみましょう。その昔、南北戦争が始まる少し前のことです。Barnum and Bailey's Circus という米国中を巡業し、子どもたちを楽しませていた有名なサーカスの一座がありました。このサーカスは一台の大きな荷馬車（bandwagon と呼ばれ、band（一座）と wagon（荷馬車）を組み合わせたことば）に一座を乗せ、国内を移動していたのです。

● この表現の使用例

　この表現はビジネスの文脈において使いやすいものかもしれません。たとえば "The big success of the product led many others to try to jump on the bandwagon."（その製品が成功したので、他社も波に乗ろうとした）と言うことができます。また "Software companies are rushing to get on the cloud computing bandwagon."（ソフト会社はクラウド・コンピューティングの波に乗り遅れまいとしている）のように使うことが可能です。

● ネイティブによるワンポイント解説

　表現の意味は正確に覚えることが大切です。また、同じような意味を持つ表現が複数あることを知っていると、コミュニケーションにおいてとても役立ちます。頑張って知識を蓄えましょう。

Get the picture

　これは英語の中でもきわめて基本的な表現の一つで、何かを理解するという意味です。似た意味のことばに "understand" や "get it" があります。会話の中で使ってみましょう。やや変化させて "I didn't quite get the whole picture."（全体像をあまり理解できなかった）と言えば、相手は何らかの情報を提供してくれるはずです。この表現は米国と英国で放送された子ども向けの番組のタイトルにも採用されました。番組終了後も、その後20年もの長きに渡り再放送が流れました。このタイトルがこの番組の人気に貢献したのだと思います。やはりことばのインパクトは大事ですね。

● この表現の使用例

　絵は一部だけ見ても何が描かれているかは分かりません。その意味で、この表現はなかなか理解しやすいといえます。自分の理解度について "I get the picture."（状況・全体像を理解した）と表現することができますし、逆に相手に対して "Do you get THE PICTURE?"（〈状況などが〉分かったかな？）と確認するために尋ねることもできます。

● ネイティブによるワンポイント解説

　この表現もそうですが、多くのことばは否定の形では滅多に、あるいは絶対に使用されません。たとえば同じグラスの中に入った水を、否定文を使わずに、half full（楽観）と half empty（悲観）の真逆の見方で表すのは、その典型的な例です。

Girl Friday

女性事務員のことをこのように呼んでいた時代がありました。ここでいう Friday とは有名な漂流物語の主人公であるロビンソン・クルーソーの雑用係であるフライデーのことです。ダニエル・デフォーによるこの古典的な物語は 1719 年に発表されました。Girl Friday という用語自体が英語で使用されるようになったのは 1940 年に米国のコメディ映画 "His Girl Friday" が公開されてからです。これは新聞の編集者のアシスタントを務める女性が、元夫であるこの編集者とよりを戻そうとする物語です。この用語はインフォーマルで、しかも今使用すれば女性を蔑視していると思われるかもしれません。ことば遊びによって誕生したことばが、ある時代に使用されていた例として覚えておいてください。

● この表現の使用例

この用語の使用例としては "He asked his girl Friday to carry out several chores." (彼は女性事務員にいくつかの雑用をするよう頼んだ) や "Every office needs a girl Friday." (すべてのオフィスに女性事務員が必要だ) などがあげられます。このことばが普通に使用されていた時代は、会話の中でもこのように用いられたのかもしれませんね。

● ネイティブによるワンポイント解説

映画や小説などを含むポピュラーカルチャーは新しい表現の宝庫です。これらは楽しみながら英語を学ぶのにうってつけです。

Go bananas

おいしくて一見無害なバナナですが、この単語には意外な使われ方があります。"banana" ということばは "crazy" (正気の状態ではない)、もっと厳密には "slightly crazy" (やや常軌を逸した) という意味で使用されているのです。米国では恐らく 1960 年代にこの表現が用いられるようになり、1971 年に上映された Woody Allen の映画 Bananas (邦題『ウディ・アレンのバナナ』) により市民権を得ました。そして 1980 年代初頭に非常によく使用されていました (当時、大学生の間でバナナのへたの部分に幻覚作用があると噂されていたことも一因でしょう)。また、猿にバナナを与えると "go ape" (猿のように異常に興奮するという意味の表現) となることも、関係しているかもしれません (猿はバナナが大好きなので物すごい反応を示します)。

● この表現の使用例

この表現はさまざまなシーンで使用可能です。たとえば人間関係について "She's driving me bananas!" (彼女には本当にイライラさせられる!) と言うことができます。また仕事のストレスについて話す時に "I'm going bananas at work. It's so busy!" (仕事が忙し過ぎて狂いそうだ) と言うことができます。単なる果物の名前でこんなことまで表現できるのです。

● ネイティブによるワンポイント解説

バナナについて話す時は単数形ではなく複数形を用います。むかし "Bananas in Pajamas" という子ども向け TV 番組がありました (NHK でも放送していました)。

Goose Eggs

　ガチョウの卵という意味ですが、数字のゼロを表すスラングです。ガチョウの卵の形状がそのように見えるからこの表現が生まれたのでしょう。野球のスコアボードなどで0点が並べば、egg が複数形になります（敵チームのピッチャーや守りが優秀だとこんな展開が待っています）。数字のゼロ以外にも、低い実績を含意します。ですから点数がなくてパッとしないことを表現するのにうってつけです。ゼロの概念は 650 年ごろにインドで発見されました。ゼロがなければ、微積分学、物理学、工学、そして金融といったものも発展しませんでした。ゼロの他の言い方には "zilch" "zip" "nil" "naught" そしてスペイン語の "nada"（英語でも使用可）があります。

● この表現の使用例

　たとえば野球の観戦をしているときに使う場合は "The Dodgers are coming up goose eggs today."（今日のドジャースは（得点がなく）本当に調子が悪い）と言うことができます。また、まったく良いところがなかった試合について "We racked up a pathetic goose egg."（試合では一切得点できなかった）というように使用することができます。

● ネイティブによるワンポイント解説

　英語においてゼロはさまざまなことばで表現されます。その知識を持つことはとても大切なことです。上に紹介した以外にもたくさんありますのでぜひ調べてください。

Gravy Train

　この表現は、安定して楽に稼げる仕事を意味します。もともとは "riding a gravy train" という表現でしたが、後に riding が省略されました。gravy が最初に使用されたのは 1900 年頃であると考えられており、当初はこのことばだけで "cushy"（簡単な稼ぎ）を意味しました。最近では easy money とも言います。gravy train は鉄道業界のスラングで「稼ぎの良い短距離運送」を意味し、鉄道の範囲が拡大するにつれて米国中に広まりました。

● この表現の使用例

　この表現の使用例は Pink Floyd が 1975 年に発表した歌、Have a Cigar からご紹介しましょう。

　"Why do you want to get off that gravy train?"（どうしてそんなにおいしい仕事をやめたいんだ）

　"And did we tell you the name of the game, boy, we call it riding the gravy train."（それを何て呼ぶか教えたかな。うまい仕事にありつくって言うんだ）

● ネイティブによるワンポイント解説

　一つのイディオムに複数の使用法がある場合が多々あります。この表現にも "be on the gravy train" "ride the gravy train" "climb aboard the gravy train" というバリエーションがあります。一つの表現を学んだら、似たような意味を持つ表現を探してみましょう。

Greasy Spoon

　greasy spoon とは小さな大衆食堂のことであり、主にすぐにできる揚げ物を出す店を指します（文字通り油でギトギトになっているスプーンという意味でも使えます）。fine-dining establishment と呼ばれる高級料理店とは真逆です。私自身は聞いたことがないのですが、greasy café も同じ意味で使われているようです。greasy spoon は安い料理を出すということ以外にも、あまり衛生的ではない店をイメージさせます。油には料理に使うものということ以外に、体に悪い、または汚いものを連想させる何かがあります。たとえば "Like the buildup of grease in a pipe, the buildup of cholesterol narrows your arteries." （パイプに油がたまるように、コレステロールも動脈にたまり、血液の流れを阻害します）という説明文が考えられます。

● **この表現の使用例**

　この表現は "That restaurant is a greasy spoon." （そのレストランは安い大衆食堂だ）や "No more French fries for me. I'll pass on that greasy cafe." （フライドポテトはもう食べたくないから、その店には行かない）というように使用できます。

● **ネイティブによるワンポイント解説**

　greasy の s の発音ですが、地域によっては s、または z の音で発音するという違いがあります。

Greenmail

　greenmail は mail（郵便）ではありません。また厳密には緑色でもありません。この用語は企業が M&A（吸収合併）を行う文脈で使用されます。敵対的な買収を仕掛けてくる相手に、経営陣がとる防衛策のことです。金銭の支払いによって、相手が自分に対して行おうとすることを食い止めるという点では、blackmail と似ています（こちらの mail も同じ語源です）。ビジネスの世界で考えられるのは次のような状況です。乗っ取り屋が標的とする会社の株をどんどん買っているとします。経営権を握るには株式の 50% 以上を保有しなくてはなりません。そこで経営陣は相手に自社を乗っ取られないよう、直接株を買い戻すのです。この株を買い戻すには、ある程度のプレミアムを上乗せしなくてはなりません。これが greenmail です。

● **この表現の使用例**

　この表現は "The company paid over $100 million in greenmail to ward off a hostile takeover." （その会社は敵対的買収を阻止するために1億ドルのグリーンメールを支払った）や "The board of directors staved off a takeover at the last minute by offering greenmail to a corporate raider." （取締役会はぎりぎりの段階で相手にグリーンメールを支払い、敵対的買収を食い止めた）などというように使用します。

● **ネイティブによるワンポイント解説**

　あることばがもともと何を意味していたかを知れば、より深く表現を理解できます。

Have a lot on one's plate

　この表現は、やらなくてはならないことが多すぎて忙しいことを表します。1900年代のいつ頃からか、人々の日常生活はそれ以前よりも忙しくなっていきました。この表現が生まれたのは、恐らくはそんな時代においてです。皆大家族で暮らしており、それぞれが多くの仕事を抱えていました。その負担は非常に大きなものだったことでしょう。夕食の支度一つとっても大変です。想像してみましょう。家族一人ひとりのために、ナプキンの上に置いたフォークを左側に、そしてナイフとスプーンを右側に置き、真ん中に大皿を配置します。さて、その大きな皿のど真ん中に "A LOT" と書かれている様子を思い描いてください。何となくその大変さが想像できるでしょうか。

● この表現の使用例

　この表現を使って自分の忙しさを伝えてみましょう。たとえば "I'm sorry for not answering your email. I have a lot on my plate right now."（メールを返さずにごめん。今やることが本当に多くて、忙しいんだ）と言うことができます。また a lot の代わりに too much を使用し、"I have too much on my plate at the moment." と言うこともできます。

● ネイティブによるワンポイント解説

　英語学習者はとにかく可能な限りネイティブの会話やニュース番組を聞く時間を持つことが大事です。

Have bigger fish to fry

　これはなかなか美味しそうな表現です。「他に大事なことがある」「優先順位の高い作業が別にある」などと言いたい時にこの表現が便利です。Have の代わりに have got（have を意味する熟語）を使うこともできます。このことばの意味を想像することは難しくありません。人がお腹を空かせている時、小さい魚よりも大きい魚を料理した方がよいに決まっています。この表現は少なくとも 400 〜 500 年前から使用されていました。ドンキホーテの物語にも登場します。フランス語を含む英語以外の言語の中にもある表現です。イメージしやすい表現なのでさまざまな国で定着したのでしょう。

● この表現の使用例

　この表現は "We can do that later. Right now we've got bigger fish to fry."（それは後でもできる。今はもっと大事なことがある）や "It's not a big deal. There are bigger fish to fry."（それは大したことではない。もっと重要な問題がある）という風に使用します。

● ネイティブによるワンポイント解説

　イディオムは修辞的に、またインフォーマルな形で使用され、会話に彩りを与えてくれます。ネイティブであれノンネイティブであれ、人はそれぞれ異なる言語能力を有しています。その力の及ぶ範囲内で、私たちは効果的かつ芸術的に言語を駆使することができるのです。

Highway Robbery

　法外な金額を請求された時、この表現を使うことができます。まさに強盗に遭ったような気分になることでしょう。15世紀頃、もしくはそれ以前から発生していた路上強盗に起源があると考えられます。この時代、交通手段としての馬車が人気でした。時代が進むにつれ馬車も進化し、1800年代の米国西部においても大活躍しました。しかしそれと同時に、これらは無法者や泥棒、インディアンらの格好の標的となったのです。この表現に近い別のことばに "rip-off"（ぼったくり）があり、非常によく使用されています。

● この表現の使用例

　何かを購入した時に目が飛び出るほど高い金額を請求された場合に、この表現を使用することができます。たとえば自動車を買い "That auto dealer committed highway robbery!"（あの自動車ディーラーにとんでもない金額をとられた）と言うことができます。また、ふらりと入ったレストランで食事をし、金額を見て "Ten dollars for a hamburger? That's highway robbery!"（ハンバーガーたった1個に10ドルだって？　どれだけぼったくる気だよ）と文句を言うことも可能です。使う機会がないことを願いたい表現ですね。

● ネイティブによるワンポイント解説

　同じ言語の国でも地域や社会グループによって同じことばを異なる意味で使用します。まずはスタンダードなイディオムをしっかりと学びましょう。

Hill of beans

　これは「ごく少量の」「何の値打もない」ことを意味します。301ページの "Spill the beans"（秘密を漏らす）とは関係ありません。そもそも起源が違います。豆は欧米の民話において特別なものです。たとえば『ジャックと豆の木』を思い出しましょう。少年が市場で、老人から乳の出なくなった牛と引き換えに「不思議な豆」をもらいます。手ぶら同然で戻った息子に母親は激怒し、豆を庭に捨ててしまいます。しかし夜のうちに豆から天まで届く茎が生えました。早送りすると、ジャックは天空に住む巨人の宝を奪い、単なる豆から価値あるものを得ました。この物語とは関係ないのですが、1800年代中頃の米国では農業に従事する人が豆を丘に植え、少しでも作物を多くしようと努力していました。ここから違う意味を持つ表現が登場したのです。物語でもそう扱われるように、豆の価値は低いので、たとえ丘いっぱいの豆でもそれほど価値がないという意味になりました。

● この表現の使用例

　この表現の使用例としては "It doesn't amount to a hill of beans."（本当に取るに足らない）や "He'll never amount to a hill of beans."（彼には何の価値もない）などがあげられます。

● ネイティブによるワンポイント解説

　これは主に米国で使用されている表現であり、同じネイティブでも国が違えば知らない人もいます（ジャックと豆の木が英国のおとぎ話であったとしても）。

Hold all the aces

これもポーカーから来ており、状況が自分にとり非常に有利であることを表すことばです。263 ページの ace in the hole とやや似ていることばでもあります。ポーカーにおいてはフォーカード（英語では four of a kind）という手があります。これは 5 枚あるカードのうち 4 枚が同じランクのカードで構成されているものです。そしてエース 4 枚とキング 1 枚が最強のフォーカードです。その手に勝てる手は一つだけ、ロイヤルフラッシュのみです。つまり、この状況は自分がゲームをリードしているということになります。

● この表現の使用例

誰かと競い合っている友人が "There's no way to beat him. He's holding all the aces." (彼はものすごく有利なところにいるんだ。勝てっこないよ) と愚痴をこぼすと、友達として励ましたくなります。また仕事の文脈で "The boss holds all the aces on this deal." (状況（取引）はボスにとってきわめて有利だ) という風に使用することができます。

● ネイティブによるワンポイント解説

引喩という表現技法は文学作品や名演説にも使用されているものです。とても頻繁に使われるテクニックなので、ノンネイティブの人々もぜひたくさんの表現を学び、コミュニケーションで活用してください。うまく活用できると、会話も楽しくなります。

I'm game

これはスラングで、普通の表現では "I'm ready to do it." (する準備がある、乗り気だ) となります (あくまでも気持ちで、実際にそれをするのとは別の話です)。ある資料によれば、この表現は 1840 年頃に出現し、1920 年頃に頻繁に使用され、1960 年代には英語から消えかかり、そして今返り咲きつつあるとのことです。似た表現には "I'm in." があり、これは「やります」という意味です。

● この表現の使用例

この表現は以下の会話のように使用できます。たとえばお酒の誘いに対して使ってみましょう。

"Fancy going for a drink?" (一杯どう？)
"Sure, I'm game..." (いいね、ぜひ行きたいよ)
次は買い物へのお誘いです。
"I was thinking of going shopping. Do you want to come?" (買い物に出かけようと思うの。一緒に来る？)
"Yes, I'm game..." (うん、行こうかな)

● ネイティブによるワンポイント解説

コミュニケーションの難しい点は、ことばだけを捉えていては相手の本心が分からないということです。相手が「いいね。行きたいよ」と言っても、声のトーンで乗り気かそうでないかを判断する必要があります。

In a Flash

　この表現は「すぐに」という意味です。他にも "flash" を使ったさまざまな表現があります。たとえばビジネスの世界では "flash point" ということばを使います。議論の争点などという意味です。決算会議のことを "flash meeting" と呼ぶ場合もあります。買い物をしに店に行くと、運よく "flash sale" と呼ばれる期間限定の割引販売をやっていることがあります。通常、1～7日続くものです。また "super lightning sale" という 60 分だけの割引セールもあります。これらはタイムセールと呼ばれる時間が限られたセールであり、"closeout sale"（閉店セール）ではありません。

● **この表現の使用例**

　この表現はとても便利です。会社などで仕事を指示された時、自分が優秀な人間だと印象付けたい場合は "I'll do it in a flash."（すぐに片付けます）と言うことができます（ただし約束を守らないと口先だけの人間だと思われてしまうので注意しましょう）。お医者さんが診察室で、心配そうな表情をしている子どもに対して "It'll be over in a flash."（あっという間に終わるよ）と言うこともできますね。

● **ネイティブによるワンポイント解説**

　ビジネスなど、社会で話題になっていることを含むさまざまな知識を身に付けると表現の幅が広がります。

In the Box

　この表現を動詞 think と一緒に使用するようになったのは比較的最近のことです。"Thinking in the box"（inside of the box も可）と言った場合、それは常識や前例など、すでに標準として確立された枠組みの中でものを考えることを意味します。気をつけてほしいのは、この表現はしばしばネガティブな意味で使用されるという点です。誰かについて話す時にこの表現を使った場合、それはその人が創造的ではないことを意味し、あなたが相手を見下しているような印象を与えます。しかし悪い意味ばかりではありません。たとえば職場でプレゼンをする時などはすでに確立された枠組みに従った方が良いでしょう。

● **この表現の使用例**

　たとえば "She lives in the box."（彼女は自分の枠組みの中で生きている）と言えば、話題の人の視野の狭さを含意します。また "All students at Stanford are taught never to just think in the box."（スタンフォード大学の学生は型通りの思考を続けてはいけないと教わる）という使用法もあります。

● **ネイティブによるワンポイント解説**

　"live（または think）inside the box" といっても、文字通り箱の中に人がいるわけではありません。単にその人が確立された「枠組み」の中にいて、その中で思考しているという意味です。ことばのあやですね。これは分かりやすい例ですが、外国語で話す時にはうっかり文字通り理解してしまう場合があります。

In the cards

"be in the cards"は北米では不可避であることや、定めであることを意味します。英国や豪州においてはinがonに変わります。そしてその意味するところは「今にも起こりそうな」や「ありそうな」です。違いがあるのかないのか、微妙なところです。この表現が使われ出したのは1800年以前の英国、文豪ディケンズが作品を発表する前であると考えらます（彼の作品にもこの表現が登場します）。これと同様の意味を持つ表現に"be written in the stars"（運命である）があります。二つの表現の違いは、星という単語を含む方に「天が人々の運命を司っている」という前提があることです。

● この表現の使用例

組織について話す時に"A reorganization is in the cards."（組織再編は目前に迫っている）と言うことができます。人間関係においても"It wasn't to be. It just wasn't in the cards."（僕たちが一緒になることはなかったんだよ。そういう定めだったんだ）のように使用することができます。

● ネイティブによるワンポイント解説

同じような表現が複数の地域や社会グループにおいて使用されている場合、それが異なる意味で使用されていることが多くあります。そんな時は耳を使い、ことばがどのように使用されているかをよく聞きましょう。大事なのは郷に入れば郷に従うということです。

Jump through hoops / Shoot hoops

この二つのイディオムにはhoopsが使用されているものの、まったく無関係です。jump through hoopsは間違いなくサーカスが起源となっています（動物がhoops（輪）をくぐる芸がありますね）。この表現は昨今では、人が誰かのために大変な努力をするという意味で使われます。たとえば客が営業担当者と話をしている場合、商品を購入する決断をする前に少し渋ってみせ、それによりもっと「営業努力」をしてもらうという場面が考えられます。もう一つのshoot hoopsは単にバスケットボールを放るという意味で、hoopはバスケットボールの底のない網を下げた金属性の輪のことです。起源が異なれば意味も大きく異なります。

● この表現の使用例

まずは大変な思いをしたことから伝えてみましょう。"I've had to jump through a lot of hoops in order to register to vote."（投票の登録手続きをするのに、ものすごく苦労した）は手続きが大変だったことが伝わります。次に誰かを運動に誘ってみましょう。"Wanna shoot some hoops?"（バスケでもする？）というように、気軽に誘えるとかっこいいですね。

● ネイティブによるワンポイント解説

ここで紹介したhoopがある表現のように、同じ単語を含むことばを見かけても、それらが同じ意味を持つと思ってはいけません。イディオムは単語ではなく、ことばの組み合わせによって具体的な意味を生じさせるものだからです。

Knight in Shining Armor

"white knight" と同様に、"knight in shining armor"（正義の味方）もまた、捕らわれの姫君（苦難に直面している乙女）を助けるために剣や槍を持ち、白馬に跨って現れます。white knight と大きく違うのは、この表現はたいてい女性によって、ロマンチックな文脈で使用されるということです。また、女性が退屈などといった人生における「無味乾燥で怠惰な状況」から救われた場合にも使用します。欧米のファンタジー文学には騎士をはじめ、さまざまなキャラクターが登場します。そのような特徴的な登場人物が英語の表現に出現する場合が多々あります。これらは表現の典型なので、学んでおいて損はありません。

● この表現の使用例

この表現の使用法を見てみましょう。女性が誰かにひどい状況から救われた場合には "He's my knight in shining armor."（彼は私の救世主よ）と言うことができます。また夢見る乙女タイプで理想が高い女性は "I'm still looking for my knight in shining armor."（白馬の騎士が現れるのを待っているの）などと言うかもしれません。

● ネイティブによるワンポイント解説

短いイディオムや比喩を先に学ぶことにより、より長く複雑な類似の表現を覚えやすくなります。たとえば White Knight を知っていれば、今回の Knight in Shining Armor も分かりやすいですね。

Lose Heart

"lose heart" と "lose one's heart to" は混同しやすい表現かもしれません。これらの意味は大きく違います。前者は「希望を失う」「あきらめる」という意味であり、後者は「虜になる」「恋に落ちる」という意味です。ちゃんとした辞書で調べれば、heart には実にたくさんの意味があることが分かります。ですからどの意味でことばが用いられているか、気をつけなくてはなりません。

● この表現の使用例

たとえば誰かに慰めのことばをかけたい時に "Don't lose heart. It will work out in the end."（あきらめるな。最後にはうまくいくさ）と言うことができます。また事故から生還した人たちの話をする時に "The trapped miners never lost heart, and after many heroic efforts by the search team all were eventually rescued."（炭坑に閉じ込められた作業員たちは決して希望を捨てなかった。そして救助隊の勇気ある活動により、最終的には全員助かった）というような使い方もできます。

● ネイティブによるワンポイント解説

英語によるコミュニケーションにおいては意味がきちんと伝わることが重要です。全然違う意味なのに、よく似た表現があるのがことばのややこしいところです。会話などでうっかり使い間違えると大きな誤解につながることもありますので、そのようなミスのないよう意味だけはきちんと確認しましょう。

Make one's mark

あなたが誰かの心に残る感銘を与えたことを熟語的に表現したい時、このことばが便利です。あなたが何かを成し遂げた、成功したということです。別の言い方では "gain distinction"(功成り名遂げる)とも表現でき、これは称賛に値することです。このことばには他の意味があります。それは書類にサインをする際、その人が名前ではなくバツやその他のマークを使って署名の代わりとすることです。文字を書けない人が昔やっていたことです(この方法でサインをしている人は現在でもいます)。

● この表現の使用例

この表現の使用例としては "Some of us make our mark, and some of us don't."(何かを成し遂げられる者もいれば、成し遂げられない者もいる)や "Walter Cronkite made his mark as a newscaster by broadcasting the lunar landing on live television to the entire world in 1969."(Walter Cronkite は 1969 年に月面着陸を全世界にテレビ報道したニュースキャスターとして名を成した)があげられます。

● ネイティブによるワンポイント解説

ある辞書で mark を調べると、名詞の意味が 22 個、動詞が 9、動詞句が 8 以上、イディオムを構成する単語として最低 7 個の用法が紹介されていました。こんなにたくさんの意味や用法があることばは、何らかの文脈の中で学んだ方がよいでしょう。

Miss the mark

これは的外れであることを意味し、間違いや失敗を礼儀正しく表現する時に使います。他の言い方としては "fail to achieve something"(何かを成し遂げようとして失敗した)や "fall through"(失敗に終わる、頓挫する)などがあります。要は目的を設定したにもかかわらず、到達できなかったということです。類似の意味の表現に "miss the point"(ポイントからずれている)や "miss the boat (bus)"(行動するのが遅れてチャンスを逃す)というものがあります。なぜ boat や bus を使うのかは明らかではないものの、これらの乗り物を逃したら時間通りに目的地に着くことができないので、想像しやすいですね。

● この表現の使用例

この表現はたとえば相手のミスを指摘する時に "You really missed the mark on that."(その点については的外れだよ)のように使用します。また政治家のスピーチについて評論する時に "Her campaign speech missed the mark and she slipped in the polls."(彼女の選挙演説は失敗に終わり、票を失った)というように使用します。

● ネイティブによるワンポイント解説

ここで紹介した同じ意味を持つ表現に、bus と boat を使ったものがありました。異なる単語でも共通する要素を見つけることができれば、ことばを理解することができます。

Night and Day

これはことばを入れ替えて day and night としてもよく、何かかが途切れずにずっと続く状態を意味します。しかし "as different as night and day" と言うと、それは「まったく違う」を表します（日本語にも「月とすっぽん」ということばがありますね）。二つのものを比べるとまったく違うと言いたい時に使える別の表現に "as different as chalk and cheese" があります。このような言い方をすると、とてもインパクトのある形で違いを表現できますね。

● この表現の使用例

たとえば人の見た目や性格の違いについて話す時に "My sister and I are as different as night and day."（姉と私は姉妹とは思えないほど共通点がない）と言うことができます。何かが変わらず続くという意味で使うのであれば、下の歌詞が参考になるでしょう（歌のタイトルも "Night and Day" です）。"Night and Day. You are the one. Only you, beneath the moon, and under the sun."（昼も夜もずっと変わらず、君こそが運命の人、月の下でも、太陽の下でも）。

● ネイティブによるワンポイント解説

ことばには語順が重要なものとそうでないものがあります。night と day は逆になっても良いのですが "black and white"（白黒）はそのままの順序を維持しますので注意しましょう。

Nitty Gritty

これは「肝心なこと」や「問題の本質」などを表すことばです。他にも「詳細で厳密な」や「直接的で役に立つ」という形容詞として使用できます。この韻を踏んだカジュアルな表現が一体どこからやって来たのか、正確には分かっていません。米国で使用されるようになったのは恐らく20世紀に入ってからのことでしょう。諸説ありますが「これが真相」という起源の説明はないのです。ある人は、これはもともと米国で使用されていた形容詞 gritty（気骨のある、肝の据わった）から来ているのではないかと主張しています。この口語には類似のフレーズがたくさんありますので、いくつか見ておきましょう。よく知られるものはビジネスでも使われる "the bottom line"（利益や核心）です。また食べ物用語を使って "the meat and potatoes" と表現することもできます。

● この表現の使用例

単刀直入に行きたい時は "Let's skip the chitchat and get down to the nitty-gritty."（前置きは抜きにして、重要なことを話し合いましょう）と言うことができます。また "She's asking The President some nitty-gritty questions."（彼女は大統領に対して核心をついた質問をしている）という使い方もできます。

● ネイティブによるワンポイント解説

英語には韻を踏んだ表現がたくさんあります。このような、耳で聞いていて心地のよい表現を多く学びましょう。

No dice + Loaded dice

　世の中にはさまざまなギャンブルがあります。その中にはサイコロを転がして、出てくる目が何かを賭けるものがあります。ですから、ギャンブルの人気が高い欧米の至る所でサイコロを見かけるのは不思議なことではありません。サイコロは運と確率のシンボルであり、同時に文化的な現象の例でもあります。そのような現象はことばに表れます。ですからサイコロやギャンブルの存在感が歴史、生活、文化の中において大きければ、そこに暮らす人々はある程度そのようなことについて知っているものです。日本にも丁半博打のようなサイコロを使う賭けごとがありますが、このタイプのギャンブルの数は欧米の方が圧倒的に多いです。代表的なゲームにはクラップスやバックギャモンなどがあります。"No dice." は相手の頼みを断る時、または期待していることが起きない時に使う表現です。また "The dice are loaded." は相手がイカサマをしているということです。使う時は気をつけましょう。

● この表現の使用例

　相手の依頼に対し "Sorry. No dice." (悪いけど、ダメだ) と断ることができます。またインチキを見つけたら "The dice are loaded." (いかさまだ) と言うことができます。

● ネイティブによるワンポイント解説

　文化に関する知識があれば、それだけ特定の文化で使用されることばを上手に使えるようになります。

No rest for the wicked

　これは聖書 (イザヤ書 57 章) から来ていることばで、元の形は "No peace for the wicked" (よこしまな者に平安はない) でした。文字通り悪い人間は苦しめられるということで、地獄に行く罪人についてのことばでした。米国の古典的かつ超ロングラン (1924-2010 年) の新聞連載漫画『アニー』("Little Orphan Annie") の著者 Harold Gray が、その聖書のことばと同じタイトルを漫画の一つにつけたことから、一気に広まった表現です (日本でもミュージカルが上演されている作品です)。今では聖書の意味とは無関係な形で使用されている表現であり、ニュアンスもコミカルです。

● この表現の使用例

　この表現は会話において自分の忙しさをおもしろおかしく表現するために使うことができます。たとえば忙しそうだねと言われた時に "No rest for the wicked." (日頃の行いが悪いからバチでも当たったんですかね) と返すことができます。また "There's no rest for the wicked." には「貧乏暇なし」という訳が当てられる場合もあります。

● ネイティブによるワンポイント解説

　この表現のように、冗談半分で使用されるフレーズにも、調べてみるとなかなか深い歴史があることが分かります。ことばの背景を学ぶことには、宝探しにも似たおもしろさがあるのです。あなたがふだんよく見聞きすることばにも意外な歴史が隠されているかもしれません。

No Sweat

　これは "No problem." とほぼ同じ意味で、問題がないことを伝える時に使用するとてもカジュアルな表現です。これよりも使用頻度が高いと思われることばは "No worries." で、もともとは豪州や英国でここ 50 年間ほど使用されていたものです。特に豪州では問題がないことを伝える以外にも幅広い用途で使用されています。たとえば「もちろん」や「どういたしまして」もこのことばで表現され、とても親しげな印象を与えます。すぐに豪州を連想させるほど彼の地でよく使用されるこの表現は、最近米国に「輸入」されました。恐らく 2000 年のシドニーオリンピックのテレビ放送などが影響しているのでしょう。

● この表現の使用例

　それでは "No sweat." をどのように使うかを見て行きましょう。たとえば、以下のように車の修理を頼みたい客と修理工場の従業員の会話が考えられます。
　依頼客："Can you fix my car?"（車の修理を頼みたいんですが）
　修理工："No sweat!"（お安いご用です）
　すぐに取りかかることを伝えたいのなら "I'll do it right away. No sweat!"（大丈夫、すぐに取り掛かりますよ）と言えます。

● ネイティブによるワンポイント解説

　カジュアルなスラングでは普通の文で必要な It's は不要です。"It's no sweat." のようにフルセンテンスで使用されることはまずありません。

Out of the Box

　"Think out of the box"（型にとらわれず自由な発想で考える）は創造的な営みです。逆の "Think in the box" もまた創造的な営みかもしれませんが、欧米の文化においては前者の方が賢いことだとされています。その方がこれまでになかったような企業の収益に結びつくアイデアや、素晴らしい問題解決方法を作り出せるからです。この表現の起源はネイティブにもよく分かりません。そもそもこの "box" って何でしょう？　それは入れ物などを意味しますが、単純にいえばその中にいることは平凡であり、外にいることは非凡であることになるのです。この表現は違う意味でも使えます。買い物に行って、あなたが必要としているものがすべて箱に入っている場合 "This product is (immediately ready to use) out of the box."（この製品は箱から出したらすぐに使える状態である）と言うことができます。

● この表現の使用例

　この表現には "He always thinks outside of the box."（彼はいつも独創的な発想をする）や "He lives his life out of the box."（彼は型にとらわれない生き方をしている）という使用法があります。

● ネイティブによるワンポイント解説

　この表現から of を抜き "outside the box" とすることも可能です。ことばをコンパクトにすることで、メッセージをより素早く、かつインパクトのある形で伝えることができます。

Out of the picture

この表現は次の三つを意味します。誰かが何かについて無関係の状態であること、何かにふさわしくないということ、もしくは死んでいるということです。映画などでは、3番目の意味でこのことばがよく使用されます（キャラクターが殺されるなどした場合です）。バリエーションとして "no longer in the picture" も使えます（「もはや関係ない」「もはや存在しない」という意味を帯びます）。これと反対の表現は、単に out を in に変えるだけで作ることができます。

● この表現の使用例

この表現はいろいろな場面で使用可能です。たとえば恋愛の話題で "I broke up with that guy, so now he's out of the picture."（彼とは別れたからもう無関係よ）と昔付き合っていた人のことを話す時に使うことができます。また仕事の話などで "He is out of the picture in the movie business."（彼はもう映画産業にかかわっていない）のように使用することも可能です。

● ネイティブによるワンポイント解説

この表現のように、picture を使用しているイディオムを使う上においてはまさにこのキーワードについての知識が必要です。英語の中には、名詞としても動詞としても使用できるものが多くあり、動詞の方が重要とされるのです。これは日本語とは異なる点かもしれません。このように言語の感覚は違いますので、注意しましょう。

Over my dead body

自分の目の黒いうちは絶対にそれが起きることを阻止するという、強い決意を表明するためのことばです。誇張法と呼ばれる表現技法であり、何かを強調する時に非常によく使われます。この他の例をいくつかあげましょう。何度言っても覚えない人に対し "I've told you a million times!"（もう何百万回も言ったじゃないか！）と言うことができます。またあまり賢くない人のことについて "Her brain is the size of a pea."（彼女の脳みそは豆粒くらいの大きさだ）と言うことができます。誇張法はコミュニケーションに彩りを与えてくれます。

● この表現の使用例

あなたがある男性と結婚したいとします。しかしご両親は反対しています。そしてある日、何とか認めてほしいと説得している最中にお父様が "You'll marry him over my dead body!"（断じてあんな男との結婚は認めんぞ！）と言います。このような深刻な会話以外でも、冗談めかして使うことができます。レストランであなたが食べているフライドポテトに友達がこっそりと手を伸ばした時に "Over my dead body." と言うことができます（ケチだと思われるでしょうが）。

● ネイティブによるワンポイント解説

誇張法は何かを主張する時に便利な方法です。覚えておくと英語コミュニケーションのレベルが大きく向上します。

Pass out cigars

　お祝いごとがある時にこの表現を使用します。誰かが父親になった時に、親しい友人や家族に葉巻を配るという伝統から来ているとのことです。この慣習は1600年代に、恐らく英国において登場したものだと思われます。当時、葉巻はとても高価でなかなか手に入らないものでした。ですから家庭が裕福で、かつ生まれた子どもが男の子であった時に葉巻が配られました。その当時は男の子の誕生の方が喜ばれたのです。人類が初めて月面着陸に成功した時、きっと文字通り何千本もの葉巻が配られたことでしょう（当時は今よりも喫煙に寛容な時代でもありました）。

● この表現の使用例

　この表現は "It's time to pass out cigars."（さあ、お祝いしよう）や "Pass out the cigars! Freddie is a new father!"（葉巻を配れ！フレディがパパになった！）という風に使用します。

● ネイティブによるワンポイント解説

　イディオムは確立したものなので、表現内のことばを勝手に変えることはできません。一方で表現技術には人、場所、出来事、また芸術作品を用いて何かを間接的に表すものがあります。こちらは自由度が高いものです。たとえば "Chocolate is her Achilles' heel."（チョコレートが彼女のアキレス腱だ）はギリシャ神話に登場する英雄を使った表現で、その人の弱点がチョコレートであることを意味します。このような表現方法も併せて学ぶとコミュニケーションが楽しくなります。

Pick your poison

　「毒を選べ」とはなかなか物騒な表現です。これはお酒など、体に悪いものの種類が複数あり、その中からどれかを選ぶ時に使用します。アルコール以外にもタバコなどに使用することができます。バリエーションとしては pick 以外にも choose を使用でき、また疑問形で "What's your poison?"（お好みの飲み物は？）とすることも可能です。この表現がどのように生まれたのか、その起源についてはあまりはっきりしていません。しかし豪州発のことばであるという説があります。1800年代、かの国の居酒屋は "poison-shop" と呼ばれていました。何かの中毒になりそうな名前ですが、確かに飲み過ぎたら急性アルコール中毒になるので、言い得て妙かもしれません。

● この表現の使用例

　人にお酒を勧める時には "Pick your poison. We have beer or whiskey."（何を飲みたいかな。ここにはビールとウィスキーがあるよ）と言うことができます。またアルコール以外でも "Pick your poison, beef or chicken."（牛か鶏、食べたいのはどっち？）のように使用することができます。

● ネイティブによるワンポイント解説

　イディオムには "pick" 以外にも "get" "have" "take" など、基本的な動詞を使用したものがたくさんあります。基本動詞は普通の人が思う以上に、大活躍しているものです。

Play it by ear

　この短いフレーズは英語の中でも実に使い勝手のよい表現です。何かを尋ねられて、その場ですぐに決められない時に使います。間接的で、礼儀正しく、かつ曖昧。だからこそ、便利なのです。曖昧さは日本のことばと文化について語る時の重要なキーワードです。ノーベル賞作家の大江健三郎は『あいまいな日本の私』という本の中で、まさにこのことに触れています。しかし、曖昧なことばがあるのは日本語だけではありません。英語には他にも、about（大体）や kind of（〜のような）といったことばがあり、何かを推測っぽく、また遠まわしに言いたい時に使われます。

● **この表現の使用例**

　この表現を会話で使ってみましょう。
　＜ケース１＞
　　A: What are you doing tonight?（今晩の予定は？）
　　B: I'm not sure. I'll play it by ear.（さあね。流れに任せるよ）
　＜ケース２＞
　　A: What movie do you want to see?（どの映画が観たい？）
　　B: There's a lot of choices. Let's play it by ear.（たくさんあるね。おもしろそうなのがあったらそれにしよう）

● **ネイティブによるワンポイント解説**

　このイディオムは通常、誰かの問いかけや提案などに応じる時に使用します。

Pretty Penny

　a pretty penny とは大金のことです。ここでいう pretty は beautiful のように見た目を表しているわけではなく、「かなり」という意味の副詞です。"pretty much" や "pretty good" など、頻繁に用いられます。その起源は中世の英国にあるようです。時の王であるヘンリー三世が特別な金貨を作らせました。その時代にすでに存在していた銀貨よりも金貨の価値が大きく、そこから pretty pennies という表現が使われるようになったのです。しかし、複数形の pennies が単数形になった理由はよく分かっていません。なかなかインパクトがあることばだからでしょうか、The Stone Temple Pilots が 1995 年にリリースした歌のタイトルとして使用されています。

● **この表現の使用例**

　この表現は "That red Ferrari 458 cost me a pretty penny."（あの赤いフェラーリ 458 は結構な金額だった）や "That watered-silk she had on cost a pretty penny."（彼女が身に着けていた波紋絹はかなり高かった（George Eliot 著『フロス湖畔の水車小屋』より））という風に使用します。

● **ネイティブによるワンポイント解説**

　この表現のように、ことばには数世紀、場合によっては数千年単位の歴史を持つものがあります。普段触れることばがいつから使用されていたのか、時々思いを馳せてみるのもよいかもしれませんね。

Pretty Picture

　直訳すると美しそうな絵のように聞こえるのですが、実はこの表現、「ややこしいことになった」や「本当に困ったことだぞ」といった意味で用いられるのです。決して pretty ではありません。むしろ実際は ugly なのです。ですから誰かがこのことばを使う場合はふざけて言っているということです。イディオムは分解して使用できませんから、必ず動詞とセットにしましょう。たとえば女性を指して "She is as pretty as a picture."（彼女は〈絵のように〉美しい）と言う場合がありますが、これはそのままの意味です。

● この表現の使用例
　たとえば地球の温度が毎年上昇していることを示すデータなどを見た時、さらに先のことを想像して "This sure paints a pretty picture."（絶望的だ）と言うことができます。また事故について話す時に "The truck that smashed into a train is a pretty picture."（電車にトラックが突っ込んだ状況というのは大惨事だ）というような形で使用することができます。

● ネイティブによるワンポイント解説
　"pictures are worth a thousand words"（一枚の絵は千語に匹敵する、百聞は一見にしかず）ということばがあります。しかしその「絵」を通じて私たちが考えることは個々の思考や世界観に委ねられます。頭の中で「絵を描く」時はその点を意識する必要があります。

Pumped up

　感情が高ぶり、興奮することをこのように表現します。同じ状態を表すのに "pumped" だけを使用することもできます。ことばについての説明をすると "pumped" はスラングで "pumped up" はイディオムです。これらの口語に意味上の違いはほとんどありません。口語はフォーマルなことば（たとえば "get excited"）の代わりに会話内で用いられる単語、フレーズ、また表現のことです。同様の意味の表現でおもしろいものに "having one's blood flowing with adrenaline"（アドレナリンを乗せた血液が体中を巡っている）というものがあります。こちらもインパクトがありますね。

● この表現の使用例
　この表現はたとえばスポーツの文脈で "The players were totally pumped up about the final game of the World Series."（選手たちはワールドシリーズの決勝戦を前に完全に興奮状態だった）のように使用することができます。また "He was so pumped up for the match he couldn't sleep."（彼は試合のことで興奮して、眠ることができなかった）というものもあげることができます。

● ネイティブによるワンポイント解説
　英語によるコミュニケーションを効果的に行うためには、フォーマルなことばかりではなく、時としてくだけた表現を使ってみるのも良いものです。そうすれば、より印象的な話し方ができるようになります。

Queen of hearts

　記号と象徴について解説した資料によれば、トランプのハートの女王は「美、魅力、愛情、理想主義のカード」ということです。女性としての Queen of hearts はみなに愛される母、恋人、かけがえのない妹、愛される娘を象徴します。特定の日に生まれれば、その子はハートの女王になるという神秘主義的信仰がありました（王朝誕生前のエジプトにまでさかのぼる信仰であるとか）。しかしルイス・キャロルが書いた『不思議の国のアリス』では、ハートの女王は気難しく、意地悪で、周りを力で支配する女性として描かれています。これは最初に説明したハートの女王とはまるで逆の女性です。さらに、スラングとしての Queen of Hearts には「最悪なタイプの女友達」という意味もあるのです。ややこしいですね。

●**この表現の使用例**

　このことばには複数の意味があるので（しかも真逆のイメージ）使用する際は相手がどうそれをとらえるかに気を配りましょう。たとえば "She thinks she's the Queen of Hearts!"（彼女、ハートの女王のつもりかよ）は文脈次第で意味が変わります。ポジティブな意味で使う場合は "She is the proverbial mother, the Queen of Hearts."（彼女は典型的な母親だよ。皆に愛される存在さ）という使用法があげられます。

●**ネイティブによるワンポイント解説**

　複数の意味を持つことばを使用する時には注意が必要です。

Raise hell

　これはわめき散らすという意味です。周囲にとり迷惑な話ですね。別の言い方では "go on a rampage"（猛り狂う）、もっとシンプルな英語だと "to get very angry"（非常に怒る）と表現できます。ものを壊されてしまう場合もあります。欧米において hell（地獄）は悪魔と関連する場所です。ですから似た意味のイディオムに "raise the devil"（激怒する）があるのは不思議ではありません。こちらはトラブルを起こすという意味に近く、食べ物が合わなかった場合に "Those red onions raised the devil with my stomach."（食べた赤玉ねぎが腹の中で暴れている）などと言うこともできます。

●**この表現の使用例**

　職場において難しいお客さんの相手をしなくてはならない場合があります。たとえば "One of our customers has been raising hell about our poor service."（お客様が「サービスがなっていない」とわめき散らしている）ということも起こるでしょう。また友達に対して "Quit raising hell so much of the time."（そんなにしょっちゅうブチ切れるなよ）と注意することもできます。

●**ネイティブによるワンポイント解説**

　この raise hell にはもう一つ、ハシゴ酒をして酔っ払うという意味もあります。同じことばに複数の意味がある典型例です。どちらの意味にせよ、周囲に迷惑をかける行動は慎みたいものです。

Rock Bottom

どん底や最低を意味する表現で、テレビや新聞などでよく見かけます。rock を除いた hit bottom も同じ意味で使用されているのを見かけます。見出しのことばを短くすることにより、コストを少しでも下げようと編集記者が努力しているのでしょうか（残念ながらインパクトは弱くなりますが）。時として質問の形で "Have gold prices hit bottom?"（金の価格、底値か？）というような見出しも見かけます。さて、ここでいう rock とは一体何なのでしょうか？ 答えは単純です。地面を掘り進んで行くと最後には何か硬いものにぶち当たります。岩盤です。まさにこれが rock なのです。音楽のジャンルにも rock がありますが、それとは関係がありません。

● この表現の使用例

この表現は個人、組織、国について説明する時に使用できます。たとえば組織レベルでは "The marketing department has hit rock bottom."（マーケティング部門はどん底だ）と言えるでしょう。また個人について "She kicked her drinking habit before hitting rock bottom."（彼女はどん底を味わう前に酒を断った）というように使用します。

● ネイティブによるワンポイント解説

この実に感触がはっきりしている表現は経済状況を描写するのに役立ちますが、人や組織について話す時にも使用できます。

Rubber Check

これは不渡り小切手を意味します。誰もこんなものを掴まされたくはありません（ただ、誰かにこれを掴ませたいと思っている輩はいます）。私はネイティブですが、この表現を誰かが実際に使用している場面に出くわしたことはありません。少なくとも米国西海岸では "bounced check" が主流です。ただ、"rubber check" は実際あることばだと知っています。問題はなぜこのような違いが生じたかです。ことばを見ると rubber からはゴムの弾性、そして bounce からは何かが跳ね返るというイメージが沸きます。ゴムボールを床に落とせば、跳ね返りますね。関連性がありそうですから、その点から見れば、これらのことばが使用されるのは決しておかしなことではないのでしょう。

● この表現の使用例

この表現には "My renter bounced his check—he still owes me last month's rent."（賃借人の小切手が不渡りだったから、先月の家賃がまだ支払われていない）や "The woman was accused of writing over $1 million in rubber checks to pay for diamond jewelry."（その女はダイヤモンドのアクセサリーを買うのに 100 万ドル以上の不渡り小切手を振り出したとして告訴された）という使用例があります。

● ネイティブによるワンポイント解説

ある地域で使用されている表現が別の地域では使用されていないということはよくあることです。米国における soda と pop の関係がそのよい例です。

Rubber Stamp

これは政治的な場面でよく使用されるメタファーで、安易な承認を意味します。政府やその他の大きな組織においては手続きが重要となります。何か法案があれば、それを吟味し、そこから意思決定が行われるべきです。しかし、制度の上では大事なこの手続きが、現実には機能していない場合が多々出てきます。建前上、形式上はそれらしく振る舞うのですが、内実は単なるセレモニーという感じです。たとえば中国の全国人民代表大会を見てみましょう。これは約 3,000 人が参加する形が取られているものの、単に党の決定に従う場のようです。要は何のチェック機能も果たさず、大事なことが決まる場合に使用される表現です。

● **この表現の使用例**

この表現は政治だけではなくビジネスの場面でも使用できます。たとえば "The board of directors rubber-stamped the CEO's plan."（取締役会は CEO の計画をそのまま受け入れた）や "The bank rubber-stamped the deal."（その銀行は簡単に契約を結んだ）というような使用法があります。

● **ネイティブによるワンポイント解説**

今回紹介した表現は話しことばです。口語をたくさん学べば、英語によるコミュニケーションで大いに役立ちます。ただ、口語は書きことばには適さないので、使い分けることが大事です。特にノンネイティブの使用する英語にはこの問題が見られるので注意しましょう。

See the big picture

ここでいう big picture とは、その状況において最も重要な事実を指します。要はすべての細かいことを見るよりも、大事なことに注目した方が良いということです。これを指摘する時、ネイティブは "look at the big picture"（大事なことに注目しよう）などと言います。このような物の見方をよくするのは企業の経営責任者や科学者などです。

● **この表現の使用例**

この表現の使用例を見て行きましょう。どこの世界にも一つのことや目先のことにこだわってしまう人がいるものです。そんな人を指して "He's unable to see the big picture."（彼は大局的にものを見ることができない）と言うことができます。またリーダーシップの世界でよくいわれていることですが、"Every CEO needs to see the big picture."（すべての最高経営責任者は大局的にものを見る必要がある）と言うこともできます。

● **ネイティブによるワンポイント解説**

この表現は see の代わりに look や view を入れることができます。これらの意味はほぼ同じだからです。しかし watch は対象物が動いている場合に使うので、静止している picture に使うことはできません。このように、似たような意味で使用される単語であれば何でも良いということではないのです。英語学習者は注意しましょう。

Seventh Heaven

これは至上の幸福を表すことばで、ずいぶん古くからあります。その起源は古代シュメールです。シュメール人は一番高い天国（7番目）から翼を持つ生物が、王の盃に水をくむために地上に降りて来ると想像しました。7は欧米の国々においてはもっともラッキーな数字です。中国や日本を含む他の国でも7はめでたい数字であるとされていますが、欧米では7に匹敵するほど幸運を象徴できる数字はありません。どうして7がそんなに特別なのでしょうか。はっきりしたことは分かっていませんが、恐らく古代ギリシャ人が7を重要視していたことから始まっているのでしょう。

● **この表現の使用例**

この表現を使い、幸せを描写してみましょう。たとえば "They've been in Seventh Heaven ever since they got married."（彼らは結婚以来、本当に幸せだ）と言うことができます。また "If I had a million dollars I'd be in Seventh Heaven."（100万ドルあったらとてつもなく幸せだろうな）と、手に入っていない幸福についても語ることができます。

● **ネイティブによるワンポイント解説**

文化がことばやメタファーの進歩の原動力になるという人がいます。文化についての基本的な知識を持つことが、その国の言語を感じ、理解する枠組みを与えてくれるかもしれません。

Show me the money

1996年に公開された米国のコメディ映画 "Jerry Maguire"（邦題『ザ・エージェント』）において、Tom Cruise 演じるスポーツエージェントと Cuba Gooding Jr. が演じるスポーツ選手が会話をしている最中に出て来た表現です。二人は契約について話し合っています。そこでスポーツ選手が "Show me the money."（（契約をしたいなら）金を見せろ）と言うのです。この脚本は Cameron Crow が書いたもので、これにより Gooding はアカデミー賞を受賞しました。このセリフから同じタイトルのラップや、クイズ番組が誕生し、それ以来米国ではよく使用される表現になっています。

● **この表現の使用例**

この表現はかなりズケっとした物言いで、その分インパクトもかなりあります。上でも説明した映画のように仕事の話をしている最中に "Show me the money!"（金を見せろ）と言うことができます。自分をその気にさせたいなら説得材料を出せということです。妻に買い物を頼まれた夫が冗談めかして使うこともできるでしょう。また "It's time for you to show me the money."（さて、金を拝もうか）という風に使用できます。

● **ネイティブによるワンポイント解説**

これはインパクトの強い表現です。短く、聞いている人の印象に残ります。ただし使う相手と場所を間違えないようにすることが大事です。

Silver Screen

昔、映画のスクリーンは銀で作られていました。そのため、銀幕が映画業界を表すことばになったのです。ハリウッドのあだ名は Tinseltown（金ぴかの町）です。どうして金ぴかになったのかはよく分かっていません。ただ、このスラングは表面上が派手でもその中身は何もないということを意味します。つまりハリウッドは見た目だけで、実際には浅いところであるということです。しかし、ハリウッドが世界に与えた影響は小さくありません。この街から多くの映画（無価値なものから不朽の名作まで）が誕生しました。

● この表現の使用例

この表現には "I saw it on the silver screen."（その映画を銀幕で観た）という使用法があります。また、これは引用ですが "Europe...could not exist...except in the imagination...and through the careful lies of the silver screen."（欧州は想像の中と、銀幕の念入りな嘘の外では存在できない）というアメリカの作家 Roman Payne によることばもあります。

● ネイティブによるワンポイント解説

このことばは映画業界そのものを指すこともできます。これは換喩語と呼ばれるものです。ウォール街が金融業界という意味として使われるのと似ていますね。日本語でも霞が関といえば中央官庁をイメージするのと同じです。あることばの中にどのような換喩が使用されているかを見ると、その国についておもしろい情報が学べます。

Silver Spoon

直訳では「銀のスプーン」ですが、これは富を表すことばです。米国に "Silver Spoons" という題名のコメディドラマがありました。これは他の子どもが羨むような贅沢な暮しをしている少年の物語で、お坊ちゃん育ちでも他の 10 代の子どもと同じような悩みがあるという設定でした。父親は大富豪で、どうしても息子を甘やかしてしまうという人物でした（ドラマのタイトルは内容を正確に表しているようですね）。一つの疑問は、なぜ spoon が複数形になったかということです。このイディオム自体はお金持ちの子どもとして生まれるという意味で、ついでに甘やかされているという含みもありますから、もしかすると脚本家が「甘やかされ過ぎ」というニュアンスを持たせようとしたのかもしれません。日本にもこの表現をタイトルにしたマンガがあります。しかしこの物語の主人公はお坊ちゃん育ちではありません。ですからどうしてこのような題名にしたのか不思議です。

● この表現の使用例

この表現には "He was born with a silver spoon in his mouth."（彼はお坊ちゃん育ちだ）や "She had a silver-spoon upbringing."（彼女は幼少の頃、贅沢をして育った）というような使用法があります。

● ネイティブによるワンポイント解説

恐らくこのことばは、その昔お金持ちが銀のスプーンを使って食事をしていたところから来ているのでしょう。日本では異なるニュアンスを持っているのでしょうか。ことばは文化を反映するので、捉え方が違う場合が多々あります。

Small fish in a big pond + Big fish in a small pond

大きな魚（重要で影響力のある人）と小さな魚（小物）のどちらがよいでしょうか。当然大きな魚です。しかし、その魚が住んでいる池の大きさも大事になってきます。small pond（小さな池）にいると、その人が自分の能力を十分に活かせるところにいない、または楽をするためにわざとそうしているのではないかという目で見られてしまいます。fish 以外に frog（カエル）を使うことができます。もしかすると私たちの多くは、小さな池の中の大きな魚になりたがっているのかもしれません。でも大きな池の中の大きな魚になれたら最高ではないでしょうか。

● この表現の使用例

この表現は "He's the head guy at the local office and just loves being a big fish in a small pond!"（彼は地方支社の責任者なんだけれど、本当に小さいところで一番上にいるっていうのが好きみたいだ）や "The trouble with Tony is he feels lost in this big organization, like a small fish in a big pond."（トニーの悩みは大組織の中で自分を見失っているように感じているところだ。まるで大きな池に棲む小さな魚のように）という風に使用できます。

● ネイティブによるワンポイント解説

ノンネイティブの人たちには、使用するメタファーが文脈に合っているかどうかを確認してほしいと思います。間違ったものを選ぶと聞き手が混乱し、コミュニケーションが失敗してしまいます。

Small Potatoes

small potatoes（些細なこと、費用が小さな事案）の起源は 1840 年代にアイルランドを襲ったジャガイモ飢饉にあると考えられています。その頃は小さなジャガイモしか手に入らなかったのです。異文化という観点からいえば、多くの欧米人にとってジャガイモは主食です。しかし、日本人を含む多くのアジア人は主食として米料理を思い浮かべるでしょう。大企業の CEO には small potatoes に割ける時間はありません。むしろ大きな問題に取り組み、残りの仕事は部下に任せるべきです。そうしなければあまりにも多くの仕事を抱え込むことになってしまいます（have too much on your plate と表現します）。ジャガイモを主食とする文化圏のことばには、ジャガイモを使う表現が多くあります。

● この表現の使用例

失敗をして落ち込んでいる人に "Don't worry about it. It's small potatoes."（気にするなよ、些細なことさ）と慰めることができます。また "The slight increase in sales expense is small potatoes."（販売費が少し上がったものの、取るに足らない金額だ）という風に使うこともできます。

● ネイティブによるワンポイント解説

small potatoes という表現はあるのに big potatoes はありません。ただ豪華な付け合わせ料理にできる baby potatoes はあります。実際にこの表現を使用する際は、potatoes と big や baby を組み合わせないように気をつけましょう。

Snail Mail

これは単に、郵便制度を通じて配達された手紙を指します。今の世の中では、最も相手に届くのが遅い配達物かもしれません。ご存知のようにカタツムリはとてもゆっくり移動します。今はコミュニケーション技術の進歩によって一瞬でメッセージを交換できる時代ですから、このような表現が作られたのも自然の成り行きかもしれません（もともと "at a snail's pace" など、カタツムリの速度を使った比喩もありました）。この表現が最初に使用されたのは 1983 年であると考えられます。ここまでよく使用されるようになった背景には、snail と mail の発音が韻を踏んでいておもしろいという理由があったのでしょう。

● この表現の使用例

この表現には "The thank you card was sent via snail mail."（お礼のメッセージが郵便で届いた）や "I can be contacted either by email, fax or snail mail."（私への連絡はメール、ファックス、もしくは手紙にてどうぞ）という使い方があります。

● ネイティブによるワンポイント解説

このことばのような新表現をぜひ覚えてください。ことばはダイナミックなもので、常に変化しています。特に最近はさまざまなことばが次々と生まれていて、中には外国語から英語になるものもあります。ですから常にアンテナを張り、自分の知識を常に更新していきましょう。

Snake Eyes

ラスベガスのカジノで craps というゲームをしている時を想像して下さい。snake eyes は 2 個のサイコロが 1 のゾロ目を出していることを意味します。このゲームでは賭けに負けたということです。カジノの外での使い方にはたとえば "snake eyes piercing" という舌ピアスの一種があげられます。まだ珍しいですが、欧米ではとても流行っています（見るためには相手に口を開けてくれるよう頼む必要があります）。日常的に使いやすいのはギャンブルの用語の方です。

● この表現の使用例

クラップスをしている場合には "This time the dice came up snake eyes. We lost everything."（今度の目はスネークアイズで、有り金を全部失った）と言うことができます。こんな目には遭いたくないものです。また比喩的に使うことも可能です。ビジネスの話題が出ている時に "The company is broke. Snake eyes."（その会社は破産状態だ。まったく金がない）などと使用できます。明るい話題においてはあまり使えそうにないですね。

● ネイティブによるワンポイント解説

私たちの身の回りには snake eyes のように、短いイディオムが付されているもの（たとえば snake eyes piercing）の名前がたくさんあります。米国ではカジュアルな会話をする時、状況や感情を説明するために短い表現を多用します。たくさん覚えてスムーズに会話できるようにしましょう。

Sour Grapes

　イソップ物語をご存知でしょうか。古代ギリシャにおいて奴隷だったイソップ（実在したかどうかは不明）が書いたとされる650話以上からなる物語集です。その中に、あるキツネの物語が収録されています。葡萄を食べようとその実に向かって懸命にジャンプするキツネですがうまく行かず、やがてそれを諦めます。その時に彼は葡萄を食べられなかった結果を「どうせ熟れていなくて酸っぱい葡萄だったろう」と正当化するのです。そこには対象への嘲りや見下しの感情が含まれています。今日ではこの表現は、自分がうまくできなかったことを他人が成功させたことについての妬みの感情などを意味します。自分が失敗したことについて言い訳を言うのは簡単です。

● **この表現の使用例**

　この表現は "It's sour grapes. He is disappointed, that's all." （負けおしみだよ。彼は残念がっているだけさ）というふうに使用します。その気持ちを否定する時に言えることを、有名な小説の中からピックアップしてみましょう。"No, 'tisn't sour grapes..." （負け惜しみなんかじゃない）（L.M. モンゴメリ『アンの夢の家』より）という例があります。"'tisn't" は "It isn't" の略です。

● **ネイティブによるワンポイント解説**

　表現の中の葡萄は複数形になっているものの、一つの出来事に対して使用されるときには単数として扱われます（it's sour grapes）。

Spill the beans

　このイディオムは秘密を漏らす、または暴露するという意味です。同じ意味の表現に spill the works があります。ネイティブとしていかがなものかと思うのですが、この works が一体何を意味するのか、私にはまったく分かりません。しかし beans の起源は説明することができます。これは古代ギリシャの発祥とされており、当時の秘密結社が意思決定をする時に用いた方法から来ているようです。この方法とは投票であり、賛成を意味する白い豆と、反対を意味する黒い豆が使われました。豆を入れる容器をうっかり倒してしまった場合には中身がこぼれてしまい（spill）、その投票の行方を左右してしまうことになります。

● **この表現の使用例**

　この表現には "There is a surprise going-away party for Patty on Friday. Please don't spill the beans." （金曜日に Patty の送別会を内緒で企画しているから、言っちゃダメだよ）や "Whatever you do, don't spill the beans about the layoffs at the factory." （工場の従業員解雇に関してはくれぐれも誰にも言わないように気をつけてくれ）という使用法があります。

● **ネイティブによるワンポイント解説**

　米国の著名な作家である Tom Robbins は「ことばはフロスティング（糖衣をかけること）ではなく、ケーキである」と言いました。つまり、英語によるコミュニケーションにおいて私たちはメタファーなどことばのあやを多用するということです。

Spilled Milk

誰かが牛乳をこぼしてしまったら、その牛乳は無駄になります。もう飲めないですし、他の方法で利用することもできません。言い換えれば、あなたはミスを犯したのであり、それを取り消す術はないということです。別の考え方には、起きたことは変えようがないと受け入れるというものがあります。運命論のような考え方ですね。この影響下にある人は、自分に起こることは予め決まっていたと信じます。この表現のややこしいところは、迷信と関係している点です。欧州にはミルクがこぼれると良い精霊の糧になるので喜ばしいことだとする国があります。しかし一方で、家の食料を減らしたので悪いことであるとする国もあるのです。また牛乳をこぼすと牛の乳が出なくなると信じられていた時代もありました。同じ表現に真逆の意味を与えるのが文化のおもしろいところです。

● この表現の使用例

この表現は "Don't cry over spilt milk." (済んだことを嘆くな) や "It's no use crying over spilt milk." (覆水盆に返らず) という風に使用します。

● ネイティブによるワンポイント解説

英語の綴りはなかなか難しいものです。多くの動詞には過去分詞が一つしかありませんが、spill には spilt と spilled という二つの不規則な形があります。どちらが使用されているにせよ、英語において大事なことの一つに、それを聞き取ることがあります。spilled は人により [spild] とも [spilt] とも発音します。

Stone broke

まったくお金がなく、無一文の状態をこのように表現します。本当にお金がないということです。また "flat broke" という表現も使えます。単に broke だけでも同様の意味を表すことはできるのですが、stone (石) という物理的にも重たいものを付け加えると、ことばにも「重み」が出ますね。この表現の英国版ともいえるのが stony-broke です。また米国で単に broke とするところを、英国では skint が用いられるそうです (私自身はこれを実際には聞いたことがありませんが、英国の金融界でよく使用されるとのことです)。これは "skinned" (すってんてんになった) という表現から来ているのでしょう。お金がない状態を表すこれらのことばの反意語には "affluent" "moneyed" "well-heeled" などがあります。併せて覚えると便利です。

● この表現の使用例

この表現の使用例としては "All his friends are stone-broke." (彼の友達は皆本当にお金がない) や "How in the world did you become flat broke?" (一体どうして無一文になったの？) があります。

● ネイティブによるワンポイント解説

イディオムを学ぶ際はそこで使用されている基本的な単語に注目してみましょう。ここでは broke という単語が重要です。これは「現在お金を持っていない」の他に「破産した」という意味もあります。

Stone cold

　ここでいう "stone" は「完全に」などを意味します。先ほど紹介した「本当に無一文」と同じです。ですから "stone cold" は本当に冷たいという意味です。アイスクリームについて説明する時にうってつけな表現だと言えるでしょう。おもしろい言い方に "a stone cold fox"（本当に美しい女性）というものがあります。この fox はキツネではなく女性を指し、girl や woman と置き換え可能です。自分がシラフであるということを強調したい人は "stone-cold sober"（まったくのシラフ。"stone sober" や "cold sober" でも可）ということばを使ってみてはいかがでしょうか。

● この表現の使用例

　この表現は人やものに使用できます。たとえば "By the time he got back to his office his coffee was stone-cold."（オフィスに戻る頃には彼のコーヒーは完全に冷めていた）と言うことができます。また人のことを説明する時に "He is a stone-cold killer."（彼は血も涙もない殺人者だ）というように使用できます。

● ネイティブによるワンポイント解説

　イディオムを使用する際に、それがどの程度の頻度で使われているかを考えることが大切です。辞書に載っているからといって、ネイティブが使用しているとは限りません。また、ある表現を使用するか否かについては個人的な嗜好が影響します。

Stone's throw

　これは「本当に短い距離」「ほんのちょっと行ったところ」という意味です。文字通り捉えれば石を投げて届く範囲ですが、「近く」ということばが指す範囲であれば使うことができます。もともとは聖書（ルカの福音書 22:41）の表現であり、英語訳聖書（1526 年）では "about a Stone's cast" と書かれています。昔は "cast" と "throw" の間に大きな意味の違いはありませんでしたが、1500 年代にこのフレーズの英語が土地固有のものに変化し、今の形になったのです。似たような意味を持つ他の表現には "within spitting distance"（直訳をすれば吐いた唾が届く距離）や "a hop, skip and a jump" があります。これらはイメージのわきやすい表現ですね。

● この表現の使用例

　この表現は "Our villa is just a stone's throw from the beach."（私たちの別荘は海辺から本当に近い場所にある）や "Time's Square is only a stone's throw away from Broadway."（タイムズスクエアはブロードウェイの近くだ）のように使用します。

● ネイティブによるワンポイント解説

　多くのイディオムは手を加えて変更することができません。特にこの表現のように昔からあるものはなおさらです。しかし、前置詞（away）を付けるかどうかは話者に委ねられるのです。

Sweet Talk

甘いことばを使い、人をだますことを"sweet talk"と言います。お世辞を言い、その気にさせるのです。彼氏が彼女に対してこれを実践する場合もあるでしょう。「君の笑い方、話し方、歩き方、すべてが大好きだ」などと囁くのです。ロマンチックではありますが、嘘が混ざっている場合も少なくありません（たいていの甘言には嘘が含まれているものです）。聞く方も気をつけましょう。音楽の世界には甘いことばを扱った作品がたくさんあります。たとえばChristina AguileraのCandymanという歌を見てみましょう。そこには "He's a sweet-talkin', sugar-coated candyman."（彼は甘いことばかり言う、全身が甘ったるいキャンディマン）という思わせぶりな歌詞があります。もしかしたら歌手本人の苦い経験から来ているのかもしれませんね。

● この表現の使用例

この表現には "I didn't want to do it, but she sweet-talked me into it."（そんなことやりたくはなかったよ。でも彼女に甘いことばでそそのかされたんだ）や、"He's a sweet-talkin' guy. Sometimes he makes me cry."（彼は甘いことばかり言う人。時々泣かされることもあるの）という使用法があります。

● ネイティブによるワンポイント解説

このsweet talkというのは説得のテクニックです。ことばが誠実でない場合は、言われたことの逆が自分であるということになってしまいます。

The big cheese + The big enchilada

1800年代まで遡るbig cheeseは、最近ではビジネスにおいて最高経営責任者を指すことばとして頻繁に使用されます。しかし「組織内において重要で影響力のある人物」という意味でビジネス以外の文脈でも使用可能です（立派な人という意味もあります）。enchiladaはメキシコ料理の名前ですが、まったく同じ意味を持つ表現として使用できます（bigの代わりにtopも使えます）。人を表すことばとしてのcheeseは食べるチーズとはまったく関係ありません。これはもともとウルドー語とペルシャ語でthing（もの）を意味することばであり、100年ほど前に英語に加わったことばであると考えられています。これらの表現以外に、big shotもまた同じ意味を表すことばです。ただ、こちらは通常冠詞のaが付随します（He is a big shot.）。

● この表現の使用例

この表現は "Frank is the big cheese."（フランクは超大物だ）や "Who's the big enchilada around here?"（この辺りで影響力の強い人物は誰だ？）というように使用されます。

● ネイティブによるワンポイント解説

冠詞と定冠詞の使い分けは、とりわけノンネイティブの人たちにとって難しく、それこそ完璧に理解するために大変長い時間が必要です。一つの作戦として、機会があるたびにネイティブの英語を観察し、それを真似するという方法があります。そのような訓練を積めば、冠詞と定冠詞にまつわるミスは少なくなるでしょう。

The Sky's The Limit

　何事でも「上限なし」ということを強調するときの表現です。空はどこまで行っても空であるというところから生まれたもので、このことばには、自分たちが提案したことの実現のためには、どのようなことをしても構わない、という大変力強い、威勢の良さが表れています。この表現が生まれたのは1890年代の終わりにあったポーカーゲームで、"The sky was to be the limit until the $50,000（limit）was reached."（空が賭けの上限で、5万ドルに達するまでとされた）と使われました。

● **この表現の使用例**

　大学の卒業式で司会者が "From this day on the sky is the limit." と言った場合、「さあ、今日から諸君らには無限の可能性が待っている」という意味になります。また、ゲストとして招かれた晩餐の席でメニューを手にした時に、ホストが "The sky's the limit." と言えば、「値段にかまわず、どのような料理や飲み物でも、お好きなものを好きなだけ頼んでいただいてよいですよ」という意味になります。

● **ネイティブによるワンポイント解説**

　科学的にいえば正しくはないのですが、空には終わりがない、永遠に行き着くところがないと想像するのが一般的な英米人の考え方で、そこから生まれた大げさな表現です。それに対して万事が謙虚な日本人にはなじみが薄いかもしれません。日本語には、少しニュアンスが異なりますが、「青天井」ということばがあります。上限がないことを果てしない空に見立てていう語で、「株価は青天井だ」などといいます。

Throw a bone to

　骨を投げるというのはおもしろい物の言い方です。飼い主が犬にすることですが、人同士でも使います。この場合の骨は、たとえば上司が部下のやる気を出すために投げる比喩的なエサ、つまりはインセンティブのことです。このイディオムの名詞形は bone thrower で、文字通り骨を投げる人を指します。黒人のスラングでは bone thrower はサンルーフを意味します。この辺りが北米の英語事情のおもしろさを示しています。標準的な英語とは別に、特定の社会集団が使用する英語（たとえば黒人の社会方言）が存在するのです。

● **この表現の使用例**

　この表現の使用法を見てみましょう。ビジネスの文脈ではたとえば "The boss threw the new guy a bone."（上司は新人のやる気を出すためにエサをまいた）と言うことができます。あなたが "Hey, throw this dog a bone." と言った場合、this dog とはあなた自身のことで「自分にも何かくれよ」ということです。この何かというのは、たとえば手助けや労わりなども含まれます。

● **ネイティブによるワンポイント解説**

　上で紹介した bone thrower のように、標準英語と特定の社会グループが使う英語の中には、同じように見えてもまったく異なる意味を持つ表現が多々あります。イディオムやスラングを学ぶ時はこのような点にくれぐれも注意し、間違った意味で使用しないよう心がけましょう。

Throw someone under the bus

このイディオムは「誰かを犠牲にする」ことを意味します。米国において用いられるようになったのはここ30年ほどのことですが、2004年にスポーツライターによって広められた表現です。恐らくスポーツの世界でこのような状況がよく起こるからでしょう。最近の事例としては全米プロフットボールリーグの一流チームが試合に使うボールの空気を抜いていたと疑われたことがありました。疑惑が浮上するやいなや、ヘッドコーチがそれを選手(クオーターバック)のせいにしたのです。今では会社や学校など、さまざまな場所で「自分を守るために、責められている友人を見捨てた」という意味で使用されています。音楽業界において "on the bus" はスポットライトを浴びるという意味で、"under the bus" はその逆になります(そのアーティストは場末のバーなどでタダ同然で演奏していることでしょう)。

● この表現の使用例

この表現は "My co-worker threw me under the bus."(同僚に裏切られた)や "Did the Egyptian military throw Mubarak under the bus?"(エジプト軍はムバラクにすべての責任を押し付けたのか)などというように使用します。

● ネイティブによるワンポイント解説

この表現はノンネイティブにとって少々難しいかもしれません。ネイティブの中にも正確な意味を理解していない人もいるほどです。正しく使用するためにも練習を積みましょう。

Train Wreck

これは文字通り列車事故を意味する他に、ことばのあやとして「大惨事」という意味でも使用可能です。人に対して用いる場合は、問題の人物が本当に支離滅裂であったり、その行動に理解不能なところが多々あったりすることを指します。またこの表現は物事や状況にも使用できます(政府の政策など)。この表現は、どんなに頑張っても結末を変えることができないというニュアンスを含みます。つまり、その「列車事故」は避けることができないということです。ちょっとした豆知識として、Trainwreck と呼ばれる強力なマリファナもあります。それがどんな効果をもたらすかについては、名前から想像できそうですね。

● この表現の使用例

この表現は人を含むさまざまなものについて使用可能です。たとえば政策について意見を述べる際に "Obamacare is a train wreck."(オバマケアは大失敗だ)と言うことができます。また自分の周りの「困った人」について話したい時にも使えます。たとえば "My mother is a train wreck."(母は支離滅裂な人だ)と言うことができます。

● ネイティブによるワンポイント解説

表現を使用する際は、それが生物と無生物のどちらに使えるか(または両方に使用可能か)をきちんと調べるようにしましょう。今回の表現のようにどちらにでも使用できるものばかりではありません。

Trash Talk

　trash talk とは何でしょうか。相手が死ぬまで戦うという剣闘士を想像してください。ただし使う武器は剣や槍ではなく、ことばです。相手をからかったり、挑発したり、場合によっては見下したような発言したりすることを指します。たとえばスポーツ選手が相手チームの選手に対して trash talk を行うことがあります。またチームのファンが別のチームのファンと trash talk 合戦を繰り広げることもあります。米国ではプロのバスケットボール選手で Los Angeles Lakers 所属の Kobe Bryant と、Chicago Bulls ファンのオバマ大統領の間でこのようなことがありました。両チームが試合をする前の話で、お互いに自分の（肩入れしている）チームの方が強いことを Trash Talk という形で表現したのです（これは本気の悪口ではなくあくまでも遊びです）。

● **この表現の使用例**

　この表現は "Stop trash-talking me." （そんな風にからかうなよ）や "Phil Mickelson trash-talks opponents at The Ryder Cup." （Phil Mickelson はライダーカップで対戦相手を挑発した）というように使用します。

● **ネイティブによるワンポイント解説**

　このような発言の応酬はことば遊びの一種です。機転を利かせ、聞いた人にとっても楽しいものを生み出すよう心がけることが大事です。単なる悪口にしないようにしましょう。

Under the gun

　銃をつきつけられたらどのような気分になるでしょうか。きっと落ち着いてはいられないでしょう。そのような大げさな状況ではなくても、このことばを使うことができます。プレッシャーを感じている時にこのように表現するのです。普通の英語では "under a lot of pressure"（重圧を感じる）となります。1900年頃にさかのぼる表現で、人が銃をつきつけられ何かを強制されていることをほのめかしています。ビジネスの世界では締切りについてよく使われる表現です。米国では銃という単語を用いるイディオムが豊富に使用されています。銃社会なので当たり前かもしれません。世界的に見ても珍しい文化です。英国にも銃の文化がありますが制限が厳しく、警官ですら銃を携帯していません。

● **この表現の使用例**

　このことばを使ってプレッシャーを感じていることを表現してみましょう。"I'm really under the gun at work." （仕事が切羽詰まっているんだ）と言うことができます。また "He's under the gun to decide whether to move to Texas with his company." （会社の移動に伴い、彼自身もテキサスに引っ越すかどうか、あまり時間のない中で悩んでいる）のように使うこともできます。

● **ネイティブによるワンポイント解説**

　スラングにも同音異義語があります。ややこしいですが、文脈を意識し正しく使いましょう。

Under the table

このフレーズは、日常会話だけではなくビジネスの場面やパーティなど、幅広いシーンで使用することができます。よく使用されるのは会話や仕事の場面です。特にビジネスを "under the table" で進めることは不正であり違法です。このシンプルな単語を三つ並べた表現はリズムが良く、かつ発音しやすいので、ネイティブはよく使っていますし、ノンネイティブにもお勧めしたいことばです。もう少しカジュアルな場面で使う方法を見ておきましょう。たとえば飲み会などで "I'm going to drink you under the table."(お前を(酔わせて)つぶしてやる)と言えば、それは飲み比べで相手に勝つ自信があるということです。相手がぐでんぐでんに酔っぱらい、テーブルの下で眠りこけてしまうというイメージで考えると覚えやすいですね。

● この表現の使用例

まずはきな臭い使用例を見ておきましょう。"He was paid under the table." と言えば「彼は不正な金を受け取った」ということです。飲み比べで負けた時は、"He drank me under the table."(彼につぶされた)と言うことができます。

● ネイティブによるワンポイント解説

このことばのように、同じ表現に複数の意味があることは珍しくありません。実は under the table にはもう一つ意味がありますがここには書きません。ぜひ調べてみてください。

Until hell freezes over

地獄と聞いてどのような場所を想像するでしょうか。あちこちに溶岩と高熱の液体が溜められた池があり、熱いガスが充満している中で無数の罪人があらゆる方法で苦しめられている。そんな場所が地獄であるとされています。そんな灼熱の地獄が凍りつくようなことはあるでしょうか。答えは「絶対にありえない」です。この表現はまさにそれを意味しています。そもそも地獄自体が人の想像の産物なので、実際にそこが凍りつくことはそれこそ二重の意味でありえません。しかし、イメージは文化的に重要なことです。欧米人(キリスト教徒が多い)の想像する hell は、アジア圏の人々(仏教やその他の信仰を持つ人が多い)の想像する地獄とは異なるでしょう。同じ単語を使っていても、頭に描く絵は異なるということです。異文化コミュニケーションにおいて重要な視点がここにはあります。

● この表現の使用例

日常会話でカジュアルに使える表現です。たとえばケチな人が食事をおごってくれるかどうかについて "It won't happen until hell freezes over."(そんなこと絶対起こりえないから)と言うことができます。もっと短く "Not until hell freezes over." と言うことも可能です。

● ネイティブによるワンポイント解説

これは頭に絵を描きやすい表現ではありますが、聞く人により描く絵が違う場合があることも覚えておきましょう。

Wear your heart out on your sleeve

ポップソング歌手として有名な Billy Joel の Honesty という曲が、この表現を広めました。「気持ちを率直に表す」という意味です。中世の英国において、騎士たちは槍の試合を行っていました。彼らは自分の鎧に、心に決めた女性が着ている服と同じ色のリボンを結びつけ、闘いの場に赴いたのです（同じ色の服を着る場合もありました）。欧米では気持ちを率直に出すことは男らしく、信頼や忠誠を示す行動であると考えられています。

● **この表現の使用例**

まずは文学作品に見られる味わい深い使用例からご紹介しましょう。シェイクスピア作『オセロ』には次のようなセリフがあります。

"But I will wear my heart upon my sleeve for daws to peck at."（心臓を取り出して袖にかけ、カラスにつつかせてやろう）

普通の会話でも "You always pin your heart on your sleeve for all to see."（君はいつも自分の気持ちをあけすけに表現するね）という使用法があります。

● **ネイティブによるワンポイント解説**

イディオムに詳しくなればなるほど、会話で使用できる英語の幅が広がっていきます。同じキーワードが使われているものもたくさんあります。この英文が理解できれば、pour one's heart out（自分の心の内を打ち明ける）も理解できることでしょう。このようにパターンを認識すればさらに語彙力が高まります。パターン認識は語学学習において重要なテクニックの一つです。

White Knight

普通の会話では、"white knight" は女性を女神のように扱い、さまざまなものを与え、外敵やさまざまな危険から女性を守る男性を指します。しかしビジネスの世界においては、企業買収の危機にある会社を救済するために介入し、正当な対価で買収する友好的な投資家を意味します。この場合 "white knight" は、隙さえあれば企業の株式をできるだけ安く買い叩こうと狙う "black knight"（敵対的な買収提案をする買い手）の対極にあるものといえます。経営幹部たちは black knight に会社を乗っ取られるとクビになるので、気が休まらない時もあることでしょう。

● **この表現の使用例**

この表現を普通の会話で使用する場合は "Hey guy, stop white-knighting. That person is wrong."（この人は間違っているのだから、かばうのをやめなよ）と言うことができます。またビジネスの文脈においては "The board of directors is hoping a white knight suddenly appears."（取締役会はどこかからホワイトナイトが現れないかと願っている）などの使い方があります。

● **ネイティブによるワンポイント解説**

西洋文学の作品は White Knight や Black Knight をはじめ、典型的なキャラクターに溢れています。英語をしっかりと身に付けたいと思う人は、少しでも良いので欧米の文学作品について学んでみましょう。きっと役に立ちますよ。

【付録】 英語シンボル記号の意味

記号	読み方	解説
XOXO	hugs and kisses	○はハグしている腕、×は十字架の象徴。英語圏の人は昔何かを誓う前に十字架にキスをしたことから始まったものといわれる
666	the devil's number	新約聖書の ヨハネ黙示録13章18節に666が獣の数字として記され、転じて俗に悪魔や悪魔主義的なものを指す数字とされる
&	the ampersand	and を意味する記号で読み方は ampersand。and per se and を縮めたもの。per se はラテン語で as it is を意味し、& の形は et の合字
?	the question mark	疑問文・句を表す？はラテン語 quaestio の最初の q と最後の o を合わせたもので、query（英）や interrogation point ともいう
!	the exclamation mark	感嘆符と訳され、exclamation point ともいう。また自然数 n の階乗は n! と表し、4! = 4×3×2×1 = 24 と表記する。n! は「n の階乗」と読む
*	the asterisk	アステリスクや星印と呼ばれ、脚注や巻末注などで参照、省略、疑義などを表示する。また、文章が文法的に正しくないことを示す
†	the dagger	dagger は短剣符といい、* に次ぐ第二の参照符号で、故人を示す符号でもある。量子力学におけるエルミート行列の演算記号でもある
‡	the double dagger	二重短剣符といい、* と † に次ぐ第三の参照符で、別名を diesis（ダイアシス）といい、ある音程を示す音楽用語のディエシスにも通じる
R&R	rest and relaxation	R&R は rest and recuperation また rest and recreation の略でもある。本来は軍隊用語で7日間以内の短期休暇を意味したものであった
B&B	bed and breakfast	これは、旅館、ホテル、個人宅などで朝食付きの宿泊を提供する施設。欧州にはカントリー・ゲストハウスを兼ねる超豪華の B&B もある

付録　英語シンボル記号の意味　311

記号	読み方	解説
1.618	phi	ギリシャ文母の第 21 字「∅」で表される黄金律で数学的には 1.618 と表記される。この数列は生物だけではなく科学全般にも見出せる構造の基本定理
○ … ●	Harvey Balls	円をたとえば 4 等分し、各領域を空白にするか他の色で塗りつぶすかして、全体の中における各領域が表す特色や状況を比較する表意記号
☺	the Smiley Face	スマイリーともいう。米国人商業美術家の Harvey Ross Ball（2001 年没）が発明した○の中に二つの黒点（目）と下部に弧があるマーク
☒/☑	the check mark	英語で ☑ は yes を表し、no は ☒ で表す。＋か－か、yes か no かという二者択一の場合には ☑ マークが便利で多用される
#	the pound sign	英国では pound が通貨であるため hash と呼ぶ。米国では番号の印で the number sign という。#5 は number five と読む
'	prime	プライム符号はフィート（長さ）、分角（角度）、そして分（時間）を表す。1'30" は 1 分 30 秒を表し、a' は a prime と読む
★	star polygons	星型のうち五芒星型は歴史的にもオカルト的象徴として用いられた。5、6、7 それ以上の角があり、国旗上にある場合には団結を象徴する
	Mr. Yuk	yuk は米国やカナダでの俗語。いやなもの、「げっ！」という感じ。口に入れると毒性が高いため厳重注意！という記号として使われる。
	Jolly Roger（skull and crossbones）	18 世紀の海賊の旗で、黒地に白い頭蓋骨とその下に 2 本の大腿骨（腕骨）を交差させたもの。音楽やスポーツで「海賊版（違法コピー）」として有害なもののシンボルだが、米国ではしばしば Mr. Yuk が代わりに使われる。
^	the caret	校正に用いる脱字記号、挿入記号。caret はラテン語の「欠けている」という意味で、その形から hat とか chevron などと呼ばれる。

参考文献

赤祖父哲二編『英語イメージ辞典』三省堂、1992

浅見ベートーベン『ビジネスパーソンのための英語イディオム事典』NHK出版、2012

アト・ド・フリース『イメージ・シンボル事典』山下秀一郎ほか訳、大修館書店、1984

市川繁治郎ほか編『新編 英和活用大辞典』研究社、2006

稲畑汀子編『ホトトギス俳句季題便覧』三省堂、1999

井上永幸・赤野一郎『ウィズダム英和辞典』第3版、三省堂、2013

大塚高信・高瀬省三編『英語諺辞典』三省堂、1976

大西泰斗・P. マクベイ『英単語イメージハンドブック』青灯社、2013

大沼淳ほか監修『ファッション辞典』文化出版局、1999

岡島重孝・服部光男監修『ホーム・メディカ：新版 家庭医学大事典』小学館、2008

奥津文夫『日英ことわざの比較文化』大修館書店、2000

奥津文夫編『日英比較英単語発想事典』三修社、2002

加藤恭子・M. ロズマン『ことばで探るアメリカ』ジャパンタイムズ、1988

亀田尚己『国際ビジネスコミュニケーションの研究』文眞堂、2005

亀田尚己『国際ビジネスコミュニケーション再考』文眞堂、2010

亀田尚己『英語ができるになぜ通じないのか』日本経済新聞出版社、2012

亀田尚己・青柳由紀江・J. M. クリスチャンセン『和製英語事典』丸善出版、2014

北原保雄『明鏡国語辞典』第二版、大修館書店、2011

北原保雄・加藤博康『明鏡ことわざ成句使い方辞典』大修館書店、2007

國廣哲彌ほか編『ランダムハウス英和大辞典』第2版、小学館、1994

小島義郎ほか編『英語語義語源辞典』三省堂、2004

小西友七・岸野英治『ウィズダム和英辞典』第2版、三省堂、2013

小西友七・南出康世編『ジーニアス英和大辞典』大修館書店、2011

近藤いね子・高野フミ編『プログレッシブ和英中辞典』第3版、小学館、2002

ジェームズ・ロジャーズ『よく使われる英語表現ルーツ辞典』迫村純男訳、講談社、1989

杉浦洋一・J. K. ギレスピー『日本文化を英語で紹介する事典』第3版、ナツメ社、2004

曽根田憲三『映画で学ぶ英語ことわざ・慣用表現辞典』スクリーンプレイ出版、1994

高嶋泰二『ことわざの泉：日・英独仏中対照諺辞典』北星堂書店、1992

竹林滋ほか編『新英和大辞典』第六版、研究社、2011

鶴岡公幸・牛原琴愛、ギャリー・マームグレン監修『食べ物で知る英語表現百科』三修社、2006
寺澤芳雄編『英語語源辞典』研究社、1997
直塚玲子『欧米人が沈黙するとき』大修館書店、2012
新村出編『広辞苑』第六版、岩波書店、2011
野村恵造ほか編『オーレックス和英辞典』旺文社、2008
服部幸應監修、永井一彦・鈴木喜久恵『日本語から引く「食」ことば英語事典』小学館、2004
花本金吾ほか編『オーレックス英和辞典』旺文社、2008
バンタンコミュニケーションズ企画・編集『新ファッションビジネス基礎用語辞典』増補改訂版、チャネラー、2001
常名鉾二郎編『日英故事ことわざ辞典』朝日イブニングニュース社、1986
堀内克明編『I SEE ALL 英語圏生活・文化情報辞典』学習研究社、1992
本多京子ほか編『食の医学館』小学館、2002
政村秀實『英語語源辞典』研究社、1999
政村秀實『英語語義イメージ辞典』大修館書店、2008
松田徳一郎編『リーダーズ英和辞典』第2版、研究社、2008
松田徳一郎ほか編『リーダーズ・プラス』研究社、2008
松村明編『大辞林』第三版、三省堂、2006
松村明・山口明穂・和田利政『旺文社古語辞典』第10版、旺文社、2008
宮田登・深沢俊共編著『日欧対照イメージ事典』北星堂書店、1989
八木克正ほか編『ユースプログレッシブ英和辞典』小学館、2004
八杉貞雄・可知直毅『生物事典』五訂版、旺文社、2011
山口百々男『和英日本ことわざ成語辞典』研究社、1999
山口百々男編著『和英：日本の文化・観光・歴史辞典』三修社、2014
山田雅重『動物にたとえる英語表現事典』丸善プラネット／発売：丸善出版、2013
山本忠尚監修『日英比較ことわざ事典』創元社、2007
ライドアウト＆ウィティング『常識としての英語の諺800』中西秀男訳、北星堂書店、1978
渡邊敏郎他編『新和英大辞典』第五版、研究社、2008

『ブリタニカ国際大百科事典』ブリタニカ・ジャパン、2011
『百科事典マイペディア』電子辞書版、日立ソリューションズ、2011
『英語類語辞典』大修館書店監修、CASIO、2002
『精選版 日本国語大辞典』小学館、2006
『新潮日本語漢字辞典』新潮社、2007
『使い方のわかる類語例解辞典』小学館、2003
『合本俳句歳時記』第4版、角川学芸出版、2008
『角川俳句大歳時記：春／夏／秋／冬／新年』角川学芸出版、2013
『日本歴史大事典』小学館、2007

『日本史事典』三訂版、旺文社、2000
『山川日本史小辞典』新版、山川出版社、2001
『日本食材百科事典』講談社、1999
『世界史事典』三訂版、旺文社、2000
『山川世界史小辞典』新版、山川出版社、2004
『世界の料理・メニュー辞典』学習研究社、2001
『自然科学系英和大辞典』増補改訂版、小倉書店、2011
『日経パソコン用語事典 2012』日経 BP 社、2011

*　　　*　　　*

Carroll, L., *Alice's Adventures in Wonderland & Through the Looking Glass*, Bantam Dell, 2006

Eastman, P., *Go Dog Go!*, Penguin Random House Canada, 1989

Farb, P., *Wordplay*, Hodder & Stoughton Ltd., 2007

Geisel, T., *One Fish Two Fish Red Fish Blue Fish*, Random House, 1960

Gillett, A., *Speak Business English Like An American*, Language Success Press, 2006

Hamilton, E., *Mythology*, Grand Central Publishing, 2011

Higashino, K., *The Devotion of Suspect X*, Little, Brown Book Group, 2005

Kameda, N., Sullivan, J., "Language Usage Strategies for International Trade Negotiations: English as a Trade Language in Asia," *The Doshisha Business Review*, Doshisha Daigaku Shogakukai, 1995

Kaplan, R., *The Nothing that is: A Natural History of Zero*, Oxford University Press, 2000

Kawabata, Y., *Snow Country*, Vintage Books, 1996

Kirino, N., *Out*, Kodansha, 2002

Leaf, M., *The Story of Ferdinand*, Puffin Books, 2007

Miller, R., *The Japanese Language*, University of Chicago Press, 1980

McGuire, G., *Wicked*, ReganBooks, 1995

Murakami, H., *Kafka on the Shore*, Vintage Press, 2002

Murakami, H., *After Dark*, Vintage Press, 2004

Murakami, H., *Blind Willow, Sleeping Woman*, Vintage Press, 2006

Murakami, R., *Coin Locker Babies*, Pushkin Press, 2013

Partridge, E., *A Dictionary of Catch Phrases*, Routledge, 2000

Poe, E., *The Raven*, Simply Read Books, 2014

Pyle, K., *Japan Rising: The Resurgence of Japanese Power and Purpose*, Century Foundation Books, 2008

Riley, J., *Complete Works of James Whitcomb Riley*, BiblioBazaar, 2011

Sendak, M., *Where the Wild Things Are*, Harper Collins Publishers, 2012

Tezuka, O., *Astro Boy (Vol. 1 & 2)*, Dark Horse Manga, 2008

Updike, J., *Rabbit is Rich*, Knopf, 1981

Yoshimoto, B., *Kitchen*, Grove Press, 2006

Britannica Concise Encyclopedia. Encyclopedia Britannica, 2011

Longman Dictionary of Contemporary English. 5th ed. Pearson, 2009

Longman Language Activator. New ed. Pearson, 2002

Oxford Advanced Learner's Dictionary. 8th ed. OUP, 2010

Oxford BUSINESS ENGLISH Dictionary for learners of English. 1st ed. OUP, 2005

Oxford Collocations Dictionary for students of English. 2nd ed. OUP, 2009

Oxford Dictionary of English. 2nd ed. rev. OUP, 2005

Oxford Dictionary of Proverbs. 4th ed., OUP, 2004

Oxford IDIOMS Dictionary for learners of English. 2nd ed. OUP, 2005

Oxford Learner's Wordfinder Dictionary. OUP, 1997

Oxford Phrasal Verbs Dictionary for learners of English. 2nd ed. OUP, 2007

Oxford Sentence Dictionary. OUP, 2008

Oxford Thesaurus of English 2nd ed. OUP, 2004

The American Heritage Dictionary of the English Language. 4th ed., Houghton Mifflin, 2000

The New Oxford American Dictionary. 2nd ed. OUP, 2005

日英ことばの文化事典

平成 27 年 12 月 25 日　発　行

著作者　亀　田　尚　己
　　　　青　柳　由紀江
　　　　J. M. クリスチャンセン

発行者　池　田　和　博

発行所　丸善出版株式会社
　　　　〒101-0051　東京都千代田区神田神保町二丁目 17 番
　　　　編集：電話(03)3512-3264／FAX(03)3512-3272
　　　　営業：電話(03)3512-3256／FAX(03)3512-3270
　　　　http://pub.maruzen.co.jp/

© Naoki Kameda, Yukie Aoyagi, John Martin Christiansen, 2015

組版印刷・株式会社 日本制作センター／製本・株式会社 星共社

ISBN 978-4-621-08980-4 C0582　　　　Printed in Japan

JCOPY 〈(社)出版者著作権管理機構 委託出版物〉

本書の無断複写は著作権法上での例外を除き禁じられています．複写される場合は，そのつど事前に，(社)出版者著作権管理機構（電話03-3513-6969，FAX03-3513-6979，e-mail：info@jcopy.or.jp）の許諾を得てください．